金融商品取引法の開示規制

久保幸年 著
Kubo Yukitoshi

中央経済社

は し が き

　金融商品取引法は，企業内容等に関する情報開示の整備（開示規制），不公正取引の排除への対応（取引規制）並びに金融商品市場を開設・管理する金融商品取引所及び市場取引の仲介業等を行う証券会社等の市場関係者における適切な業務運営等（業者規制）について規律を定め，証券市場における公正円滑な取引を確保することによって，国民経済の健全な発展及び投資者の保護に資することを目的としている市場規制法である。

　この証券市場は，有価証券の発行者と証券投資を行う投資者の参加等により構成されることとなる。証券市場に参加する投資者は，投資の自己責任を負わなければならないことを踏まえ，合理的な投資判断を行うためには，投資判断に影響を及ぼすべき重要な情報を入手できることが市場参加の前提となる。こうしたことも踏まえ，金融商品取引法の目的を定める法1条において，証券市場における公正円滑な取引を確保するスタート規制として，開示規制が位置付けられるものと考えられる。

　ここで，企業内容等に関する情報の開示においては，金融商品取引所が上場会社に対して，投資者の投資判断に影響を及ぼすべき重要な情報を適時・適切に開示することを義務付けている適時開示が重要な役割を果たしているのが実態である。例えば，定期開示の財務諸表について法定開示書類の有価証券報告書に先行して開示される決算発表（決算内容に関する適時開示）や重要な情報が生じた場合において法定開示書類の臨時報告書によっては開示されない当該重要な情報が適時開示によって開示されていることが投資者から注目されている状況である。このように，企業内容等に関する情報の開示規制は，金融商品取引法が定める法定開示（公的規制）と金融商品取引所が定める適時開示（自主規制）から構成されている。したがって，こうした開示規制の仕組みや対応等について十分に理解される必要がある。

　そこで，本書においては，こうした投資判断情報に関する開示の実態を踏まえて，開示規制を中心に取り上げ，その内容と実効性への対応等を解説し，現行の開示規制における課題と考えられることも取り上げて論述することとする。

開示される情報の意義・重要性及びこうした開示規制の仕組みや対応等について，開示主体となる上場会社等において十分に理解されることが必要である。こうした理解があってこそ，上場会社等が適切な開示を主体的に行うことが生み出されることとなるであろう。また，投資者側においても，どのような投資判断情報が，どのような方法でどのようなタイミングで開示されるかなどについても理解される必要がある。そのため，本書においては，開示規制について法とともに企業会計の専門的な観点からも取り上げている。

　本書における第1章から第11章までの各章の概要を掲げれば，次のとおりである。

　第1章の「金融商品取引法の意義と開示規制」においては，金融商品取引法による市場規制が必要であることを踏まえ，法の目的と開示規制の概要を取り上げている。第2章の「有価証券の定義と範囲」においては，金融商品取引法が定める個別列挙の有価証券及びみなし有価証券を取り上げ，これらの有価証券の定めや属性の区分に応じた規制対応及び開示規制の除外を取り上げている。

　次の第3章と第4章において，証券市場における開示規制を取り上げている。まず，第3章「発行市場における開示規制」においては，発行市場における有価証券届出制度や発行登録制度，同制度に基づく有価証券届出書・発行登録書等の法定開示書類を取り上げ，開示規制の実効性確保について取り上げている。次いで，第4章「流通市場における開示規制」においては，流通市場における定期開示制度と臨時開示制度における法定開示書類の内容や提出・期限等を説明して，開示規制の実効性確保について取り上げている。

　ここで，法定開示制度により開示される情報のほか，投資者の投資判断に重要な影響を及ぼすべきその他の情報が多くあることが認められるので，本書においてはこうした重要な情報の開示にかかわる規制を取り上げている。

　まず，重要な投資判断情報に大きくかかわる「インサイダー取引規制」を第5章において取り上げ，同規制の内容と規制の対象となるインサイダー情報及び同規制解除の要件となる公表について取り上げている。次いで，インサイダー情報及びその他の重要な情報を開示の対象とする開示規制（自主規制）の「適時開示制度」を第6章において取り上げている。同章において，適時開示

の意義と位置付けを踏まえ，適時開示の基本的スタンス及び遵守条項を取り上げたのち，適時開示情報と法定開示情報及びインサイダー情報との関係並びに適時開示の役割等について取り上げている。

そして，一定の選択的開示の場合に公表を義務付ける「フェア・ディスクロージャー規制」を第7章において取り上げている。同章において，規制の内容と規制対象の情報伝達者，情報受領者並びに規制対象の未公表の重要情報とインサイダー情報及び法定開示・適時開示による開示対象情報との関係を取り上げたのち，同規制における公表への対応等について取り上げている。なお，適時開示制度及びフェア・ディスクロージャー規制の実効性確保に関しては，その課題を踏まえて，別の章（第10章）において取り上げている。

以上において取り上げてきた企業内容等に関する情報の開示のほか，重要な投資判断情報となる情報開示規制として，公開買付制度と大量保有報告制度を取り上げる。まず，第8章の「公開買付制度」については，株券等の発行者以外の者が当該株券等を買付ける他社株公開買付制度と当該発行者が買付ける自社株公開買付制度に分けて，規制の内容と規制対象となる買付け等，公開買付けの手続等に続いて，公開買付制度の法定開示書類及び公開買付制度の実効性確保について取り上げている。次いで，第9章の「大量保有報告制度」については，制度の内容とその対象・手続に続いて，法定開示書類及び本制度の実効性を取り上げている。

以上において取り上げた開示規制について，改正すべき点などを踏まえ，「開示規制における課題」を第10章において取り上げている。同章において，情報開示と市場機能との関係を踏まえ，継続開示制度における課題，適時開示に係る制裁における課題，フェア・ディスクロージャー規制における課題及び公開買付制度における課題，すなわち現行法の開示規制において対処すべきことについて論述している。そして，最後に金融商品取引法にかかわる「行政監督機関と自主規制機関」について第11章において取り上げている。まず，行政監督機関として，金融庁と証券取引等監視委員会のそれぞれの役割や事務等を取り上げている。次いで，自主規制機関としての金融商品取引所と金融商品取引業協会（認可金融商品取引業協会と認定金融商品取引業協会）の自主規制業務を取り上げ，これらの自主規制業務の実効性確保に係る行政監督機関による監

督等もそれぞれ取り上げている。

　筆者としては，本書が証券市場における開示規制についての理解や実務対応等についていささかなりとも貢献することを期待しているものである。こうしたことも踏まえて，本書の出版に関してご協力，ご厚意をいただいた㈱中央経済社の取締役専務の小坂井和重氏に深く謝意を表する次第である。

　2019年3月

久　保　幸　年

目　　次

はしがき・i

第1章　金融商品取引法の意義と開示規制 ──────── 1

第1節　市場規制と金融商品取引法・1
1　資金の調達・運用の市場／1
2　証券市場の構成と機能／2
　　⑴　発行市場／2
　　⑵　流通市場／3
3　市場規制の必要性と構成／4
4　金融商品取引法の意義と目的／5
　　⑴　金融商品取引法の意義／5
　　⑵　金融商品取引法の目的／6
5　投資者保護／8
　　⑴　投資者保護の内容／8
　　⑵　投資者の区分／9

第2節　開示規制の概要・10
1　開示規制の必要性／10
2　開示規制の実効性／12
3　開示規制の構成と相互関係／13
　　⑴　法定開示書類による開示制度／13
　　⑵　フェア・ディスクロージャー規制／14
　　⑶　適時開示制度／14
　　⑷　適時開示による法定開示の補完／15
4　法定開示書類の提出及び公衆縦覧の電子化／16
　　⑴　電子情報処理組織の導入／16
　　⑵　電子開示手続の仕組み／17

II

第2章　有価証券の定義と範囲 ——————— *19*

第1節　有価証券の特定・*19*

1　個別列挙の有価証券／*19*

2　みなし有価証券／*23*

第2節　有価証券の区分・*25*

1　第1項有価証券と第2項有価証券／*25*

⑴　第1項有価証券／*25*

⑵　第2項有価証券／*26*

2　企業金融型証券と資産金融型証券／*27*

⑴　企業金融型証券／*27*

⑵　資産金融型証券／*28*

第3節　開示規制の除外となる有価証券・*28*

第3章　発行市場における開示規制 ——————— *31*

第1節　発行市場における法定開示制度・*31*

第2節　有価証券の募集または売出し・*32*

1　有価証券の募集／*33*

⑴　第1項有価証券の募集／*33*

⑵　第2項有価証券の募集／*34*

⑶　取得勧誘類似行為／*34*

2　有価証券の私募／*35*

⑴　私募の種類／*35*

⑵　プロ私募／*36*

⑶　少人数私募／*38*

3　有価証券の売出し／*40*

⑴　第1項有価証券の売出し／*40*

⑵　第2項有価証券の売出し／*41*

⑶　売付け勧誘等に該当しないもの／*41*

⑷　売出しに該当しない証券取引／*42*

目　次　III

　　4　有価証券の私売出し／42

　　　⑴　プロ私売出し／42

　　　⑵　少人数私売出し／43

第3節　組織再編成・45

　　1　組織再編成／45

　　2　特定組織再編成発行手続／46

　　　⑴　第1項有価証券の特定組織再編成発行手続／46

　　　⑵　第2項有価証券の特定組織再編成発行手続／47

　　3　特定組織再編成交付手続／47

　　　⑴　第1項有価証券の特定組織再編成交付手続／48

　　　⑵　第2項有価証券の特定組織再編成交付手続／48

第4節　有価証券届出制度・49

　　1　有価証券届出制度の概要／49

　　　⑴　募集または売出しに係る届出制度／49

　　　⑵　プロ投資者から一般投資者への投資勧誘に係る
　　　　届出制度／50

　　2　届出の義務者／52

　　　⑴　有価証券の発行者／52

　　　⑵　表示権利以外の権利のみなし有価証券の発行者／53

　　3　届出の時期／55

　　4　有価証券届出書の提出と目論見書の交付／56

　　　⑴　有価証券届出書と目論見書／56

　　　⑵　有価証券届出書の自発的訂正／57

　　5　有価証券届出書等の開示／58

　　　⑴　開示の方法／58

　　　⑵　届出・開示の電子化／59

　　6　届出の効力と待機期間／60

　　　⑴　効力発生日と待機期間／60

　　　⑵　待機期間の短縮／61

　　　⑶　自発的訂正届出書に係る効力発生日／63

　　7　届出の免除／65

IV

- (1) 情報入手等の場合の募集または売出し／65
- (2) 特定の組織再編成発行または組織再編成交付／66
- (3) 開示済み有価証券の売出し／68
- (4) 容易な情報入手の外国証券の売出し／70
- (5) １億円未満の募集または売出し／71
- (6) 特定の適格機関投資家取得有価証券一般勧誘／74
- (7) 特定の特定投資家等取得有価証券一般勧誘／75

第５節　法定開示書類及び非開示の提出書類・76

- 1　完全開示方式の有価証券届出書／77
  - (1) 非財務情報／79
  - (2) 財務情報／79
  - (3) その他の情報／80
- 2　簡易開示方式の有価証券届出書／81
  - (1) 有価証券届出書の記載様式／81
  - (2) 少額に関する定め／82
- 3　統合開示方式の有価証券届出書／83
  - (1) 組込方式／84
  - (2) 参照方式／85
- 4　新規株式公開の有価証券届出書／87
- 5　組織再編成・交換買付けの有価証券届出書／88
- 6　外国会社の有価証券届出書／89
  - (1) 通常の様式／89
  - (2) 特例方式／89
- 7　特定有価証券の有価証券届出書／90
  - (1) 企業金融型証券と資産金融型証券の有価証券届出書の相違／90
  - (2) 完全開示方式の有価証券届出書／91
  - (3) 統合開示方式の有価証券届出書／92
  - (4) 外国会社の有価証券届出書（特例方式）／93
  - (5) 募集事項等記載書面／94
- 8　目論見書／95
  - (1) 目論見書の作成と交付／95

目　次　V

　　　(2)　目論見書の種類と記載内容／97

　　　(3)　目論見書の電子交付／103

　　9　有価証券通知書／104

　　　(1)　有価証券通知書の提出／104

　　　(2)　有価証券通知書の記載等／106

　　　(3)　変更通知書／106

　　　(4)　特定有価証券の有価証券通知書・変更通知書／106

第6節　発行登録制度・107

　　1　発行登録制度の概要／107

　　2　発行登録制度の適用／108

　　3　発行登録制度への対応／109

　　　(1)　発行登録書の自発的訂正／109

　　　(2)　目論見書の交付／110

　　　(3)　発行登録追補書類の提出／111

　　　(4)　発行登録取下げの届出／112

　　4　発行登録の効力と待機期間／112

　　　(1)　効力発生日と待機期間／112

　　　(2)　自発的訂正の場合の効力停止／113

　　　(3)　効力の消滅／114

　　5　発行登録制度における法定開示書類及び非開示の
　　　提出書類／114

　　　(1)　発行登録書／114

　　　(2)　目論見書／116

　　　(3)　発行登録追補書類／116

　　　(4)　発行登録取下届出書／117

　　　(5)　発行登録通知書／117

第7節　発行市場開示規制の実効性確保・118

　　1　行政処分／118

　　　(1)　訂正命令等／118

　　　(2)　課　徴　金／120

　　2　刑事責任／123

　　　(1)　法定開示書類の虚偽記載・届出違反等に係る

刑事責任／123

 (2) 法定開示書類の不提出等に係る刑事責任／124

 3 民事責任／125

  (1) 届出制度・発行登録制度に対する違反者の
賠償責任／125

  (2) 虚偽記載等の有価証券届出書・発行登録書等の
届出者・提出者の賠償責任／126

  (3) 虚偽記載等の有価証券届出書・発行登録書等の
提出会社の役員等の賠償責任／128

  (4) 虚偽記載等の目論見書の作成の発行者の
賠償責任／132

  (5) 虚偽記載等の目論見書の作成時における役員等の
賠償責任／132

  (6) 虚偽記載等のある目論見書・資料の使用者の
賠償責任／133

第4章　流通市場における開示規制 —————— *135*

第1節　流通市場における法定開示制度・*135*

 1 開示制度の意義／135

 2 法定開示書類の概要／137

  (1) 継続開示制度と法定開示書類／137

  (2) 法定開示書類の自発的訂正／138

第2節　定期開示における法定開示書類・*139*

 1 有価証券報告書／139

  (1) 提出義務者／139

  (2) 提出義務の免除／141

  (3) 記載事項／143

  (4) 提出期限及び添付書類／145

  (5) 公衆縦覧／147

 2 特定有価証券の有価証券報告書／147

 3 四半期報告書／149

  (1) 四半期報告制度／149

目　次　VII

　　　(2)　提出義務者／150

　　　(3)　記載事項／150

　　　(4)　提出期限・提出先／152

　　　(5)　公衆縦覧／152

　　4　半期報告書／152

　　　(1)　半期報告制度及び半期報告書と提出義務者／152

　　　(2)　記載事項／153

　　　(3)　提出期限・提出先／155

　　　(4)　公衆縦覧／155

　　5　親会社等状況報告書／156

　　　(1)　親会社等状況報告制度／156

　　　(2)　親会社等状況報告書と提出義務者／156

　　　(3)　記載事項／158

　　　(4)　提出期限・提出先／159

　　　(5)　公衆縦覧／159

　　6　内部統制報告書／159

　　　(1)　内部統制報告制度／159

　　　(2)　内部統制報告書と提出義務者／160

　　　(3)　記載事項／161

　　　(4)　提出期限・提出先／162

　　　(5)　公衆縦覧／162

　　7　確　認　書／163

　　　(1)　確認書制度／163

　　　(2)　確認書と提出義務者／163

　　　(3)　記載事項／164

　　　(4)　提出期限・提出先／164

　　　(5)　公衆縦覧／165

第3節　臨時開示における法定開示書類・165

　　1　臨時報告書／165

　　　(1)　臨時報告書と提出義務者／165

　　　(2)　提出事由／166

　　　(3)　特定有価証券の臨時報告書／168

VIII

　　　　　⑷　提出期限・提出先／170

　　　　　⑸　公衆縦覧／170

　　　2　自己株券買付状況報告書／170

　　　　　⑴　自己株券買付状況報告制度／170

　　　　　⑵　自己株券買付状況報告書と提出義務者／171

　　　　　⑶　記載事項／171

　　　　　⑷　提出期限・提出先／171

　　　　　⑸　公衆縦覧／172

　第4節　流通市場開示規制の実効性確保・172

　　　1　行政処分／172

　　　　　⑴　訂正命令等／172

　　　　　⑵　課　徴　金／173

　　　2　刑事責任／175

　　　　　⑴　法定開示書類の虚偽記載に係る刑事責任／175

　　　　　⑵　法定開示書類の不提出等に係る刑事責任／176

　　　3　民事責任／176

　　　　　⑴　虚偽記載等の法定開示書類の提出者の
　　　　　　　賠償責任／176

　　　　　⑵　公表の方法／179

　　　　　⑶　虚偽記載等の公表の解釈／181

　　　　　⑷　虚偽記載等の公表日／182

　　　　　⑸　虚偽記載等の法定開示書類の提出会社の役員等の
　　　　　　　賠償責任／185

　第5節　財務諸表等の適正性の実効性確保・186

　　　1　財務諸表等の監査／186

　　　2　内部統制報告書の監査／188

　　　3　財務諸表等の虚偽表示リスクと会計士監査／189

第5章　インサイダー取引規制 —————— 191

　第1節　規制の意義・191

　第2節　規制の概要・192

1　会社関係者等に関する規制／*192*

　　　　⑴　売買等の取引に関する規制／*193*

　　　　⑵　情報伝達・取引推奨に関する規制／*193*

　　　2　公開買付者等関係者等に関する規制／*193*

　　　　⑴　売買等の取引に関する規制／*194*

　　　　⑵　情報伝達・取引推奨に関する規制／*194*

第3節　規制の対象者・*195*

　　　1　会社関係者等／*195*

　　　　⑴　内　部　者／*195*

　　　　⑵　準内部者／*196*

　　　　⑶　情報受領者／*196*

　　　2　公開買付者等関係者等／*197*

　　　　⑴　内　部　者／*197*

　　　　⑵　準内部者／*197*

　　　　⑶　情報受領者／*198*

第4節　規制の対象情報・*198*

　　　1　会社関係者等に係る規制対象情報／*198*

　　　　⑴　決定事実／*198*

　　　　⑵　発生事実／*201*

　　　　⑶　売上高・利益・配当の予想の修正等／*202*

　　　　⑷　その他の情報／*202*

　　　2　公開買付者等関係者等に係る規制対象情報／*203*

第5節　規制解除要件の公表・*203*

　　　1　公表の定め／*203*

　　　2　多数の者の知り得る状態に置く措置／*204*

第6章　適時開示制度 ——————————— *207*

第1節　適時開示の意義と位置付け・*207*

第2節　適時開示の基本的スタンス及び遵守条項・*208*

　　　1　適時開示の基本的スタンス／*208*

　　　　2　適時開示の遵守条項／210

第3節　適時開示情報・211

　　　　1　適時開示情報の構成／211

　　　　2　適時開示情報の開示の時期／215

　　　　　　⑴　基本的な開示の時期／215

　　　　　　⑵　発生事実の構成と開示の時期／216

第4節　適時開示情報と法定開示情報との関係・217

　　　　1　適時開示による法定の定期開示の補完／218

　　　　2　適時開示による法定の臨時開示の補完／220

第5節　適時開示情報と「重要事実」との関係・221

　　　　1　量的基準における相違／222

　　　　　　⑴　軽微基準における基準項目の相違／222

　　　　　　⑵　軽微基準の適用対象の相違／223

　　　　　　⑶　重要性基準における基準項目の相違等／224

　　　　　　⑷　重要性基準の適用対象の相違／226

　　　　2　個別列挙情報における相違／226

　　　　3　バスケット条項による情報の異同性／227

　　　　　　⑴　バスケット条項の規定／227

　　　　　　⑵　バスケット条項の対象情報の異同点／229

第7章　フェア・ディスクロージャー規制 ── 231

第1節　規制の意義・231

第2節　規制対象の情報伝達者と情報受領者・232

　　　　1　規制対象の情報伝達者／233

　　　　2　規制対象の情報受領者：取引関係者／234

　　　　　　⑴　取引業者／234

　　　　　　⑵　売買等を行う蓋然性の高い者／235

第3節　規制対象情報／236

　　　　1　「重要情報」の内容／236

　　　　2　「重要情報」と「重要事実」等との関係／237

目　次　XI

　　　3　「重要情報」と法定開示情報との関係／239

　　　4　「重要情報」と適時開示情報との関係／239

　第4節　公　　表・241

　　　1　公表の方法／241

　　　2　インサイダー取引規制における公表との異同点／242

　　　3　適時開示との関係／242

　第5節　「重要情報」の公表の選択・243

　　　1　公表が義務化される場合／243

　　　2　公表が義務化されない場合／244

　　　　⑴　取引関係者に守秘義務等がある場合／244

　　　　⑵　「重要情報」の不知または公表困難な場合／246

　第6節　規制の運用等／247

第8章　公開買付制度 ——————————— 249

　第1節　公開買付制度の意義・249

　第2節　他社株公開買付制度・251

　　　1　公開買付けの対象／251

　　　　⑴　5％超の市場外買付け等／252

　　　　⑵　著しい少数者からの3分の1超の
　　　　　　市場外買付け等／254

　　　　⑶　特定売買等による買付け等／255

　　　　⑷　混合取引による買付け等／256

　　　　⑸　競合買付け等／257

　　　　⑹　その他の買付け等／258

　　　2　公開買付け／259

　　　3　公開買付けの免除／259

　　　4　公開買付制度への対応／260

　　　　⑴　買付期間／260

　　　　⑵　買付条件の均一化と変更の制限／262

　　　　⑶　買付業務担当業者の選定／264

⑷　公開買付けの公告／265

　　　⑸　公開買付届出書の提出・公開買付説明書の
　　　　　交付／266

　　　⑹　買付対象者の対応等／267

　　　⑺　法定開示書類の写しの送付／268

　　　⑻　買付け等の決済／268

　　　⑼　公開買付けの終了対応／270

　　5　別途買付けの禁止／272

　　6　公開買付けの撤回等／273

　　　⑴　公開買付けの目的の達成に重大な支障となる
　　　　　事情／273

　　　⑵　重要な事情の変更／274

　　　⑶　公開買付けの撤回等を行う場合の手続／275

　　7　応募株主等の契約解除権／275

　　8　公開買付制度の法定開示書類／276

　　　⑴　公開買付届出書／276

　　　⑵　自発的訂正届出書／279

　　　⑶　公開買付説明書／279

　　　⑷　意見表明報告書／280

　　　⑸　対質問回答報告書／281

　　　⑹　公開買付撤回届出書／282

　　　⑺　公開買付報告書／282

　　9　他社株公開買付制度の実効性確保／283

　　　⑴　行政処分／283

　　　⑵　刑事責任／285

　　　⑶　民事責任／287

第3節　自社株公開買付制度・291

　　1　自社株取得への公開買付制度の適用／291

　　2　公開買付けの対象／292

　　3　公開買付制度への対応／294

　　4　公開買付けに関する開示／294

　　　⑴　公開買付届出書の提出前の「重要事実」の

目　次　XIII

　　　　　　　　公表／294

　　　　　　(2)　法定開示書類の提出（交付）・公衆縦覧／295

　　　　　　(3)　公開買付届出書の提出後の「重要事実」の
　　　　　　　　公表・通知／296

　　　5　自社株公開買付制度の実効性確保／296

　　　　　　(1)　行政処分／296

　　　　　　(2)　刑事責任／297

　　　　　　(3)　民事責任／298

第9章　大量保有報告制度 ————————— *301*

第1節　大量保有報告制度の意義と概要・*301*

　　　1　大量保有報告制度の導入／301

　　　2　大量保有報告制度の対象証券／302

第2節　大量保有報告制度への対応と実効性の確保・*303*

　　　1　大量保有報告書の提出／303

　　　　　　⑴　実質的な保有者／304

　　　　　　⑵　実質的な株券等保有割合／304

　　　　　　⑶　共同保有者／305

　　　2　株券保有状況通知書の交付／306

　　　3　変更報告書・訂正報告書の提出／307

　　　　　　⑴　変更報告書の提出／307

　　　　　　⑵　短期大量譲渡の変更報告書／307

　　　　　　⑶　自発的訂正報告書の提出／308

　　　4　特例報告／308

　　　　　　⑴　特例の大量保有報告書の提出／308

　　　　　　⑵　特例報告からの変更／311

　　　　　　⑶　変更報告書の提出／311

　　　5　法定開示書類の提出・公衆縦覧／313

　　　　　　⑴　法定開示書類の提出／313

　　　　　　⑵　法定開示書類の公衆縦覧／313

　　　6　大量保有報告制度の実効性確保／313

XIV

- ⑴ 行政処分／314
- ⑵ 刑事責任／314

第3節　大量保有報告書・変更報告書・315

第10章　開示規制における課題 ——————— 319

第1節　継続開示制度における課題・319

- 1　情報開示と市場機能との関係／319
- 2　臨時報告書提出事由と「重要事実」の異同点／321
  - ⑴　決定事実に係る異同点／321
  - ⑵　発生事実に係る異同点／323
  - ⑶　業績予想の修正等・配当予想の修正等に係る
相違点／323
  - ⑷　その他の情報（バスケット条項）に係る相違点／324
- 3　臨時報告書提出事由における課題／325
  - ⑴　「重要事実」との関係における課題／325
  - ⑵　「重要情報」との関係における課題／327
  - ⑶　開示項目における課題／327
  - ⑷　開示の時期における課題／328

第2節　適時開示に係る制裁における課題・330

- 1　適時開示の実効性の確保の不備／330
- 2　不適切な適時開示に係る法的制裁／332

第3節　フェア・ディスクロージャー規制における課題・334

- 1　規制対象情報に係る課題／334
  - ⑴　「重要情報」の定めにおける課題／334
  - ⑵　モザイク情報の扱いにおける課題／336
- 2　情報伝達者に係る課題／336
- 3　公表に係る課題／337
  - ⑴　公表の内容・概念／337
  - ⑵　インサイダー取引規制における公表との相違／338
  - ⑶　報道機関への公開／339

目　次　XV

　　　　⑷　ウェブサイトへの掲載／340

　　4　「重要情報」の選択的開示に係る課題／341

　　5　規制の実効性の確保に係る課題／342

　　　　⑴　法令違反に係る制裁／342

　　　　⑵　制裁に係る課題／343

第4節　公開買付制度における課題・345

第11章　行政監督機関と自主規制機関 ———————— 349

第1節　行政監督機関・349

　　1　金　融　庁／349

　　2　証券取引等監視委員会／352

第2節　自主規制機関・354

　　1　金融商品取引所／354

　　2　金融商品取引業協会／357

　　　　⑴　認可金融商品取引業協会／357

　　　　⑵　認定金融商品取引業協会／359

■索　　引・363

凡　例

EDINET……Electronic Disclosure for Investors' NETwork（金融商品取引法による法定開示の電子開示システム）

FDガイドライン……金融商品取引法金第27条の36の規定に関する留意事項（フェア・ディスクロージャー・ルールガイドライン）

GAAP……Generally Accepted Accounting Principles（一般に公正妥当と認められる会計基準）

MAR……Market Abuse Regulation（市場阻害行為規則）

TDnet……Timely Disclosure Network（適時開示情報伝達システム）

インサイダー情報……金融商品取引法によるインサイダー取引規制における規制対象の情報

インサイダー取引規制……金融商品取引法による内部者取引規制

会計士法……公認会計士法

開示ガイドライン……企業内容等の開示に関する留意事項について（企業内容等開示ガイドライン）

開示府令……企業内容等の開示に関する内閣府令

監基報……監査基準委員会報告書

監査証明府令……財務諸表等の監査証明に関する内閣府令

「企業情報」……会社の商号，当該会社の属する企業集団及び当該会社の経理の状況その他事業の内容に関する重要な事項その他の内閣府令で定める事項（法5条1項2号）

記載欠缺……記載すべき重要な事項または誤解を生じさせないために必要な重要な事実の記載が欠けていること

公認会計士等……公認会計士または監査法人

財務諸表等……財務諸表（個別財務諸表）及び連結財務諸表

財務諸表等規則……財務諸表等の用語，様式及び作成方法に関する規則

施行令……金融商品取引法施行令

「資産情報」……会社が行う資産の運用その他これに類似する事業に係る資産の経理の状況その他資産の内容に関する重要な事項その他の内閣府令で定める事項（法5条1項2号・5項）

資産流動化法……資産の流動化に関する法律

自社株券等買付府令……発行者による株券等の公開買付けの開示に関する内閣府令

社債株式等振替法……社債，株式等の振替に関する法律

「重要事実」……上場会社等に係る業務等に関する重要事実（法166条1項）

「重要情報」……上場会社等の運営，業務または財産に関する公表されていない重要な情報であって，投資者の投資判断に重要な影響を及ぼすもの（法27条の36第1項）

凡　例　XVII

重要情報公表府令……金融商品取引法第２章の６の規定による重要情報の公表
　　に関する内閣府令
「証券情報」……募集または売出しに関する事項（法５条１項１号）
証券情報等府令……証券情報等の提供又は公表に関する内閣府令
証取法……証券取引法
上場規程……有価証券上場規程（東証）
上場規程施行規則……有価証券上場規程施行規則（東証）
大量保有開示府令……株券等の大量保有の状況の開示に関する内閣府令
他社株券等買付府令……発行者以外の者による株券等の公開買付けの開示に関
　　する内閣府令
タスクフォース報告書……金融審議会 市場ワーキング・グループ フェア・ディ
　　スクロージャー・ルール・タスクフォース報告「投資家への公平・適時な情
　　報開示の確保のために」
定義府令……金融商品取引法第２条に規定する定義に関する内閣府令
適時開示ガイドブック……東京証券取引所『会社情報適時開示ガイドブック』
東証……株式会社東京証券取引所
特定有価証券開示府令……特定有価証券の内容等の開示に関する内閣府令
取引所……金融商品取引所
取引規制府令……有価証券の取引等の規制に関する内閣府令
取引所市場……金融商品取引所の金融商品市場
取引所等府令……金融商品取引所等に関する内閣府令
内部統制府令……財務計算に関する書類その他の情報の適正性を確保するため
　　の体制に関する内閣府令
内部統制府令ガイドライン……「財務計算に関する書類その他の情報の適正性
　　を確保するための体制に関する内閣府令」の取扱いに関する留意事項につ
　　いて（内部統制府令ガイドライン）
認可協会……認可金融商品取引業協会
法……金融商品取引法
レギュレーションFD……Regulation FD
連結財務諸表等規則……連結財務諸表の用語，様式及び作成方法に関する規則

注意事項

1．上場会社等の業務執行決定機関が行うことと行われることにおける重要な相違を踏まえ，
　　それぞれ必要な場合において「」をつけて，「行うこと」と「行われること」と明確に表
　　示し，両者の区分を強調している。
2．注記の番号は，各章毎に通し番号としている。
3．本書で取り上げている報告書や著書等において，その公表・出版の時点が掲記されてい
　　る年月をそのまま引用しているので，年月については和暦と西暦の双方を記載している。

金融商品取引法の意義と開示規制

第1節　市場規制と金融商品取引法

1　資金の調達・運用の市場

　企業は，必要な資金を調達して，目標とする業績（経営成績）等の達成を目指して，経営活動を計画・管理しながら展開していくこととなる。ここで，経営成績の結果を示す損益と資金収支のキャッシュ・フローとは，経営活動の継続において「車の両輪」の関係を果たすものである。この資金は，経営活動から得られる内部資金と外部から調達する外部資金から構成される。外部資金の調達は，銀行等の金融機関から借り入れる方法や株券等の有価証券を発行して投資者から出資等を受ける方法がある。

　前者の資金調達は金融市場（狭義），後者は資本市場により行われるものである。金融市場においては，資金の出し手（預金者）と資金の受け手（企業）との間に銀行等の金融機関が仲介する仕組みとなることから，間接金融とされている。一方，資本市場においては，資金の出し手（投資者）から資金の受け手（企業）が直接的に資金を調達する仕組みであることから，直接金融とされている。資本市場は，多数の投資者からの投資を受けることができることから，目的に応じて多額で長期の資金を調達することもできる市場である。両市場は，広義の金融市場と呼ばれる。

　資本市場が資金調達市場と呼ばれているのは資金の受け手である企業サイド

2

からの位置付けであるが，資金の出し手である投資者にとっては資金の運用市場となるものである。資金の運用は，運用リスクを低く抑えて運用リターンも控えめに対応する間接金融における預金に対して，直接金融における投資はリスクとリターンを踏まえて，自己の投資方針に照らして運用するということになる。このように，資金調達市場は資金運用市場としての属性も有しているものである。

　ここで，資本市場は，一般によく利用されている市場用語である証券市場と同義である。金融商品取引法は金融商品（有価証券及びデリバティブ取引等）（法2条24項）に関する規定が定められているが，同法による開示規制（例えば，法定開示書類として有価証券届出書，有価証券報告書等が定められている）は有価証券を規制対象として定めていることから，以後，本書においては資本市場を証券市場としての語を用いることとする。

2　証券市場の構成と機能

　企業の持続的成長及び企業価値向上において資金調達は重要な役割を有しており，直接金融による資金調達を提供する証券市場は経営活動において重要な機能を果たすことになる。また，投資者にとっても，資産である資金の運用の場を求めることとなるから，証券市場はこうした投資者が求めることにも対応するものである。そこで，企業の経営活動及び投資者の投資活動と証券市場との関係を理解しておくことが必要である。

　ここで，証券市場は，発行市場と流通市場から構成され，両者一体となって市場機能を発揮する。

(1)　発行市場

　発行市場（primary market）とは，企業等の有価証券の発行者により，発行される株券や債券などの有価証券を投資者が購入（投資）し，当該発行者がその購入資金を取得するという資金調達・資金運用の市場をいう。株式市場や債券市場（例えば国債市場，社債市場）などにおいて，資金調達・資金運用が代表的になされている。市場参加者は，企業等の有価証券の発行者と有価証券の売買を行う投資者から構成され，これらの参加が証券市場の成立要件となる。発

行市場は，発行者においては資金調達，投資者にとっては資金運用の場となる市場である。発行市場においては，資金調達の核となる有価証券の価格・発行量が市場価格や市場実勢を反映して決定されることとなる。これが市場機能による効率的資金配分となるものである。

こうした市場機能を活かして，発行市場における資金調達は，個々の投資者による投資額は少額だが多数の投資者が投資をすることにより，多額の資金調達ができることとなる。また，発行市場においては，有価証券の発行者と投資者による直接金融とともに，直接金融と間接金融の中間に位置する金融の仕組みである市場型間接金融も機能することとなる。市場型間接金融は，直接金融とは異なって投資先を投資者が直接には判断・決定せず，投資専門業者が選別した資産への投資や投資対象である不動産や債権等が小口化・証券化された有価証券への投資などを行う仕組みである。つまり，投資専門業者が仲介機関となり（間接金融），市場を通して多数の投資者からの投資（市場取引）が行われる仕組みが市場型間接金融である。

(2) 流通市場

流通市場（secondary market）とは，既に発行されている企業の株券・社債券，国の国債証券等の有価証券が投資者間で売買・転々流通される市場をいう。流通市場においては，投資者間の合理的な投資判断を反映した有価証券の売買すなわち当該投資判断の投合により公正な価格形成を生み出すこととなる。これが公正な市場価格すなわち時価が形成されるという価格発見機能である。価格発見機能は，市場機能として重要な役割を果たすこととなるものである。この価格発見機能は，企業価値を反映した株価の形成，債務不履行リスクを反映した社債価額の形成等を果たすこととなる。現状，流通市場は取引所に上場されている上場有価証券が売買される取引所市場が中心となっている。

ここで，流通市場において投資者間で有価証券を売買することにより，売主の投資者は投資資金の回収，買主の投資者は資金投資を行って当該有価証券を取得することとなる。このように，有価証券の発行者は流通市場における当該有価証券の売買にかかわらないということである。こうしたことを踏まえ，有価証券の発行者の調達資金が長期資金や返済対象外のものであっても，投資者

にとっては投資資金の回収の円滑化や短期資金化も流通市場がもたらすものである。すなわち，流通市場は投資者に対して，資金投下とともに資金回収の場を提供する機能を果たすこととなる。

3　市場規制の必要性と構成

　発行市場と流通市場が有機的に一体となって有効・適切に機能することが証券市場の機能を十分に発揮させるための前提となるものである。発行市場においては，有価証券の発行者に関する投資判断情報が開示され，それを利用して合理的に投資判断を行って当該有価証券の取得が投資者により行われることとなる。また，流通市場においては，同じく投資判断情報をもとに投資者の間で有価証券の売買がなされ，流通市場における価格発見機能の確保と公正円滑な取引が日々行われることになる。

　したがって，不公正な証券取引は厳格に排除されて公正円滑な市場取引が確保されることが証券市場の機能を発揮するための大前提となる。そのため，必要と認められる市場規制が整備されることが必要となる。この市場規制を設けるため，金融商品取引法による公的規制が定められることとなる。また，金融商品市場を開設し，運営・管理する自主規制機関たる取引所においても自主規制による対応が必要となる。こうした公的規制及び自主規制が整備・運用されることにより，証券市場における公正かつ円滑な取引が確保されることとなる。

　ここで，発行市場と流通市場の一体的機能が証券市場の本質であることを踏まえ，国民経済の健全な発展と投資者保護のためには，次に掲げる市場規制を設けて，公正円滑な市場取引を確保する必要がある。

　　① 企業内容等に関する情報開示（開示規制）

　取引対象である有価証券やその発行者の企業内容等に関する情報である投資判断情報が適時・適切に提供されて，公正な価格形成がなされ，効率的な資金配分が可能となるため，当該投資判断情報の開示の義務付けが必要である。このため，発行市場と流通市場の両市場において，投資者の投資判断に影響を及ぼすべき重要な情報が公正かつ公平に広く一般に提供されることを求める規制が開示規制である。なお，開示規制への対応に係る行為規制も必要となる。

② 不公正取引の排除（取引規制）

　証券市場に対する信頼を確保して市場として機能するため，投資者の市場参加の前提条件を整備し，かつ，市場機能の適切な発揮を確保するため，相場操縦や重要な内部情報を開示しない状況下でのインサイダー取引等の不公正取引を厳しく防止・排除する必要がある。このために設けられる規制が取引規制である。

③ 市場関係者の取引所・仲介業者の適切な業務運営等（業者規制）

　金融商品市場を開設・管理運営する取引所や市場における仲介業等の金融商品取引業を行う証券会社等に対して，市場における公正円滑な取引を確保するため，これらの者に対する監督・指導等が必要である。市場を開設する取引所は，自主規制機関として適切な運営が確保される必要がある。また，証券投資の仲介となる証券会社等の金融商品取引業者により投資者に不当な勧誘等がなされてはならない。こうしたことを踏まえて，自主規制機関及び金融商品取引業を行う者に対して設けられる規制が業者規制である。

4　金融商品取引法の意義と目的

(1)　金融商品取引法の意義

　証券市場における有価証券等の発行及び公正円滑な取引の確保について総合的に規律する法が金融商品取引法である。すなわち，金融商品取引法は，証券市場をとりまく環境の変化に対応し，投資者保護の徹底と市場利用者の利便性の向上等を図って，市場機能の確保及び証券市場の国際化への対応を図る市場規制法である。この金融商品取引法は，旧来の証券取引法の題名を改正し，金融先物取引法，外国証券業者に関する法律等の法律を統合し，さらに法改正を行って制定されたものである。この法律統合の中核となっていた証券取引法は，国民経済の適切な運営及び投資者の保護に資するため，有価証券の発行及び売買その他の取引を公正ならしめ，かつ，有価証券の流通を円滑ならしめることを目的とする法律であった（旧証取法1条）。

　ここで，金融商品取引法の整備において，①投資性の強い金融商品に対する

横断的な投資者保護法制の構築，②開示制度の拡充，③取引所の自主規制機能の強化，④不公正取引等への厳正な対応が主要な役割を果たすことがめざされていた^(注1)。こうしたことを踏まえ，金融商品取引法は，従来の証券取引法における市場規制を深化させ，それらの実効性を確保するための制裁措置等も併せて定めている。

(2) 金融商品取引法の目的

金融商品取引法の目的は，次のとおり規定されている（筆者が下線と番号を記している）。

「第一条

　この法律は，①企業内容等の開示の制度を整備するとともに，金融商品取引業を行う者に関し必要な事項を定め，金融商品取引所の適切な運営を確保すること等により，②有価証券の発行及び金融商品等の取引等を公正にし，有価証券の流通を円滑にするほか，資本市場の機能の十全な発揮による金融商品等の公正な価格形成等を図り，③もつて国民経済の健全な発展及び投資者の保護に資することを目的とする。」

上記の法1条が規定している金融商品取引法の目的規定は，次の3つの部分（上記下線で示した①〜③）から構成されている。

① 目的達成に係る対処

下線①は，法の目的達成のために要する対処として，企業内容等の開示の制度を整備するという開示規制とともに，証券市場（上記の法1条において掲記されている資本市場をいう。以下同じ）の構成の参加となる有価証券の発行者と投資者との仲介等の事業活動を行う金融商品取引業を行う者（証券会社等）に関し必要な事項を定め，証券市場を開設し管理運営する自主規制機関たる取引所の適切な運営を確保するという業者規制を掲げている。そして，本条文において，こうした規制のほかにも対処すべきことがあることが示されており（「…等」と規定），公正な市場取引の確保に係る取引規制も法の対処として含まれ

(注1)　金融庁「新しい金融商品取引法制について──利用者保護と公正・透明な市場の構築に向けて──」，平成18年9月。

ているものと解される。これらの規律を構成する市場規制については，前記3を参照。つまり，下線①は金融商品取引法がどのような対処を設けるかの方向を示しているものと考えられる。そこで，当該対処として市場規制を定めることにより，証券市場における公正円滑な取引及び市場機能を発揮させる下線②の目的を達成させ，もって下線③に掲げる法の最終的な目的を達成するために必要とすることになる規律を明らかにしているのが下線①の規定である。

②　直接的な目的

下線②は，法の直接的な目的を規定し，証券市場の機能確保を明示して市場規制法としての性格を改正前の証券取引法より一層明確にしている。金融商品取引法の直接的な目的として，「有価証券の発行及び金融商品等の取引等を公正にし，有価証券の流通を円滑にする」ことを掲げており，発行市場及び流通市場における公正円滑な市場取引の確保をまず規定している。そして，「資本市場の機能の十全な発揮による金融商品等の公正な価格形成等」を図ることを掲げており，投資者の合理的な投資判断の投合により証券市場における価格発見機能が有効適切に実現されることにより，金融商品の取引が公正な価格により市場で取引されることを目的として掲げている。証券市場が，市場として有効，適切に機能するようにすることを法の目的と明記しているものであり，金融商品取引法は市場規制法であることが明らかにされている。

③　最終的な目的

下線③は，金融商品取引法の最終的な目的として，「国民経済の健全な発展及び投資者の保護に資すること」を掲げている。証券市場が市場として成立するためには，有価証券の発行者と投資者の参加が前提となるが，そのためには証券市場において投資者の合理的な投資判断の投合による価格発見機能という市場機能による効率的資源配分が基礎となるものである。この効率的な資源配分に対応して，投資者は証券市場において資金運用を行うこととなるが，投資の自己責任すなわち投資によるリスクを全て自身が負うこととなる。そこで，この投資の自己責任原則の下で投資者が市場参加するためには，市場規制の必要性を踏まえて投資者保護が確保されなければならない。

また，もう一方の市場参加者である証券発行者としての代表的な企業の成長は，自由主義経済における国民経済の発展に欠かせないものである。こうした企業の持続的成長や企業価値の向上等においては，事業活動に必要な資金調達手段の確保等が必要不可欠のものである。この資金の受け手たる企業の資金調達の確保において，証券市場において効率的な配分がなされることとなることから，資金の出し手たる投資者が資金運用を行うこととなる。このように，証券市場における効率的資源配分を通しての資金調達や資金運用は，国民経済の発展においても重要な役割を果たすこととなることは明らかである。

こうしたことを踏まえて，投資者保護が図られる枠組みの中で国民経済の発展に大きくかかわる証券市場が適切に機能するための規律として法が設けられる必要がある。そこで，国民経済の健全な発展及び投資者保護に資することの2つを最終的目的として制定される法が金融商品取引法であると考えられる。すなわち，投資者保護を前提として，資源の効率的な配分を果たす証券市場は国民経済の健全な発展と緊密にかかわるものであることから，この2つが法の最終的目的として規定されたものである。

5　投資者保護

⑴　投資者保護の内容

金融商品取引法における投資者保護の前提は，投資者の自己責任原則である。この自己責任原則とは，投資判断の結果の損失も投資者自らが負うことをいう。預金の場合の一定額の保証（預金者保護）と異なるものである。この前提を踏まえ，投資者保護の具体的な内容は，金融商品取引法による市場規制によるものであり，次の3つの保護から構成されている。

①　事実を知らされないことによって被る不測の損害からの保護

証券市場における取引対象となる有価証券及びその発行者の内容等に関する情報すなわち投資対象に関する情報が知らされないと，投資者が自己責任を負って合理的な投資判断を行うことができないことになる。その結果，不測の損害を受けることとなる。そこで，こうした不測の損害を防止するための保護

が必要であり，この投資者保護は投資者の市場参加の大前提となるものである。すなわち，投資判断情報が適時，適切に開示されなければ，投資者が合理的に投資判断を行うことは不可能であり，誤った投資判断を強いられることにもなりかねない。こうした不測の損害からの投資者保護を図るため，企業内容等の開示に関する開示規制が定められている。

② 不公正な取引によって被る不測の損害からの保護

投資者の市場への参加は，市場において透明で公正な取引が行われるようになっているという信頼が前提となる。そこで，取引価格の操作（相場操縦）や重要な投資判断情報を知っている者と知らない者との間の取引という情報の非対称を利用した不公正な取引（インサイダー取引）等を防止し，投資者が被る不測の損害を防止する保護が必要となる。公正円滑な市場取引を目指す金融商品取引法において，こうした不公正な取引によって被る不測の損害からの保護を図るため，当該不公正な取引を禁止する取引規制が定められている。

③ 不適切な投資勧誘によって被る不測の損害からの保護

証券市場における取引の仲介等の金融商品取引業を行う業者は，市場取引への取込みや市場機能等を踏まえて，顧客への売買勧誘等を含めて適切な対応・行為が行われなければならない。つまり，業者の利益優先ではなく，顧客の投資の目的・方針，資産状況等を踏まえて，顧客の投資・資金運用に適切に対処する必要がある。しかし，こうしたことがなされず，金融商品取引業者による不適切な投資勧誘があれば，投資者は不測の損害を受けることとなるので，不適切な投資勧誘は禁止されなければならないものである。そこで，不適切な投資勧誘によって被る不測の損害からの保護を図るため，業者規制が定められている。

(2) 投資者の区分

投資者は，国民の一般的な投資者と投資専門業者等のプロ投資者から構成されている。プロ投資者については，所定の者が適格機関投資家（次の①）と特定投資家（次の②）として定められている。投資者保護は，こうした投資者の

10

区分に応じてなされることとなる。

①　適格機関投資家

適格機関投資家とは，有価証券に対する投資に係る専門的知識及び経験を有する者として内閣府令で定めるものいう（法2条3項1号，定義府令10条）。この適格機関投資家の例をあげれば，次のとおりである。

・金融商品取引業者（第1種金融商品取引業者[注2]または投資運用業を行う者に限る），投資法人，銀行，保険会社，農林中央金庫，年金積立金管理運用独立行政法人，株式会社日本政策投資銀行等の金融機関等
・保有する有価証券の残高が10億円以上で金融庁長官に届出を行った法人等
・保有する有価証券の残高が10億円以上で金融商品取引業者等に有価証券の取引を行うための口座を開設した日から起算して1年を経過しており，金融庁長官に届出を行った個人等

②　特定投資家

特定投資家とは，適格機関投資家，国，日本銀行のほか，投資者保護基金，上場会社，資本金の額が5億円以上であると見込まれる株式会社などをいう（法2条31項，定義府令23条）。また，法人や個人において，一定の条件をもとに金融商品取引契約に関して自己を特定投資家として取り扱うよう申し出ることができる（法34条の3・34条の4）。

第2節　開示規制の概要

1　開示規制の必要性

企業内容等に関する情報の開示は，証券市場に参加する不特定多数の投資者

（注2）　第1種金融商品取引業者とは，有価証券の売買，市場デリバティブ取引，有価証券の売買等の媒介・取次ぎ・代理，有価証券の募集・売出しの取扱いなどの業を行う者をいう（法28条1項）。市場デリバティブ取引とは，将来の一定の時期において金融商品・金融指標・利率等を決済する際の差金等の取引で，先物取引，スワップ取引，オプション取引等をいう（法2条21項）。

への公正で公平な情報提供でなければならない。この情報提供をもとに投資者が市場における投資対象物件に対する分析・評価を行い，それに基づいて合理的に投資判断を行って，その結果市場において公正で効率的な競争取引が確保されていることが必要となる。そこで，投資者が合理的な投資行動をとるためには，投資対象の有価証券及びその発行者に関する情報の開示が必要不可欠のものとなる。金融商品取引法の最終目的として定められている投資者保護の1つである「事実を知らされないことによって被る不測の損害からの保護」のためにも，こうした情報開示を義務付ける開示規制は欠かせないものとなる。開示規制は，投資者の投資における自己責任原則を求める必須の条件となるものである。

　この開示規制により制定される開示制度とは，真実で十分な情報を明瞭に分かりやすく投資者に開示することによって，投資者が自己責任において合理的な投資判断をなし得るようにすることにより投資者保護を図るものである。開示規制は，証券市場を構成する発行市場及び流通市場の両市場において定められなければならないものであることを掲げれば，次のとおりである。

　発行市場においては，有価証券を発行して資金を調達しようとする発行者（資金の受け手）と資金を供給する投資者（資金の出し手）との間には情報の非対称が存在する状況の中で，資金調達を効率的に行うためには，投資者への投資判断情報の提供が必要となる。そこで，開示情報の正確性，十分性及び明瞭性を確保し，証券発行者と投資者との間の情報の非対称を適切に解消し，投資の自己責任を求めるに足る重要な企業内容等に関する情報の開示を確保するために発行市場における開示規制が設けられている。

　一方，流通市場においては，投資者の間で日常的に売買取引がなされるが，その際には上記に掲げた重要な企業内容等に関する情報の開示が投資判断の前提となる。すなわち，流通市場における投資判断情報の開示も発行市場と変わることはなく必須のものである。この場合，流通市場においては，自己株買付けのような特別の場合を除いて証券取引の当事者として証券発行者はかかわらないが，開示すべき重要な投資判断情報を把握している当該証券発行者に開示を義務付けるために流通市場における開示規制が設けられている。

　以上のとおり，証券市場の成立を確保していくためには，市場における取引

対象となる有価証券の発行者に対して，投資判断において求められる重要な企業内容等に関する情報の開示が義務付けられる必要がある。これにより，自己責任を負うに足る投資判断情報の提供が確保されることとなるのである。ここで，投資者は一般投資者とプロ投資者に分けられることから，開示規制の趣旨に照らして，投資に係る専門家であり，投資判断情報の入手対応等にも対処できるプロ投資者を対象とした証券取引については開示規制は適用されない。また，企業内容等に係る開示規制については，投資対象となる有価証券の内容やその発行者に関する情報の開示を求めるものであるが，その開示がなくとも投資者の投資判断に支障をきたすおそれがないと認められる有価証券については開示規制の除外と定められている。この開示規制の除外となる有価証券については次の第2章第3節を参照。

2　開示規制の実効性

　証券市場における投資は，投資者の投資判断に必要な情報すなわち投資者が自己責任を負うに足る情報である企業内容等の開示は投資の大前提となることから，開示規制に対する信頼性の確保は欠かせないものである。証券市場を規制する金融商品取引法の目的規定において，投資判断に必要な企業内容等の開示制度の整備を明記していることも（法1条），法の開示規制への対処を明確にしている。

　そこで，証券市場における開示規制の信頼性が確保されるためには，開示規制が実際に有効・適切に機能しているという実効性がなければならない。開示規制に係る実効性があるとの投資者からの信頼を得るためには，①投資者の投資判断に影響を及ぼすべき重要な情報を適時，適切に開示するための制度が整備されていること，②当該制度が遵守され，開示すべき情報の開示が実際に行われていること，という2つの要件について投資者からの信頼が確保されていることが不可欠である。投資の自己責任原則の下で投資者が市場参加するについては，①の要件だけでは十分ではなく，①の実績としての制度の整備及び運用についての投資者の信頼確保という②の要件も重要である。つまり，企業内容等に関する適時，的確な開示のための規制が整備され，当該開示規制が実際に市場で機能しているとの信頼を投資者から得られていることが必要というこ

とである。市場に対する適切な情報提供は，文字どおり，証券市場の基盤（インフラ）としての性格を有するものであり，開示主体たる証券発行者にあっては，こうした認識を明確に有していることが極めて重要なことである。

　このように，開示規制が実効性をもって機能することにより，企業内容等に関する投資判断情報の開示が適切に行われて，投資者が自己責任を受け入れる前提が整えられることとなる。こうした段階において，投資者の合理的な投資判断の投合による価格発見という市場機能の下に公正円滑な市場取引が実現することとなる。したがって，投資判断情報の開示に対する投資者からの信頼性確保は，証券市場において極めて重要な役割を果たすこととなることから，不正会計の粉飾決算による財務諸表等の開示など，虚偽情報等の開示は厳しく排除されなければならない。こうした不適切な開示による市場に対する重大な不信を避けるためにも開示規制の実効性の確保が必須のものである。

3　開示規制の構成と相互関係

　重要な投資判断情報の開示を義務付ける開示規制は，金融商品取引法による公的規制の法定開示だけではなく，自主規制機関たる取引所による自主規制による適時開示も含まれる。そこで，これらの開示規制の概要をそれぞれ取り上げることとする。

(1)　法定開示書類による開示制度

　発行市場と流通市場という証券市場を構成する市場のそれぞれにおいて，企業内容等に関する重要な事項その他の公益または投資者保護のため必要かつ適当なものを，所定の様式により定められた書類すなわち法定開示書類を証券発行者からの提出を受けて，公衆縦覧を求める開示制度が金融商品取引法により制定されている。発行市場においては有価証券届出書等，流通市場においては有価証券報告書等の法定開示書類が設けられており，それらの書類及びその写しが公衆縦覧されることにより，投資対象の有価証券及びその発行者に関する重要な情報が開示される制度が制定されているものである。そして，こうした公衆縦覧された情報の閲覧（間接開示）に加え，投資者に交付される目論見書等（直接開示）も定められている。

14

　また，透明な競争売買により公平に証券取引される取引所市場の外（市場外）で株券等を大量に買い付けたりすることを規制する観点から，その買付けに関する情報等を公開買付届出書等により開示する公開買付制度が設けられている。また，大量の株式保有者については，保有の状況や保有意図等に関する情報を大量保有報告書等により開示する大量保有報告制度が設けられている。

　こうした投資者の投資判断に重要な影響を及ぼす投資判断情報を開示する仕組みを設定している公的規制が法定開示書類による開示制度である。この法定開示制度に係る開示規制については，第3章及び第4章，第8章及び第9章において取り上げることとする。

(2)　フェア・ディスクロージャー規制

　前記(1)の開示規制により，法定開示書類の提出・公衆縦覧等により所定の投資判断情報が一定の時期または臨時に開示されることとなるが，こうした法定開示制度とは別に投資者の投資判断に影響を及ぼす重要な内部情報について選択的開示（特定の者への情報伝達）が行われた場合に限定して，その内部情報の開示（公表）を求めるフェア・ディスクロージャー規制が金融商品取引法により制定されている。つまり，フェア・ディスクロージャー規制は，重要な投資判断情報を開示することを一律に義務化するのではなく，選択的開示が行われた場合のみにおいて開示を義務化する制度である。また，開示対象となる情報については，法定開示書類による開示制度とフェア・ディスクロージャー規制においては非常に大きく異なるものであるほか，開示の方法等も全く異なることが定められている。

　このように，法定開示書類による開示制度とフェア・ディスクロージャー規制は大きく異なる開示規制である。フェア・ディスクロージャー規制については，第7章において取り上げることとする。

(3)　適時開示制度

　金融商品市場を開設する取引所（法2条16項）が，上場会社に重要な投資判断情報の開示を義務付けている自主規制が適時開示である[注3]。証券市場における自主規制機関たる取引所は，投資者保護を図りつつ取引所市場における公

第 I 章　金融商品取引法の意義と開示規制　15

正円滑な取引を確保するため，その業務すなわち自主規制業務を適切に行うべきことが義務付けられていること（法84条1項）を踏まえ，自主規制業務の一環として設けられている開示規制が適時開示制度である。通常，「制度」と称されるものは公的規制として法により定められている規制をいうが，適時開示は上場会社に開示を義務付けていることから（上場規程402条柱書等），法定開示と同様に開示制度と一般的に呼ばれている。本書においても適時開示制度の語を用いることとする。

　適時開示制度は，投資者の投資判断に影響を及ぼす重要な情報を広く開示対象とするとともに適時かつ適切に開示することを求めており，法定開示書類による開示制度における開示の対象情報及び開示の時期等とは大きく異なっている。また，適時開示制度における開示は，フェア・ディスクロージャー規制が義務付けている選択的開示の場合だけではなく，重要な投資判断情報が生じた時点において適時に公衆縦覧（一般開示）することを求めており，フェア・ディスクロージャー規制とも大きく異なる仕組みを設けているものである。適時開示制度については，第6章において取り上げることとする。

⑷　適時開示による法定開示の補完

　金融商品取引法による開示規制だけでは投資者の投資判断に影響を及ぼす重要な投資判断情報の適時，適切な開示が十分になされていないと考えられるのが情報開示に係る実態である。次に掲げるように，適時開示制度は法定開示規制を補完する機能も果たしている。

　　①　例えば，減資（資本金の減少）・株式分割・解散等の決定，上場廃止の原因となる事実・主要取引先との取引停止等の発生，重要な業績予想の修正，粉飾決算の判明等の重要な情報は必ず開示されるべきものである。これらの情報が投資者の投資判断に重要な影響を及ぼすことは明らかであるからである。しかし，これらの情報の開示は，開示対象情報の範囲を踏まえて，

（注3）　店頭市場が開設されていた時点においては，自主規制機関の日本証券業協会により店頭売買有価証券の発行者に対しても同様の適時開示が求められていた。なお，現時点では店頭市場は開設されていないことから，適時開示制度については取引所によるものを取り上げることとする。

法定開示ではなされず，適時開示によりなされている。また，決算情報の定期開示や重要な情報が生じた場合の臨時開示の時期において，適時開示は法定開示より早期になされている。

② フェア・ディスクロージャー規制においては，例えば上記に例示した重要な投資判断情報について選択的開示を行った場合のみに開示が義務付けられ，選択的開示がなければ開示を義務付けない。しかし，投資者がこうした重要な情報を知っていなければ合理的な投資判断はできず，企業の実態を反映する公正な市場価額は形成されない。証券市場における価格発見機能も阻止されるということである。したがって，選択的開示を行ったことを開示の条件とするのではなく，当該重要な投資判断情報については適時に開示することを求める適時開示が重要な投資判断情報の非対称を解消せしめる役割を果たしている。

そこで，公的規制と自主規制から構成される開示規制については，こうした適時開示による法定開示規制の補完の内容や役割について理解が得られる必要がある。この点については，適時開示制度の解説の第6章において取り上げることとする。

4　法定開示書類の提出及び公衆縦覧の電子化

(1)　電子情報処理組織の導入

発行市場において募集または売出しを行うためには有価証券届出書等，流通市場においては有価証券報告書等の法定開示書類を内閣総理大臣（実際の手続きとして各地財務局）に提出することが義務付けられている。この提出義務者となる有価証券の発行者がこうした書類を作成し，財務局に届出・提出を行う手続きの負担が生ずることとなる。すなわち，法定開示書類の提出者にとっては，紙ベースの書類作成についての時間的対応や関係費用等において大きな負担があることから，証券市場の一層の有効活用を図る観点から，こうした負担を軽減することが必要となる。

また，法定開示書類の公衆縦覧による開示情報としての投資判断情報を適時，

適切に利用することとなる投資者において，当該法定開示書類を閲覧することとなる。例えば，発行市場における有価証券届出書や流通市場における有価証券報告書等の法定開示書類は財務局において公衆縦覧されることから，投資者は当該財務局に出向いて閲覧を行うこととなる。こうした対応は，投資者にとって財務局に向かう時間や交通費等の費用を負担することとなる。場合によっては，自身が閲覧したい法定開示書類を他の投資者が閲覧している場合には待機も余儀なくされ，公衆縦覧されている情報すなわち開示情報の利用において投資者の利用意図にかかわらず時間差異を生ぜしめ，開示情報の公平な利用を妨げることとなる。

　こうしたことから，法定開示書類に関して，有価証券の発行者による提出と投資者の開示情報の利用におけるそれぞれの負担軽減とともにより有効活用等を得るため，法定開示書類の提出及び公衆縦覧（開示）の電子化（電子開示手続）が図られることとなった（法27条の30の2）。そこで，有価証券届出書や有価証券報告書等の法定開示書類を電子媒体で提出することを義務づけ，これらの情報をインターネットで閲覧できるシステムが導入された（法27条の30の3）。法定開示書類の提出等の作業の負担軽減・効率化とともに，開示情報の利用の便宜（法定開示書類の閲覧場所の財務局に出向くことなくまた他の投資者の閲覧に制限されることなどもなく，公衆縦覧された当該法定開示書類を自由に閲覧することができるようになることなど）を図る観点から，法定開示書類の電子手続きが設けられたということである。

　この電子情報処理組織は，内閣府の使用に係る電子計算機と，法定開示書類の提出先である内閣府（財務局）と当該開示書類の提出義務者，当該法定開示書類の写しの提出先である取引所・認可協会を電気通信回線で接続した電子開示システムであるEDINET（Electronic Disclosure for Investors' NETwork）をいう（法27条の30の2）。インターネットが電気通信回線のインフラとして重要な役割を担っている。

⑵　電子開示手続の仕組み

　導入されたEDINETは，インターネットの普及を踏まえ，法定開示書類の提出を行う者はEDINETを用いることを義務付けられ（法27条の30の3），2004年

6月より全面的に適用となったものである。こうした手続を電子開示手続という（法27条の30の2）。このEDINETの利用においては，所定の技術的基準に適合する入出力装置により入力して行わなければならないとともに，あらかじめ金融庁長官に届け出るとともに，定款その他の書類を提出しなければならない（施行令14条の10）。なお，わが国における電子手続きの導入においては，アメリカの電子手続であるEDGARシステム（Electronic Data-Gathering, Analysis, and Retrieval system）なども参考に検討が行われた。このEDGARシステムは，1996年5月から全面適用されていた。

　この電子化の仕組みとして，EDINETにより，法定開示書類の提出者が当該法定開示書類の情報に係るファイルを内閣府（財務局）に通信し，記録された時に当該法定開示書類が提出されたものとみなされる（法27条の30の3第3項・第4項）。そして，取引所または認可協会への当該法定開示書類の写しの提出・送付においても，EDINETで財務局に通知することにより，その写しを提出したものとみなされる（法27条の30の6）。

　また，法定開示書類の公衆縦覧の定めの規定（法25条1項）と同じく，EDINETを使用して行われた場合，法に規定する書類についてファイルに記録されている事項または当該事項を記載した書類を公衆縦覧に供するものとなる（法27条の30の7）。また，取引所または認可協会による当該法定開示書類の写しの公衆縦覧についても同じ対応となる（法27条の30の8）。同様に，電子開示手続を行った者が法定開示書類に記載すべき事項を出力装置の映像面に表示する方法などにより公衆縦覧に供することができ，当該事項を公衆縦覧に供した者は，当該書類の写しを公衆縦覧に供したものとみなされる（法27条の30の10）。

　こうしたことを踏まえ，本書で取り上げる法定開示書類の提出や公衆縦覧（開示）は基本的にEDINETにより行われるものである。なお，電子開示手続を行う者は，あらかじめ金融庁長官に届け出ることが義務付けられている（法27条の30の3，施行令14条の10第2項）。

有価証券の定義と範囲

第1節　有価証券の特定

　金融商品取引法においては，開示規制の対象となる有価証券について，その一般的な概念に基づく定義は設けられていない。一般的には，有価証券とは，財産的価値を示す財産権を表示する文書の紙片であって，当該紙片が表示する財産権の移転・行使・利用において当該紙片をもってなされることが必要となるものをいう。しかし，金融商品取引法においては，こうした一般的な有価証券の定義や範囲とは大きく異なるものも含めて，同法独自に具体的かつ特徴的なものを有価証券として法の条文において特定している。

　具体的には，金融商品取引法においては，一般的な有価証券に含まれるもののうち特定のものを個別に列挙して定めるほか，当該一般的な有価証券には該当しない特定の権利を有価証券とみなすもの（みなし有価証券）を定めている。

1　個別列挙の有価証券

　金融商品取引法において有価証券として定めるものは，一般的な有価証券の概念や範囲とは異なることや規制の実効性等も考慮して，基本的に個別に列挙する方式を採用していることが特徴である。そこで，金融商品取引法が個別に列挙して有価証券として定めているものについて，次の〈個別列挙の有価証券（法2条1項各号）〉において掲げることとする。

〈個別列挙の有価証券（法2条1項各号）〉

1号…国債証券

2号…地方債証券

3号…特別の法律により法人の発行する債券（次号及び11号を除く）

4号…資産流動化法に規定する特定社債券

5号…社債券

6号…特別の法律により設立された法人の発行する出資証券

7号…協同組織金融機関の優先出資証券

8号…資産流動化法上の優先出資証券または新優先出資引受権を表示する証券

9号…株券または新株予約権証券

10号…投資信託または外国投資信託の受益証券

11号…投資証券，新投資口予約権証券もしくは投資法人債券または外国投資証券

12号…貸付信託の受益証券

13号…資産流動化法上の特定目的信託の受益証券

14号…受益証券発行信託の受益証券

15号…特定の約束手形（コマーシャル・ペーパー）

16号…抵当証券

17号…外国証券・外国証書（次号を除き，上記の1号から9号まで，または12号から前号までの証券・証書）

18号…外国貸付債権信託の受益証券

19号…オプションを表示する証券・証書

20号…預託証券・証書（発行国以外の国において発行する証券・証書で預託を受けた証券・証書に係る権利を表示するもの）

21号…政令（施行令1条）で定める証券・証書…外国法人が発行する譲渡性預金，学校法人等の金銭債権を表示する証券・証書

　上記のように，金融商品取引法においては，有価証券として定めるものを独自に個別列挙し，法の適用対象となる有価証券を特定して規定している。個別列挙の有価証券の中には，一般的な有価証券に該当する小切手や手形等が掲げられていないことから，これらについては金融商品取引法においては有価証券とされていないということである。

　そこで，個別列挙の有価証券について大別すると，次のとおりである。

第2章 有価証券の定義と範囲 21

① 国等による債券

公共債として代表的な国等による債券が定められている。国債証券（1号）は国が債務者として発行する債券，地方債証券（2号）は都道府県，市町村等の地方公共団体が債務者として発行する債券である。この債権の起債については，関係法や政府管理等を踏まえて，財政資金の調達のために発行される。このように発行者が民間企業等でないところが特徴の有価証券である。

② 民間企業による債券（負債証券）・持分証券

上記①と発行者が大きく異なり，民間企業が発行する代表的な有価証券が定められている。まず，負債証券の社債券が掲げられている（5号）。社債券は，会社を債務者とする金銭債権である社債（会社法2条23号）や新株予約権を付した社債である新株予約権付社債（会社法2条22号）を表示する有価証券である。また，持分証券の株券や新株予約権証券が掲げられている（9号）。株券は，株主の地位たる株式を表示する有価証券で，新株予約権証券は株式会社に対して行使することにより当該株式会社の株式の交付を受けることができる権利たる新株予約権（会社法2条21号）を表示する有価証券である。

③ 特別な法律による有価証券

一般法の会社法により発行される有価証券とは別に，特別な法律による有価証券が定められている。農林中央金庫等の発行する債券（金融債）や特殊法人が発行する政府保証債等（3号），特別の法律による日本銀行に対する出資証券（6号），協同組織金融機関の優先出資証券（7号）は，それぞれ特別の法律により発行または設立された法人により発行される有価証券である。

④ 資産流動化による有価証券

資産流動化とは，債権や不動産等の特定資産をその保有者（オリジネーター）から分離して，当該特定資産の価値をもとに証券化することにより小口化し，資金調達を図る方法をいう。この資産流動化に係る資産流動化法による特定社債券（4号），優先出資証券等（8号），特定目的信託の受益証券（13号）が資産流動化による有価証券として定められている。例えば，企業の不動産や金融

機関の貸出債権を証券化・小口化することにより，多数の投資者からの資金調達を行う際に当該有価証券が利用される。

⑤ 金融証券化による有価証券

金融証券化とは，銀行等の特定の資産を資金源泉として証券化されることをいう。銀行等が交付した「CP」の文字が印刷された用紙を使用して発行するコマーシャル・ペーパー（15号，定義府令2条），抵当権付債権を証券化した抵当証券（16号），外国貸付債権信託の受益証券（18号）が金融証券化による有価証券として定められている。特に，コマーシャル・ペーパーは，優良企業による短期（30日以内）の償還期間のものが多く，資金調達のために振り出す無担保の約束手形であり，実質的に社債の機能を有している。

⑥ 投資信託及び関連有価証券

投資信託とは，投資者から集めた資金を投資専門業者が当該収集資金を投資・運用して，その成果を投資者に分配する仕組みである。この投資信託への投資者（購入者）である受益者が当該投資信託による成果の分配や償還を受ける権利を表示する有価証券が受益証券（10号）である。また，有価証券・デリバティブ等の投資運用を行う投資法人が発行する有価証券である投資証券（11号）も多数の投資者からの資金を集めて投資・運用を行われる。投資者は投資法人の社員として成果の分配を受けることとなる。さらに，投資信託に関連する有価証券として，貸付信託の受益証券（12号），受益証券発行信託の受益証券（14号），外国貸付債権信託の受益証券（18号）も掲げられている。なお，貸付信託とは金銭の貸付等による信託財産の分配・償還を受ける信託をいう。

⑦ 外国証券

上記（1号から9号までまたは12号から16号）に掲げた有価証券がわが国おいて発行される場合には，その発行者が外国または外国の者であっても法の規制対象とする有価証券であることが定められている（17号）。

⑧　その他の有価証券

　以上に掲げた有価証券のほか，将来の約定数値と現実数値の差に基づく売買の選択権であるオプションを表示する証券・証書（19号），発行国以外の国で発行された預託証券・証書に係る権利を表示するもの（20号）が定められている。また，流通性その他の事情を勘案し，公益または投資者の保護を確保することが必要と認められるものとして政令で定める証券または証書も有価証券として定めている（21号）。政令においては，外国法人が発行する譲渡性預金証書（CD），学校法人等の金銭債権を表示する証券・証書が定められている（施行令1条）。ここで，譲渡性預金とは，払戻しについて期限の定めがある預金で，指名債権（債権者が特定している普通債権）ではないものをいう（施行令1条1号）。

2　みなし有価証券

　金融商品取引法は有価証券を個別列挙して定めていることに加え，権利について有価証券とみなす独自の規定を設けている。一般的な有価証券の概念には該当しないものを有価証券とみなして開示規制の対象としているものである。具体的には，個別列挙有価証券のうち一定のものに表示されるべき権利すなわち有価証券表示権利については証券が発行されていなくとも有価証券とみなすこと及び有価証券表示権利以外の権利についてもみなし有価証券とすることについて規定されている（法2条2項柱書）。

　このみなし有価証券の構成を取り上げれば，次のとおりである。

①　有価証券表示権利のみなし有価証券

　金融商品取引法が定めている個別列挙の有価証券（法2条1項各号）のうち，株券，社債券等の一定の有価証券における有価証券表示権利について，当該有価証券表示権利を表示する当該有価証券が発行されていない場合においても，当該有価証券表示権利を当該有価証券とみなすことが定められている。例えば，株券は株式会社の株主の地位（株式）を表示する有価証券であるが，この株券において表示される株主の地位を有価証券とみなすということである。現在，取引所に上場されている株券は発行されておらず，株式等振替制度（注1）によ

24

る振替株式が証券市場において電子取引されている。同制度による振替株式は上場株券たる有価証券とみなされることから，開示規制の対象となるということである。また，同制度による振替国債，振替社債等もこの有価証券表示権利のみなし有価証券の具体的な例である。

② 特定電子記録債権のみなし有価証券

電子記録債権（電子記録債権法2条1項）のうち，流通性その他の事情を勘案し，有価証券とみなすことが必要と認められるものとして政令で定めるもの（「特定電子記録債権」という）は，当該電子記録債権を当該有価証券とみなす。電子記録債権法は，受取手形などの債権を電子化した電子記録債権について規定した法律をいう。ただし，現状においては，政令では定められているものはない。

③ 法が定める権利のみなし有価証券

証券または証書に表示されるべき権利以外の権利であっても，金融商品取引法が独自に掲げる権利（法2条2項各号）については有価証券とみなすことが定められている。有価証券の発行の有無にかかわらず，投資者における投資対象取引となるものは有効かつ適切に法の規制対象として投資者保護を図っていく必要がある。こうした市場規制への対応を踏まえて，権利の取引が有価証券を発行しないことによって規制除外とされることを避けるため，有価証券表示権利以外の特定の権利も有価証券とみなすこととしているものである。金融商品取引法における規制対象が有価証券であることから，有価証券が発行されていない権利であっても，有価証券とみなすこととしているものである。当該特定の権利の取引において過去に投資者保護が十分でない実例等を受けて，法が定める権利のみなし有価証券の範囲が拡大されてきたところである。

（注1）　株式等振替制度は，社債株式等振替法により，証券保管振替機構と証券会社に開設された口座において株主等の権利の管理が電子的に行われるものである。なお，上場株券等が本制度の対象で非上場株券等は適用対象外である。

第2章　有価証券の定義と範囲　25

第2節　有価証券の区分

　金融商品取引法における開示規制は，規制対象の有価証券の定めや属性を踏まえて，それぞれの区分に応じて適用されることとなる。そこで，以下において，法の適用を踏まえて区分されている有価証券について取り上げることとする。

1　第1項有価証券と第2項有価証券

　金融商品取引法の適用対象とする有価証券が，個別列挙の有価証券とみなし有価証券が特定されていること踏まえて，それらの有価証券を第1項有価証券と第2項有価証券に区分している（法2条3項柱書）。この2つの区分が定められていることは，金融商品取引法が定める有価証券の特徴を端的に反映したものである。この区分を踏まえて，開示規制の適用の要件等も異なるものとなっている。

(1)　第1項有価証券

　第1項有価証券とは，法2条1項に掲げる個別列挙の有価証券または同条2項の規定により有価証券とみなされる有価証券表示権利もしくは特定電子記録債権をいう（法2条3項柱書）。第1項有価証券は，国債証券，株券等のように高い流動性を有しているものが多い。なお，第1項有価証券のうち，有価証券表示権利のみなし有価証券として規定されている振替株式，振替社債等は振替制度の利用により流動性が一層高いものとなっている。

　第1項有価証券は，法2条1項の個別列挙の有価証券と法2条2項の有価証券表示権利もしくは特定電子記録債権のみなし有価証券から構成されているということに留意する必要がある。すなわち，第1項有価証券としては，第1項の個別列挙の有価証券だけでなく，第2項において独自に定められているみなし有価証券も含まれているものである。この第1項有価証券の構成は次の図に示すとおりである。

(2) 第2項有価証券

第2項有価証券とは，有価証券表示権利以外の権利で法2条2項各号において定められている権利についてそれぞれみなし有価証券として規定されたものをいう（法2条3項柱書）。そこで，それぞれの第2項有価証券として定められている権利（法2条2項各号）を次に掲げることとする。なお，第2項有価証券は，証券または証書が発行されない権利であることから，流動性が乏しい状況にあるものである。

① 信託の受益権（1号）

資産から発生する経済的利益を受け取る権利を信託受益権といい，市場規制の対象として定めている。

② 外国の者に対する権利で上記①に掲げる権利の性質を有するもの（2号）

外国の信託の受益権も対象としている。このように，外国の権利についてもみなし有価証券の対象の権利と定めており，以下の④，⑥においても同様に定められている。

③ 合名会社・合資会社の社員権または合同会社の社員権（3号）

合同会社が全て有限責任社員となるが，合名会社または合資会社においては有限責任を負う場合の社員権を対象としている（施行令1条の2）。

④ 外国法人の社員権で上記③に掲げる権利の性質を有するもの（4号）

⑤ 集団投資スキーム持分（5号）

集団投資スキームとは，一般投資者から資金を集めて投資・事業を行い，そこから生じる利益などを分配する仕組みをいう。この集団投資スキームによって，分配される利益などを受け取る権利を集団投資スキーム持分という。集団投資スキームは，法的形式や事業の内容を問わないことも踏まえ，集団

投資スキーム持分については包括的規定が設けられている。なお，集団投資スキーム持分に関する不正活動の例が多くあって国による対応が注目されていたことなどを踏まえて，法改正がなされてきた。

⑥　外国の法令に基づく権利であって，上記⑤に掲げる権利に類するもの（6号）

⑦　特定電子記録債権及び上記①から⑥に掲げるもののほか，政令で定める権利（7号）

政令においては，所定の要件に該当する学校法人等に対する貸付けに係る債権（学校債）が規定されている（施行令1条の3の4）。

2　企業金融型証券と資産金融型証券

有価証券の市場価格，つまり有価証券の価値としては，有価証券がどのようなものであるかとともに，その発行者または証券発行の対象となる資産がどのような価値を有するものであるか，により異なることとなる。そこで，有価証券は，次に掲げる企業金融型証券と資産金融型証券に分類され，開示される情報も異なるものがそれぞれ定められている。

(1)　企業金融型証券

有価証券の発行者自身の企業価値を基礎として，財務活動や事業展開等の経営活動を行っていくために発行される有価証券を企業金融型証券という。この企業金融型証券としては，企業が発行する持分証券の株券（法2条1項9号）や負債証券の社債券（法2条1項5号）等が代表的なものである。

企業金融型証券は，有価証券の発行者の企業価値や持続的成長等の状況を踏まえて発行されるものであることから，当該発行者である企業及び企業集団の運営・業務・財産に関する情報すなわち企業内容等に関する情報の開示が重要視される。当該情報が投資者の投資判断に影響を及ぼすべき重要な事実であるからである。そこで，開示規制においては，発行される有価証券と企業内容等に関する情報の公衆縦覧を目的にして開示制度が制定されている。

(2) 資産金融型証券

有価証券の価値が企業価値という有価証券の発行者自身の価値ではなく、証券発行者とは別個にされている資産の運用等の価値を基礎として発行される有価証券を資産金融型証券という。そこで、資産金融型証券は、企業価値に関する情報ではなく、有価証券の仕組みや証券発行の基礎となっている資産及びその管理・運用に関する情報の開示が重要視される。

資産金融型証券は、発行市場における開示制度を規定する条項において、企業金融型有価証券との開示情報の基本的相違を踏まえて、特定有価証券という定義が設けられている。すなわち、この特定有価証券とは、その投資者の投資判断に重要な影響を及ぼす情報がその発行者が行う資産の運用その他これに類似する事業に関する情報である有価証券として政令で定めるものをいう（法5条1項本文かっこ書）。この政令により、特定有価証券としては、特定社債券等の資産流動化に関連する証券（法2条1項4号等），投資信託の受益証券（法2条1項10号）等が規定されている（施行令2条の13各号）。

第3節　開示規制の除外となる有価証券

金融商品取引法の第2章（法2条の2から27条）に定める開示規制の規定は、次に掲げる有価証券（法3条各号）については、適用されないこととなる（法3条柱書）。

① 国債証券及び地方債証券（1号）

国債証券及び地方債証券の発行者は国や地方公共団体であることから、債務返済に係る財政状況や政策対応等について国民や当該地方在住の方への情報提供がなされていることや元本及び利息の支払に係る不履行は通常想定されないことから、開示規制は不要とし、規制対象から除外している。

② 特別の法律により法人の発行する債券、特別の法律により設立された法人の発行する出資証券、貸付信託の受益証券（2号）

特別の法律による発行証券（法2条1項3号・6号）については、当該法律を所管する当局への届出や認可を要することとなるため、当該証券に関す

第2章　有価証券の定義と範囲　29

る重要な情報は検証され，債務不履行のリスクは限定されるものと考えられる。また，貸付信託の受益証券（法2条1項12号）の購入の際には，信託の目的，収益計算，元本の償還期限等の公告等，一定の情報開示が貸付信託法により義務付けられている。こうしたことを踏まえ，これらの証券については開示規制の除外としているものである。なお，社会医療法人が発行する債権（医療法54条の2第1項）は除かれる（施行令2条の8）。

③　集団投資スキーム持分（3号）

　集団投資スキーム持分（法2条1項5号）は，有価証券の発行ではなく，権利のみなし有価証券であることから，投資者間での売買つまり流動性は乏しい状況となるのが一般的である。そこで，集団投資スキーム持分は基本的に開示規制の対象外とされる。ただし，有価証券に対する投資を行う事業（出資または拠出をした金銭その他の財産の価額の合計額の50％を超える額を充てて有価証券に対する投資を行う出資対象事業をいう（施行令2条の9柱書））に係る権利は，本条の適用除外規定から外され，開示規制の対象となることが定められている（本号かっこ書，施行令2条の9）。この有価証券投資ファンドについては，投資規模等に関し相当の広がりを持つと考えられることから，投資運用の内容やその状況等について開示させる必要性が高いため，有価証券の内容や権利，当該有価証券の発行者に関する情報が必要とされるため，開示規制の対象としているものである。

④　政府が元本の償還及び利息の支払について保証している社債券（4号）

　社債券について政府が元本及び利息の支払いという債務履行を保証していることから，投資リスクは生じないこととなる。そこで，この社債券を購入・投資した投資者に情報開示を行わなくとも投資に特段の問題は生じないことから，開示規制の除外とされているものである。

⑤　その他政令で定めるもの（5号）

　法に加えて政令で定める有価証券も開示規制の除外とされている。この政令で定める有価証券は，外国証券・外国証書（法2条1項17号）のうち，日本国の加盟する条約により設立された機関が発行する債券で，当該条約によりその本邦内における募集または売出しにつき日本国政府の同意を要することとされているものである（施行令2条の11）。これらの証券・証書の内容や

発行体について，政府が検証し同意をしているものであることから，開示規制の除外としているものである。

発行市場における開示規制

第1節　発行市場における法定開示制度

　有価証券を活用して資金を調達しようとする証券発行者（資金の受手）と資金を供給する投資者（資金の出手）との間には情報の非対称が存在する状況の中で，双方の立場を踏まえて資金調達を適切で合理的に行う資源の効率的配分のためには，投資者への投資判断情報の提供が必要となる。つまり，有価証券の発行により，当該有価証券の発行者が資金調達を行う場合には，資金運用を行う投資者に対して投資判断情報が適時，適切に開示される必要があるということである。そこで，開示情報の正確性，十分性及び的確性を確保し，証券発行者と投資者との間の情報の非対称を適切に解消し，投資の自己責任を求めるに足る企業内容等に関する情報の開示を確保するための制度が発行市場における開示制度として定められているものである。逆に発行市場における開示制度が設定されていなければ，資金の調達と投資の運用の場すなわち証券発行者と投資者が参加することとなる発行市場が信頼性をもって機能できないこととなるであろう。この開示制度における必須の要件となる「正確性」は真実であること，「十分性」は投資判断に必要となる事項を欠かさないこと，「的確性」は投資者に誤解を生ぜしめず分かりやすいことをいう。

　証券市場における投資は自己責任原則であるため，この責任を課す前提となる投資判断情報の開示の整備・運用が必要であり，それがない場合には投資者の市場参加が見込めないため，市場が成立しないこととなる。証券投資に関す

る必要かつ十分な投資判断情報が提供されないと投資の意思決定が合理的に行えないため，投資の自己責任が問えないこととなるであろう。そこで，上述のとおり，法定開示制度が設けられているものである。こうした開示制度の設定の趣旨を踏まえ，資金調達を行う者が有価証券の発行者でなく，既に発行されている当該有価証券の保有者（例えば，上場会社の大株主）がその保有の有価証券を投資者に売出す場合も，当該発行者による開示が求められることとなる。資金調達を行う者のみが開示主体となるのではなく，企業内容等の情報を有する者が開示を義務付けられるということである。

　こうした開示制度への対応として，発行市場においては有価証券届出制度が設けられており，この制度により開示規制が定められている。有価証券届出制度とは，有価証券及びその発行者に関する投資判断情報を開示させるとともに，届出の効力が生じてから有価証券の募集または売出しを行うことができるとする仕組みである。この制度の適用により，証券市場において直接金融の有効・適切な機能を発揮させるための情報が盛り込まれている法定開示書類として有価証券届出書と目論見書が定められている。有価証券届出書はその原本と写しが公衆縦覧に供され，また目論見書は有価証券届出書の内容に準じて記載される文書で投資者に交付されるものであり，いずれも投資判断情報を開示するものである。なお，投資者は，一般投資者とプロ投資者（適格機関投資家と特定投資家）に分けられるが，開示規制の趣旨に照らし，投資に関する専門的な知識・経験・情報等を有するプロ投資者を対象とした募集または売出しの場合については有価証券届出制度は適用されない。

第2節　有価証券の募集または売出し

　募集または売出しの定義は有価証券届出制度の基礎概念，いわば規制フレームワークの枠組みの基盤に該当するものであり，開示規制の対象等に関する理解を行う上で重要なものである。なお，有価証券届出制度の詳細は第4節で取り上げることとする。

1 有価証券の募集

　有価証券の募集とは，新たに発行される有価証券の取得の申込みの勧誘（これに類する取得勧誘類似行為（次の(3)参照）を含む。以下「取得勧誘」という）のうち，次の(1)及び(2)に掲げる取得勧誘をいう（法2条3項柱書）。募集は，取得勧誘の対象証券の性格等を踏まえて，第1項有価証券と第2項有価証券に区分して別々に定められているものである。ここで，取得勧誘であって有価証券の募集に該当しないものは私募という（法2条3項柱書）。このように，取得勧誘は募集と私募に分別され，募集は開示規制の対象，私募は規制の対象外となるものであり，両者の分別により対応が大きく異なるものとなる。そこで，募集はこの1で，私募は次の2で取り上げることとする。

(1)　第1項有価証券の募集

　第1項有価証券においては，次に掲げる場合に該当するものを募集という（法2条3項1号・2号）。

① 　多数の者を相手方として行う取得勧誘の場合（特定投資家のみを相手とする場合を除く）（1号）。

　　この「多数の者」とは，50名以上の者をいう（施行令1条の5）。ここで，適格機関投資家からそれ以外の者に譲渡されるおそれが少ない場合は，当該適格機関投資家は人数計算から除外される（本号かっこ書き）。

② 　上記①の多人数向け勧誘のほか，適格機関投資家向けの取得勧誘（適格機関投資家以外の者に譲渡されるおそれが少ないもの），特定投資家向けの取得勧誘（特定投資家以外の者に譲渡されるおそれが少ないもの），多数の者に所有されるおそれが少ない取得勧誘，のいずれにも該当しない取得勧誘の場合（2号）。

　　この場合の募集は，プロの投資者向け（プロ私募）や少人数向け（少人数私募）のいずれにも該当しないような取得勧誘の場合である。つまり，プロ私募や少人数私募に該当しないものが募集である。プロ投資者向けに取得勧誘を行い，当該プロ投資者が取得した有価証券を一般投資者に向けて取得勧誘を行っていく場合は，実質的に上記①と同質の取得勧誘となる

こととなるから，上記②が募集として定められているものである。このように，募集の定めに係る私募については，次の2を参照。

(2) 第2項有価証券の募集

第2項有価証券においては，取得勧誘に応じることにより相当程度多数の者が当該取得勧誘に係る有価証券を所有することとなる場合として政令で定める場合に該当するものを募集という（法2条3項3号）。この政令で定める場合とは，その取得勧誘に係る有価証券を500名以上の者が所有することとなる取得勧誘を行う場合をいう（施行令1条の7の2）。「多数の者」に係る人数算定は，勧誘の相手の数でなく，所有者の数であることに注意する。第2項有価証券は，その取得勧誘の時点で契約内容の確定に該当しているかを判断することが困難であることなどを踏まえ，第1項有価証券に係る勧誘対象者ベースから取得者ベースに変更されているものである。

募集は基本的に多数の者を相手とする流動性が認められる取得勧誘であることから開示規制を求めるものであるが，集団投資スキーム持分等の第2項有価証券の権利については，投資者間における売買つまり流動性の頻度は低い状況となるとみられる。上場会社の発行する株券・社債券や国債証券等の第1項有価証券は市場での流動性が高いものであることを踏まえて，多数の勧誘対象者として50名以上とされているが，第2項有価証券は流動性が低いことから相当多数の500名以上の所有者とされており，両有価証券の募集の定義は大きく異なるものとなっている。このように，開示規制の対象となる発行市場における機能等を踏まえ，第2項有価証券の募集の定義は第1項有価証券と別次元のものと定められている。すなわち，第2項有価証券の募集の要件として，人数の規模について第1項有価証券の多数（50名以上）の10倍の相当多数（500名以上）とし，さらに取得勧誘の対象者ではなく，勧誘を受けて実際に取得した所有者の数としている。

(3) 取得勧誘類似行為

募集には，既に発行された有価証券（既発行有価証券）の売却であっても，実質的には新規発行有価証券の取得勧誘に類すると認められる取得勧誘類似行

為も含まれる（法2条3項柱書かっこ書）。この取得勧誘類似行為は，株券，信託受益証券等の有価証券の区分に応じて内閣府令で定められている（定義府令9条）。例えば，株券の場合は，当該株券の発行者が会社法の規定（会社法199条1項）に基づいて行う当該株券の売付けの申込みまたはその買付けの申込みの勧誘をいう（定義府令9条1号）。このように，自己株券すなわち既発行証券である自社の株券の売買の勧誘は，この取得勧誘類似行為として募集に含められている。自己株券の売却は，当該株券を発行している自社が既に発行しているものであり，新規発行の有価証券の取得勧誘を対象としている募集の有価証券そのものの概念とは異なる。しかし，株券の発行者（自社）が自己株券の売付けまたは買付けの勧誘を行う場合においては，投資者側においては当該株券が新規発行か既発行かによる実質的差異はないと考えられることから，開示規制において募集に含めることとしたものと解される。

2　有価証券の私募

(1)　私募の種類

有価証券の私募とは，有価証券の取得勧誘であって募集に該当しないものをいう（法2条3項柱書）。具体的には，第1項有価証券に係る場合の私募は次の①及び②に掲げる場合，第2項有価証券に係る場合の私募は次の③に掲げる場合に該当するものとなる。

① 50名未満の者への取得勧誘の場合

② 適格機関投資家向けの取得勧誘（適格機関投資家以外の者に譲渡されるおそれが少ないもの），特定投資家向けの取得勧誘（特定投資家以外の者に譲渡されるおそれが少ないもの），多数の者に所有されるおそれが少ない取得勧誘のいずれかに該当する場合

③ 取得勧誘に応じることにより500名未満の者が当該取得勧誘に係る有価証券を所有することとなる場合

以上のように，有価証券の私募は，一般投資者とプロ投資者（適格機関投資家・特定投資家）の投資者区分によるプロ私募（上記②）と勧誘対象者数・所有

者数つまり人数による区分の少人数私募（上記①と③）から構成されている。そこで，有価証券の私募について，こうした区分の基準を踏まえてそれぞれを次の(2)及び(3)において取り上げることとする。

(2) プロ私募

プロ投資者向けの取得勧誘は私募として定められ，プロ私募と呼ばれるものである。第1項有価証券について定められているプロ私募は，次のとおりである。

① 適格機関投資家のみを対象とする取得勧誘

適格機関投資家のみを相手方として行う取得勧誘の場合であって，当該有価証券がその取得者から適格機関投資家以外の者に譲渡されるおそれが少ないものとして政令で定める場合に該当するものが私募である（法2条3項2号イ）。政令においては，次のイからハまでに掲げる有価証券の区分に応じ，それぞれに定める場合が私募として定められている（施行令1条の4各号）。これらの場合として定められているのは，上場株券等のように証券市場における流動性が高い有価証券ではないことや転売禁止など，有価証券の譲渡が一般投資者向けとならないことの実効性を確保するすることにより，「有価証券がその取得者から適格機関投資家以外の者に譲渡されるおそれが少ない」という要件が満たされることを求めているものである。

イ　株券等……次に掲げる全ての要件に該当する場合（1号）。株券等には，株券のほかに優先出資証券等も対象として含まれている。

　　a．当該株券等の発行者が上場有価証券の発行者や店頭売買有価証券(注1)の発行者などの有価証券報告書の提出義務者でないこと。株券等の発行者が，上場株券等のように証券市場における流動性が高い有価証券の発行者ではないことを定めているものである。なお，有価証券報告書は，流通市場の継続開示制度における主要な法定開示書類である。

　　b．当該株券等と同一種類の有価証券が特定投資家向け有価証券でない

（注1）　店頭売買有価証券とは，日本証券業協会の店頭売買有価証券登録原簿（法67条の11第1項）に登録された非上場の有価証券をいう。現状，該当する銘柄はない。

第 3 章　発行市場における開示規制　37

こと。

　　　c．適格機関投資家以外の者に譲渡を行わない旨（転売制限）を定めた
　　　　譲渡に係る契約を締結することを取得の条件として，取得勧誘が行わ
　　　　れること。

　ロ）新株予約権証券等……次に掲げる全ての要件に該当する場合（2号）。
　　　新株予約権証券等には，新株予約権証券のほかに資産流動化法に規定す
　　　る新優先出資引受権や優先出資証券に転換する権利が付されている有価
　　　証券等も対象として含まれる。

　　　a．当該新株予約権証券等の行使により発行される株券等及びその発行
　　　　者が上記イのa及びbの要件を満たすこと。

　　　b．当該新株予約権証券等と同一種類の有価証券の発行者が有価証券報
　　　　告書の提出義務者でないこと。

　　　c．当該新株予約権証券等と同一種類の有価証券が特定投資家向け有価
　　　　証券でないこと。

　　　d．当該新株予約権証券等を取得・買付けた者が当該新株予約権証券等
　　　　を一括して他の1人の者に譲渡する場合以外の譲渡が禁止される旨の
　　　　制限（転売制限）が付されていること。

　ハ）上記イ及びロに掲げる有価証券以外の有価証券……次に掲げる全ての
　　　要件に該当する場合（3号）。

　　　a．当該有価証券の発行者が有価証券報告書の提出義務者でないこと。

　　　b．当該有価証券と同一種類の有価証券が特定投資家向け有価証券でな
　　　　いこと。

　　　c．上記ロdに準ずる転売制限が付されていること。

②　特定投資家のみを対象とする取得勧誘

　特定投資家のみを相手方として行う取得勧誘の場合であって，次に掲げる要
件の全てに該当するとき（上記①に掲げる場合を除く）が私募である（法2条3
項2号ロ）。

　イ）取得勧誘の相手方が国，日本銀行及び適格機関投資家以外の者である
　　　場合にあっては，金融商品取引業者等が顧客からの委託によりまたは自

己のために当該取得勧誘を行うこと。

ロ）当該有価証券がその取得者から特定投資家等（特定投資家または非居住者をいう）以外の者に譲渡されるおそれが少ないものとして政令で定める場合。この政令においては，上記①と同様に，有価証券を区分して，上場株券等のように証券市場における流動性が高い有価証券の発行者ではないことなどが定められている（施行令1条の5の2第2項）。

(3) 少人数私募

有価証券の取得勧誘の対象の人数が少ないことにより私募とされることから，少人数私募と呼ばれる。この少人数私募に関しては，第1項有価証券と第2項有価証券に分けて，次のように定められている。

① 第1項有価証券の少人数私募

私募のうち，プロ私募以外の場合であって，多数の者を取得勧誘とする募集（法2条3項1号）に該当しないもの，当該有価証券が多数の者に所有されるおそれが少ないもの（法2条3項2号ハ）が少人数私募である。後者の少人数私募については，次に掲げる全ての要件に該当する場合とされている（施行令1条の7各号）。少人数が対象であることを私募としていることから，当該私募により発行された有価証券が多数の投資者間での取引がないものを定めているものである。

イ）取得勧誘が特定投資家のみを相手方とし，かつ，50名以上の者（当該者が適格機関投資家であって，当該取得勧誘に係る有価証券が譲渡されるおそれがないときは，当該者を除く）を相手方として行う場合でないこと（1号）。

ロ）次のaからcまでに掲げる有価証券の区分に応じ，当該aからcまでに定める要件のすべてに該当すること（2号）。

a．株券等

株券等の発行者が上場有価証券の発行者や店頭売買有価証券の発行者などの有価証券報告書の提出義務者でないこと及び当該株券等の同一種類の有価証券が特定投資家向け有価証券でないこと。つまり，株券等の

発行者が，上場株券等のように証券市場における流動性が高い有価証券の発行者ではないことを定めているものである。

b．新株予約権証券等

新株予約権証券等の行使により発行される株券等及びその発行者が上記aの要件を満たすこと，当該新株予約権証券等と同一種類の有価証券が特定投資家向け有価証券でないこと及び当該新株予約権証券等を所定の方式・要件（定義府令13条1項・2項）に該当して取得・買い付けた者が当該新株予約権証券等を一括して他の1人の者に譲渡する場合以外の譲渡が禁止される旨の制限（転売制限）が付されていること。

c．上記a及びbに掲げる有価証券以外の有価証券

有価証券の発行者が有価証券報告書の提出義務者でないこと，当該有価証券と同一種類の有価証券が特定投資家向け有価証券でないこと及び上記bの転売制限が付されていること（定義府令13条3項）。

② 第1項有価証券の少人数私募に係る通算規定

少人数私募は取得勧誘の対象者が多数の者（50名以上）でない場合であるが，この「多数の者」を除く定めについては，次のように通算規定が設けられている。すなわち，有価証券の発行される日以前6か月以内に，当該有価証券と同一種類の有価証券として内閣府令で定める他の有価証券が発行されており，当該有価証券の取得勧誘を行う相手方の人数と当該6か月以内に発行された同種の新規発行証券の取得勧誘を行った相手方の人数との合計が50名以上となる場合を除いて，少人数私募に該当することとなる（法2条3項2号ハ，施行令1条の6）。つまり，50名未満に分散した取得勧誘を複数回にわたって行うことによる募集該当の潜脱行為を防止するため，6か月以内の取得勧誘者の人数を通算しているものである。私募が少人数を基準とすることから，この人数を不当に利用されることの防止のための通算規定の定めは開示規制の実効性を確保するために必要なものである。

③ 第2項有価証券の少人数私募

第2項有価証券の募集を定める規定（法2条3項3号）に該当しないものが

第2項有価証券の私募である。すなわち，第2項有価証券の少人数私募とは，取得勧誘に応じて当該有価証券を所有する人数が相当程度多数（500名以上）に該当しない500名未満の場合の取得勧誘をいう。第2項有価証券の意義を踏まえて，相当程度多数に満たない場合を少人数としているものである。

3 有価証券の売出し

有価証券の売出しとは，既に発行された有価証券の売付けの申込みまたはその買付けの申込みの勧誘（取得勧誘類似行為に該当するものを除く。以下「売付け勧誘等」という。）のうち，第1項有価証券と第2項有価証券のそれぞれに区分して定められている場合の売付け勧誘等をいう（法2条4項柱書）。取得勧誘類似行為は，前記1(3)で取り上げているものである。この売付け勧誘等の対象証券の区分を踏まえて，売出しについても募集と同様に，第1項有価証券と第2項有価証券とについて別規定とするスタンスを取っている。売付け勧誘等であって有価証券の売出しに該当しないものは私売出しという。このように，売付け勧誘等は売出しと私売出しに分別され，売出しは開示規制の対象，私売出しは対象外となるものであり，両者の分別により対応が大きく異なるものとなる。そこで，売出しはこの3で，私売出しは次の4で取り上げることとする。

ここで，募集と売出しは，勧誘の対象の有価証券が基本的に新規発行か既発行かが異なる点であり，売出しも募集の定義・基礎概念と同様であり，募集に準ずるものである。

(1) 第1項有価証券の売出し

第1項有価証券においては，次に掲げる場合に該当するものを売出しという（法2条4項1号・2号）。募集の定義と同様の定めとなっている。

① 多数の者を相手方として行う売付け勧誘等の場合（特定投資家のみを相手とする場合を除く）（1号）。

この「多数の者」とは，50名以上の者をいう（施行令1条の8）をいう。ここで，適格機関投資家からそれ以外の者に譲渡されるおそれが少ない場合は，当該適格機関投資家は人数計算から除外される（本号かっこ書）。

② 上記①の多人数向け売付け勧誘等のほか，適格機関投資家向けの売付け

勧誘等（適格機関投資家以外の者に譲渡されるおそれが少ないもの），特定投資家向けの売付け勧誘等（特定投資家以外の者に譲渡されるおそれが少ないもの），多数の者に所有されるおそれが少ない売付け勧誘等のいずれにも該当しない売付け勧誘等の場合（2号）。

　この場合の売出しは，多人数向けの売出しのほか，プロの投資者向け（プロ私売出し）や少人数向け（少人数私売出し）のいずれにも該当しないような売付け勧誘等の場合である。つまり，プロ私売出しや少人数私売出しに該当しないものが売出しである。プロ投資者向けに売付け勧誘等を行い，当該プロ投資者が取得した有価証券を多数の一般投資者に向けて売付け勧誘等を行っていく場合は，実質的に売出しに該当することとなるから上記②が定められている。このように，売出しの定めに係る私売出しについては，次の4を参照。

(2)　第2項有価証券の売出し

　売付け勧誘等の有価証券が第2項有価証券である場合は，売付け勧誘等に応じることにより相当程度多数の者が当該売付け勧誘等に係る有価証券を所有することとなる場合に該当するものを売出しという（法2条4項3号）。この「相当程度多数の者」とは，その取得勧誘に係る有価証券を500名以上の者が所有することとなる売付け勧誘等を行う場合をいう（施行令1条の8の5）。募集と同様に，多数（50名以上）から相当程度多数（500名以上）の人数とされ，人数算定は勧誘の相手の数でなく所有者の数とされている。

(3)　売付け勧誘等に該当しないもの

　そもそも売付け勧誘等から除かれるものは売出しに該当しないこととなる。この売付け勧誘等から除かれるものは，取得勧誘類似行為に該当するもの及び次の情報提供（定義府令13条の2）である（法2条4項柱書）。
① 　法令上の義務の履行として行う当該有価証券に関する情報の提供……例えば，認可協会が行う店頭売買有価証券の売買高，価格等の通知（法67条の19）
② 　認可協会等に対して，当該協会等の規則に基づき行われる当該有価証券

に関する情報の提供

⑷ 売出しに該当しない証券取引

取引所市場における有価証券の売買及びこれに準ずる取引その他の政令で定める有価証券の取引に係るものは，有価証券の売出しから除かれる（法2条4項柱書）。この政令においては，取引所市場における有価証券の売買，店頭売買有価証券市場における有価証券の売買，金融商品取引業者間において取引所市場外で行う取引のうち取引所市場における上場有価証券の売買価格を基礎として取引状況を勘案した適正な価格で行う取引などが定められている（施行令1条の7の3）。

4　有価証券の私売出し

有価証券の私売出しとは，売出しに該当しない売付け勧誘等をいう。私売出しの概念は，募集の私募と基本的に同じものであることから，その構成は私募の種類（前記2⑴参照）の構成と同じものとなっている。すなわち，私売出しは，投資者区分によるプロ私売出しと人数区分による少人数私売出しから構成され，私募の場合と同様に，それぞれ次のように定められている。

⑴　プロ私売出し

第1項有価証券の売付け勧誘等において売出しとされないプロ私売出しは，次のとおりである。

①　適格機関投資家のみを対象とする売付け勧誘等

有価証券がその取得者から適格機関投資家以外の者に譲渡されるおそれが少ないものとして政令で定める場合に該当するものが私売出しである（法2条4項2号イ）。この政令で定める内容は，株券等，新株予約権証券等，その他の有価証券の区分に応じて，プロ私募の場合の要件（前記2⑵①）と同様の要件が定められている（施行令1条の7の4）。

第3章　発行市場における開示規制　43

② 特定投資家のみを対象とする売付け勧誘等

特定投資家のみを相手方として行う売付け勧誘等の場合であって，次の要件の全てに該当するときが私売出しである（上記①の私売出しを除く）（法2条4項2号ロ）。

イ）　当該売付け勧誘等の相手方が国，日本銀行及び適格機関投資家以外の者である場合にあっては，金融商品取引業者等が顧客からの委託によりまたは自己のために当該売付け勧誘等を行うこと。プロ私募の場合の要件（前記2(2)②イ）と同様の要件が定められている。

ロ）　当該有価証券がその取得者から特定投資家等以外の者に譲渡されるおそれが少ないものとして政令で定める場合に該当すること。この政令においては，プロ私募（前記2(2)②ロ）と同様に有価証券を区分して，上場株券等のように証券市場における流動性が高い有価証券の発行者ではないことなどが定められている（施行令1条の8の2）。

(2)　少人数私売出し

少人数私売出しは，第1項有価証券（以下の①及び②）と第2項有価証券（以下の③）の区分に応じて，次のとおりである。

① 第1項有価証券の少人数私売出し

多数の者を相手方として行う売付け勧誘等の売出し（法2条4項1号）に該当しない場合，当該有価証券が多数の者に所有されるおそれが少ないものとして政令で定める場合（法2条4項2号ハ）を少人数私売出しという。この政令で定める内容は，私募の場合と同様に，次に掲げる全ての要件に該当する場合である（施行令1条の8の4各号）。

イ）　売付け勧誘等が特定投資家のみを相手方とし，かつ，50名以上の者（当該者が適格機関投資家であって，当該取得勧誘に係る有価証券が譲渡されるおそれがないときは，当該者を除く）を相手方として行う場合でないこと（1号）。

ロ）　株券等，新株予約権証券等またはその他の有価証券の区分ごとに所定の要件（施行令1条の7第2号）に該当する有価証券の売付け勧誘等を行

う場合は，当該要件に従って行うものであること（2号）。

ハ）　上記ロの有価証券以外の場合には，株券等，新株予約権証券等，その他の有価証券の区分に応じて，私募の場合の要件（前記2(3)①ロ参照）と同様の要件が定められている（3号）。

ニ）　譲渡制限のない海外発行証券の売付け勧誘等を行う場合は，次に掲げる全ての要件に該当すること（4号）。

　　a．金融商品取引業者等が売付け勧誘等を行った場合には，銘柄や所有者数等を認可協会に報告することとされていること。

　　b．報告を受けた認可協会は，銘柄ごとの所有者数の総数を算出し，公表することとされていること。

　　c．銘柄ごとの所有者数の総数が1,000人を超えないものであること。

②　第1項有価証券の少人数私売出しに係る通算規定

当該有価証券の売付け勧誘等が行われる日以前1か月以内に，当該有価証券と同一種類の有価証券の売付け勧誘等が行われており，当該有価証券の売付け勧誘等を行う相手方（当該有価証券の売付け勧誘等を行う相手方の適格機関投資家を除く）の人数と当該1か月以内に売付け勧誘等が行われた同種の既発行証券の売付け勧誘等を行った相手方（当該同種の既発行証券の売付け勧誘等を行った相手方の適格機関投資家を除く）の人数との合計が50名以上となる場合には，少人数私売出しには該当しないとされる（法2条4項2号ハ，施行令1条の8の3）。つまり，私募からの除外の場合の通算規定の趣旨と同様に，売出しの時点だけでなく，1か月以内に50名未満に分散した売付け勧誘等を複数回にわたって行うことによる売出しへの該当の潜脱行為を防止するため，1か月以内の売付け勧誘等の人数を通算しているものである。ただし，対象期間は，私募の6か月とは異なる1か月と定められている。私募においては有価証券の新規発行への対応となるが，私売出しは既に発行されている有価証券への対応となることを踏まえて，こうした期間差異が設定されたものと考えられる。

③　第2項有価証券の少人数私売出し

その売付け勧誘等に応じることにより，相当程度多数の者が当該売付け勧誘

等に係る有価証券を所有することとなる場合として政令で定める場合の500名以上（施行令１条の８の５）に該当しない場合が，第２項有価証券の少人数私売出しである（法２条４項３号）。すなわち，売出しに該当しない，500名未満に対する売付け勧誘等が少人数私売出しということである。

第３節　組織再編成

1　組織再編成

　募集または売出しは，発行市場における開示規制における対象として重要な概念を有するものとして定義づけられている。これに加えて，企業が経営活動における対応策の１つとして利用・活用する組織再編成も金融商品取引法において取り上げられている。この組織再編成とは，合併，会社分割，株式交換その他会社の組織に関する行為で政令で定めるものをいう（法２条の２第１項）。この政令で定めるものは，株式移転である（施行令２条）。企業は，持続的成長と企業価値の向上を目指して策定した経営計画の下で経営目標等を設定して，その達成・実現に向けて経営活動を進めていく。この企業の経営活動を進めていくためには，効率的に企業の運営，業務を行うことができる組織体制の構築が必要となる。

　そこで，継続されてきた企業組織について体制変換や企業グループの拡大等が必要となる場合が生ずることとなる。これが，一般的に組織再編成の対応といわれるものであり，その具体的な対応は様々な方法がある。例えば，他の企業を傘下に収めて企業集団における連結子会社とする方法として買収や合併等の方法が世界的に行われている状況である。ここで，金融商品取引法においては組織再編についての経済的な対応を全て取り上げているものではなく，企業内容等の開示規制を踏まえて，所定の組織再編成のための対応としての方法のうち，４つの方法（合併・会社分割・株式交換・株式移転）を組織再編成と定義づけている。そのため，金融商品取引法で特定される組織再編成による有価証券の発行または交付についての規制が募集または売出しに準じて定められている。

2　特定組織再編成発行手続

　組織再編成発行手続とは，組織再編成により新たに有価証券が発行される場合における当該組織再編成に係る書面等の備置きその他政令で定める行為をいう（法2条の2第2項）。現時点でその他の行為は政令で定められていない。この組織再編成発行手続のうち，第1項有価証券に係るものである場合にあっては次の(1)に掲げる場合，第2項有価証券に係るものである場合にあっては次の(2)に掲げる場合，に該当するものを特定組織再編成発行手続という（法2条の2第4項柱書）。これらの場合として定められている内容は，既に取り上げている募集の場合と基本的に同じものである。

(1)　第1項有価証券の特定組織再編成発行手続

　第1項有価証券の特定組織再編成発行手続とは，次に掲げている①と②の場合に該当する組織再編成発行手続をいう（法2条の2第4項1号・2号）。

①　多数の株主等の場合（1号）

　組織再編成により，吸収合併消滅会社または株式交換完全子会社などとなるような組織再編成対象会社（法2条の2第4項1号，施行令2条の2）が発行者である株券や新株予約権証券等及びそれらの有価証券表示権利を表示するものの所有者（以下「組織再編成対象会社株主等」という）が50名以上である場合である（施行令2条の4）。なお，組織再編成対象会社株主等が適格機関投資家のみである場合を除く。

②　プロ投資者への発行・少人数発行に該当しない場合（2号）

　上記①に掲げる場合のほか，次に掲げる場合のいずれにも該当しない場合である。

　　イ）　適格機関投資家からそれ以外の者に譲渡されるおそれが少ないものとして政令で定める場合（施行令1条の4）。これは，プロ私募と同様であり，政令で定める場合の内容は前節2(2)を参照。

　　ロ）　上記①に掲げる場合及び上記イに掲げる場合以外の場合であって，当

該組織再編成発行手続に係る有価証券が多数の者に所有されるおそれが少ないものとして政令で定める場合。この政令で定める場合は，次に掲げるすべての要件に該当する場合とする（施行令2条の4の2）。これは，少人数私募と同様のものである。

　a．組織再編成対象会社株主等が適格機関投資家のみであって，50名以上である場合に該当しないこと。

　b．株券等，新株予約権証券等，その他の有価証券の区分に応じて，取得勧誘において少人数向け勧誘に該当する場合を定める施行令1条の7第2号（前節2(3)①ロ参照）に該当すること。

⑵　第2項有価証券の特定組織再編成発行手続

　第2項有価証券の特定組織再編成発行手続とは，組織再編成対象会社株主等が500名以上である場合に該当する組織再編成発行手続をいう（法2条の2第4項3号，施行令2条の5）。第2項有価証券の募集の場合と同じく，株券等の所有者である株主等の数を基準としているものである。

3　特定組織再編成交付手続

　組織再編成交付手続とは，組織再編成により既に発行された有価証券が交付される場合（組織再編成発行手続に類似する場合に該当する場合を除く）における当該組織再編成に係る書面等の備置きその他政令で定める行為をいう（法2条の2第3項）。現時点でその他の行為は政令で定められていない。この組織再編成交付手続のうち，第1項有価証券に係るものである場合にあっては次の⑴に掲げる場合，第2項有価証券に係るものである場合にあっては次の⑵に掲げる場合に該当するものを特定組織再編交付手続という（法2条の2第5項柱書）。これらの場合として定められている内容は，既に取り上げている売出しの場合と基本的に同じものである。

(1)　第1項有価証券の特定組織再編成交付手続

　第1項有価証券の特定組織再編成交付手続は，次に掲げている①と②の場合に該当する組織再編成交付手続をいう（法2条の2第5項1号・2号）。

①　多数の株主等の場合（1号）

　組織再編成対象会社株主等が50名以上である場合（組織再編成対象会社株主等が適格機関投資家のみである場合を除く）である（施行令2条の6）。

②　プロ投資者への交付・少人数交付に該当しない場合（2号）

　上記①に掲げる場合のほか，次に掲げる場合のいずれにも該当しない場合である。

　　イ）　組織再編成対象会社株主等が適格機関投資家のみである場合であって，当該組織再編成交付手続に係る有価証券がその取得者から適格機関投資家以外の者に譲渡されるおそれが少ないと政令で定める場合（施行令1条の7の4）。この政令の定めは前節4(1)①を参照。

　　ロ）　上記①に掲げる場合及び上記イに掲げる場合以外の場合であって，当該組織再編成交付手続に係る有価証券が多数の者に所有されるおそれが少ないものとして政令で定める場合。この政令で定める場合は，次に掲げるすべての要件に該当する場合とする（施行令2条の6の2）。

　　　　a．組織再編成対象会社株主等が適格機関投資家のみであって，50名以上である場合に該当しないこと。

　　　　b．株券等，新株予約権証券等，その他の有価証券の区分に応じて，売付け勧誘等において少人数向け勧誘に該当する場合を定める政令（施行令1条の8の4第3号）に該当すること。この政令の定めは前節4(2)①ハを参照。

(2)　第2項有価証券の特定組織再編成交付手続

　第2項有価証券の特定組織再編成交付手続とは，組織再編成成対象会社株主等が500名以上である場合に該当する組織再編成交付手続をいう（法2条の2第

5項3号，施行令2条の7）。第2項有価証券の売出しの場合と同じく，株券等の所有者である株主等の数を基準としているものである。

第4節　有価証券届出制度

1　有価証券届出制度の概要

(1)　募集または売出しに係る届出制度

　有価証券の募集または売出しは，発行者が当該有価証券の募集または売出しに関して内閣総理大臣に届出をしているものでなければ，することができない（法4条1項本文）。ただし，届出が免除されるものがあり（法4条1項ただし書），これについては後記の7を参照。この募集または売出しの届出の効力が生じてから有価証券の募集または売出しを行うことができるということである。この仕組みを有価証券届出制度という。ここで，募集に組織再編における特定組織再編成発行手続を，売出しに次の(2)で取り上げる適格機関投資家取得有価証券一般勧誘及び特定投資家等取得有価証券一般勧誘を除き，特定組織再編成交付手続を含むこととされており（法4条1項本文かっこ書），募集または売出しに加えて，組織再編における有価証券の新規発行または既発行についても同じ開示規制を課すこととなることが定められている。

　募集は，新規発行の有価証券と引き換えに投資者からの資金を当該有価証券の発行者が調達することとなる。一方，売出しの場合の資金調達者は，当該有価証券の発行者（例えば，上場株券の発行者の上場会社）ではなく，大株主のように既発行の有価証券の所有者となる。売出しは有価証券の所有者がその所有有価証券を交付することによって当該証券所有者が資金を入手することとなるからである。有価証券届出制度における法定の書類の届出については，その届出義務者に負担はかかるが，届出により開示される企業内容等に関する情報の記載等については証券発行者でなければ行うことはできないであろう。したがって，売出しにおいては，証券発行者は発行市場における資金の調達を得ることとはならないものの，当該証券発行者に届出の義務が課されることとを定

めているものである。売出人と届出義務者が異なるということである。

　有価証券届出制度に基づき，有価証券の募集または売出しを行う場合，開示規制の適用除外となる有価証券（国債証券，地方債証券等）を除き（法3条），有価証券の発行者は当該募集または売出しに関して有価証券届出書及びその添付書類を内閣総理大臣に提出しなければならない（法5条1項）。有価証券届出書及びその添付書類が有価証券届出制度による法定開示書類であり，同制度の意義を踏まえて，その提出が定められているものである。また，上場会社や店頭売買有価証券の発行者は，有価証券届出書及びその添付書類の写しを上場している取引所や登録している認可協会に提出しなければならない（法6条）。

　有価証券届出書には，募集または売出しの要領，企業内容等に関する情報が記載され，その内容を金融商品取引法所管の行政機関である金融庁が審査する。有価証券届出書において，形式不備等がある場合の訂正届出書の提出命令（法9条）や重要な事項について虚偽記載や記載欠缺がある場合は訂正届出書の提出命令及び届出の効力の停止命令訂正を命ずること（法10条）のほか，課徴金納付，刑事責任，民事責任に関する定めを設けることにより，有価証券届出制度の実効性を図る対応がとられている。そして，この有価証券届出書及びその写しは，提出先の内閣総理大臣や取引所等及び提出の証券発行者により公衆縦覧に供され，一般に開示されることが義務付けられている（法25条1項から3項）。

　以上に取り上げた有価証券届出制度の適用及びその遵守に係る対応等については，次の(2)においても同じこととなる。

(2)　プロ投資者から一般投資者への投資勧誘に係る届出制度

　有価証券届出制度の意義を踏まえ，プロ投資者の適格機関投資家や特定投資家がその取得した有価証券を当該プロ投資者以外のものに有価証券交付勧誘等（売付け勧誘等及び組織再編成交付手続をいう。以下同じ）を行う場合は届出が義務付けられている。プロ投資者への勧誘については開示規制の対象から外しても合理的な投資判断に支障をきたすことはないが，一般投資者に対して投資勧誘が行われる場合には，その勧誘（実際の勧誘業務は証券会社等が行う）が有価証券の発行者または売出しを行う者による場合に限らず，一旦プロ投資者に取

得された有価証券が一般投資者に譲渡することの勧誘についても同様の開示規制が課されることは当然のことである。こうしたことを踏まえて，プロ投資者から一般投資者への投資勧誘に係る届出制度が次のとおり定められている。

① 適格機関投資家取得有価証券一般勧誘に係る届出制度

プロ投資者の適格機関投資家を相手として有価証券発行勧誘等（取得勧誘及び組織再編成発行手続をいう。以下同じ）または有価証券交付勧誘等が行われる有価証券（法2条3項2号イ・4項2号イ等）の有価証券交付勧誘等で，適格機関投資家が適格機関投資家以外の者に対して行うもの（以下「適格機関投資家取得有価証券一般勧誘」という）は，発行者が当該適格機関投資家取得有価証券一般勧誘に関し内閣総理大臣に届出をしているものでなければ，することができない（法4条2項本文）。プロ投資者が取得した有価証券を一般投資者に売付け勧誘等を行う場合には，届出による情報開示が必要となるということである。ただし，届出が免除されるものがあり（法4条2項ただし書），これについては後記の**7**を参照。

② 特定投資家等取得有価証券一般勧誘に係る届出制度

プロ投資者の特定投資家のみを相手方として行う有価証券（法2条3項2号ロ等）（上場有価証券等の法24条1項各号に該当するものまたは多数の特定投資家に所有される見込みが少ないと認められるものを除く。以下「特定投資家向け有価証券」という）の有価証券交付勧誘等で，(イ)金融商品取引業者等に委託して特定投資家等に対して行うもの，(ロ)国，日本銀行及び適格機関投資家に対して行うもの，(ハ)その他政令で定めるもの^(注2)以外のもの（以下「特定投資家等取得有価証券一般勧誘」という）は，発行者が当該特定投資家等取得有価証券一般勧誘に関し内閣総理大臣に届出をしているものでなければ，することができない（法4条3項本文）。上記の①と同様に，プロ投資者以外の一般投資者への投資

（注2）　この政令で定める有価証券交付勧誘等は，次のいずれかに該当するものである(施行令2条の12の4第2項)。①金融商品取引業者等が自己のために特定投資家等に対して行う有価証券交付勧誘等，②外国証券業者に委託して非居住者に対して行う有価証券交付勧誘等，③公開買付けに応じて行う株券等の売付けの申込み，④当該有価証券の発行者の役員等に対して行う有価証券交付勧誘等

勧誘については投資判断情報の開示を求める届出が必要となることは明らかである。ただし，届出が免除されるものがあり（法4条3項ただし書），これについては後記の7を参照。なお，上記の特定投資家向け有価証券に係る規定における「多数の特定投資家に所有される見込みが少ないと認められるもの」とは，特定投資家向け有価証券の発行者の直前3事業年度の全ての末日における当該特定投資家向け有価証券の所有者数が300名未満であって，特定投資家向け有価証券に該当しないこととしても公益または投資者保護にかけることがないものとして金融庁長官の承認を受けた有価証券である（施行令2の12の4第1項）。

2　届出の義務者

　募集または売出しやプロ投資者から一般投資者への一般勧誘においては，有価証券の発行者が内閣総理大臣に届出をしなければならない（法4条1項本文・2項本文・3項本文）。つまり，届出の種類にかかわらず，有価証券の発行者が有価証券届出制度における届出の義務者となるということである。この発行者たる届出義務者は，有価証券と証券・証書に表示されるべき権利以外の権利で法2条2項の規定により有価証券とみなされるものに応じて別々に定められているので，次の(1)と(2)においてそれぞれ取り上げることとする。

(1)　有価証券の発行者

　発行者とは有価証券を発行し，または発行しようとする者をいう（法2条5項）。例えば，株券を発行する会社，国債証券を発行する国が，当該株券，当該国債証券の発行者となる。また，「発行しようとする者」としては，新規上場（株式公開）に備える会社，設立中の会社等が該当する。こうした有価証券の発行者は一般的で理解し易いものである。ただし，内閣府令で定める有価証券については，内閣府令で定める者をいう（法2条5項かっこ書）。これらの有価証券及び発行者について，次のとおり内閣府令で定められている（定義府令14条1項・2項）。

　　イ）　特定目的信託の受益証券及び外国証券・外国証書のうち特定目的信託
　　　　の受益証券の性質を有するもの
　　　　　発行者は，当該有価証券に係る信託の原委託者及び受託者となる。

ロ）　受益証券発行信託の受益証券（次のハに掲げるものを除く）及び外国証
　　券・外国証書のうち受益証券発行信託の受益証券の性質を有するもの
　　　発行者は，次に掲げる場合の区分に応じ，当該区分において掲げられ
　　ている者となる。
　　a　委託者または委託者から指図の権限の委託を受けた者のみの指図に
　　　より信託財産の管理・処分が行われる場合……当該有価証券に係る信
　　　託の委託者
　　b　上記aに掲げる場合以外の場合（当該有価証券に係る信託の効力が生
　　　ずるときにおける受益者が委託者であるものであって，金銭を信託財産とす
　　　る場合に限る）……当該有価証券に係る信託の受託者
　　c　上記のa及びbに掲げる場合以外の場合……当該有価証券に係る信
　　　託の委託者及び受託者
ハ）　有価証券信託受益証券
　　　発行者は，当該有価証券に係る受託有価証券を発行し，または発行し
　　ようとする者となる。
ニ）　抵当証券及び外国証券・外国証書のうち抵当証券の性質を有するもの
　　　発行者は，当該有価証券の交付を受けた者となる。
ホ）　法2条1項20号に掲げる有価証券（発行国以外の国において発行する証
　　券・証書で預託を受けた証券・証書に係る権利を表示するもの）
　　　発行者は，当該有価証券に表示される権利に係る有価証券を発行し，
　　または発行しようとする者となる。

(2)　表示権利以外の権利のみなし有価証券の発行者

　証券・証書に表示されるべき権利以外の権利で法2条2項の規定により有価
証券とみなされるものについては，権利の種類ごとに内閣府令で定める者が当
該権利の発生や効力発生等の時点で当該権利を有価証券として発行するものと
みなされることとなる（法2条5項，定義府令14条4項）。こうした規定は，当
該有価証券の発行に係る規定がないことなどを踏まえて設けられたものである。
内閣府令で定める者については，次のとおりである（定義府令14条3項）。
　イ）　信託の受益権（法2条2項1号）及び外国の者に対する権利で信託の受

益権の性質を有するもの（法2条2項2号）

　発行者は，次に掲げる場合の区分に応じ，当該区分において掲げられている者となる。

　a　委託者または委託者から指図の権限の委託を受けた者のみの指図により信託財産の管理・処分が行われる場合……当該権利に係る信託の委託者

　b　上記に掲げる場合以外の場合（当該権利に係る信託の効力が生ずるときにおける受益者が委託者であるものであって，金銭を信託財産とする場合に限る）……当該権利に係る信託の受託者

　c　上記のa及びbに掲げる場合以外の場合……当該権利に係る信託の委託者及び受託者

ロ）　合名会社・合資会社の社員権または合同会社の社員権（法2条2項3号）

　発行者は，業務を執行する社員となる。

ハ）　外国法人の社員権で上記ロに掲げる権利の性質を有するもの（法2条2項4号）

　発行者は，業務を執行する者となる。

ニ）　集団投資スキーム持分（法2条2項5号）

　発行者は，次に掲げる権利の区分に応じ，当該区分において掲げられている者となる。

　a　組合契約に基づく権利……当該組合契約によって成立する組合の業務の執行を委任される組合員

　b　匿名組合契約に基づく権利……当該匿名組合契約における営業者

　c　投資事業有限責任組合契約に基づく権利……当該投資事業有限責任組合契約によって成立する組合の無限責任組合員

　d　有限責任事業組合契約に基づく権利……当該有限責任事業組合契約によって成立する組合の重要な業務の執行の決定に関与し，かつ，当該業務を自ら執行する組合員

　e　集団投資スキーム持分のうち，上記のaからdまでに掲げる権利以外の権利……出資対象事業に係る重要な業務の執行の決定に関与し，

かつ，当該業務を自ら執行する者（無限責任組合員に類する者があるときは，当該無限責任組合員に類する者）

ホ）　外国の法令に基づく権利であって集団投資スキーム持分に類するもの（法2条2項6号）

　　　発行者は，上記ニのaからeまでに掲げた権利に類する権利の区分に応じ，それぞれaからeまでに定める者に類する者となる。

ヘ）　学校法人等に対する貸付けに係る債権（学校債）（施行令1条の3の4）

　　　発行者は，当該学校法人等となる。

3　届出の時期

　有価証券届出制度による届出は，当該届出の効力が発する時点の始点となることから，届出の時期そのものは基本的に届出の義務者である有価証券の発行者が自ら決定することになるものである。このように，届出の時期については法が特に定める対象ではないものである。しかし，募集または売出し（適格機関投資家取得有価証券一般勧誘・特定投資家等取得有価証券一般勧誘（これらのうち売出しに該当するものを除く）及び特定組織再編成交付手続を含む）が一定の日において株主名簿に記載され，または記録されている株主に対し行われる場合には，当該募集または売出しに関する有価証券届出制度による届出は，その日の25日前までにしなければならないことが例外的に定められている（法4条4項本文）。

　募集または売出しが株主名簿上の株主を対象として行われる場合としては，株主割当が典型的なものである。例えば，株主名簿上の株主を対象に新株の割当を受ける権利（新株予約権）を付与して行う株主割当増資の場合，株主は，その保有株数に応じて有償で新株を割り当てられが，新株の申込みを行う義務はなく，申込みを行わず割当の権利確定日を経過すると権利は消失することになる。新株の払込金額は，市場での株価（時価）とは関係なく設定されることができることから，通常，時価より低い払込金額で株主に有利に発行される場合が多い状況である。そこで，株主における投資判断の熟慮期間を確保する観点から，募集または売出しにおいて一定の期間として25日を設定し，その期間前に届出を行うことを義務付けているものである。

ただし，有価証券の発行価格または売出価格その他の事情を勘案して，株券，新株予約権証券及び新株予約権付社債券以外の有価証券や時価または時価に近い一定の価格により発行する株券などの募集または売出しを行う場合は（開示府令3条），この期間（25日）前の提出は免れることとなる（法4条4項ただし書）。

4 有価証券届出書の提出と目論見書の交付

(1) 有価証券届出書と目論見書

法4条1項から3項までの規定による有価証券の募集もしくは売出し，適格機関投資家取得有価証券一般勧誘または特定投資家等取得有価証券一般勧誘（これらを以下「募集または売出し等」という）に関する事項及び企業，企業集団の運営，事業や経理の状況等の企業内容等に関する情報を会社が記載した届出書，すなわち有価証券届出書を内閣総理大臣に提出しなければならない（法5条1項本文）。特定有価証券（第2章第2節2(2)参照）に係る有価証券の募集または売出し等における有価証券届出書においては，募集または売出し等に関する事項及び当該会社が行う資産の運用その他これに類似する事業に係る資産の経理の状況その他資産に関する情報を記載することとなる（法5条5項）。そして，有価証券届出書には添付書類も定められている（法5条13項）。このように，有価証券届出書は，募集もしくは売出し，適格機関投資家取得有価証券一般勧誘または特定投資家等取得有価証券一般勧誘のために提出が義務付けられている法定開示書類である。

また，上記の募集または売出し等に際し，目論見書を作成しなければならないことも定められている（法13条1項）。この目論見書とは，募集もしくは売出し，適格機関投資家取得有価証券一般勧誘（有価証券の売出しに該当するものを除く）または特定投資家等取得有価証券一般勧誘（有価証券の売出しに該当するものを除く）のために当該有価証券の発行者の事業その他の事項すなわち有価証券届出書に記載される投資判断情報に関する説明を記載する文書であって，相手方に交付し，または相手方からの交付の請求があった場合に交付するものをいう（法2条10項）。

(2) 有価証券届出書の自発的訂正

　有価証券届出制度に係る法4条1項から3項までの規定による届出の日以後当該届出がその効力を生ずることとなる日前において，有価証券届出書及びその添付書類に記載すべき重要な事項の変更その他公益または投資者保護のため当該書類の内容を訂正する必要があるものとして内閣府令で定める事情があるときは，届出者は訂正届出書を内閣総理大臣に提出しなければならない（法7条1項前段）。この「有価証券届出書及びその添付書類に記載すべき重要な事項の変更」とは，例えば次のような場合に該当することをいう（開示ガイドライン7－1）。

イ）　「発行数又は券面総額」に変更があった場合
ロ）　「新規発行による手取金の使途」，「事業等のリスク」，「財政状態，経営成績及びキャッシュ・フローの状況の分析」，「重要な設備の新設，拡充，改修，除却又は売却等の計画」等について投資判断に重要な影響を及ぼすような変更があった場合

　そして，有価証券届出書の「内容を訂正する必要があるもの」として内閣府令で定める事情は，次に掲げるものである（開示府令11条）。

①　届出の提出日前に発生した当該有価証券届出書またはその添付書類に記載すべき重要な事実で，これらの書類を提出する時にはその内容を記載することができなかったものにつき，記載することができる状態になったこと。
②　当該有価証券届出書またはその添付書類に記載すべき事項に関し重要な事実が発生したこと。
③　有価証券の発行価格または売出価格の決定前に募集または売出し等をする必要がある場合，発行価格または売出価格等（開示府令9条各号に掲げる事項）で当該有価証券届出書に記載しなかったものにつき，その内容が決定したこと。

　このように，有価証券届出書の自発的訂正としては，有価証券届出書の記載

時点において記載ができなかったものが判明した場合や後に発生した場合には提出済みの当該有価証券届出書の記載の訂正が求められることとなるというものである。そして，これらの事由がない場合において，届出者が当該届出書類のうちに訂正を必要とするものがあると認めたときも，同様の自発的訂正を行うものとする（法7条1項後段）。また，有価証券届出書を提出する外国会社が当該有価証券届出書の訂正届出書を提出する場合について，こうした自発的訂正に係る規定が準用される（法7条2項）。なお，自発的訂正による有価証券届出書に記載した事項を交付される目論見書に記載することも必要となる（法13条2項3号）。

5　有価証券届出書等の開示

(1)　開示の方法

①　間接開示

有価証券届出制度に基づき提出が義務付けられる有価証券届出書及び添付書類並びに並びにこれらの訂正届出書等は，その提出会社が内閣総理大臣（財務局）に提出するとともに，その後遅滞なく，次に掲げる者（以下「取引所・認可協会」という。）にこれらの写しを提出しなければならない（法6条）。

　a．金融商品取引所に上場されている有価証券……当該金融商品取引所
　b．店頭売買有価証券……当該店頭売買有価証券を登録する認可金融商品取引業協会（施行令3条）

これらの書類の提出を受けて，公衆縦覧（開示）されることとなる。公衆縦覧（開示）される書類に対しては，投資者が自らアクセスして閲覧する行為を実施こととなることから，当該公衆縦覧（開示）は間接開示と称される。具体的には，次に掲げるように公衆縦覧される。なお，現状における法定開示書類の提出及び公衆縦覧はインターネットの利用によるものであり，それについては次の(2)を参照。

　イ）　内閣総理大臣は，有価証券届出書等を，受理した日から5年間または参照方式（次の第5節3(2)参照）の届出書等は1年間を経過する日までの

間，公衆縦覧に供しなければならない（法25条1項柱書・同項1号・2号）。なお，これらの書類を据え置いて公衆縦覧に供する場所は関東財務局及び提出会社の本店または主たる事務所の所在地を管轄する財務局等である（開示府令21条1項1号）。

ロ）　提出会社は，有価証券届出書等の写しを，本店及び主要な支店に備え置き，これらの書類を内閣総理大臣に提出した日から5年間または1年間を経過する日までの間（上記イに掲げる期間と同じ），公衆縦覧に供しなければならない（法25条2項・1項1号・2号）。なお，主要な支店とは，提出会社の最近事業年度の末日においてその所在する都道府県に居住する当該提出会社の株主の総数が当該提出会社の株主の総数の5％を超える場合における支店をいい，主要な支店が同一の都道府県内に2以上ある場合には，そのいずれか1つとし，その本店と同一の都道府県に所在する支店を除く（開示府令22条2項）。

ハ）　取引所・認可協会は，有価証券届出書等の写しを，その事務所に備え置き，その提出があった日から5年間または1年間を経過する日までの間（上記イに掲げる期間と同じ），公衆縦覧に供しなければならない（法25条3項・1項1号・2号）。

②　直接開示

有価証券届出制度の適用を受ける場合，作成することが義務付けられ目論見書が定められている。募集または売出し等により取得させ，または売付けを行う場合，目論見書（有価証券届出書とほぼ同様の記載内容である）を投資者に対して予めまたは同時に交付しなければならない（法15条2項）。

目論見書が交付されることにより，投資者は開示情報を直接受け取ることとなることから，目論見書による情報開示は直接開示と称される。

(2)　届出・開示の電子化

インターネットの普及を踏まえ，法定開示書類の提出者並びに規制当局及び投資者の便宜・効率性や負担の軽減等を考慮して，有価証券届出書・添付書類等の届出・提出及び当該法定開示書類の公衆縦覧（開示）について電子化

（EDINET）が導入された。これについては，第1章第2節4参照。

6　届出の効力と待機期間

募集または売出し等について有価証券届出制度が定められ，届出の効力が生ずることにより当該募集または売出し等による有価証券の取得または売付けができることとなる。すなわち，届出がその効力を生じているのでなければ，当該有価証券を募集または売出し等により取得させ，または売り付けてはならない（法15条1項）。そこで，この届出の効力が届出後に認められるために要する期間たる待機期間について取り上げることとする。

(1)　効力発生日と待機期間

有価証券届出制度を定める法の規定（法4条1項から3項）による届出は，内閣総理大臣が有価証券届出書を受理した日から15日を経過した日に，その効力が生ずる（法8条1項）。また，有価証券届出書に有価証券の発行価格・売出価格が記載されていない場合（法5条1項ただし書），当該発行価格・売出価格を記載した自発的訂正届出書を内閣総理大臣が受理した日に，上記の有価証券届出書の受理があつたものとみなされる（法8条2項）。この有価証券届出書の受理した日から届出の効力が生じるまでの期間を待機期間という。

有価証券届出書の効力が生じたのちでなければ，募集または売出し等における有価証券を取得させ，または売付けをしてはならないことから，待機期間は内閣総理大臣に届出された書類の審査などに必要とされる期間となる。まさに，届出を行った有価証券の発行者等を待機させる期間を設定しているものである。また，投資者サイドからしても，この待機期間と定められる期間は投資判断において必要となる時間を提供する役割を果たすものである。すなわち，募集または売出し等の勧誘の対象となる投資者サイドにおいては，待機期間において，有価証券届出書等において開示される①有価証券の権利・内容等を踏まえた発行価格・売出価格やそれらの総額等の証券情報及び②当該有価証券の発行者の企業内容等または運用資産の内容・構成等を理解して，それらの分析・評価等により投資判断を行うため，当該待機期間は投資者サイドからすれば熟慮期間としての有用性を持つ期間と位置付けられるものである。

(2) 待機期間の短縮

有価証券届出書の原則的記載様式である完全開示方式（第2号様式）は，通常，上場会社においては使用されず，その簡略や容易さを認める統合開示方式の参照方式（次節3参照）が使用されているのが一般的である。こうした対応を踏まえて，届出書類の内容が公衆に容易に理解される場合や企業情報が既に広く公衆に提供されている場合（市場における周知度の高い企業）については，待機期間の短縮が認められることとなる定めが設けられているのである。すなわち，内閣総理大臣は，有価証券届出書類の内容が公衆に容易に理解されると認める場合または当該届出書類の届出者に係る企業内容等の情報（法5条1項2号）が既に公衆に広範に提供されていると認める場合においては，当該届出者に対し，待機期間の15日に満たない期間を指定し，または有価証券の届出が，直ちにもしくは有価証券届出書を受理した日の翌日に，その効力を生ずる旨を通知することができる（法8条3項前段）。この場合において，当該有価証券の届出は，当該満たない期間を指定した場合にあってはその期間を経過した日に，当該通知をした場合にあっては直ちにまたは当該翌日に，その効力を生ずることとなる（法8条3項後段）。

この待機期間の短縮の取扱いについては，届出において通常の待機期間として15日が適用されていることを踏まえ，開示ガイドラインにおいて次のように定められている。

① 有価証券届出書の届出者が統合開示方式（次節3参照）の要件に該当する場合における届出の効力発生日の取扱い

有価証券届出書の届出者が統合開示方式である組込方式または参照方式の要件に該当する場合における当該届出の効力発生日については，次によることとする（開示ガイドライン8-2の①から③）。

　イ）当該届出者が組込方式（次節3参照）の要件を満たす者である場合には，当初の有価証券届出書を受理した日から15日に満たない期間を経過した日に，その効力が発生するよう取り扱うことができる。ただし，当該取扱いが適当でないと認められる場合は，この短縮効力発生の取扱いはで

きない。

　組込方式による有価証券届出書を記載・作成できる有価証券の発行者は，１年以上継続して有価証券報告書を提出しているという継続開示の要件を満たすことから，証券市場における中核として価格形成がされる流通市場において投資判断情報の開示がなされているものである。そこで，流通市場における市場機能として発揮される価格発見機能による市場価格が形成された日とできるだけ近い時点での取得勧誘または売付け勧誘等が望まれるところである。こうしたことから，原則15日の待機期間を短縮する場合となるものと考えられる。

ロ）　当該届出者が参照方式（次節３参照）の適用要件を満たす者である場合には，当初届出書を受理した日から15日に満たない期間を経過した日に，その効力が発生するよう取り扱うことができる。ただし，当該届出者から当該取扱いについて申出がない場合，または当該取扱いが適当でないと認められる場合は，この短縮効力発生の取扱いはできない。

　参照方式による有価証券届出書を記載・作成できる有価証券の発行者は，上記イと同じく待機期間を短縮できるということである。参照方式の適用要件は，上記の継続開示の要件に加えて周知性の要件もあることから，組込方式の適用要件に該当するイの場合に加えて，当然，待機期間の短縮が認められるということであろう。

ハ）　上記イ及びロの「15日に満たない期間を経過した日」とは，おおむね７日を経過した日をいう。ただし，その期間については，少なくとも，４日（行政機関の休日の日数は算入しない。以下この(2)及び次の(3)において同じ）を確保することとし，確保できない場合は，４日を確保できるように日数を加算して効力発生日を指定する。

②　特に周知性の高い者による届出の効力発生日の取扱い

　次に掲げる全ての要件を満たす場合における当該届出（法４条１項による届出）の効力発生日については，直ちにその届出の効力を生じさせることができるものとする（開示ガイドライン８−３本文）。この場合は，投資判断情報が既に継続的に開示されており，投資者における周知性が特に高いと認められるも

第3章　発行市場における開示規制　63

のである。ただし，当該取扱いが適当でないと認められる場合は，この短縮効力発生は認められない（開示ガイドライン8-3ただし書）。

イ）　有価証券届出書の届出者が次に掲げる全ての要件を満たすこと。

　　a．当該有価証券届出書提出日前1年の応当日において有価証券報告書を提出している者であって，当該応当日以後当該有価証券届出書提出日までの間において適正に継続開示義務を履行しているものであること。

　　b．上場株券または店頭登録株券に該当する株券を発行していること。

　　c．上場日・店頭登録日が当該有価証券届出書提出日の3年6か月前の日以前の日であり，かつ，当該届出者の発行済株券について，算定基準日以前3年間の売買金額の合計を3で除して得た額が1,000億円以上であり，かつ，3年平均時価総額が1,000億円以上であること。

ロ）　次のいずれかに係る届出であること。

　　a．上場株券または店頭登録株券に該当する株券の募集

　　b．新株予約権無償割当てに係る新株予約権証券（上場または店頭登録）であって，上場株券はまた店頭登録株券に該当する株券に係る株式を目的とする新株予約権を表示するものの募集

ハ）　募集に係る届出にあっては，次のaまたはbに掲げる有価証券の区分に応じ，当該aまたは当該bに掲げる割合が20％以下であること。

　　a．上記ロaに規定する株券……当該届出に係る募集により発行し，または移転する予定の株券の総数を，当該募集前の当該株券（発行者が所有するものを除く）の総数で除して得た割合

　　b．上記ロbに規定する新株予約権証券……当該届出に係る募集により発行し，または移転する予定の新株予約権証券に係る新株予約権が全て行使された場合に当該行使により発行し，または移転する予定の株券の総数を，当該募集前の当該株券（発行者が所有するものを除く）の総数で除して得た割合

(3)　自発的訂正届出書に係る効力発生日

当初の有価証券届出書（「届出書」という）に係る自発的訂正届出書（法7条

1項）の提出があった場合の効力発生日については，次によることとする（開示ガイドライン8－4）。

① 当初届出書の証券情報に関する事項に係る自発的訂正届出書の提出があった場合には，次の②，③を除き，1日を経過した日にその届出の効力を生じさせるものとする。

② 発行価格・売出価格または利率が未定であるものであって当初届出書の証券情報に関する事項に係る自発的訂正届出書の提出につき，次に掲げる場合には，当該訂正届出書の提出日またはその翌日にその届出の効力を生じさせるものとする。ただし，当該取扱いが適当でないと認められる場合は除かれる。

イ） 当該有価証券の取得等の申込みの勧誘時において発行価格等に係る仮条件を投資者に提示し，当該有価証券に係る投資者の需要状況を把握した上で発行を行う場合

ロ） 開示府令第2号の4様式の提出により募集または売出しを行う場合……これは，新規上場または新規店頭登録をしようとする会社が特定組織再編成発行手続または特定組織再編成交付手続に該当しない募集または売出しを行う場合をいう（開示府令8条2項1号）。

③ 株式の発行数または社債の券面総額の変更（軽微なもの及び上記ロに該当するものを除く）については，3日を経過した日に効力を生じさせるものとする。ただし，当該取扱いが適当でないと認められる場合は除かれる。

④ 証券情報以外に投資判断に重要な影響を及ぼすような変更があった場合や当初提出時の時点で記載できなかった重要な事実を記載した自発的訂正届出書の提出があった場合及びその他証券情報以外の情報に関する事項に係る訂正届出書の提出があった場合は，原則として，3日を経過した日に効力を生じさせるものとする。なお，証券情報以外の情報に関する事項に係る軽微な事項の訂正届出書の提出があった場合は，適用外とし，1日を経過した日に効力を生じさせるものとする。ただし，例えば，連結財務諸表等の記載内容が大幅に変更される場合等，当該取扱いが適当でないと認められる場合は除かれる。

第3章　発行市場における開示規制　65

7　届出の免除

　募集もしくは売出し（特定組織再編成発行手続・特定組織再編成交付手続を含む），適格機関投資家取得有価証券一般勧誘または特定投資家等取得有価証券一般勧誘を行う場合は届出が必要であるが，次の(1)から(7)に掲げるいずれかに該当するものについては届出が免除されることとなる（法4条1項・2項・3項のそれぞれのただし書）。なお，次の(1)から(5)のいずれかに該当するものが免除されるのは募集または売出しの場合である。

(1)　情報入手等の場合の募集または売出し（法4条1項1号）

> 有価証券の募集または売出しの相手方が当該有価証券に係る有価証券届出書に掲げる事項に関する情報を既に取得し，または容易に取得することができる場合として政令で定める場合における当該有価証券の募集または売出し

　有価証券届出書において記載・開示される情報すなわち企業内容等に関する情報をすでに取得している場合や容易に取得できる場合は，そうした情報を開示する届出は免除される。法による開示が行われなくとも投資判断情報が入手できることから，投資者の投資判断に支障をきたすことがないためと考えられる。ここで，届出の免除として政令で定められている場合は，新株予約権証券の発行者である会社が，当該会社または当該会社の完全子会社もしくは当該会社及び完全子会社もしくは完全子会社が他の会社の発行済株式の総数を所有する場合における当該他の会社の取締役，会計参与，監査役，執行役または使用人を相手方として，当該新株予約権証券の取得勧誘または売付け勧誘等を行う場合である（施行令2条の12，開示府令2条2項）。

　これらの取締役等の会社関係者であれば，自社の発行する有価証券や企業内容等については既に関連情報を取得しているか，容易に取得することができることは明らかであろう。そこで，これらの者に対する自社に関する情報開示は免除されていることに問題はない。なお，会社が取締役等に当該取締役等以外の者を含めた者を対象として新株予約権証券を付与する場合には，この免除に該当しない（開示ガイドライン4-2）。

(2)　特定の組織再編成発行または組織再編成交付（法4条1項2号）

有価証券の募集または売出しに係る組織再編成発行手続または組織再編成交付手続のうち，次に掲げる場合のいずれかに該当するものがある場合における当該有価証券の募集または売出し（前記(1)に掲げるものを除く）
- ① 組織再編成対象会社が発行者である株券（新株予約権証券その他の政令で定める有価証券を含む）に関して開示が行われている場合に該当しない場合
- ② 組織再編成発行手続に係る新たに発行される有価証券または組織再編成交付手続に係る既に発行された有価証券に関して開示が行われている場合

　組織再編成による有価証券の発行または交付について，有価証券届出制度による開示が義務付けられていることを踏まえ，届出の免除となる場合としての上記の①と②を取り上げれば，次のとおりである。

①　組織再編成対象会社が開示されていない場合（法4条1項2号イ）
　「株券に関して開示が行われている」ということは，当該株券の発行者に関する開示がなされているということである。合併等の経営活動における組織再編成において，吸収合併による消滅会社等の組織再編成対象会社の株券に関して「開示が行われている場合」には，その流動性も踏まえて新たな募集または売出しについても開示が必要となる。そこで，届出の免除となるのは，こうした開示が行われていない場合（「開示が行われている場合に該当しない場合」）となることから，上記①が定められているものである。なお，上記①の「新株予約権証券その他の政令で定める有価証券」としては，株券の取得に係る新株予約権証券，新株予約権付社債券等が定められている（施行令2条の3）。
　ここで，「開示が行われている場合」とは，次に掲げる場合をいう（法4条7項各号）。
　イ）　既に行われた募集もしくは売出しに関する届出または既に行われた適格機関投資家取得有価証券一般勧誘に関する届出もしくは特定投資家等取得有価証券一般勧誘に関する届出がその効力を生じている場合（1号）

第3章　発行市場における開示規制　67

　　有価証券届出制度における届出の効力が生じているということは，法定開示書類である有価証券届出書により，発行者の企業内容等の開示すなわち投資判断情報の開示がなされているということである。

ロ）　上記イに掲げる場合に準ずるものとして内閣府令で定める場合（2号）
　　内閣府令で定める場合は，次のとおりである。

　a．同一の発行に係る有価証券について既に行われた売出しまたは当該有価証券と同種の有価証券について既に行われた募集もしくは売出しに関する届出がその効力を生じている場合（開示府令6条1号）

　　　上記のイと同様の趣旨で，既に法定開示がなされている場合であり，当然，開示が行われている場合に該当するものである。

　b．当該有価証券または当該有価証券と同種の有価証券の募集または売出しについて既に行われた登録（法23条の3第1項）がその効力を生じており，かつ，当該登録に係る有価証券のいずれかの募集または売出しについて発行登録追補書類が既に提出されている場合（開示府令6条2号）

　　　発行登録（第6節参照）の効力が生じている場合には，既に継続開示制度における有価証券報告書等の法定開示書類が提出されていることから（提出を受けて公衆縦覧される（法25条1項）），上記の場合と同様に投資判断情報の開示がなされているということである。そして，発行条件等を記載したものが追加開示されていることから，明らかに開示が行われている場合に該当するものである。

　c．当該有価証券が上場有価証券または店頭売買有価証券の場合で，当該有価証券がこれらの有価証券に該当することとなった日の属する事業年度の直前事業年度に係る有価証券報告書が財務局長等に提出されている場合（開示府令6条3号）

　　　有価証券が上場有価証券や店頭売買有価証券のとなった場合には，上場日や登録日が属する直前事業年度の有価証券報告書が提出されることとなるため，企業内容等の開示内容が有価証券届出書と同様に開示がすでになされているものである。

　d．当該有価証券が有価証券報告書の提出義務の発行者となる外形基準

（法24条1項4号）に該当する場合で，当該外形基準に該当することとなった事業年度以後のいずれかの事業年度に係る有価証券報告書が財務局長等に提出されている場合（開示府令6条4号）

　継続開示制度における法定開示書類である有価証券報告書が提出されている場合には，上記cと同様に，既に投資判断情報が開示されているということである。

② **組織再編成発行手続または組織再編成交付手続に係る新規発行または既発行の有価証券に関して開示が行われている場合**（法4条1項2号ロ）

　この「開示が行われている場合」とは，上記①に掲げる定めと同じである（法4条7項）。組織再編成発行手続または組織再編成交付手続に係る有価証券に関して所定の法定開示書類による開示がなされ，投資者における投資判断の合理的な情報が既に提供されている場合には，①と同様に，届出が免除されることとなる。

(3) 開示済み有価証券の売出し（法4条1項3号）

> その有価証券に関して開示が行われている場合における当該有価証券の売出し（前記(1)及び(2)に掲げるものを除く。）

　この「有価証券に関して開示が行われている場合」とは，前記(2)①に掲げる定めと同じである（法4条7項）。有価証券に関して開示が行われている場合に届出が免除されるのは売出しであって，募集については免除の規定はない。そこで，例えば上場会社の大株主が売出しを行う場合には届出は不要だが，当該上場会社が募集を行う場合は届出を行わなければならない。募集は株式の新規発行となることから，株式の希薄化という観点からの株価の下落の想定や調達資金の使途と企業価値の向上等という投資判断への影響が重要視されるが，売出しも既発行の株式を売出す大株主の対応等やその売出しの量による株価への影響等も投資判断において重要な情報となるものと考えられる。売出しは届出が免除されることから，届出の効力発生期間である待機期間に係る適用はない。しかし，この待機期間は投資者にとっては投資判断に要する熟慮期間となるも

のであり，投資対象となる有価証券が新規発行か既発行かにより熟慮期間の有無が一律に左右されることではないであろう。

　このように，「有価証券に関して開示が行われている場合」において，募集と売出しに係る届出について異なる規定を設けたことには合理性がないものと考えられる。上述のように，証券市場における需給の影響等も踏まえ，募集または売出しのいずれにおいても投資判断に要する証券関係情報（法5条1項1号）（募集要項・売出要綱）の開示と投資者における熟慮期間は必要なものであるからである。そこで，「有価証券に関して開示が行われている場合」には，発行者に関する企業内容等に関する情報（法5条1項2号）の開示は要しないが，投資者においては募集または売出しの双方において証券関係情報の開示及び熟慮期間は必要と考えられることから，有価証券届出書の提出を求める届出が必要と考えられる。

　一方，投資者に対する投資判断情報の提供については，開示が行われている売出しの対象となる有価証券に係る目論見書の作成（法13条1項本文後段）と投資者への売付けに際しても目論見書の交付（法15条2項）が義務付けられており，募集と同じく直接開示の免除はない。このように，目論見書による投資判断情報の直接開示については，売出しと募集において変わりはない。間接開示（有価証券届出書の公衆縦覧）においては，上記のように要否の差が設けられている。一般に広く利用されている間接開示の重要性を軽視すべきではないであろう。

　以上のとおり，有価証券届出制度の趣旨を踏まえ，「その有価証券に関して開示が行われている場合」の売出しにおいて，届出を免除とする現行規定については見直すべき点があると考えられる。

⑷ 容易な情報入手の外国証券の売出し（法4条1項4号）

> 外国で既に発行された有価証券またはこれに準ずるものとして政令で定める有価証券の売出し（金融商品取引業者等が行うものに限る）のうち，国内における当該有価証券に係る売買価格に関する情報を容易に取得することができることその他の政令で定める要件を満たすもの（前記の⑴から⑶までに掲げるものを除く）

　対象となる政令で定める有価証券は，国内で既に発行された有価証券でその発行の際にその有価証券発行勧誘等が国内で行われなかったものとしている（施行令2条の12の2）。この海外で発行された有価証券の売出しは，金融商品取引業者等が行うものに限られており，株主によるものではない。海外で発行された外国国債，外国地方債や海外発行株券等の有価証券であっても，国内における場合と同様に市場価格や証券発行者に関する情報を容易に入手できる場合であれば，届出による情報の開示は不用として，届出が免除されているものである。そこで，免除の要件として，基本的に次の場合が政令において定められている（施行令2条の12の3）。

①　国内における海外発行証券に係る売買価格に関する情報をインターネットの利用その他の方法により容易に取得することができること。

②　海外発行証券の売買が外国において継続して行われていること，または指定外国金融商品取引所に上場されていること。

③　海外発行証券が上場されている指定外国金融商品取引所の定める規則に基づき，当該海外発行証券の発行者の経理に関する情報その他の発行者に関する情報（日本語または英語で記載されたものに限る）が発行者により公表されており，かつ，国内においてインターネットの利用その他の方法により当該情報を容易に取得することができること。

(5)　1億円未満の募集または売出し（法4条1項5号）

> 発行価額または売出価額の総額が1億円未満の有価証券の募集または売出しで内閣府令で定めるもの（前記(1)から(4)までに掲げるものを除く）

　この届出の免除は，1億円未満の金額が基準とされていることから，少額免除と称されているものである。募集における新規発行または売出しにおける既発行証券の有価証券の総額が少額である場合には，多数の投資者が参加されることを見込みづらいであろう。また，資金調達の側となる企業等の立場からのコスト・ベネフィットを踏まえて，調達額が少額である場合は届出は免除される。

　ここで，私募または私売出しに該当する人数の算定において，複数回に分けて募集または売出しに係る規制の潜脱等の行為を防止するための定めが設けられていたが（第2節の2(3)②と4(2)②参照），この1億円という基準金額に関しても同様の趣旨による定めが設けられている。すなわち，複数回に分割して1億円未満として届出を免れ，合計金額としては1億円以上とするようなことなどを届出の免除から外すための対応である。そこで，募集または売出しの金額の総額が1億円未満の有価証券の募集または売出しで届出の免除として内閣府令で定めるものは，次に掲げるもの以外の募集または売出しである（開示府令2条4項各号）。つまり，次に掲げるものに該当しないものが届出の免除となるものである。

　① 募集または売出しに係る新株予約権証券の発行価額または売出価額の総額に当該新株予約権証券に係る新株予約権の行使に際して払い込むべき金額の合計額を合算した金額が1億円以上となる場合における当該募集または売出し（1号）

　新株予約権証券における新株予約権の行使により取得することとなる株券の額は当該新株予約権証券の価額と株券取得のために払い込む金額の合計の金額となる。募集または売出しの対象となる新株予約権証券の価額のみを届出免除の定めとなる金額とすると，企業において実質的に調達金額となる金額を構成

する株式（株券）取得のために払い込まれる金額を除くこととなってしまう。そこで，新株予約権の行使に際して払い込むべき金額を合算した金額を基準とする規定としているものである。ただし，新株予約権証券に付されている新株予約権の行使により株式を発行する場合は募集に該当せず（開示ガイドライン2－4⑧），新株予約権の行使により株式を移転する場合は売出しに該当しない（開示ガイドライン2－11⑤）。

② **通算規定による1億円以上の募集または売出し**（2号・3号・3号の2）

　資金調達を行う際に，調達の機会を複数回に分割して各回の金額を少額とするが，合計金額を多額とする方法により募集または売出しによる資金調達を届出制度の適用を免れることは，不法の潜脱行為であろう。こうした対応を放置しておくわけにはいかない。そこで，届出の対象金額について，一定期間以内の発行価額または売出価額の総額を合算したものとすることが，次のように定められている。

　　イ）　募集または売出しに係る有価証券の発行価額または売出価額の総額に，当該募集または売出しを開始する日前1年以内に行われた募集または売出しに係る当該有価証券と同一の種類の有価証券の発行価額または売出価額の総額を合算した金額が1億円以上となる場合における当該募集または売出し（2号）

　　ロ）　募集の有価証券の発行価額の総額に，当該有価証券の発行される日以前6か月以内に発行された同種の新規発行証券の発行価額の総額を合算した金額が1億円以上となる場合における当該募集（3号）

　　ハ）　売出しの有価証券の売出価額の総額に，当該有価証券の売付け勧誘等が行われる日以前1か月以内に売付け勧誘等が行われた同種の既発行証券の売出価額の総額を合算した金額が1億円以上となる場合における当該売出し（3号の2）

③ **1億円以上の並行の募集または売出し**（4号・5号）

　同一の種類の有価証券の募集または売出しがそれぞれ1億円未満とするが，それらを合算した総額を多額にすることができる。こうした分割による少額の

募集または売出しを届出の免除とするのは，期間通算の場合と同様，届出制度を避ける不当な潜脱行為とされるべきものである。そこで，こうしたことに対応する募集または売出しを求める金額の合計に係る定めが次のように設けられている。

イ）　同一の種類の有価証券でその発行価額または売出価額の総額が1億円未満である2組以上の募集または売出しが並行して行われ，かつ，これらの募集または売出しに係る有価証券の発行価額または売出価額の総額の合計額が1億円以上となる場合におけるそれぞれの募集または売出し（4号）

ロ）　発行価額もしくは売出価額の総額が1億円以上である有価証券の募集もしくは売出しまたは1年以内で合算1億円以上の募集もしくは売出し（上記②イ）と並行して行われるこれらの募集または売出しに係る有価証券と同一の種類の有価証券の募集または売出し（5号）

④　行政処分を受けた者による募集または売出し（6号・7号）

開示規制において定められている有価証券届出制度や発行登録制度において違法な行為により制裁を受けた有価証券の発行者については，少なくとも当該制裁を受けている期間においては開示規制に対する遵守について疑義を生ぜしめる状況にある。制裁を課している期間は，規制違反を今後行わないことを理解し，浸透させるために要するために定められるものである。そこで，届出や発行登録の効力の停止となっている場合には，次に掲げる募集または売出しは金額にかかわらず届出の免除とはされない。

イ）　届出の効力の停止処分，発行登録の効力の停止の処分もしくは期間の延長の処分を受けた届出者が，この処分の期間内に新たに行う有価証券の募集または売出し（6号）

ロ）　発行登録の効力の停止処分，届出の効力の停止の処分もしくは期間の延長の処分を受けた登録者が，この処分の期間内に新たに行う有価証券の募集または売出し（7号）

⑤ 株式公開直前の株式の募集または売出し：株式（株券）を上場しようと
する会社または店頭売買有価証券として登録しようとする会社で，継続
開示会社でないものが行う取引所または認可協会の規則による発行株式
の募集または売出し（8号）

株式の新規公開すなわち新規上場や新規店頭登録が認められるためには，取
引所または認可協会による承認が必要となる。すなわち，取引所または認可協
会において，上場審査または登録審査が行われ，その結果それぞれの上場基準
または登録基準に適合した場合に新規上場や新規店頭登録が認められることと
なる。この審査の承認を受けて，証券市場における所定の株式分布が必要とな
るため，取引所または認可協会の規則に従って上場または登録を申請した企業
による募集または売出しが行われることとなる。当該募集または売出しが実施
されないと，新規株式公開が承認されないこととなるため，これに該当する場
合は株式（株券）の新規発行または既発行による金額にはかかわらず届出によ
る情報開示が必要であり，こうした定めが設けられているものである。

(6) 特定の適格機関投資家取得有価証券一般勧誘（法4条2項ただし書）

> 有価証券に関して開示が行われている場合及び内閣府令で定めるやむを得ない
> 理由により行われることその他の内閣府令で定める要件を満たす場合の適格機
> 関投資家取得有価証券一般勧誘

「有価証券に関して開示が行われている場合」とは，前記(2)①に掲げる定め
と同じである（法4条7項）。適格機関投資家取得有価証券一般勧誘においても，
勧誘対象の有価証券に関して開示が行われている場合，すなわち既に開示がな
されているので届出の免除となるのは当然である。そして，同様に免除とされ
る「内閣府令で定める要件」は，次に掲げる場合である（開示府令2条の4各
号）。

① 適格機関投資家取得有価証券一般勧誘が当該適格機関投資家取得有価証
券一般勧誘に係る有価証券（株券）（施行令1条の4第1号）の発行者であ
る会社に対して行われる場合（1号）。

この証券発行者に対する勧誘は，当該有価証券に関する情報を十分に得

ている者に対する勧誘であり，まさに「有価証券に関して開示が行われている場合」と同質のことであるから，届出の免除とされているものである。

②　適格機関投資家取得有価証券一般勧誘が法4条1項4号に規定する有価証券の売出しに該当し，かつ，当該適格機関投資家取得有価証券一般勧誘が当該有価証券の売出しとして行われる場合（2号）。

「法4条1項4号に規定する有価証券」は，国内における当該有価証券に係る売買価格に関する情報を容易に取得することができるものであり，売出しとして行われる場合には，届出の免除とされているものである。

(7)　特定の特定投資家等取得有価証券一般勧誘（法4条3項ただし書）

> 有価証券に関して開示が行われている場合及び届出が行われなくても公益または投資者保護に欠けることがないものとして内閣府令で定める場合の一般勧誘特定投資家等取得有価証券一般勧誘

「有価証券に関して開示が行われている場合」とは，前記(2)①に掲げる定めと同じである（法4条7項）。特定投資家等取得有価証券一般勧誘においても，勧誘対象の有価証券に関して開示が行われている場合は，前記(6)と同じく届出の免除となるのは当然である。そして，同様に免除とされる「内閣府令で定める場合」は，次に掲げる場合である（開示府令2条の7第1項各号）。

①　有価証券の発行者またはその役員（取締役，監査役，執行役，理事もしくは監事はまたこれらに準ずる者）であり，かつ，当該発行者の総株主等の過半数の議決権を有する者（「特定役員」という）もしくは当該特定役員の被支配法人等（当該発行者を除く）に対して特定投資家等取得有価証券一般勧誘を行う場合（1号）。

証券発行者，その親会社となる特定役員等においては，当該有価証券に関する情報を得ている者と考えられることから，それらの者に対する勧誘は「有価証券に関して開示が行われている場合」と同質のことであるから，届出の免除とされているものである。

②　有価証券の発行者の総株主等の過半数の議決権を有する会社に対して特定投資家等取得有価証券一般勧誘を行う場合（2号）。

有価証券の発行者の総株主等の過半数の議決権を有する会社である親会社に対する勧誘も，当該親会社にとっては上記①と同じく，「有価証券に関して開示が行われている場合」と同質と考えられることから，届出の免除とされているものである。

③　特定投資家向けの有価証券（法4条3項3号）に該当することとなった有価証券について，当該該当の日から起算して1年経過する日までの間に特定投資家等取得有価証券一般勧誘を行う場合（3号）。

　　所有する有価証券が，取得目的にかかわらず特定投資家向けの有価証券に該当することとなった有価証券については，一定の期間（1年）内での売却となる一般勧誘を届出の免除とされているものである。この1年の範囲の設定は，特定投資家向けの有価証券に該当することを知る機会として，特定投資家向け有価証券の所有者に対し，1年に1回以上，発行者情報の提供または公表しなければならないこと（法27条の32第1項）を踏まえたものと考えられる。

第5節　法定開示書類及び非開示の提出書類

　有価証券届出制度（法4条1項から3項）に基づき，発行市場における法定開示書類として定められているものが有価証券届出書と目論見書である。この有価証券届出書の記載内容すなわち開示内容を定める様式については，法定開示書類の提出を行うこととなる有価証券の発行者の負担とともに証券市場における投資判断情報が既に開示されている場合の状況等を踏まえて，①所定の企業内容等に関する情報を全て開示する様式（完全開示方式），②一定の開示部分について簡略化した開示様式（簡易開示方式），③発行市場と流通市場という証券市場の一体化を踏まえた統合の開示様式（統合開示方式）としての組込方式及び参照方式，に分けられている。

　また，有価証券の属性による分類すなわち企業金融型証券と資産金融型証券により，その分類の趣旨を踏まえて，有価証券届出書の内容は大きく異なるものとなる。そこで，まず上場会社等の企業金融型証券の発行者の有価証券届出書（以下の1から5が内国会社，6が外国会社によるもの）を取り上げ，次に資産

金融型証券である特定有価証券の発行者の有価証券届出書（以下の**7**）を取り上げることとする。

一方，発行市場において開示はされないが，内閣総理大臣への提出書類として定められている有価証券通知書もある。そこで，これらの法定開示書類及び非開示の有価証券通知書について，それぞれ以下において取り上げることとする。

1　完全開示方式の有価証券届出書

企業金融型証券に対する投資においては，有価証券の内容とともに，当該発行者の企業価値に関する分析・評価等に必要となる企業運営・業務（事業内容等）やその成果たる業績等の企業内容等に関する情報を基礎的な投資判断情報として求められることとなる。これを踏まえて，法が求める企業内容等に関する事項（法5条1項2号）について全て記載する様式によるものが完全開示方式による有価証券届出書である。この記載様式は，募集または売出しに関する事項（法5条1項1号）（以下「「証券情報」」という）及び発行者の企業内容等に関する事項すなわち会社の商号，当該会社の属する企業集団及び当該会社の経理の状況その他事業の内容に関する重要な事項その他の内閣府令で定める事項（法5条1項2号）（以下「「企業情報」」という）を記載することを求める第2号様式（開示府令8条1項1号）である。この第2号様式により，有価証券届出書に記載される記載事項は，次のとおりである。

〈有価証券届出書の記載事項：開示府令第2号様式〉

第一部　証券情報

　第1　募集要項

　第2　売出要綱

　第3　その他の記載事項

第二部　企業情報

　第1　企業の概況

　　1　主要な経営指標等の推移

2 沿革

3 事業の内容

4 関係会社の状況

5 従業員の状況

第2 事業の状況

1 経営方針，経営環境及び対処すべき課題等

2 事業等のリスク

3 経営者による財政状態，経営成績及びキャッシュ・フローの状況の分析

4 経営上の重要な契約等

5 研究開発活動

第3 設備の状況

1 設備投資等の概要

2 主要な設備の状況

3 設備の新設，除却等の計画

第4 提出会社の状況

1 株式等の状況

2 自己株式の取得等の状況

3 配当政策

4 コーポレート・ガバナンスの状況等

第5 経理の状況

1 連結財務諸表等

2 財務諸表等

第6 提出会社の株式事務の概要

第7 提出会社の参考情報

1 提出会社の親会社等の情報

2 その他の参考情報

第三部 提出会社の保証会社等の情報

第四部 特別情報

第1 最近の財務諸表

第2 保証会社及び連動子会社の最近の財務諸表または財務書類

(注) 第二部以外の記載事項の項目は筆者が省略している。第四部の「最近の財務諸表」は，最近5事業年度の財務諸表（既に掲げられている財務諸表を除く）をいう。なお，連動子会社は後記の4参照。

第3章　発行市場における開示規制　79

「証券情報」においては，募集または売出しの対象となる有価証券の情報として，当該有価証券の発行または募集の数，発行価額または売出し価額の総額等が記載される。ただし，時価または時価に近い一定の価格により有価証券の発行価格または売出価格の決定前に募集または売出しをする必要がある場合には，「証券情報」を記載しないで有価証券届出書を提出することができる（法5条1項ただし書，開示府令9条）。ここで，開示情報として中核的意義を有する「企業情報」の記載事項について解説すれば，次のとおりである。

(1) 非財務情報

有価証券届出書は，「企業情報」において，証券発行者について企業の運営及び業務に関する情報として非財務情報を記載項目として定めている。まず，企業の沿革，事業の内容等を掲げて，主要な経営指標等の推移，子会社を含めた企業集団の状況等も取り上げて，「企業の概況」を説明する。すなわち，証券発行者の概要を最初に掲げて，企業運営に係る経営活動の状況等を説明して「企業情報」の理解において必要となる基礎的情報を提供するものである。これを踏まえ，企業の業務としての事業についての経営方針，経営環境及び対処すべき課題等，事業等のリスク等を掲げるとともに，その事業の結果を金額的に集約表示した連結財務諸表・財務諸表について経営者が分析・説明をする定性的情報としての「経営者による財政状態，経営成績及びキャッシュ・フローの状況の分析」等も掲げられ，当該事業の成果の理解にも資する情報を「事業の状況」として取り上げている。なお，この事業の遂行に必要となる設備の状況や投資等についても「設備の状況」として取り上げている。

そして，有価証券届出書の提出会社の株式等の状況や配当方針等を含めた配当政策を掲げたのち，企業統治の概要を記載し，業務執行の取締役・監査役に加え社外取締役・社外監査役等も取り上げて説明するコーポレート・ガバナンスの状況等を「提出会社の状況」として取り上げている。

(2) 財務情報

財政状態，経営成績及びキャッシュ・フローの状況の実績を金額的に集約表示した財務情報について，有価証券届出書の提出者の企業集団の実績を表示す

る連結財務諸表及び当該提出者の実績を表示する個別の財務諸表（以下におい
て連結財務諸表と財務諸表を「財務諸表等」という）並びに附属明細表等を「経
理の状況」として取り上げている。現在の企業の経営活動は，単独の会社だけ
でなく，その子会社を抱えて構成する企業グループすなわち企業集団により行
われているのが世界的に共通している状況である。そのため，企業業績の実績
としては連結財務諸表が重視されることとなっていることをふまえ，「経理の
状況」においては連結財務諸表・企業集団が中心として記載されている。

　これらの財務情報は，企業業績の実績として，企業価値の評価において将来
情報とともに非常に重要な投資判断情報であることは明らかなものである。こ
こで，財務情報においては，連結財務諸表・財務諸表に加え，それぞれの明細
表及び最近の連結会計年度・事業年度の終了後，有価証券届出書の提出日まで
に資産・負債に著しい変動及び損益に重要な影響を与えた事実または与えるこ
とが確実に予想される事実が生じた場合（他に記載・開示されているものは除く）
には，その概要を記載することを含めている。

　財務情報の重要性を踏まえ，その信頼性を確保するため，財務諸表等につい
ては職業監査人たる公認会計士等による監査（「会計士監査」という）が義務付
けられていることを踏まえ，その監査報告書も有価証券届出書に掲げられてい
る。企業の業績等の実績を開示する財務諸表等の投資判断情報としての重要性
を踏まえ，当該財務諸表等の適正性を確証する会計士監査が非常に重要な役割
を果たすものとなる。そこで，これらの詳細について第4章第5節において取
り上ることとする。

(3)　その他の情報

　有価証券届出書の提出会社の株式事務の概要，親会社等の情報等も追加され
て記載される。また，定款，当該有価証券の発行に係る取締役会・株主総会の
議事録等を有価証券届出書に添付しなければならない（法5条13項，開示府令
10条1項1号）。

第3章　発行市場における開示規制　81

2　簡易開示方式の有価証券届出書

(1)　有価証券届出書の記載様式

　有価証券届出制度を定める規定（法4条1項から3項）による有価証券の募集または売出しのうち発行価額または売出価額の総額が1億円以上で5億円未満の募集または売出し，すなわち少額募集または少額売出しにおいては，次の①から③に掲げる者（法5条2項各号）のいずれにも該当しない者は，完全開示方式を定める第2号様式によらず，簡易な第2号の5様式（以下「簡易開示様式」という）（開示府令8条1項2号）により記載することができる（法5条2項柱書）。

① 　上場有価証券（法24条1項1号）の発行者，店頭売買有価証券（法24条1項2号）の発行者または最近5事業年度のいずれかにおける株主数が1,000名以上である会社の有価証券（法24条1項4号）の発行者（1号）

② 　有価証券の届出の適用を受けた募集または売出しについて，完全開示方式の第2号様式における「第二部　企業情報」に掲げる事項を記載した有価証券届出書を提出した者または提出しなければならない者（上記①に掲げる者を除く）（2号）

③ 　有価証券報告書または四半期報告書もしくは半期報告書を提出している者（上記①及び②に掲げる者を除く）（3号）

　少額募集または少額売出しにおいては発行総額または売出総額が少額であることから，発行者の負担を踏まえ，完全開示方式による記載事項を一部省略した簡易方式の様式が利用できるということである。この第2号の5様式と第2号様式の「企業情報」を比較すると，例えば「経理の状況」においては個別の財務諸表のみであり，連結財務諸表は記載されない。つまり，有価証券届出書の提出者の個別ベースの情報を中心とされ，負担を生ぜしめる企業集団（連結）ベースの情報が簡略化されているということである。

　なお，上記の①から③に掲げられている者は，完全開示方式の有価証券届出書の記載様式である第2号様式の提出者や同様式を準用している第3号様式に

よる有価証券報告書を提出する者であるから，簡易開示方式の適用対象とならないことは当然のことである。

(2) 少額に関する定め

簡易開示様式が用いられる少額募集または少額売出しに該当することとなる5億円未満という少額の算定については，募集または売出しに係る届出の免除（1億円未満の場合）における金額算定における潜脱防止等と同様の趣旨の観点から，発行価額または売出価額の総額が実質的に5億円未満となっている場合に限定している。そこで，5億円未満の有価証券の募集または売出しとは，内国会社が行う有価証券の募集または売出しのうち次に掲げるもの以外のものとする（開示府令9条の2各号）。すなわち，次に掲げるものに該当する場合は少額募集または少額売出しとはされず，該当しない場合が少額募集または少額売出しとして扱われるということである。

① 新株予約権証券の払込額との合算

募集または売出しに係る有価証券が新株予約権証券である場合で，当該新株予約権証券の発行価額または売出価額の総額に当該新株予約権証券に係る新株予約権の行使に際して払い込むべき金額の合計額を合算した金額が5億円以上となる場合における当該募集・売出し（1号）

② 1年以内の募集または売出しの合算

同一の種類の有価証券で1年以内に行われた募集または売出しの発行価額または売出価額の総額を合算した金額が5億円以上となる場合における当該募集または売出し（2号）

③ 6か月以内の発行総額の合算

有価証券が多数の者に所有されるおそれが少ない募集（施行令1条の6）の発行価額の総額に，その6か月以内に発行された同種の新規発行証券の発行価額の総額を合算した金額が5億円以上となる場合における当該募集（3号）

④ 1か月以内の売出価額の合算

多数の者に所有されるおそれが少ない売出し（施行令1条の8の3）に係る有価証券の売出価額の総額に，その1か月以内に売付け勧誘等が行わ

れた同種の既発行証券の売出価額の総額を合算した金額が5億円以上となる場合における当該売出し（3号の2）

⑤　複数の並行募集または売出しの総額の合計

　同一の種類の有価証券でその発行価額または売出価額の総額が5億円未満である2組以上の募集または売出しが並行して行われ，かつ，これらの募集または売出しに係る有価証券の発行価額または売出価額の総額の合計額が5億円以上となる場合におけるそれぞれの募集または売出し（4号）

⑥　並行の募集または売出し

　発行価額もしくは売出価額の総額が5億円以上である有価証券の募集もしくは売出しまたは上記①に規定する募集もしくは売出しと並行して行われるこれらの募集または売出しに係る有価証券と同一の種類の有価証券の募集または売出し（5号）

3　統合開示方式の有価証券届出書

　証券市場は発行市場と流通市場で構成されるが，この両市場が有効適切に一体的に統合されてこそ市場機能を発揮できるものである。例えば，上場会社が発行市場で一般投資者に募集（公募）を行う場合の株券の発行価額は流通市場において形成されている株価に基づくこととなる。決算情報等の定期開示や重要な情報が決定・発生されたときの情報の臨時開示が適時に行われ，当該開示情報を分析・評価等を行った投資者の投資判断が投合され，日々市場取引が行われる市場が流通市場である。つまり，情報開示に係る開示規制の中核となるのが流通市場である。こうした流通市場における機能は発行市場においても発揮され，有効に活用されることとなる。

　そこで，証券発行者の企業内容等に関する「企業情報」の開示において，発行市場における有価証券届出書と流通市場における有価証券報告書等の両市場における法定開示書類の統合を図ることができることになる。すなわち，発行市場と流通市場における情報開示の統合を図って，発行市場における開示規制にも対応するということである。そのため，結果的に，届出の義務者たる有価証券の発行者においても開示に係る負担が大幅に軽減されることとなり，発行市場の機能をタイミングよく適宜に利用できることとなる。こうしたことを踏

まえ，流通市場と発行市場における情報開示の統合を図って作成される様式として統合開示方式が設定されている。企業情報の利用者サイドの投資者の保護についても，流通市場における開示と市場機能の観点から統合開示方式の設定について問題ないと考えられる。

この統合開示方式の様式としては，流通市場における有価証券報告書等の法定開示書類を綴じこむ組込方式と当該法定開示書類の内容を参照するという方式すなわち参照方式が設けられている。

(1) 組込方式

① 適用要件

組込方式は，既に1年間継続して有価証券報告書を提出している者が適用できる（法5条3項，開示府令9条の3第1項）。1年以上継続して有価証券報告書の提出という定期開示を行っていることは，流通市場において発行者に関する投資判断情報が既に開示されていることから，重複した情報を記載・作成することを避ける組込方式の適用要件としたものと考えられる。

② 記載様式

組込方式においては，直近の有価証券報告書及びその添付書類並びにその提出以後に提出される四半期報告書または半期報告書並びにこれらの訂正報告書の写しをとじ込み，かつ，当該有価証券報告書提出後に生じた事実を記載することで有価証券届出書を作成することができる（法5条3項，開示府令9条の3）。なお，添付書類は第2号様式の場合と同様である（開示府令10条1項2号）。この組込方式による有価証券届出書の記載の様式が第2号の2様式である（開示府令9条の3第4項）。

この第2号の2様式による有価証券届出書においては，「証券情報」については募集または売出しに応じて開示されるべきものであるから記載は必要となるが，「企業情報」については上記の流通市場における法定開示書類を綴じ込むことによって対応されるが，それに加えて，例えば次のような追完情報の記載が必要となる。

　イ）有価証券報告書に記載した事項についての重要な変更

ロ）　財政状態及び経営成績に重要な影響を及ぼす事象

ハ）　提出時期に応じて最近の業績の概要……この「業績の概要」について
　　　は，連結会計年度または事業年度の開始後概ね7か月から9か月経過の
　　　場合は，上期（開始後6か月間）の業績概要，13か月経過の場合は次期の
　　　業績概要とする。

(2)　参照方式

①　適用要件

　参照方式は，次に掲げる継続開示の要件及び周知性の要件の全てを満たす者
が適用することができる（法5条4項柱書）。

《継続開示の要件》

　既に1年間継続して有価証券報告書を提出していること（法5条4項1号，
開示府令9条の4第2項）。

　この流通市場における継続開示の要件の設定の趣旨は，前記(1)①の組込方式
と同じである。

《周知性の要件》

　「企業情報」が既に公衆に広範に提供されているものとして，取引所市場に
おける取引状況等に関し内閣府令で定める基準に該当すること（法5条4項2
号）。

　この「内閣府令で定める基準」は，次のいずれかに掲げる基準とする（開示
府令9条の4第5項各号）。これらの基準は，流通市場における取引高（売買高），
企業価値評価等による株価を反映した時価総額等が一定額以上の高い水準であ
ることを設定しており，投資判断において重要な「企業情報」や当該証券発行
者に関する評価が投資者間において周知されているものと想定されることから，
情報周知に関する基準として定められているものである。

イ）　上場株券の発行者（上場会社）または店頭登録株券の発行者（店頭登録
　　　会社）において，次のいずれかに該当すること（1号・2号）。

a）　発行株券について，上場日・店頭登録日からの経過期間が3年半以
　　上の場合は最近3年間（当該経過期間が3年半未満で2年半以上の場合
　　は最近2年間，2年6か月未満の場合は最近1年間）の年平均売買金額

が100億円以上，かつ，同期間における算定基準日の平均時価総額が100億円以上。

b） 発行株券について，最近3年（または上場日・登録日からの経過期間による対応は上記aと同じ）の平均時価総額が250億円以上。

c） 過去5年間において，有価証券届出書または発行登録追補書類を提出して募集または売出しを行った社債券・振替社債の総額が100億円以上。

d） 法令により優先弁済を受ける権利を保証されている社債券（新株予約権付社債券を除く）を既に発行していること。

ロ） 指定外国金融商品取引所に上場されている株券を発行しており，かつ，当該者の発行済株券について，外国金融商品市場における基準時時価総額が1,000億円以上であること（3号）。

ハ） 上記イのCの場合に該当すること（上記イまたはロに該当する場合を除く）（4号）。上記イまたはロにおける発行者に該当しない非上場会社・非店頭登録会社における社債券・振替社債の募集または売出しに関するものである。

なお，以上の参照方式の利用のための適用要件のほか，コマーシャル・ペーパーの発行者に係る参照方式の利用適格要件の特例も定められている。この参照方式の利用適格要件は，コマーシャル・ペーパーの発行者が当該コマーシャル・ペーパーの募集または売出しに係る有価証券届出書を提出しようとする場合には，当該発行者が本邦において当該有価証券届出書の提出日以前5年間にその募集または売出しに係る有価証券届出書または発行登録追補書類を提出することにより発行し，または交付されたコマーシャル・ペーパーの発行価額または売出価額の総額が100億円以上であることである（開示府令9条の5）。

② 記載様式

上記①の参照方式の適用要件を満たす者は，直近の有価証券報告書及びその添付書類並びにその提出以後に提出される四半期報告書または半期報告書及び臨時報告書並びにこれらの訂正報告書（以下「参照書類」という）を参照すべき

第3章　発行市場における開示規制　87

旨を記載したときは，法5条1項2号に掲げる事項の「企業情報」の記載をしたものとみなされる（法5条4項柱書）。すなわち，参照方式は，有価証券報告書等を参照することによって，「企業情報」の開示は満たされるものとして有価証券届出書を作成する方式である。参照方式は，組込方式より，さらに簡易な有価証券届出書の作成対応となるものである。現状，上場会社においては，ほとんどの募集または売出しにおいて，この参照方式が用いられている。参照方式による有価証券届出書の記載は，第2号の3様式による（開示府令9条の4第1項）。

　この第2号の3様式による有価証券届出書においては，「証券情報」については募集または売出しに応じて開示されるべきものであるから記載は必要となるが，「企業情報」については「参照情報」として，参照となる有価証券報告書等を記載するとともに，それらの参照書類に臨時報告書がある場合はその提出理由等が記載されることとなる。また，添付書類としては，第2号様式の添付書類と同様の書類のほか，参照方式を利用できる要件を満たしていることを示す書面，参照対象の有価証券報告書の提出日以後において記載すべき重要な事実（その提出時には記載できなかったもの及びその後発生したもの）を記載した書面，事業内容の概要及び主要な経営指標等の推移を的確かつ簡明に説明した書面の添付も含まれる（開示府令10条1項3号）。

4　新規株式公開の有価証券届出書

　取引所に発行株式を上場しようとする会社または認可協会に発行株式を店頭売買有価証券として登録しようとする会社，すなわち新規株式公開を行おうとする会社で，当該取引所または当該認可協会の規則により発行株式の募集または売出しを行うため，法5条1項の規定により有価証券届出書を提出しようとする当該会社は，次に掲げる場合の区分に応じ，それぞれに定める様式により，有価証券届出書を作成・提出しなければならない（開示府令8条2項各号）。

① 募集または売出しが特定組織再編成発行手続または特定組織再編成交付手続に該当しない場合は第2号の4様式（1号）
　上記①は，一般的な新規上場または新規店頭登録の場合であり，これらの会

社の「企業情報」は完全開示方式による記載事項が求められる様式でなければ
ならないことは明らかである。そこで，この様式は，「証券情報」及び完全開
示方式の第2号様式における「企業情報」が記載されるものである。さらに，
株式公開であることから，これらの情報に加えて，連動子会社の最近の財務諸
表，株式公開情報が記載される。連動子会社とは，上場会社等が発行する株式
であって，その剰余金の配当が特定の子会社の剰余金の配当に基づき決定され
る旨が当該上場会社等の定款で定められた株式についての当該特定の子会社
（施行令29条8号）をいう。

② 募集または売出しが特定組織再編成発行手続または特定組織再編成交付
手続に該当する場合は第2号の7様式（2号）

この様式は，特定組織再編成発行手続または特定組織再編成交付手続に該当
する場合であることを踏まえ，「証券情報」及び「組織再編成（公開買付け）に
関する情報」並びに完全開示方式の第2号様式における「企業情報」が記載さ
れるものである。さらに，これらの情報に加えて，提出会社及び連動子会社の
最近の財務諸表，組織再編成対象会社情報，株式公開情報が記載される。

5 組織再編成・交換買付けの有価証券届出書

次の①または②の場合に有価証券届出書を提出しようとするときは，第2号
の6様式により有価証券届書を作成・提出する（開示府令8条1項3号）。この
第2号の6様式においては，第2号様式における記載に加えて，組織再編成ま
たは公開買付けに関する情報等が記載されることとなる。

① 特定組織再編成発行手続または特定組織再編成交付手続を行う場合
② 公開買付けにつき有価証券をもってその買付け等の対価とする場合すな
わち交換買付けにおいて，当該有価証券がその募集または売出しにつき届
出が求められるとき（法27条の4第1項）（法5条2項に定める少額募集ま
たは少額売出しの場合は除く）

第 3 章　発行市場における開示規制　89

6　外国会社の有価証券届出書

(1)　通常の様式

発行者が外国会社である場合には，それぞれ有価証券届出書の様式について，次のとおりである（開示府令8条1項4号・5号）。

①　発行者が外国会社である場合（次の②に掲げる場合を除く）は第7号様式

②　発行者が外国会社であって，特定組織再編成発行手続もしくは特定組織再編成交付手続を行う場合または公開買付けにつき有価証券をもってその買付け等の対価とする場合において，当該有価証券がその募集または売出しにつき届出が求められるとき（法27条の4第1項）の場合は，第7号の4様式

外国会社による上記の有価証券届出書の記載は，それぞれ内国会社用の記載様式（第2号様式等）に準じた内容となっている。なお，外国会社においても組込方式や参照方式による利用適格要件は同様のものとなっており，これらの場合の記載様式（組込方式：第7号の2様式，参照方式：第7号の3様式）もわが国の会社用の記載様式（第2号の2様式，第2号の3様式）の内容に準じたものとなっている。

(2)　特例方式

有価証券届出制度により有価証券届出書を提出しなければならない外国会社（以下「届出書提出外国会社」という）は，届出書に代えて外国会社届出書を提出することを，その用語，様式及び作成方法に照らし，金融庁長官が公益または投資者保護に欠けることがないものとして認める場合には，有価証券届出書に代えて，次に掲げる書類を提出することができる（法5条6項，開示府令9条の6第1項）。

①　「証券情報」を記載した書類（法5条6項1号）

②　外国において開示が行われている参照書類または有価証券届出書に類する書類であって英語で記載されているもの。この「開示」とは，外国金融

商品市場または外国金融商品市場に準ずるものとして外国に開設された店頭売買有価証券市場の性質を有する市場を開設する者の規則を含む当該外国の法令に基づいて当該外国において公衆縦覧に供されることをいう（法5条6項2号，開示府令9条の6第2項）。

　また，上記②に掲げる書類には，当該書類に記載されている事項のうち企業の概況や事業の状況等の要約の日本語による翻訳文などを記載した書類その他の補足書類を添付しなければならない（法5条7項，開示府令9条の7第2項から第4項）。このように特例の対応により届出書提出外国会社が上記①及び②に掲げる書類並びにその補足書類を提出した場合には，当該外国会社届出書及びその補足書類を有価証券届出書とみなし，これらの提出を法による届出書を提出したものとみなされる（法5条8項）。

7　特定有価証券の有価証券届出書

(1)　企業金融型証券と資産金融型証券の有価証券届出書の相違

　資産金融型証券すなわち特定有価証券に対する投資においては，有価証券の発行者本体の企業価値ではなく，当該有価証券の発行の基礎として運営・管理されている資産そのものの価値に関する分析・評価等に必要となる情報が求められることとなる。この情報開示の結果，特定有価証券は，資産の運用等の事業により生み出される資産価値により市場価額が形成されることとなる。そのため，資産金融型証券の有価証券届出書は，証券発行者本体の企業価値に関する情報が必要となる企業金融型証券の有価証券届出書における記載内容とは大きく異なる内容のものとなる。そこで，多様な特定有価証券の種類ごとにそれぞれについて区分した内容が有価証券届出書における記載事項として定められている。なお，有価証券届出書の記載様式については，①完全開示方式，②統合開示方式によることがそれぞれ定められている。

　有価証券届出書の提出・記載に係る規定（法5条1項から4項）については，特定有価証券においても適用される（法5条5項）。ただし，企業金融型証券と資産金融型証券との相違を踏まえて，所定の読替規定が必要となる。すなわち，

企業金融型証券の発行者が提出する有価証券届出書における定めについて，資産金融型の特定有価証券について，例えば法5条1項2号に掲げる「会社の商号，当該会社の属する企業集団及び当該会社の経理の状況その他事業」の内容に関する重要な事項その他の内閣府令で定める事項の「企業情報」については，「会社が行う資産の運用その他これに類似する事業に係る資産の経理の状況その他資産」の内容に関する重要な事項その他の内閣府令で定める事項（以下「「資産情報」」という）と読み替えたり，そのほかの必要なことについて読み替えて準用することとしている（法5条5項）。

また，特定有価証券についても，募集または売出しの規定が適用されることから，有価証券の発行価格または売出価格の決定前に募集または売出しをする必要がある場合は，それぞれの特定有価証券に応じて「証券情報」のうち発行価格または売出価格等を記載しないで有価証券届出書を提出することができる（法5条5項・1項ただし書，特定有価証券開示府令11条）。

(2) 完全開示方式の有価証券届出書

特定有価証券に関する投資判断情報としては，当該特定有価証券の発行の基礎となっている多様な資産の内容や当該資産に関する対応・管理等に関する情報が求められる。そこで，完全開示方式による有価証券届出書の記載内容の基本を典型的に定めている内国投資信託受益証券（特定有価証券開示府令1条2号の2）の有価証券届出書の記載様式の第4号様式を例示として取り上げることとする（特定有価証券開示府令10条1項1号）。

〈内国投資信託受益証券の有価証券届出書の記載事項：特定有価証券開示府令第4号様式〉

第一部　証券情報
第二部　ファンド情報
　　第1　ファンドの状況
　　第2　管理及び運営
　　第3　ファンドの経理状況
　　第4　内国投資信託受益証券事務の概要
第三部　委託会社等の情報

第1	委託会社等の概況
第2	その他の関係法人の概況
第3	その他

　このように，企業金融型証券の有価証券に適用される第2号様式における「企業情報」に代えて，特定有価証券に適用される様式においては「ファンド情報」等の資産に関する情報が主要な投資判断情報としての役割を果たすものである。そのため，「ファンド情報」において，ファンドの状況としてファンドの性格（ファンドの目的，基本的性格，仕組み等），投資方針，投資リスク，手数料等及び税金，運用状況を記載する。そして，ファンドの「管理及び運営」を取り上げたのち，ファンドの運用の実績を示す「ファンドの経理状況」において，財務諸表，ファンドの現況（純資産額計算書），内国投資信託受益証券事務の概要を記載する。こうしたファンドについての記載を受けて，「委託会社等の情報」が記載される。

　このように，特定有価証券の有価証券届出書においては，対象資産の状況やその運用成果等の実績等に関する情報が取り上げられているということである。

(3)　統合開示方式の有価証券届出書

　法5条5項において準用する同条3項（組込方式）及び同条4項（参照方式）により，特定有価証券の有価証券届出書においても，これらの統合開示方式による記載様式が定められている。すなわち，流通市場における情報を発行市場において利用する様式である組込方式と参照方式が特定有価証券においても設けられている。

　① 組込方式

　　企業金融型証券における組込方式の適用の要件と同じように，1年以上の継続開示がある場合は，有価証券報告書を綴じ込む方式の組込方式が設けられている（特定有価証券開示府令11条の2）。この有価証券報告書は，当然，特定有価証券の様式によるものである。組込方式による有価証券届出書の記載についても，それぞれの運用対象資産を踏まえて様式が定められている。

　　例えば，内国投資証券の有価証券届出書は第4号の3の2様式により，募

集（売出）要項，最近における募集（売出し）の状況が記載され，最近の有価証券報告書が綴じ込まれることとなる。

② 参照方式

特定有価証券における参照方式の適用要件は，企業金融型証券における参照方式の適用の要件となる継続開示の要件及び周知性の要件を全て満たすこととし，参照方式による有価証券届出書の記載については，それぞれの運用対象資産を踏まえて様式が定められている（特定有価証券開示府令11条の3）。

例えば，内国投資証券の有価証券届出書は第4号の3の3様式により，「証券情報」に加え，「参照情報」として参照書類及び参照書類の補完情報を記載することとなる。臨時報告書が参照書類に含まれている場合にはその提出理由，有価証券報告書・半期報告書の提出日以後有価証券届出書提出日までの間において，当該有価証券報告書等に記載された「投資リスク」について変更その他の事由が生じた場合には，その旨及びその内容を具体的に，かつ，分かりやすく記載することなども必要となる。

(4) 外国会社の有価証券届出書（特例方式）

発行者が外国会社である場合の有価証券届出書の様式も特定有価証券の種類によってそれぞれ定められているが，届出書提出外国会社は，金融庁長官が公益または投資者保護に欠けることがないものとして認める場合には，有価証券届出書に代えて，次の①及び②に掲げる書類を提出することができる（法5条6項，特定有価証券開示府令11条の4第1項）。この場合，特定有価証券の区分に応じ，それぞれに定められている様式により，次の②に掲げる書類の補足書類を提出することとなる（法5条7項，特定有価証券開示府令11条の5第1項）。

① 募集または売出しに関する「証券情報」を記載した書類（法5条6項1号）

② 外国において開示が行われている参照書類または有価証券届出書に類する書類であって英語で記載されているもの。この「開示」とは，外国金融商品市場または外国金融商品市場に準ずるものとして外国に開設された店頭売買有価証券市場の性質を有する市場を開設する者の規則を含む当該外国の法令に基づいて当該外国において公衆縦覧に供されることをいう（法

５条６項２号，特定有価証券開示府令11条の４第２項）。

　ここで，上記②の書類に係る主な補足書類を次に掲げることとする（特定有価証券開示府令11条の５第２項から第４項）。
　イ）　投資の対象となる資産の仕組み，投資方針・投資リスク等に関する情報等を記したもの
　ロ）　上記イを日本語または英語で記載したもの（英語の記載については，それを要約した日本語による翻訳文を添付すること）
　ハ）　有価証券届出書に記載すべき事項であって，上記②の書類に記載されていない事項のうち，日本語または英語によって記載したもの（当該事項を英語によって記載したものである場合は，その要約の日本語による翻訳文を添付すること）

　このように届出書提出外国会社が上記に掲げた書類及びその補足書類を提出した場合には，当該届出書提出外国会社の有価証券届出書及びその補足書類を有価証券届出書とみなし，これらの提出を法による届出書を提出したものとみなされる（法５条８項）。

(5)　募集事項等記載書面

　特定有価証券の募集または売出しにつき，有価証券届出書を提出しなければならない会社は，当該特定有価証券の募集または売出しが既に１年間継続して行われている場合には，有価証券届出書に代えて，募集または売出しに関する「証券情報」を記載した書面（「募集事項等記載書面」という）を提出することができる（法５条10項本文，特定有価証券開示府令11条の６第２項）。募集事項等記載書面の提出をもって届出とされる特例措置は，ファンドに関する情報等，資産の仕組み，投資方針・投資リスク等に関する「参照情報」は記載不要となり，書類の作成の負荷を大幅に軽減することとなる。資産価値に関する情報が継続して開示されることを踏まえた対応措置であり，この募集事項等記載書面は特例方式の有価証券届出書となるものである。ただし，当該募集または売出しが当該募集事項等記載書面の提出の直前まで行われている場合に限る（法５条10

項ただし書）。

なお，募集事項等記載書面を提出する特定有価証券届出書提出会社は，当該募集事項等記載書面を，その提出の日の属する当該特定有価証券の特定期間の直前の特定期間に係る有価証券報告書及びその添付書類と併せて提出しなければならない（法5条11項）。そして，特定有価証券届出書提出会社が募集事項等記載書面並びに有価証券報告書及びその添付書類を提出した場合には，当該募集事項等記載書面及び有価証券報告書を法5条1項の有価証券届出書とみなし，これらの提出を同項の届出書を提出したものとみなして，法令の規定を適用することとなる（法5条12項）。

8　目論見書

(1)　目論見書の作成と交付

目論見書とは，有価証券の募集または売出し（適格機関投資家取得有価証券一般勧誘または特定投資家等取得有価証券一般勧誘（有価証券の売出しに該当するものを除く）を含む）のために当該有価証券の発行者の事業その他の事項に関する説明を記載する文書であって，勧誘の相手方に交付し，または相手方からの交付の請求があった場合に交付するものをいい（法2条10項），募集または売出しの場合に当該有価証券の発行者により目論見書は作成されなければならないものである（法13条1項本文前段）。また，その有価証券に関して開示が行われている当該有価証券の売出しについては，届出の免除とされて有価証券届出書の提出は不要であるが，目論見書は同様に作成されなければならない（法13条1項本文後段）。

ただし，有価証券の募集が新株予約権証券の募集であって，次に掲げる要件の全てに該当する場合は，目論見書の作成は義務付けられていない（法13条1項ただし書）。これらの要件は，当該新株予約権証券の上場及び新聞掲載による開示を踏まえて，目論見書の作成は必要ないものとしているものである。

① 当該新株予約権証券が金融商品取引所に上場されており，またはその発行後，遅滞なく上場されることが予定されていること。

② 当該新株予約権証券に関して金融商品取引法の規定（法4条1項本文・

２項本文・３項本文）による届出を行った旨及び当該届出の日，EDINET
利用及び問合せ先の発行者の連絡先（開示府令11条の５）の届出を行った後，
遅滞なく，時事掲載の日刊新聞紙に掲載すること。

　ここで，目論見書の作成後，募集または売出しを行う有価証券の発行者や投
資者への勧誘を行う金融商品取引業者等は，取得または売付けの対象となる投
資者に対して，当該目論見書をあらかじめまたは同時に交付しなければならな
い（法15条２項本文）。ただし，次に掲げる場合は（法15条２項各号），交付が免除
される（法15条２項ただし書）。プロ投資者には開示規制が適用されず，また情
報の入手に問題のなく目論見書の交付を受けない者など，直接開示が必要ない
と認められる場合は目論見書の交付は義務付けられていないということである。

　イ）　プロの投資者である適格機関投資家に取得させまたは売付けを行う場
　　　合（１号）

　ロ）　当該目論見書の交付を受けないことについて同意した，ⓐ募集または
　　　売出しの有価証券と同一銘柄の所有者，ⓑその同居者が既に当該目論見
　　　書の交付を受けまたは確実に交付を受けると見込まれる者，に取得させ
　　　または売付けを行う場合（２号）

　ハ）　情報開示される新株予約権証券（法13条１項ただし書）の場合（３号）

　また，投資信託の受益証券及び投資証券や投資法人債権等の投資信託証券
（施行令３条の２），もしくは既に開示されたこれらの有価証券を募集または売
出しにより取得させ，または売付ける場合において，その取得させ，または売
り付ける時までに，相手方から目論見書の交付の請求があったときには，直ち
に，当該目論見書を交付しなければならない（法15条３項）。

　ここで，有価証券届出書について自発的訂正届出書を提出した場合（法７条
１項），当該訂正届出書に記載した事項を記載した訂正目論見書をあらかじめ
または同時に交付しなければならない（法15条４項本文）。ただし，上記イから
ハに掲げた目論見書の交付義務とならない場合は，同様に訂正目論見書も交付
はされない（法15条４項ただし書）。

　一方，募集または売出しにおいて全部を取得させることができなかった場合
におけるその残部を，当該募集または売出しに係る届出がその効力を生じた日

第3章　発行市場における開示規制　97

から3か月を経過する日までの間において，募集または売出しによらないで取得させ，または売り付ける場合にも，あらかじめまたは同時に目論見書や訂正目論見書を交付しなければならない（法15条6項）。

　なお，何人も，届出の規定（法4条1項本文・2項本文・3項本文）の適用を受ける有価証券または既に開示された有価証券の募集または売出しのために，虚偽の記載があり，または記載すべき内容の記載が欠けている目論見書を使用してはならない（法13条4項）。これは，投資者への開示書類の交付においては当然に義務付けられるべきことである。

(2)　目論見書の種類と記載内容

　有価証券（特定有価証券を除く。以下この節において同じ）の届出に係る目論見書における記載内容は，「証券情報」や「企業情報」など，基本的に有価証券届出書における記載内容に準じたものである。そもそも間接開示の有価証券届出書と直接開示の目論見書において開示情報を示す記載内容は，当然，同様のものとなる。有価証券届出書の記載方式としては完全開示方式，簡易開示方式，統合開示方式（組込方式と参照方式）があることから，それぞれの適用要件に応じて目論見書もこうしたそれぞれに応じた記載方式（ただし，例えば完全開示方式の第2号様式における「第Ⅳ部　特別情報」は記載しないなど，それぞれの様式において一部の記載事項は除外される方式。以下この8において同じ）により作成されることとなる（開示府令12条）。

　一方，特定有価証券の届出に係る目論見書の記載内容は，多様な特定有価証券の種類に応じたそれぞれの記載が求められている。投資証券や資産流動化証券等に係る目論見書における記載内容は，対象資産の内容・構成や投資リスクなど，基本的に有価証券届出書における記載内容に準じたものである（特定有価証券開示府令15条各号（1号・2号を除く））。ただし，投資信託受益証券の目論見書については，その説明が複雑で大量の記載となっては投資者にとって分かりにくいこととなるおそれがあることを踏まえ，ファンドの特色等を考慮し，投資者がファンドの内容を容易に，かつ，正確に理解できるよう，簡潔に，かつ，分かりやすく記載することを一般的記載事項として①基本情報（ファンドの名称，委託会社等の情報，ファンドの目的・特色，投資リスク，運用実績，手続・

手数料等）と②追加情報が記載される（特定有価証券開示府令15条1号・2号）。「追加情報」としては，この目論見書に係る内国投資信託受益証券についての有価証券届出書に記載された事項のうち，投資者の投資判断に極めて重要な影響を及ぼす事項が対象となる。

ここで，目論見書には複数の種類のものがある。すなわち，目論見書の作成義務を定める法13条1項の規定による目論見書について，届出義務を定める法4条1項から3項までの規定による届出の効力が生じた日以後に使用される届出目論見書（開示府令1条15号の2，特定有価証券開示府令1条18号）と，届出の効力が生じる日前において使用する届出仮目論見書，がある（開示府令1条16号，特定有価証券開示府令1条19号）。これらの2種類の目論見書は，それぞれの時期に交付が義務付けられる目論見書（法15条2項本文）いわゆる交付目論見書と，投資者からの請求に応じて直ちに交付が義務付けられる目論見書（法15条3項）いわゆる請求目論見書に区分されて記載内容が定められている。なお，参照方式の利用適格要件を満たす者が作成する目論見書については，参照書類を参照すべき旨を記載した場合には，「企業情報」または「資産情報」の記載をしたものとみなされることとなる（法13条3項）。

そこで，これらの交付目論見書や請求目論見書，さらに訂正が必要となった場合の目論見書の記載内容について，有価証券と特定有価証券との相違も踏まえて，必要な場合には区分してそれぞれ次に取り上げることとする。

① 交付目論見書の記載内容

募集または売出しにより取得させまたは売付ける場合には，あらかじめまたは同時に交付しなければならない交付目論見書においては，次のイまたはロの区分に応じ，それぞれに定める事項が記載されることとなる（法13条2項1号）。

イ）届出（法4条1項から3項の本文）の規定の適用を受ける有価証券・特定有価証券の交付目論見書

届出が必要な有価証券・特定有価証券の交付目論見書については，次の事項の記載が求められる（法13条2項1号イ）。

a．法5条1項各号に掲げる事項のうち，投資者の投資判断に極めて重要な影響を及ぼすものとして内閣府令で定めるもの

「法5条1項各号に掲げる事項」とは，募集または売出しに関する事項である「証券情報」及び有価証券の場合は「企業情報」，特定有価証券の場合は「資産情報」をいう（以下同じ）。この内閣府令においては，これらの「証券情報」及び「企業情報」・「資産情報」については，有価証券届出書の各記載方式に準じた様式による記載事項が目論見書にも記載されることが定められている（開示府令12条，特定有価証券開示府令15条）。つまり，有価証券届出書の主たる記載事項は目論見書にも記載されるということであり，これが目論見書の中心的記載内容である。例えば，完全開示方式が適用される有価証券の企業においては，有価証券届出書の記載事項である第2号様式第1部から第3部までに掲げる事項が目論見書の記載対象となる。

b．法5条1項各号に掲げる事項以外の事項であって内閣府令で定めるもの

このbの記載事項は，有価証券届出書の記載事項以外のもので，投資者への直接開示に有用な情報や参考となる情報を追加的に目論見書に記載することを求めるもので，有価証券・特定有証券証券の属性の区分を踏まえてそれぞれ内閣府令で定めている。

b-1．有価証券の交付目論見書（開示府令13条1項各号）

(a) 届出目論見書（1号）

届出が行われている場合でその効力が生じている旨，外国通貨表示の場合の外国為替相場の変動による影響の可能性，参照方式の利用の場合は利用適格要件を満たす書面・参照書類等における記載事項。

(b) 届出仮目論見書（2号）

届出が行われている場合で当該届出の日及び当該届出の効力が生じていない旨，記載内容に訂正が行われることがある旨，上記（a）の外国為替相場や参照方式に関する事項。

b-2．特定有価証券の交付目論見書（特定有価証券開示府令内閣府令15条の2第1項各号）

(a) 届出目論見書（1号）

上記の有価証券の交付目論見書の届出目論見書と同様な事項，そ

の他の特定有価証券を踏まえた一定の事項。

　　(b)　届出仮目論見書（2号）

　　　　上記の有価証券の交付目論見書の届出仮目論見書と同様な事項。

ロ）　既に開示された有価証券・特定有価証券の交付目論見書

　　既に開示された有価証券・特定有価証券の交付目論見書については，次の事項の記載が求められる（法13条2項1号ロ）。

ａ．法5条1項各号に掲げる事項のうち，投資者の投資判断に極めて重要な影響を及ぼすものとして内閣府令で定めるもの

　　上記①イのａを参照。有価証券届出書の主たる記載事項が目論見書にも記載されるということである。

ｂ．法5条1項各号に掲げる事項以外の事項であって内閣府令で定めるもの

　　このｂの記載事項は，有価証券届出書の記載事項以外のもので，投資者への直接開示に有用な情報を追加的に目論見書に記載することを求めるもので，有価証券・特定有証券証券の属性の区分を踏まえてそれぞれ内閣府令で定めている。

　ｂ-1．有価証券の交付目論見書（開示府令14条1項各号）

　　(a)　届出目論見書（1号）

　　　　売出しに係る目論見書の場合は届出が行われていない旨，外国通貨表示の場合の外国為替相場の変動による影響の可能性，参照方式の利用の場合は利用適格要件を満たす書面・参照書類等における記載事項。

　　(b)　届出仮目論見書（2号）

　　　　売出しに係る目論見書の場合は届出が行われていない旨，訂正が行われることがある旨，上記(a)の外国為替相場や参照方式に関する事項。

　ｂ-2．特定有価証券の交付目論見書（特定有価証券開示府令15条の3第1項各号）

　　(a)　届出目論見書（1号）

　　　　上記ｂ-1の有価証券の交付目論見書の届出目論見書と同様な事項，

その他の特定有価証券を踏まえた一定の事項。

(b) 届出仮目論見書（2号）

上記 b-1 の有価証券の交付目論見書の届出仮目論見書と同様な事項。

② 請求目論見書の記載内容

法15条3項において，証券発行者・売出人，引受人等の業者は，届出（法4条1項本文・2項本文・3項本文）の適用を受ける有価証券（政令で定めるものに限る。以下この②において同じ）または既に開示された有価証券の募集または売出しの場合，勧誘の相手方から目論見書の交付の請求があったときに交付しなければならないことが定められている。

この政令で定める有価証券は，投資信託または外国投資信託の受益証券，投資証券や投資法人債権等（法2条1項10号・11号）の特定有価証券（以下「投資信託証券等」という）である（施行令3条の2）。このように，特定有価証券の一部の投資信託証券等の募集または売出しについては，交付目論見書とともに請求目論見書も定められているということである。

請求目論見書を交付しなければならない場合には，次のイまたはロに掲げる区分に応じ，当該イまたはロに定める事項を目論見書に記載しなければならない（法15条3項・13条2項2号）。

イ 届出（法4条1項から3項の本文）の規定の適用を受ける投資信託証券等の請求目論見書

届出が必要な投資信託証券等の請求目論見書については，次の事項の記載が求められる（法13条2項2号イ）。

a. 法5条1項各号に掲げる事項のうち，投資者の投資判断に重要な影響を及ぼすものとして内閣府令で定めるもの

この内閣府令においては，有価証券届出書の各記載方式に準じた様式（例えば，第4号様式等。本節7参照）による記載事項が目論見書にも記載されることが定められている（特定有価証券開示府令16条）。交付目論見書と同様に有価証券届出書の記載事項が中心的なものとなる。

b. 法5条1項各号に掲げる事項以外の事項であって内閣府令で定める

もの

　このｂの記載事項は，有価証券届出書の記載事項以外のもので，投資者への直接開示に有用な情報を追加的に目論見書に記載することを求めるものである。内閣府令においては，目論見書の区分に応じて，それぞれの記載事項が次のように定められている（特定有価証券開示府令16条の２第１項各号）。

(a)　届出目論見書（１号）

　届出が行われている場合でその効力が生じている旨，外国通貨表示の場合の外国為替相場の変動による影響の可能性，元本の保証が行われていない場合にはその旨等。

(b)　届出仮目論見書（２号）

　届出が行われている場合で当該届出の日及び当該届出の効力が生じていない旨，記載内容に訂正が行われることがある旨，上記(a)の外国為替相場や元本保証に関する事項。

ロ）　既に開示された投資信託証券等の請求目論見書

　既に開示された特定有価証券である投資信託証券等の請求目論見書については，次の事項の記載が求められる（法13条２項２号ロ）。

ａ．法５条１項各号に掲げる事項のうち，投資者の投資判断に重要な影響を及ぼすものとして内閣府令で定めるもの

　上記②イのａを参照。有価証券届出書の主要な記載事項が目論見書にも記載されるということである。

ｂ．法５条１項各号に掲げる事項以外の事項であって内閣府令で定めるもの

　このｂの記載事項は，有価証券届出書の記載事項以外の追加的記載を求めるもので，内閣府令において目論見書の区分に応じて，それぞれの記載事項が次のように定められている（特定有価証券開示府令16条の３第１項各号）。

(a)　届出目論見書（１号）

　届出が行われていない旨，外国通貨表示の場合の外国為替相場の変動による影響の可能性，元本の保証が行われていない場合にはその旨。

（b）　届出仮目論見書（2号）

　　届出が行われていない旨，訂正が行われることがある旨，上記(a)の
の外国為替相場や元本保証に関する事項。

③　訂正目論見書

　訂正届出書が退出された場合には，当該訂正届出書に記載した事項を目論見
書に記載しなければならない（法13条2項3号）。この訂正事項が記載された目
論見書を訂正目論見書という。

(3)　目論見書の電子交付

　有価証券届出書等の提出及び開示（公衆縦覧）について電子化がなされてい
る（第1章第2節4参照）。有価証券届出書等の開示は間接開示であるが，直接
開示である目論見書の交付においても同様に，電子交付によることができる。
すなわち，目論見書を交付しなければならない者は，あらかじめ，目論見書の
交付を受けるべき者に対し，電磁的方法の種類及び内容を示し，電磁的方法ま
たは電話その他の方法により同意を得ている場合には，当該目論見書の交付に
代えて，当該目論見書に記載された事項について，次に掲げる①または②の方
法により提供することができる（法27条の30の9第1項前段，開示府令23条の2，
特定有価証券開示府令32条の2）。この場合において，当該事項を提供した者は，
当該目論見書を交付したものとみなされる（法27条の30の9第1項後段）。

　以下においては，有価証券の目論見書の電子交付の方法を取り上げることと
する（開示府令23条の2第2項各号）。特定有価証券の目論見書における電子交
付の対応もこれに準ずるものである。

①　次に掲げる電子化の方法（1号）

　イ）　目論見書の交付を受けるべき者に対して電子メールにより目論見書に
　　　記載された事項を送信する方法

　ロ）　目論見書の交付を受けるべき者がダウンロードする方法

　ハ）　目論見書を提供する者がファイルに記録された記載事項を目論見書の
　　　交付を受けるべきものの閲覧に供する方法

　ニ）　目論見書を提供する者のウェブサイトにおいて目論見書の交付を受け

る者が閲覧に供する方法

② 磁気ディスク，シー・ディー・ロムその他これらに準ずる方法により一定の事項を確実に記録しておくことができる物をもって調製するファイルに記載事項を記録したものを交付する方法（2号）

ここで，上記の①，②に掲げる方法は，次に掲げる基準に適合するものでなければならない（開示府令23条の2第3項）。

a．閲覧ファイル等への記録を出力することにより書面を作成できるものであること。

b．上記①のイ，ハ及びニの方法にあっては，記載事項を目論見書の交付を受けるべき者に対し通知するものであること。

c．上記①のニに掲げる方法にあっては，目論見書の交付を受けるべき者が閲覧ファイルを閲覧するために必要な情報をその者のファイルに記録するものであること。

d．上記①のハまたはニに掲げる方法にあっては，次のいずれかに該当すること。

a）当該目論見書の提供があった時から5年間，目論見書の記載事項を消去しまたは改変することができないものであること。

b）当該目論見書の提供があった時から5年間，目論見書の交付を受けるべき者から目論見書の交付の請求があった場合に，上記①イ（電子メール）もしくは上記②に掲げる方法または書面により記載事項を直ちに交付するものであること。

e．上記①のニに掲げる方法であって，上記dのa）に掲げる基準に該当する場合には，その期間を経過するまでの間において接続可能な状態を維持させること。

9　有価証券通知書

(1)　有価証券通知書の提出

投資者への投資判断情報の開示への対応として定められる有価証券届出制度

の適用の対象とならない場合にも，証券情報を開示規制の行政当局が入手して，投資者保護を支障するような潜脱行為等の防止に対応する必要がある。そこで，(イ)特定募集または(ロ)その有価証券に関して開示が行われている場合における当該有価証券の売出し（「特定募集等」という）が行われる場合においては，当該特定募集等に係る有価証券の発行者は，当該特定募集等が開始される前に，当該特定募集等に関する通知書を内閣総理大臣に提出しなければならない（法4条6項本文）。この通知書が有価証券通知書である。

　ここで，上記(イ)の特定募集とは，次に掲げるものをいう（法4条5項）。

a．届出の免除となる1億円未満の少額募集または少額売出し

b．届出の免除となる適格機関投資家取得有価証券一般勧誘または特定投資家等取得有価証券一般勧誘のうち，有価証券の売出しに該当するものまたは有価証券の売出しに該当せず，かつ，開示が行われている場合（法5条7項）に該当しないもの

　ただし，次に掲げるものについては，有価証券通知書を提出することは求められない（法4条6項ただし書）。

① 　その有価証券に関して開示が行われている場合における有価証券の売出しで（法4条1項3号），その売出価額の総額が1億円未満の場合

② 　その有価証券に関して開示が行われている場合における当該有価証券の売出し（法4条1項3号）で次に掲げる者（開示府令4条4項各号）以外の者が行うもの

　イ）　有価証券の発行者

　ロ）　有価証券の所有者であって，当該有価証券の発行者の子会社，主要株主，役員等

　ハ）　有価証券の売出しに係る引受人に該当する金融商品取引業者等

　ニ）　新株予約権証券または当該新株予約権証券に係る新株予約権を行使することにより取得した有価証券に係る有価証券の売出しを行う金融商品取引業者等

③ 　発行価額または売出価額の総額が1億円未満の少額募集または少額売出しで（法4条1項5号），当該総額が1,000万円（開示府令4条5項）以下のもの

(2) 有価証券通知書の記載等

　有価証券通知書は，そもそも有価証券の届出が不要な場合に内閣総理大臣に提出されるものであるから，有価証券届出書のように投資判断情報を開示することを目的とするものではなく，開示はされないものである。この有価証券通知書には，所定の様式（内国会社は第1号様式，外国会社は第6号様式）により，新規発行または既発行の有価証券，有価証券の募集または売出しの方法及び条件，過去1年以内における募集または売出し等の証券情報を記載することが求められる（開示府令4条1項）。このように，企業内容等に関する事項の記載は求められない。また，定款，当該有価証券の発行につき取締役会の決議等の議事録等の添付も求められる（開示府令4条2項）。

(3) 変更通知書

　有価証券通知書の提出日以後払込期日前において，当該通知書に記載された内容に変更があった場合には，遅滞なく，当該変更の内容を記載した変更通知書の提出をしなければならない（開示府令5条）。

(4) 特定有価証券の有価証券通知書・変更通知書

　有価証券について有価証券通知書の提出が求められるのと同様に，特定有価証券の場合も特定募集等の場合に有価証券通知書の提出が求められる（法4条6項本文）。ただし，この場合において，提出義務が除かれるものは，有価証券の発行者の子会社，主要株主，役員等が行うもの（前記(1)②ロ）を除き，基本的に前記(1)に取り上げた有価証券の場合に準じたものが定められている（法4条6項ただし書，特定有価証券開示府令5条3項・4項）。

　また，特定有価証券の有価証券通知書の記載についても，特定有価証券の区分に応じて所定の様式（例えば，内国投資信託受益証券は第1号様式，外国投資信託受益証券は第1号の2様式など）が定められており，募集または売出しの要項，最近における募集または売出しの状況の証券情報が記載されるものの，運用資産等の内容等は記載されない（特定有価証券開示府令5条1項各号に掲げられている様式）。ただし，定款，約款，規約，信託契約書等の添付は求められる（特

定有価証券開示府令5条2項)。

　さらに，有価証券通知書の提出日以後，当該募集または売出しに係る特定有価証券の取引が終了する日以前において当該有価証券通知書に記載された内容につき変更があった場合には，当該有価証券通知書を提出した者は，遅滞なく，当該変更の内容を記載した変更通知書を提出しなければならない（特定有価証券開示府令6条)。

第6節　発行登録制度

1　発行登録制度の概要

　有価証券届出制度において定められている手続きを踏まえて，募集または売出しを予定する時期とのタイミングなどについて，より効率的で機動的に対応できる手続きが証券市場の機能をより有効にするために求められてきた。発行市場における開示規制の趣旨及び実効性のある情報開示は，証券市場を一体的に機能している流通市場における価格発見機能等を活用することがこうした求めに対応することとなるものと考えられる。そこで，わが国においても導入されたものが発行登録制度である。

　この発行登録制度は，将来の募集または売出しを事前に登録しておくことにより，その登録された募集または売出しを実施する際には当該募集または売出しの要綱である証券情報を記載した書類の提出により，有価証券届出書を提出するという届出が求められないこととなる仕組みである。つまり，発行登録制度は，流通市場における企業内容等に関する情報が既に継続的に開示されていることの下で，発行市場において機動的で簡略な手続により有価証券の発行ができる仕組みであり，直接金融の資金調達の円滑化に資することとなるものである。

　開示規制において投資者保護を確保する観点から，発行登録制度を利用できる対象者は，有価証券届出書の作成において参照方式（前節3参照）を使用できる者に限られている（法23条の3第1項本文）。これは，流通市場において継続開示が行われて，広く投資者に投資対象物件として周知されて，市場流動性

等の高い有価証券の発行者を本制度の利用対象者とするため，参照方式を使用できる者に限定しているものである。このように，発行登録制度は，証券市場において流通市場と発行市場が一体となって有効に機能していることが前提となるものである。つまり，発行登録制度は発行市場における開示規制と流通市場における継続開示規制の一体的運用を図ったものである。

2　発行登録制度の適用

　有価証券の募集または売出しを予定している当該有価証券の発行者で，参照方式を使用できる者に該当するものは，当該募集または売出しを予定している有価証券の発行価額または売出価額の総額（以下「発行予定額」という）が1億円以上の場合においては，発行登録書を内閣総理大臣に提出して，当該有価証券の募集または売出しを登録することができる（法23条の3第1項本文）。こうした手続きにより，発行登録制度の適用が可能となる。この発行登録書とは，募集または売出しを予定している期間（以下「発行予定期間」という），発行登録の対象とした有価証券の種類及び発行予定額・発行残高の上限，当該有価証券について引受けを予定する金融商品取引業者または登録金融機関のうち主たるものの名称その他の事項で公益または投資者保護のため必要かつ適当なものとして内閣府令で定めるものを記載した書類である（法23条の3第1項本文，開示府令14条の3）。この内閣府令で記載事項が定められている発行登録書の記載事項等については，以下の5．において取り上げることとする。また，発行予定期間とは，発行登録の効力が生じた日から起算して2年を超えない範囲内において内閣府令で定める期間をいう（法23条の6第1項）。この内閣府令で定める期間は，発行登録をしようとする者の選択により，1年間または2年間とする（開示府令14条の6本文）。ただし，コマーシャル・ペーパーの募集または売出しの登録の場合にあっては1年間とする（開示府令14条の6ただし書）。

　発行登録を行った有価証券の募集または売出しについては，有価証券届出制度に係る規定（法4条1項から3項までの規定）は適用されないことから（法23条の3第3項），この発行登録をしておけば届出の手続きはせずに，有価証券の募集または売出しができることとなる。したがって，発行登録制度は募集または売出しにおける届出の手続きを大きく簡略化したものである。ただし，次に

第3章 発行市場における開示規制 109

掲げる有価証券の売出しを予定している場合には，発行登録をすることはできないこととなる（法23条の3第1項ただし書）。

① その有価証券発行勧誘等または有価証券交付勧誘等のうち，法23条の13第1項に規定する適格機関投資家向け勧誘（適格機関投資家以外のものへの譲渡のおそれが少ないもの）に該当するものであった有価証券の売出し（当該有価証券に関して開示が行われている場合を除く）

② 特定投資家向け有価証券の売出し（当該有価証券に関して開示が行われている場合を除く）

③ その有価証券発行勧誘等または有価証券交付勧誘等が多数の者に所有されるおそれが少ないものである少人数向け勧誘に該当するものであった有価証券の売出し（当該有価証券に関して開示が行われている場合を除く）

こうした発行登録が認められない場合が定められているのは，当該有価証券に関して開示が行われている場合を除いて，プロ投資者である適格機関投資家・特定投資家向けの売出しや少人数向け勧誘の売出しという私売出しについては，発行登録制度の趣旨から外れるものであるからである。

3 発行登録制度への対応

(1) 発行登録書の自発的訂正

発行登録制度においては，発行登録書及び添付書類を内閣総理大臣に提出することが求められるが，発行登録を行った日以後当該発行登録がその効力を失うこととなる日前において，当該発行登録書の内容を訂正する必要があるものとして内閣府令で定める事情があるときは，発行登録者は訂正発行登録書を内閣総理大臣に提出しなければならない（法23条の4前段）。すなわち，発行登録書の自発的訂正の提出も求められている。こうした自発的訂正が必要となる内閣府令で定める事情は，次のとおりである（開示府令14条の5第1項各号）。

① 記載された発行予定額のうちの未発行分の一部を発行予定期間内に発行する見込みがなくなったこと（1号）。

この「未発行分の一部を発行予定期間内に発行する見込みがなくなった

こと」とは，例えば，発行登録期間中に，生産計画，設備投資計画，資金計画等に著しく大きな変更があったことにより，発行予定額を減額しなければならない事情が生じた場合をいう（開示ガイドライン23の4－1）。

② 記載された発行残高の上限を減額しなければならない事情が生じたこと（2号）。

③ 記載された引受けを予定する金融商品取引業者のうちの主たるものに異動があったこと（3号）。

発行登録書提出時に，引受けを予定する金融商品取引業者のうち主たるものが未定であり，その後，当該発行登録期間中に決定された場合には，当該事項の決定に係る訂正発行登録書の提出は要しないことに留意する（開示ガイドライン23の4－2）。

④ 記載された発行登録の効力発生予定日に変更があったこと（4号）。

上記に掲げた事情がない場合において，発行登録者が当該発行登録書類のうちに訂正を必要とするものがあると認めたときも訂正発行登録書を提出しなければならない（法23条の4中段）。この場合においては，次に掲げる事項を変更するための訂正を行うことはできない（法23条の4後段，開示府令14条の5第3項）。これらは，発行登録書において記載された事項すなわち開示された情報を著しく変更するものであることから，自発的訂正の範疇としては認められないことは明らかである。

イ）発行予定額または発行残高の上限の増額

ロ）発行予定期間の変更

ハ）有価証券の種類の変更

(2) 目論見書の交付

有価証券の届出に係る目論見書に係る規定は発行登録制度による募集または売出しについても準用される（法23条の12第2項・第3項・13条1項・2項・15条2項等）。そのため，発行登録の募集または売出しに係る目論見書を作成し，虚偽記載または記載すべき内容が欠けているような目論見書等の使用はしてはならず，募集または売出しの取得または売付けの場合には目論見書をあらかじ

めまたは同時に交付しなければならない。また，訂正発行登録書に記載した事項を記載した目論見書も作成し，交付しなければならない。

発行登録は，有価証券届出制度における簡易な手続を別途定められたものであることから，間接開示である発行登録書等とともに直接開示の役割を果たす目論見書が作成・交付されなければならないことは開示規制からして当然のことである。

(3) 発行登録追補書類の提出

発行登録者，有価証券の売出しをする者，引受人，金融商品取引業者または登録金融機関は，発行登録によりあらかじめその募集または売出しが登録されている有価証券については，当該発行登録がその効力を生じており，かつ，当該有価証券の募集または売出しごとにその発行価額または売出価額の総額，発行条件または売出条件その他の事項で公益または投資者保護のため必要かつ適当なものとして内閣府令で定めるものを記載した書類（以下「発行登録追補書類」という）が内閣府令で定めるところにより内閣総理大臣に提出されていなければ，これを募集または売出しにより取得させ，または売り付けてはならない（法23条の8第1項本文）。ただし，有価証券の募集または売出しにおける1億円未満の少額募集または少額売出しで，法2条4項各号に掲げるもの以外の募集または売出しについては除かれる（法23条の8第1項ただし書，開示府令14条の9）。

しかし，上記の原則的規定にかかわらず，発行登録によりあらかじめその募集または売出しが登録されている短期社債等（振替機関により，その発行残高が公衆縦覧に供されるものに限る）については，当該発行登録がその効力を生じている場合には，これを募集または売出しにより取得させ，または売り付けることができる（法23条の8第2項）。この振替機関は，社債株式等振替法により定められている社債等の振替に関する業務を営む者をいう（社債株式等振替法2条2項・3条1項）。短期社債等の頻度の高い発行や流動性等を踏まえて，発行登録追補書類を提出する手間を考慮した対処規定であると考えられる。

有価証券の募集または売出しが一定の日において株主名簿に記載され，または記録されている株主に対し行われる場合には，当該募集または売出しに関す

る発行登録追補書類の提出は，その日の10日前までにしなければならない（法
23条の8第3項本文）。ただし，有価証券の発行価格または売出価格その他の事
情を勘案して，株券・新株予約権証券・新株予約権付社債券以外の有価証券や
時価または時価に近い一定の価格により発行する株券などの有価証券の募集ま
たは売出しを行う場合は，この提出期限から除かれることとなる（法23条の8
第3項ただし書，開示府令14条の10・3条各号）。

(4) 発行登録取下げの届出

　発行予定期間を経過する日前において発行予定額全額の有価証券の募集また
は売出しが終了したときは，発行登録者は，内閣府令で定めるところによりそ
の旨を記載した発行登録取下届出書を内閣総理大臣に提出して，発行登録を取
り下げなければならない（法23条の7第1項）。内閣総理大臣が当該発行登録取
下届出書を受理した日に，発行登録の効力を失うこととなる（法23条の7第2
項）。

4　発行登録の効力と待機期間

(1) 効力発生日と待機期間

　発行登録制度においては，有価証券届出制度における届出の効力発生に係る
法の規定すなわち法8条の規定を発行登録の効力の発生について準用すること
が定められている（法23条の5第1項）。

① 効力発生と待機期間

　有価証券届出書による届出の効力の発生は，原則，当該有価証券届出書が内
閣総理大臣に受理された日から15日の経過が必要となる（法8条1項）。発行登
録制度においても，この届出の効力の発生と同様に，発行登録書及び添付書類
を内閣総理大臣に提出して登録して，その受理がされた日から待機期間として
の15日が経過して発行登録の効力が生ずることとなる（法23条の5第1項・8
条1項）。なお，訂正発行登録書の提出があった場合には，それが内閣総理大
臣に受理された日に発行登録書の受理があったとみなされる（法23条の5第1

項・8条2項)。

② 待機期間の短縮

　発行登録を行える者は，参照方式の利用適格要件である継続開示の要件及び周知性の要件に該当している者である。この利用適格要件を満たすということは，発行登録書の内容が公衆に容易に理解されると認める場合または当該発行登録書の届出者に係る会社の企業内容等の情報である「企業情報」が既に公衆に広範に提供されていると認める場合に該当することから，効力発生に係る待機期間の15日に満たない期間を指定または直ちにもしくは発行登録書を受理した日の翌日に登録の効力を発生させることができる（法23条の5第1項・8条3項）。つまり，発行登録の待機期間として原則的に定められている15日についても，有価証券届出制度と同様に，短縮も認められるということである。

　この短縮された待機期間の「15日に満たない期間」を経過した日とは，おおむね7日を経過した日をいう（開示ガイドライン23の5−1・8−2③）。そして，短期社債等及びコマーシャル・ペーパーに係る発行登録については，直ちに，その効力を生ずる旨の通知を受けることができる（開示ガイドライン23の5−2）。

(2)　自発的訂正の場合の効力停止

　発行登録が効力を生じた日以後に，自発的訂正発行登録書が提出された場合には，内閣総理大臣は，公益または投資者保護のため必要かつ適当であると認めるときは，当該訂正発行登録書が提出された日から15日を超えない範囲内において内閣総理大臣が指定する期間，当該発行登録の効力の停止を命ずることができる（法23条の5第2項）。発行登録の効力が停止となった場合には，募集または売出しにおける有価証券の取得や売付けの投資者への勧誘は禁止されることとなる。発行登録の効力停止期間について内閣総理大臣が指摘する期間すなわち訂正発行登録書の提出により金融庁長官が指定する発行登録の効力停止期間は，次に掲げる取扱いとされている（開示ガイドライン23の5−3）。

　　①　発行登録書の参照書類と同種の書類が新たに提出された場合は，次のそれぞれに定める期間を経過する日までとする。

　　　イ）　新たに有価証券報告書が提出されたとき……提出日を含めておおむ

ね2日（EDINETを使用しないで提出された場合は，おおむね4日）

ロ）　新たに四半期報告書または半期報告書が提出されたとき……提出日を含めておおむね1日（EDINETを使用しないで提出された場合は，おおむね3日）

ハ）　新たに臨時報告書が提出されたとき……提出日を含めておおむね1日（EDINETを使用しないで提出された場合は，おおむね2日）

ニ）　新たに訂正報告書が提出されたとき……提出日を含めておおむね1日（EDINETを使用しないで提出された場合は，おおむね2日）

②　発行を予定している有価証券に係る仮条件を記載した訂正発行登録書が提出された場合は，提出日を含めて1日とする。

③　上記①または②に掲げる事由以外の事由により訂正発行登録書が提出された場合は，提出日を含めておおむね1日（EDINETを使用しないで提出された場合は，おおむね2日）を経過する日までとする。

(3)　効力の消滅

2年以内の発行予定期間を経過した日に発行登録の効力を失うこととなるが（法23条の6第2項），内閣総理大臣が発行登録取下届出書を受理した場合には，その受理した日に発行登録の効力を失うこととなる（法23条の7第2項）。

5　発行登録制度における法定開示書類及び非開示の提出書類

発行登録制度における発行登録書・添付書類，発行登録追補書類・添付書類及びこれらの訂正発行登録書は，発行登録が効力を失うまでの期間，提出先の財務局おいて公衆縦覧される（法25条1項柱書・同項3号）。また，これらの書類の写しは，上記と同一の期間，提出者の本店・主要支店，当該書類の写しが提出される取引所・認可協会において公衆縦覧される（法25条2項・3項）。以下において，これらの法定開示書類の記載事項等を取り上げることとする。

(1)　発行登録書

発行登録を行う者が内閣総理大臣に提出する書類である発行登録書は，所定の様式によって（例えば，株券，社債券等については第11号様式による），次に掲

げる事項などが記載されなければならない（法23条の3第1項，開示府令14条の3）。なお，特定有価証券の発行登録書は，特定有価証券の区分に応じてそれぞれの様式により作成することとなる（特定有価証券開示府令18条1項）。

① 発行予定期間

募集または売出しを予定している期間により1年または2年と記載する。また，発行登録の効力発生予定日には，発行登録書の提出日から，当該発行登録者に係る企業内容等（法5条1項2号に掲げる事項）に関する情報が既に公衆に広範に提供されているものとして，財務（支）局長が指定した期間を経過する日を記載することも必要である。

② 有価証券の種類

発行登録による募集または売出しを予定している有価証券の種類を記載する。

③ 発行予定額または発行残高の上限

発行登録による募集または売出しを予定している有価証券の発行価額または売出価額について，「発行予定額」・「発行残高の上限」のいずれの記載を選択したかを記載した上で，その「総額」・「上限額」の金額を記載する。なお，「発行残高の上限」を選択した場合であって，発行登録による募集を予定している有価証券の種類が社債券であるときには，この発行登録書の提出日前に募集により発行された社債のうち，この発行登録書に記載した発行予定期間内に償還が予定される社債の償還期日及び償還額を記載することが必要である。

④ 安定操作に関する事項

安定操作取引を行うことがある場合には，安定操作取引が行われることがある旨やその市場・取引所の名称等（施行令21条各号）を記載する。

⑤ 縦覧に供する場所

公衆縦覧に供する主要な支店及び取引所または認可協会について記載する。

⑥ 有価証券について引受けを予定する金融商品取引業者または登録金融機関のうち主たるものの名称

「引受けを予定する金融商品取引業者または登録金融機関のうち主たるもの」とは，元引受契約を締結する予定の金融商品取引業者または登録金

融機関のうち事務幹事会社を予定しているものをいうが，この場合におい
て予定しているものがないときには，記載を要しないことに留意する（開
示ガイドライン23の3－1）。

⑦　参照情報

　法定継続開示制度の最近の有価証券報告書や四半期報告書等，また臨時報
告書や訂正報告書がある場合はそれらを参照することを記載する。

　発行登録書には，定款や有価証券届出書の参照方式による記載の利用適格
要件を満たしていることを示す書面等を添付することが必要である（法23条
の3第2項，開示府令14条の4，特定有価証券開示府令18条の2）。

(2)　目論見書

　有価証券の届出に係る目論見書に係る規定の準用規定を踏まえ，発行登録制
度における目論見書も同様に記載されることとなる（「証券情報」及び「企業情
報」・「資産情報」を発行登録書・訂正発行登録書または発行登録追補書類の記載内
容に読み替える）（法23条の12第2項）。すなわち，有価証券届出制度における目
論見書（届出仮目論見書・届出目論見書）と同じく，発行登録の効力前に使用す
る目論見書を発行登録仮目論見書（開示府令1条16号の3，特定有価証券開示府
令1条19号の3），効力発生後に使用する目論見書を発行登録目論見書（開示府
令1条16号の2，特定有価証券開示府令1条19号の2）という。こうした目論見
書の区分に応じて，それぞれ記載・作成されることとなる。また，次の(3)で取
り上げる発行登録追補書類において記載すべき内容を記載して使用される目論
見書を発行登録追補目論見書という（開示府令1条16号の4，特定有価証券開示
府令1条19号の4）。

(3)　発行登録追補書類

　発行登録追補書類は，有価証券の区分に応じて内閣府令が定める所定の様式
により記載されなければならない（法23条の8第1項）。例えば，社債券・株
券・新株予約権証券等の発行登録追補書類は第12号様式により，「発行登録の
対象とした募集（売出）有価証券の種類」を記載するとともに，「今回の募集
（売出）金額」として今回発行登録により募集または売出しを行う有価証券の

発行価額または売出価額の総額を募集または売出しごとに記載する（開示府令14条の8）。なお、当該有価証券が新株予約権証券である場合には、当該新株予約権証券の発行価額または売出価額の総額に当該新株予約権証券に係る新株予約権の行使に際して払い込むべき金額の合計額を合算した金額を併せて記載することが必要である。なお、特定有価証券の発行登録追補書類は、特定有価証券の区分に応じてそれぞれの様式により作成することとなる（特定有価証券開示府令18条の6）。

そして、添付書類も必要となる。すなわち、有価証券の発行につき取締役会の決議の議事録の写し、参照すべき旨記載された有価証券報告書の提出日以後に発生した重要な事実、事業内容の概要及び主要な経営指標等の推移を的確かつ簡明に説明した書面等などを添付しなければならない（法23条の8第5項、開示府令14条の12第1項）。特定有価証券の場合も、上記と同様の書類等をそれぞれの区分に応じた添付書類が必要となる（特定有価証券開示府令18条の9）。

(4) 発行登録取下届出書

発行登録取下届出書は、所定の様式によって（内国会社は11号の4様式、外国会社は14号の3様式）、記載されなければならない（法23条の7第1項、開示府令14条の7）。また、特定有価証券の発行登録取下届出書は、特定有価証券の区分に応じてそれぞれの様式により作成することとなる（特定有価証券開示府令18条の5）。ここで、内国会社（11号の4様式）の発行登録取下届出書の記載事項は、次のとおりである。

① 取下げに係る発行登録の対象とした募集（売出）有価証券の種類
② 取下げに係る発行登録書の提出日
③ 取下理由

(5) 発行登録通知書

有価証券の募集または売出しごとの発行価額または売出価額の総額が1億円未満の募集または売出しで少額免除と定められている場合には、発行登録追補書類の提出が求められないこととなるが、この場合には有価証券通知書の提出に係る規定が準用され、通知書を内閣総理大臣に提出しなければならない（法

23条の8第4項・4条6項)。発行登録制度におけるこの有価証券に係る通知書を発行登録通知書という(開示府令1条17号の2,特定有価証券開示府令1条19号の5)。この発行登録通知書は,法的開示書類ではないことから,公衆縦覧(開示)されない。

第7節　発行市場開示規制の実効性確保

　発行市場における開示規制として,公衆縦覧という開示を行うことが義務付けられている有価証券届出書等の法定開示書類において,重要な事項について虚偽記載または記載すべき重要な事項もしくは誤解を生じさせないために必要な重要な事実の記載が欠けていること(以下「記載欠缺」という)があるときや法定開示書類を提出しないことなどに対して,行政処分のほか,刑事責任及び民事責任が金融商品取引法において定められている。こうした法的制裁を設けることにより,不適切な開示を抑制・防止する効果が期されているものである。

　なお,金融商品取引法による規制の実効性を確保するため,内閣総理大臣は違反行為の禁止または停止を命ずることを裁判所に申し立てることができる(法192条)。これは,金融商品取引法による市場規制全体の実効性確保への対応である。

1　行政処分

　開示規制の実効性を確保するため,金融商品取引法を所管する行政監督機関は制裁を課す行政処分をとることとなる。すなわち,監督当局として,訂正命令等や課徴金納付命令という制裁措置を設けることにより,法が定める開示規制を遵守することの実効性を有価証券の発行者等に求めていくものである。こうした行政処分の実績が,他の制裁としての刑事責任や民事責任の事例より多く,実際により稼働しているというのが実態である。

(1)　訂正命令等

　発行市場における開示規制において,法定開示書類が内閣総理大臣に提出され,一般に公衆縦覧されることとなる。この法定開示書類の利用者たる投資者

第3章　発行市場における開示規制　119

が当該法定開示書類の内容を的確に理解することに支障をきたしたり，誤解を招くような記載や必要な情報を欠缺するような記載は訂正されなければならない。また，あってはならない虚偽記載は当然訂正されなければならない。こうした虚偽記載や記載欠缺がある場合には，届出等の効力は認められてはならないものである。そこで，法定開示書類について訂正を命ずることなどの行政処分が次のように設定されている。

①　形式不備・不十分な記載に対する訂正命令

　内閣総理大臣は，有価証券届出書・訂正届出書等に形式上の不備があり，またはその書類に記載すべき重要な事項の記載が不十分であると認めるときは，届出者に対し，訂正届出書の提出を命ずることすなわち訂正命令を行うことができる（法9条1項）。発行登録制度においても，同様に，発行登録書（添付書類を含む）・訂正発行登録書に形式上の不備があり，またはこれらの書類に記載すべき重要な事項の記載が不十分であると認めるときは，これらの書類の提出者に対し，訂正発行登録書の提出を命ずることができる（法23条の9第1項）。

②　虚偽記載・記載欠缺に対する訂正命令

　内閣総理大臣は，有価証券届出書のうちに重要な事項について虚偽記載または記載欠缺を発見したときは，いつでも，届出者に対し，訂正届出書の提出を命ずることができる（法10条1項）。発行登録制度においても，同様に，内閣総理大臣は，発行登録書・訂正発行登録書・発行登録追補書類等の発行登録制度における届出書類のうちに重要な事項について虚偽記載または記載欠缺を発見したときは，いつでも，当該書類の提出者に対し，訂正発行登録書の提出を命ずることができる（法23条の10第1項）。

③　届出・発行登録の効力の停止等の命令

　内閣総理大臣は，有価証券届出書のうちに重要な事項について虚偽記載または記載欠缺がある場合で必要があると認めるときは，届出の効力の停止を命ずることができる（法10条1項）。また，内閣総理大臣は，有価証券届出書のうちに重要な事項について虚偽記載がある場合において，公益または投資者保護の

ため必要かつ適当であると認めるときは，当該有価証券届出書またはその届出者がこれを提出した日から1年以内に提出する有価証券届出書もしくは発行登録書・発行登録追補書類について，届出者に対し，公益または投資者保護のため相当と認められる期間，その届出の効力もしくは当該発行登録書・発行登録追補書類に係る発行登録の効力の停止を命じ，または届出の効力発生日の経過期間（15日）を延長することができる（法11条1項）。

発行登録制度においても同様の定めが設定されている。すなわち，内閣総理大臣は，発行登録が効力を生じた日以後に発行登録書等について虚偽記載・記載欠缺に対する訂正命令を行った場合において必要があると認めるときは，当該発行登録の効力の停止を命ずることができる（法23条の10第3項）。また，発行登録書・訂正発行登録書・発行登録追補書類等のうちに重要な事項について虚偽記載がある場合において，当該発行登録書・訂正発行登録書・発行登録追補書類等を提出した日から1年以内に提出する有価証券届出書もしくは発行登録書・発行登録追補書類について，これらの書類の提出者に対し，公益または投資者保護のため相当と認められる期間，発行登録の効力，当該有価証券届出書に係る届出の効力もしくは当該発行登録書・発行登録追補書類に係る発行登録の効力の停止を命じ，または経過期間を延長することができる（法23条の11第1項）。

(2)　課 徴 金

開示規制による届出制度等の実効性を確保するための手段として，有価証券届出書等の不提出・虚偽記載等などの違反行為についての行政上の措置として，違反者に対して金銭的負担を課す課徴金制度が導入された。当該違反者に対して課徴金納付を命ずる仕組みである。その後，課徴金制度の効果の実績等も踏まえ，課徴金納付の対象の拡大等も行われて導入当初より強化され，現行の課徴金制度の仕組みとなっている。なお，他の制裁金額がある場合には，それらの納付金額との合計を踏まえて超過とならないように課徴金の納付額については調整が図られることとなる（法185条の8第6項・第7項）。

以上を踏まえ，発行市場に係る課徴金制度について次に取り上げることとする。

① 届出制度・発行登録制度に対する違反に係る課徴金

届出が受理されていないのに有価証券の募集または売出し等をした者に対して課徴金が課される。すなわち，届出を必要とする有価証券の募集もしくは売出し，適格機関投資家取得有価証券一般勧誘または特定投資家等取得有価証券一般勧誘について，これらの届出が受理されていないにもかかわらず当該募集もしくは売出し，適格機関投資家取得有価証券一般勧誘または特定投資家等取得有価証券一般勧誘をした者があるときは，所定の額の課徴金が課せられる（法172条1項）。この課徴金の所定の額については，募集の場合は有価証券の発行価額の総額の2.25％（当該有価証券が株券等である場合にあっては4.5％），売出しの場合も同じ金額である（同項1号・2号）。

また，届出の効力発生前の募集または売出しにおける取得または売付けを行ってはならないことに対する違反や目論見書の交付に違反する場合，発行登録追補書類が提出前の募集または売出しにおける取得または売付けを行ってはならないことに対する違反についても，上記と同様に算定される課徴金が課される（法172条2項・3項・4項）。また，届出書類及び発行登録書等の訂正書類を提出しないで，募集または売出しにより取得または売付けた時も，上記と同様に算定される課徴金が課されることとなる（172条の2第6項）。

② 虚偽記載等に係る課徴金

虚偽記載等のある発行開示書類を提出した証券発行者等に対して課徴金が課される。この「発行開示書類」とは，有価証券届出書・訂正届出書，発行登録書・訂正発行登録書・発行登録追補書類をいう（これらの書類の参照書類・添付書類を含む）（法172条の2第3項）。すなわち，重要な事項について虚偽記載または記載すべき重要な事項の記載が欠けている発行開示書類を提出した発行者が，当該発行開示書類に基づく募集または売出しにより有価証券を取得させ，または売り付けたときは，当該発行者に対し，所定の額の課徴金が課せられる（法172条の2第1項）。この課徴金の所定の額は，上記①の届出が受理されていないのに有価証券の募集等をした者に対する課徴金と同じ金額である（同項各号）。

この課徴金の対象は有価証券の発行者だけではない。重要な事項につき虚偽

記載または記載すべき重要な事項の記載が欠けている発行開示書類を提出した発行者の役員等（当該発行者の役員，代理人，使用人その他の従業者をいう。以下この(2)において同じ）であって，当該発行開示書類に虚偽記載または記載が欠けていることを知りながら当該発行開示書類の提出に関与した者が，当該発行開示書類に基づく売出しにより当該役員等が所有する有価証券を売り付けたときは，当該発行者と同じ課徴金が課される（法172条の2第2項）。

　なお，課徴金については，上記に掲げている重要な虚偽記載または重要事項の記載が欠けている目論見書を使用した発行者が，当該目論見書に係る売出しにより当該発行者が所有する有価証券を売付けた場合について適用される（法172条の2第4項）。さらに，こうした不当な目論見書を使用した役員等であって，当該目論見書に重要な虚偽記載または重要事項の記載が欠けていることを知りながら当該目論見書の作成に関与した者が，当該目論見書に係る売出しにより当該役員等が所有する有価証券を売り付けた場合について，上記の法172条の2第2項の規定が準用される（法172条の2第5項）。

③　虚偽開示書類の提出を容易にすべき行為に係る課徴金

　法定開示書類の提出者やその役員等のほか，当該法定開示書類における重要な虚偽記載や記載欠缺という不当な行為を容易にしたり，促すようなことを行う者に対しても，開示規制の実効性を確保するためには制裁を課して防止することが必要である。そこで，有価証券の発行者が，重要な事項につき虚偽記載があり，もしくは記載すべき重要な事項の記載が欠けている発行開示書類（この③において「虚偽開示書類という」という）を提出した場合において（法172条の12第1項1号），特定関与行為を行った者があるときは，当該特定関与者に対し，当該特定関与行為に関し手数料，報酬等を踏まえた額の課徴金が課せられる（法172条の12第1項柱書）。この「特定関与行為」とは，発行者が虚偽開示書類を提出することを容易にすべき行為であって，次に掲げるいずれかに該当するものまたは当該発行者が虚偽開示書類を提出することを唆す行為をいう（法172条の12第2項）。

　　イ）　当該虚偽開示書類の作成に必要な会計処理の基礎となるべき事実の全部もしくは一部を隠蔽し，または仮装するための一連の行為を行い，そ

の隠蔽し，または仮装したところに基づき当該虚偽開示書類を作成する者が当該虚偽開示書類を作成することに関し，助言を行うこと。

ロ）　上記イに規定する隠蔽し，または仮装するための一連の行為の全部または一部であることを知りながら，当該隠蔽し，または仮装するための一連の行為（法193条の2第1項に規定する監査証明を行う行為を除く）の全部または一部を行うこと。

2　刑事責任

開示規制への違反に対して，懲役・罰金を科す刑罰を定める刑事責任が金融商品取引法において定められている。こうした刑罰は，開示規制の実効性を確保するための制裁として最も重い責任となる。懲役については，当初，最高5年とされていたが，重大な虚偽開示がなされたライブドア事件等の発生などを踏まえ，刑罰による違反行為の抑止の強化の観点から最高10年に引き上げられる改正がなされた。また，刑事責任は幅広く制定されているので，本書においては主要な刑事責任を取り上げることとする。

(1)　法定開示書類の虚偽記載・届出違反等に係る刑事責任

有価証券届出制度における有価証券届出書等，発行登録制度における発行登録書等において，重要な事項につき虚偽記載のあるものを提出した者に対しては，10年以下の懲役もしくは1,000万円以下の罰金が科され，またはこれらが併科される（法197条1項1号）。また，次に掲げる者については，5年以下の懲役もしくは500万円以下の罰金が科され，またはこれらが併科される（法197条の2第1号から第3号）。

① 　法4条1項・2項・3項の規定による届出を必要とする募集もしくは売出し，適格機関投資家取得有価証券一般勧誘，特定投資家等取得有価証券一般勧誘について，これらの届出が受理されていないのに当該募集もしくは売出し，適格機関投資家取得有価証券一般勧誘，特定投資家等取得有価証券一般勧誘またはこれらの取扱いをした者

② 　届出書類，発行登録書等の写しを取引所・認可協会への提出・送付にあたり，重要な事項につき虚偽があり，かつ，写しの基となった書類と異な

る内容の記載をした書類をその写しとして提出・送付した者

③　有価証券の届出，発行登録の効力が生じていない時点で取得・売付けをした者

さらに，法人の代表者，代理人，使用人その他の従業者（以下「法人に属する者」という）が上記に掲げた法令違反を行った者である場合には，その行為者を罰するほか，当該法人に対しても，次に掲げる罰金が科されるという両罰規定が定められている（法207条1項1号・2号）。

イ）　上記の法197条に掲げる違反行為をした者が属する法人……7億円以下の罰金

ロ）　上記の法197条の2に掲げる違反行為をした者が属する法人……5億円以下の罰金

こうした罰金を科すことにより，法人における管理体制等の強化・充実を図り，当該法人に属する者の法令違反や不正対応の防止を期するものである。これが両罰規定を制定する趣旨と考えられる。

(2)　法定開示書類の不提出等に係る刑事責任

次に掲げる者については，1年以下の懲役もしくは100万円以下の罰金が科され，またはこれらが併科される（法200条1号から第4号，6号）。

①　有価証券届出書等の写しを取引所・認可協会に提出・送付しない者

②　訂正届出書を提出しない者

③　募集または売出しに係る目論見書の交付義務に違反した者

④　訂正発行登録書を提出しない者

⑤　有価証券届出書等の写しを公衆縦覧に供しない者

また，上記の者が属する法人に対しても，1億円以下の罰金を科す両罰規定が定められている（法207条1項5号）。

3　民事責任

　開示規制に対する違反がなされた場合，課徴金の納付や刑事責任のほか，当該違反により損害を受けた投資者が一般法による不法行為責任とは別に投資者保護の観点から損害の追及ができるように，金融商品取引法において独自の民事責任である損害賠償に係る定めが設けられている。投資者からの損害賠償責任の追及が一般法によるよりも容易になされる仕組みを設けることは，開示規制が遵守されるような実効性を確保する対応ともなるものである。すなわち，損害賠償を求める原告側に当該損害に係る因果関係の立証責任はなく，民法における一般的な損害賠償責任を求める場合（民法709条）と大きく異なって，原告（投資者サイド）の負担を大いに軽減している制度が定められている。

(1)　届出制度・発行登録制度に対する違反者の賠償責任

　有価証券届出制度において取り上げたように，有価証券の募集または売出しにおいては当該有価証券の発行者は，届出の効力発生後の取得または売付けを行うこと，当該取得または売付けの事前または同時に目論見書の交付などが義務付けられている（法15条）。こうした届出の効力発生前の有価証券の取引禁止及び目論見書の交付の定めに違反して有価証券を取得させた者は，これを取得した者に対し当該違反行為により生じた損害を賠償する責任を負うこととなる（法16条）。また，この法16条の規定は，発行登録の効力発生，かつ，発行登録追補書類の提出後の取得または売付けの定めへの違反または発行登録における目論見書の交付の違反にも準用され，発行登録制度における所定の定めへの違反に対しても同じ責任が設定されている（法23条の12第4項）。

　ここで，法16条の定めにより，届出制度または発行登録制度において定められていることに違反することによる損害賠償の責任は無過失責任と解される。したがって，責任者が故意または過失がないことを立証しても責任は免れない。しかし，損害を受けた証券取得者の投資者が原告として当該損害と上記違反との相当因果関係や請求する損害額を立証することが必要になると考えれられることから，投資者にとっては請求の負担が重くなってしまう責任制度である。

⑵ 虚偽記載等の有価証券届出書・発行登録書等の届出者・提出者の賠償責任

① 無過失責任

　有価証券届出書のうちに，重要な事項について虚偽記載または記載欠缺があるときは，当該有価証券届出書の届出者は，当該有価証券を当該募集または売出しに応じて取得した者に対し，損害賠償の責任を負わなければならない（法18条1項本文）。投資者は，証券情報や企業内容等に関する情報すなわち重要な投資判断情報を法定開示書類である有価証券届出書における記載を閲覧し，投資の自己責任を踏まえて投資判断を行うこととなる。そこで，この損害賠償責任を請求する者は，重要な虚偽記載または記載欠缺のあった有価証券届出書が開示されている状況において，募集または売出しに応じて当該有価証券を取得した者となる。この賠償責任において有価証券届出書の届出者における故意または過失があった場合とは定められてはいない。したがって，有価証券届出書の届出者は，重要な虚偽記載または記載欠缺については，無過失責任を負うことになる。

　ただし，当該有価証券を取得した者がその取得の申込みの際，重要な虚偽記載または記載欠缺を知っていたときは，有価証券届出書の届出者は賠償責任を免れることとなる（法18条1項ただし書）。この賠償責任は，事実を知らされずに不測の損害を受けることを防ぐ投資者保護のために設けられたものであることから，募集または売出しに応じて有価証券を取得した者が賠償責任の原因となる虚偽記載または記載欠缺の事実を知っていた場合には，金融商品取引法が規律を定める投資者保護に特に反していないからである。こうした虚偽記載・記載欠缺の事実を有価証券の取得者が知っていたことの立証責任は，無過失の賠償責任であることも踏まえ，有価証券届出書の届出者にあると解される。

　ここで，発行登録制度における法定書類の発行登録書等において重要な虚偽記載または記載欠缺があるときは，上述の有価証券届出書の届出者が負担する賠償責任を発行登録書等の提出者である有価証券の発行者についても準用され，同じく賠償責任を負うことが義務付けられている（法23条の12第5項）。

② 賠償責任額

上記①の損害賠償の責めに任ずべき額は，請求権者が当該有価証券の取得について支払った額から次に掲げるいずれか額を控除した額と定められている（法19条1項）。

- イ）損害賠償を請求する時における市場価額（市場価額がないときは，その時における処分推定価額）
- ロ）上記イの時前に当該有価証券を処分した場合においては，その処分価額

損害賠償額が法で定められていることは，損害を求める投資者が当該損害と虚偽記載等との因果関係や影響等について立証する困難な訴訟準備の必要はなく，損害の追及を容易にできるように対応が設定されているものといえよう。ただし，賠償の責めを負う届出者は，当該請求権者が受けた損害の額の全部または一部が，有価証券届出書のうちに重要な事項について虚偽記載または記載欠缺によって生ずべき当該有価証券の値下り以外の事情により生じたことを証明した場合においては，その全部または一部については，賠償を免れることとなる（法19条2項）。虚偽記載等を起因とする賠償の責任であることから，損害となる市場価格の値下がりが他の要因によることが立証された部分については，賠償額の算定において当該部分だけ減少することに問題はないことは言うまでもないことであろう。

ここで，発行登録書等の提出者である有価証券の発行者も負う賠償責任額についても，上記の賠償額算定に係る規定が準用されるため，同じ算定額となる（法23条の12第5項）。

③ 賠償請求権の時効

有価証券届出書・発行登録書等の届出者・提出者に対する損害賠償の請求権は，請求権者が有価証券届出書もしくは目論見書のうちに重要な虚偽記載または記載欠缺があることを知った時または相当な注意をもって知ることができる時から3年間，これを行わないときは，消滅することとなる（法20条前段・23条の12第5項）。当該有価証券の募集または売出しに係る届出や発行登録がその

効力を生じた時または目論見書の交付があった時から7年間，これを行わない
ときも，また，同様とされて請求権は消滅することとなる（法20条後段・23条
の12第5項）。なお，民法の改正に伴う法20条の改正により，上記の3年の期
間とともに7年の期間についても賠償請求権の消滅時効期間であることが明文
規定された（改正法20条各号，2020年4月から施行）。

(3) 虚偽記載等の有価証券届出書・発行登録書等の提出会社の役員等の賠償責任

① 過失責任

有価証券届出書のうちに重要な虚偽記載または記載欠缺があるときは，次に
掲げる者は（法21条1項各号），当該有価証券を募集または売出しに応じて取得
した者に対し，当該重要な虚偽記載または記載欠缺により生じた損害賠償の責
任を負うこととなる（法21条1項本文）。ただし，当該有価証券を取得した者が
その取得の申込みの際，虚偽記載または記載欠缺を知っていたときは，この賠
償責任は負わないこととなる（法21条1項ただし書）。この免除は，届出者・提
出者が負う賠償責任が免除されるときと同じく，有価証券を取得した者が事実
を知らされずに不測の損害受けた場合に該当しないからである。なお，これら
の規定は，発行登録の場合においても準用される（法23条の12第5項）。

〈責任負担対象の者（法21条1項各号）〉

　a．有価証券届出書・発行登録書等を提出した会社のその提出の時における
　　役員（取締役，会計参与，監査役，執行役またはこれらに準ずる者をいう。以
　　下同じ）または当該会社の発起人（その提出が会社の成立前にされたときに
　　限る）（1号）

　b．当該売出しに係る有価証券の所有者（その者が当該有価証券を所有してい
　　る者からその売出しをすることを内容とする契約によりこれを取得した場合に
　　は，当該契約の相手方）（2号）（以下「売出人」という）

　c．有価証券届出書・発行登録書等における財務諸表等の監査証明（法193
　　条の2第1項）において，当該財務諸表等に係る虚偽記載または記載欠缺
　　を虚偽記載でなくまたは記載欠缺でないものとして証明した公認会計士等
　　（3号）

d．募集に係る有価証券の発行者または売出しに係る売出人（上記ｂ）のいずれかと元引受契約を締結した金融商品取引業者または登録金融機関（4号）

　ここで，上記に掲げた役員・売出人や監査人等のそれぞれの者が負う賠償責任について，それぞれの免責事由を証明したときは，当該賠償責任は負わないこととなる（法21条2項柱書・23条の12第5項）。このように，有価証券届出書・発行登録書等の届出者・提出者が負う無過失の賠償責任とは異なり，それぞれの役員・売出人や監査人等がそれぞれの免責事由を立証したときは賠償責任を負わないという過失責任が定められているものである。この過失責任の立証は，賠償責任を求める原告（投資者サイド）ではなく，被告の役員や監査人等に転換されていることも金融商品取引法における制裁の定めとして特徴のあるものであり，投資者保護に重点を置いたことが明らかなものである。そこで，次のイからハに掲げる者は，当該イからハに掲げる事項を証明したときは，賠償責任に任じない（法21条2項各号・23条の12第5項）。

イ）　有価証券届出書・発行登録書等の提出会社の役員（責任負担対象のａ）または売出人（責任負担対象のｂ）……虚偽記載または記載欠缺を知らず，かつ，相当な注意を用いたにもかかわらず知ることができなかったこと（1号）。

　　　有価証券届出書・発行登録書等の提出会社に対しては無過失責任が定められているが，その会社の役員においては，実際に当該有価証券届出書・発行登録書等における虚偽記載または記載欠缺を知ることができなかったことを立証したときは賠償責任は求められない。ここで，有価証券届出書・発行登録書等に虚偽記載等があるということは，当該虚偽記載等という不当な行為にかかわった者が当該虚偽記載等を行ったことまたは指示したことは明らかであろう。例えば，財務諸表等における粉飾決算がなされることは，経営者が指示したり，財務や経理の担当の役員が行った事例も少なくない状況である。そこで，虚偽記載等を知らず，かつ，役員の職務を踏まえて相当の注意を用いて審査・検討をしたにもかかわらず知ることができなかった場合には，当該不当な行為に関与し

ていないことから，当該役員については責任が課されない。一方，当該不当な行為を行った者または指示した者は，当然，当該虚偽記載等を知っていることから，責任を負うこととなる。

　また，売出人は，例えば大株主として株式を売出すように，会社（発行者）に大きくかかわる場合もある。売出価格を有利にするように当該虚偽記載または記載欠缺にかかわるようなことがあれば，当然，責任を課されることとなる。そこで，役員が負う責任と同様に，これらについて知らずまた相当な注意を用いたにもかかわらず知ることができなかったことを立証したときは免責されることとなる。

ロ）　公認会計士等（責任負担対象のｃ）……財務諸表等の監査証明をしたことについて故意または過失がなかったこと（2号）。

　財務諸表等が適正であるかどうかを保証する監査証明は，職業監査人たる公認会計士等が監査基準及び監査実務指針等によって正当な監査手続きを行った結果たる監査意見を監査報告書で表明するものである。金融商品取引法において，財務諸表等の監査証明は，独立性のある公認会計士等によることが指定されている（法193条の2第1項）。したがって，監査においては，職業監査人の職務として故意または過失はあってはならないものである。

　そこで，財務諸表等の監査証明をしたことについて故意または過失がなかったことを監査人が立証したときは賠償責任を問われない。しかし，監査人が行った監査において，故意または過失があって財務諸表等に重要な虚偽記載または記載欠缺があるにもかかわらず，例えば「無限定適正」として監査意見を表明した場合には責任を負うこととなる。

ハ）　元引受契約締結の金融商品取引業者等（責任負担対象のｄ）……虚偽記載または記載欠缺を知らず，かつ，財務計算に関する書類に係る部分以外の部分については，相当な注意を用いたにもかかわらず知ることができなかったこと（3号）。

　元引受けとは，引受けのうち，有価証券の発行者または売出人から直接有価証券を取得することをいう。発行者または売出人と金融商品取引業者等が締結する元引受契約とは，ⓐ募集または売出しの対象となる有

価証券を取得させることを目的として当該発行者または売出人から取得することを内容とする契約（買取引受契約），ⓑ当該有価証券を取得する者がない場合にその残部を当該発行者または売出人から取得することを内容とする契約（残存引受契約），ⓒ募集または売出しの有価証券が新株予約権証券である場合において新株予約権が行使されなかった当該新株予約権証券を発行者または売出人から取得して当該新株予約権を行使することを内容とする契約，のいずれかの契約をいう（法21条4項）。

こうした元引受契約の業務においては，有価証券届出書等における記載が企業内容等に関する情報が投資者における投資の自己責任を負うにふさわしいものとなっているかなど，投資者への有価証券の販売を行う投資の仲介業者としての責務を踏まえて引受審査が行われる。この責務を反映して相当な注意を用いて審査することとなる。こうした業務遂行において，虚偽記載または記載欠缺を知らず，かつ，「財務計算に関する書類に係る部分」（法193条の2第1項）以外の部分すなわち公認会計士等による監査対象以外の部分については，相当な注意を用いたにもかかわらず知ることができなかったことを立証した場合には，賠償責任は免れることとなる。「財務計算に関する書類に係る部分」については監査人たる公認会計士等が担当するものであることから，当該部分については元引受業者には「相当な注意を用いたにもかかわらず知ることができなかったこと」の立証は求められないものである。

② 賠償責任額

役員・売出人や監査人等に係る賠償責任額については，届出者・提出者となる有価証券の発行者の責任額において定められている規定（法19条）において対象とされてない。そこで，賠償を請求する投資者は，一般の不法行為による故意または過失によって生じた損害を請求することとなり（民法709条），原告として虚偽記載等による損害額の立証が必要となるものと考えられる。

③ 賠償請求権の時効

役員等に対する賠償請求権の時効については，消滅時効期間に係る定めがな

いことから，上記②において取り上げている一般法の不法行為による請求に係る時効となるものと考えられる。すなわち，不法行為による損害賠償の請求権は，被害者が損害及び加害者を知った時から３年間行使しないときは，時効によって消滅することが定められている（民法724条前段）。不法行為の時から20年を経過したときも，同様とされている（民法724条後段）。

(4) 虚偽記載等の目論見書の作成の発行者の賠償責任

有価証券の発行者は，募集または売出しに際し，目論見書を作成しなければならないことが定められている（法13条１項・23条の12第２項）。この定めにより作成した目論見書のうちに重要な事項について虚偽記載・記載欠缺がある場合については，有価証券届出書・発行登録書等の届出者・提出者が負う賠償責任（法18条１項）が準用されることとなる（法18条２項・23条の12第５項）。すなわち，有価証券の募集または売出しの際に，目論見書を作成した当該有価証券の発行者は，重要な事項について虚偽記載または記載欠缺がある当該目論見書の交付を受けて当該有価証券を取得した者に対して，無過失の賠償責任が課されることになるということである。ただし，法18条ただし書も準用されることから，当該有価証券を取得した者がその取得の申込みの際，当該虚偽記載または記載欠缺を知っていたときは，目論見書を作成した発行者は賠償責任を免れることとなる。

また，こうした虚偽記載等のある目論見書に係る賠償責任額についての法による算定の設定や賠償請求権の時効についても，有価証券届出書・発行登録書等の届出者・提出者に係る規定が準用されており，同じ定めとなっている（法18条２項・19条・20条・23条の12第５項）。

(5) 虚偽記載等の目論見書の作成時における役員等の賠償責任

重要な事項について虚偽記載・記載欠缺がある目論見書の作成時における役員または売出人は，重要な事項について虚偽記載・記載欠缺がある有価証券届出書・発行登録書等における届出・提出時の役員または売出人が負う賠償責任が準用されることとなる（法21条３項・23条の12第５項）。すなわち，これらの役員・売出人は，免責事由の立証ができれば責任を免れる過失責任が課される

ということである。

　ここで，有価証券届出書に記載される財務諸表等に係る公認会計士等による不適切な監査証明については賠償責任が定められているが（前(3)参照），上述のとおり，目論見書においては責任の定めはない。目論見書に記載される財務諸表等において虚偽記載・記載欠缺があるときに，監査報告書において「適正意見」であっても監査人の責任は問われないということである。これは，目論見書における監査報告書は有価証券届出書における監査報告書を写したものを掲げられているためである。また，有価証券届出書・発行登録書等の届出者・提出者と元引受契約を締結している金融商品取引業者等が負う賠償責任についても，有価証券届出書等を基にするという同様の観点から，責任の定めは設定されていない。

　また，役員・売出人については，賠償責任額の法による算定の設定や賠償請求権の時効についても金融商品取引法においては設けられていない。そこで，一般法（民法）によることとなるが，これらについては，前記(3)②・③を参照。

(6)　虚偽記載等のある目論見書・資料の使用者の賠償責任

　募集または売出しにおいて使用された目論見書または重要な資料における虚偽表示等に係る賠償責任も定められている。すなわち，①重要な事項について虚偽記載・記載欠缺がある目論見書，または②重要な事項について虚偽表示や誤解を生ずるような表示もしくは誤解を生じさせないために必要な事実の表示が欠けている（以下「虚偽表示・表示欠缺」という）資料を使用して有価証券を取得させた者は，虚偽記載・記載欠缺または虚偽表示・表示欠缺を知らないで当該有価証券を取得した者が受けた損害に対する賠償責任を負う（法17条本文・23条の12第5項）。投資者に対して，投資判断情報について直接開示の役割を果たす目論見書や資料において虚偽記載・記載欠缺または虚偽表示・表示欠缺がある場合には，それを使用した者に責任が課せられるのは当然のことであろう。虚偽等の情報提供を行った者については，当該情報に係る書類等を問わず，投資者保護の観点から責任を課して，こうした不当な行為がないように対処すべきからである。ただし，賠償の責めに任ずべき者が，虚偽記載・記載欠缺または虚偽表示・表示欠缺を知らず，かつ，相当な注意を用いたにもかかわらず知

ることができなかったことを証明したときは，賠償責任が免責される（法17条ただし書・23条の12第5項）。

　ここで，上記の「資料」とは，目論見書以外の文書，図画，音声その他の資料（電磁的記録（電子的方式，磁気的方式その他人の知覚によっては認識することができない方式で作られる記録であって，電子計算機による情報処理の用に供されるものをいう）をもって作成された場合においては，その電磁的記録に記録された情報の内容を表示したものを含む）をいうものである（法13条5項かっこ書）。このように，使用される資料の範囲は顧客に対する勧誘における実務対応等を踏まえて多様な方式・スタイルを含め，広くカバーされている。所定の法定開示書類に限定せずに，実際に使用されるものを規制対象の資料として定めていることは，投資者に対する不適切な情報提供による不測の損害を防止するために必要なことである。

　しかし，目論見書・資料の使用者に係る損害賠償の金額の算定に係る法の定めは設けられていない。損害を受けた投資者サイドにおいて損害額や損害との因果関係について，一般法による訴訟の場合と同じく立証することは容易でないと考えられる。こうした定めは，虚偽記載等のある法定書類にかかわった役員について賠償金額の算定の規定が定められていないことに準じたものである。投資者保護という金融商品取引法の目的の観点からすれば，虚偽記載等の不当な情報開示を排除するためには，法定書類の届出者・提出者と使用者との間における重要な格差を設けることについては検討すべきところがあると考えられる。

流通市場における開示規制

第1節　流通市場における法定開示制度

　流通市場における開示規制により，多種多様な多くの法定開示書類による情報の提供が開示制度として定められている。そこで，本節において，この多くの法定開示書類の理解の基礎として必要な流通市場の開示制度の意義とともに当該法定開示書類の構成・概要等について取り上げることとする。

1　開示制度の意義

　投資者においては，投資判断に影響を及ぼすべき重要な情報を分析・評価して，それぞれの投資指針を踏まえた合理的な投資判断に基づいて有価証券の投資に関する意思決定がなされ，流通市場において当該有価証券の売買・流通がなされていくこととなる。このように，投資者の投資判断において必要かつ重要な情報が流通市場において適時，適切に開示されることが必要であることから，流通市場においては一定期間ごとに定期に情報開示がされること及び当該一定期間にかかわらず重要な情報が生じた場合にはその都度に臨時に情報開示されることが求められることとなる。

　そのため，投資判断情報の必要性及び重要性を踏まえて，投資対象の有価証券の内容等ととも当該有価証券の価値を評価・判断するための情報を記載した法定開示書類の提出を有価証券の発行者に対して，定期または臨時に義務付けているものが流通市場における開示制度である。この開示制度により重要な投

資判断情報が投資者に周知され，流通市場における公正・円滑な市場取引の継続に伴って価格発見機能が有効に発揮されることとなる。

　ここで，流通市場における資金の調達者は有価証券を売る投資者であるが，当該有価証券に関する情報の開示義務者は，資金調達とかかわりのない当該有価証券の発行者と定められている。発行市場においても，募集のように調達資金の入手者となる有価証券の発行者が開示義務者となるほか，売出しの場合には売出人が資金調達者となるものの，当該有価証券の発行者が開示義務者として定められている。流通市場においても，売出しの場合と同様に，企業内容等の重要な投資判断情報を開示し得る者は市場での売買・流通対象となる有価証券の発行者であることから，開示の義務者は同じく当該有価証券の発行者とされているものである。

　このように，発行市場及び流通市場という証券市場を構成する市場において開示が義務付けられる者は，資金の入手先にかかわることなく，市場機能の確保を踏まえて，投資判断情報の開示をなし得る有価証券の発行者と定められているものである。こうした開示義務への対応は，有価証券の発行者における単なる負担のみにとどまるものではない。例えば，情報開示を行う代表的な上場会社（上場株券の発行者）においては，取引所への上場による取引所市場（代表的な流通市場）への参加及び企業内容等に関する開示は，国内・国外への自社の実態及び事業活動等の周知等や自社に対する社会的信用の確保や人材の採用などにも資することとなるなど，企業価値の向上及び持続的成長を果たしていくために必要となるものと考えられる。そこで，自社の株価すなわち証券市場における自社の企業価値等の評価への対応のためにも，上場会社は流通市場における開示制度に対応しているものである。そのため，上場会社においては，投資判断情報の適時，適切な開示が金融商品取引法による公的規制の法定開示制度によるだけでなく，自主規制による適時開示制度への対応や任意開示もなされている。

　発行市場及び流通市場における公正円滑な取引が確保されることが投資者保護及び健全な国民経済の発展のために必須のものとなる。そのため，発行市場と流通市場が有機的に一体となって有効・適切に機能することが必要となるが，そのインフラとしての流通市場における開示制度の重要性が十分に理解され，

実行されることが求められるものである。

2 法定開示書類の概要

(1) 継続開示制度と法定開示書類

　流通市場においては，投資者間において日々継続的に証券取引が行われることとなるので，継続的に投資判断情報の開示が行われることが必要である。そこで，流通市場においては，投資者の投資判断に影響を及ぼすべき重要な情報が継続的に開示されることが法により求められており，これを継続開示制度という。流通市場における開示は，継続して開示が求められることから，このように呼ばれているものである。発行市場における開示は，募集または売出し（以下この章において「募集・売出し」という）が行われるときになされるものであるが，流通市場における開示はこうした特定のことが行われる場合にのみ求められるものではないことが両開示制度における大きな相違点である。

　継続開示制度における開示は，企業金融型証券の場合の事業年度ごと及び四半期ごと等の開示，資産金融型証券（特定有価証券）の場合の運用期間を踏まえた期間ごとの開示の定期開示とともに，開示すべき情報の決定や発生を受けて，その都度の開示の臨時開示から構成される。開示書類もこうした構成に対応して設けられている。そこで，継続開示制度における法定開示書類（「継続開示書類」という）は，有価証券報告書，半期報告書，四半期報告書及び内部統制報告書等の定期開示書類と臨時報告書等の臨時開示書類からなる。これらの書類は，発行市場における法定開示書類の公衆縦覧と同様に，財務局等に提出されるとともに公衆縦覧に供され，投資者に開示される。また，有価証券報告書等の写しは，取引所・認可協会に提出されて公衆縦覧されるとともに当該上場会社等の本店等においても公衆縦覧される。

　ここで，有価証券報告書における連結財務諸表，半期報告書における中間財務諸表，四半期報告書における四半期連結財務諸表という各期の決算書については，継続開示制度において導入される前に東証が自主規制開示として上場会社に求めて開示されてきたものである[注1]。こうした東証の先導的導入を受けて，実務上の対応や投資判断情報としての有用性及び重要性等を踏まえて，公

的規制としての法定開示制度において一定期間を経て導入されたものである。また，決算書による財務情報のほか，経営成績等に関する経営者の分析及び説明等の定性的情報（記述情報）についても，同様に東証が先導的に上場会社に開示を求めて実施されたことを受けて，法定開示制度において導入されている。最近では，「経営方針」という重要な記述情報も，適時開示制度の決算発表における様式の決算短信の記載から有価証券届出書・有価証券報告書における記載に移転されている。このように，公的規制による法定開示書類の記載（開示）については，自主規制の適時開示制度による先導的導入の対応における開示の基本的スタンス及び開示対応の理解も必要となるものと考えられる。

(2) 法定開示書類の自発的訂正

有価証券届出制度における有価証券届出書等の届出書類において，重要な変更や記載漏れ等があった場合には当該有価証券の発行者は，当局の訂正命令によることなく，自発的に訂正届出書等を提出することとされている。この自発的訂正の対応は，継続開示制度における有価証券報告書等の流通市場における法定開示書類においても準用されている（法24条の2第1項等）。すなわち，有価証券報告書等の継続開示書類において記載すべき重要な事項の変更，記載が必要な事項や内容の理解に必要な事項を欠いている場合には，訂正報告書を内閣総理大臣に提出しなければならないということである。また，こうした訂正報告書は取引所・認可協会にも提出しなければならない（法24条の2第3項等）。

そして，有価証券報告書の記載事項のうち重要なものについて訂正報告書を提出したときは，その旨を公告しなければならない（法24条の2第2項）。当該公告の義務付けは，有価証券報告書における開示情報の重要性を踏まえた対応と考えられる。この公告は，次のいずれかの方法により訂正報告書を提出した後，遅滞なく，しなければならない（施行令4条の2の4第1項各号）。

（注1）　連結財務諸表及び中間財務諸表の先導：久保幸年『マーケットサイド・ディスクロージャー市場指向の企業情報開示』，中央経済社，平成12年5月，117頁〜125頁，四半期財務諸表の先導：久保幸年「四半期ディスクロージャー及びレビューの導入について」『経理情報』NO.920，2000年6月，22〜26頁。

① 電子公告による方法（1号）

　EDINETを使用する方法により不特定多数の者が公告すべき内容である情報の提供を受けることができる状態に置く措置をとる方法（開示府令17条の5第1項，特定有価証券開示府令27条の5第1項）。この電子公告による公告をする者は，訂正報告書に係る訂正の対象となった有価証券報告書及びその添付書類を提出した日から5年を経過する日までの間，継続して当該電子公告による公告をしなければならない（施行令4条の2の4第2項）。

② 日刊新聞紙による方法（2号）

　全国において時事に関する事項を掲載する日刊新聞紙に掲載する方法（開示府令17条の5第2項，特定有価証券開示府令27条の5第2項）

第2節　定期開示における法定開示書類

　企業の業績の結果等の決算情報その他の企業内容等に関する情報を事業年度ごと等に開示する定期開示は，投資者の投資判断において重要な役割を果たしている情報を提供しているものである。本節においては，この定期開示における多種多様な法定開示書類を取り上げることとする。

1　有価証券報告書

　有価証券報告書とは，有価証券（特定有価証券を除く。以下この節において同じ）の発行者である会社が，事業年度ごとに，当該会社の商号，当該会社の属する企業集団及び当該会社の経理の状況その他事業の内容に関する重要な事項その他の公益または投資者保護のため必要かつ適当なものとして内閣府令で定める事項を記載した報告書をいう（法24条1項本文）。

(1)　提出義務者

　次に掲げる有価証券（法24条1項各号）のいずれかに該当する有価証券の発行者である場合には，有価証券報告書を内閣総理大臣に提出しなければならない（法24条1項本文）。つまり，次に掲げる4つの有価証券のいずれかに該当する有価証券の発行者が有価証券報告書の提出義務者である。

① 上場有価証券（1号）の発行者

上場有価証券とは，取引所に上場されている有価証券をいう。上場有価証券の取引所市場においては，当該上場有価証券の売買の市場取引が経常的になされているものである。したがって，流通性が高いことが認められる取引所市場における上場有価証券の発行者は，当然，市場に対して継続的に投資判断情報を開示する対象となる者である。ただし，特定投資家等以外の者の委託を受けて行う有価証券の買付け（一般投資家等買付け）（法117条の2第1項）をすることが禁止されているプロ投資者向けの特定取引所金融商品市場（法2条32項）のみに上場されている特定上場有価証券（法2条33項）の発行者は除かれる（本号かっこ書）。プロ投資者向けの証券市場における開示規制は設けられていないからである^(注2)。

② 店頭売買有価証券（2号）の発行者

店頭売買有価証券とは，「流通状況が前号に掲げる有価証券に準ずるものとして政令で定める有価証券」として政令で定められている有価証券である（施行令3条）。上記①の取引所市場における流通状況に準ずる市場としての店頭市場における取引対象の登録有価証券の発行者も，上場有価証券の発行者に準じて有価証券報告書の提出が求められることとなる。しかし，現状においては，店頭市場は開設されておらず，この店頭売買有価証券の発行者はない状況である。なお，上記①と同様に，プロ投資者向けの特定店頭売買有価証券（施行令3条の6第2項）の発行者も提出義務者からは除かれている（本号かっこ書）。

③ 届出有価証券・発行登録有価証券（3号）の発行者（上記①及び②に掲げるものを除く）

届出有価証券・発行登録有価証券とは，有価証券届出制度による募集・売出し，適格機関投資家取得有価証券一般勧誘もしくは特定投資家等取得有価証券

（注2） プロ投資者の特定投資家向け有価証券の取引が行われる証券市場においては，一般的な開示規制は適用されないが，取引所の規則に従って，特定上場有価証券の発行者に関する情報（発行者情報）を事業年度ごとに一回以上，当該特定上場有価証券を所有する者に提供し，または公表しなければならないこととなっている（法27条の32，証券情報等府令7条1項・2項）。

一般勧誘または発行登録制度による募集・売出し，の規定の適用を受けた有価証券をいう。こうした募集・売出し等の際の取得・売付けの勧誘は，通常，多数の者に対して行われ，有価証券の所有者が多数となることが考えられる。こうした有価証券の所有者は，必要に応じて投資資金の回収のための当該有価証券の売り，あるいはさらなる買いが流通市場において行われることとなる。そこで，有価証券の募集・売出し等を行った当該有価証券の発行者は，発行市場とともに一体的に機能する流通市場においても継続開示が必要となることから，有価証券報告書の提出が義務付けられることとなる。

④　**所有者数が一定数以上の有価証券（４号）の発行者**（上記①から③に掲げるものを除く）

　所有者数が一定数以上の有価証券とは，当該会社が発行する政令で定める有価証券で，当該事業年度または当該事業年度の開始の日前４年以内に開始した事業年度のいずれかの末日におけるその所有者数が政令で定める数以上の有価証券をいう。政令で定める有価証券は株券やその表示権利のみなし有価証券等で（施行令３条の６第３項），政令で定める所有者の数は1,000名である（施行令３条の６第４項）。また，特定有価証券である有価証券投資事業権利等のうち信託受益権・合名会社等の社員権・集団投資スキーム持分については，500名である（施行令４条の２第４項・第５項）。

　本号規定は，一定数以上の有価証券の所有者が存在する場合には当該有価証券の流通性が見込まれることから，当該有価証券の発行者は有価証券報告書の提出義務者として定めているものである。こうした所定の人数により提出義務者が定められていることから，本号の規定は外形基準と呼ばれている。

(2)　提出義務の免除

　有価証券報告書の提出義務者に対しては，次に掲げるときに，その提出義務が免除される（法24条１項ただし書）。なお，以下においては，前記(1)の①と②において掲げている発行者は取り上げていないが，取引所の上場廃止や店頭登録の取消しがあった場合には，当然，これらの発行者についてはそれぞれ当該①の発行者や当該②の発行者に該当しないこととなるから，有価証券報告書の

提出義務者の対象外となる。

① 届出有価証券・発行登録有価証券の発行者の免除

前記(1)③で取り上げた法24条1項3号該当の有価証券の発行者のうち，株券や有価証券投資事業権利等のみなし有価証券（施行令3条の5第1項）の発行者である会社等が，有価証券報告書の提出開始年度の終了後5年を経過しており，当該事業年度を含めて前5事業年度のすべての末日における当該有価証券の所有者数が300名（施行令3条の5第2項）に満たない場合で，有価証券報告書を提出しなくても公益または投資者保護に欠けることがないものとして内閣総理大臣の承認を受けたときは，有価証券報告書の提出義務が免除されることとなる。この300名未満の免除は，継続開示が求められるほどの人数とならないものとして定められたものであると考えられる。なお，次の②で取り上げる外形基準における免除基準の所有者数と同一であり，双方のバランスも考慮されている。

② 外形基準該当の有価証券の発行者の免除

前記(1)④で取り上げた法24条1項4号該当の有価証券の発行者については，次のときには提出義務が免除されることとなる。

イ）　その発行者の会社の資本金が5億円未満であるとき。一方，有価証券投資事業権利等のみなし有価証券については資産の額が1億円未満，学校債については学校法人等の純資産が1億円未満であるとき（施行令4条の2第2項・第3項・4条の11第1項・第2項）。

ロ）　事業年度の末日における有価証券の所有者が300名未満となったとき（施行令3条の6第1項・4条の11第3項）。

③ 届出有価証券・発行登録有価証券の発行者と外形基準該当の有価証券の発行者の共通免除

法24条1項の3号該当または4号該当の有価証券の発行者においては，有価証券報告書を提出しなくても公益または投資者保護に欠けることがないものとして，政令で定めるところにより内閣総理大臣の承認を受けたときは，有価証

券報告書の提出義務が免除されることとなる。政令により承認を受けるのは，次に掲げる者である（施行令4条2項・4項・4条の2第1項）。

　イ）　清算中の者

　会社として事業の継続が行えない状況である清算中にある有価証券の発行者は，投資対象とならないことが投資判断として相当と考えられることから，提出義務が免除される。

　ロ）　相当の期間事業を休止している者

　「相当の期間事業を休止」とは上記イの「清算中」と実質的に同じ状態と想定されることから，同じ趣旨で免除されているものである。

　ハ）　更生手続開始の決定を受けた者（当該申請が当該更生手続開始の決定が
　　　あつた日後3か月以内に行われた場合）

　更生手続開始の状況を踏まえ，上記イと同趣旨で免除されているものである。

　ニ）　当該届出有価証券の所有者の数が内閣府令で定める数未満となった者

　この内閣府令で定める数は，25名である（開示府令16条2項）。つまり，25名未満の場合に免除されるということである。この25名という人数は，有価証券の届出が義務付けられる場合の多数としての人数50名以上の半分未満に減少したことを取り上げ，流通の状況が相当程度低いと認められる状況を定めたものと考えられる。

(3)　記載事項

　有価証券報告書における記載事項は，内国会社は第3号様式，外国会社は第8号様式による（開示府令15条1号イ・2号イ）。この有価証券報告書の記載事項は，有価証券届出書における「証券情報」の内容を除き，完全開示方式による「企業情報」の記載事項（第2号様式）と基本的に同一のものである。そこで，第3号様式・8号様式は第2号様式・7号様式の「記載上の注意」を準用している。そこで，内国会社の第3号様式による記載事項を掲げれば，次のとおりである。なお，この記載事項の内容や構成については，第3章第5節1を参照。

144

〈内国会社の有価証券報告書の記載事項：開示府令第３号様式〉

第一部　企業情報

　第1　企業の概況
　　　1　主要な経営指標等の推移
　　　2　沿革
　　　3　事業の内容
　　　4　関係会社の状況
　　　5　従業員の状況
　第2　事業の状況
　　　1　経営方針，経営環境及び対処すべき課題等
　　　2　事業等のリスク
　　　3　経営者による財政状態，経営成績及びキャッシュ・フローの状況の
　　　　　分析
　　　4　経営上の重要な契約等
　　　5　研究開発活動
　第3　設備の状況
　　　1　設備投資等の概要
　　　2　主要な設備の状況
　　　3　設備の新設，除却等の計画
　第4　提出会社の状況
　　　1　株式等の状況
　　　2　自己株式の取得等の状況
　　　3　配当政策
　　　4　コーポレート・ガバナンスの状況等
　第5　経理の状況
　　　1　連結財務諸表等
　　　2　財務諸表等
　第6　提出会社の株式事務の概要
　第7　提出会社の参考情報
　　　1　提出会社の親会社等の情報
　　　2　その他の参考情報

第二部　提出会社の保証会社等の情報

　　　（省略：筆者）

第4章　流通市場における開示規制　145

　ここで，届出有価証券・発行登録有価証券（法24条1項3号該当の有価証券）の発行者のうち，1億円以上5億円未満の少額募集・少額売出しによる有価証券の発行者で，既に有価証券報告書・四半期報告書等を提出していない場合や完全開示方式の有価証券届出書の提出を要しない場合は，第3号様式の記載事項が簡略された様式である第3号の2様式によることとなる（法24条2項，開示府令15条1号ロ）。この様式は，連結財務諸表などの記載を除いている。

(4)　提出期限及び添付書類

①　提出期限

　有価証券報告書の提出義務者は，事業年度終了後3か月以内（外国会社は6か月以内）に，有価証券報告書を内閣総理大臣に提出しなければならない（法24条1項本文，施行令3条の4）。しかし，やむを得ない理由により当該期間内に提出できないと認められる場合には，あらかじめ内閣総理大臣の承認を受けた期間内に提出期限の延長も特例的に可能である（法24条1項本文かっこ書）。最近，虚偽記載等により過去の有価証券報告書の訂正が生じて，提出期限の延長の承認を得たという事例が少なくない状況である。

　例えば，次のような場合には「やむを得ない理由」として，大臣の承認の対象となることに留意する必要がある（開示ガイドライン　24—13(1)）。

　　イ）　電力停止等によりコンピューターを稼働できないことや民事再生手続開始の申立てによる債務未確定等を理由として，提出期限までに財務諸表等の作成が完了せず，または監査報告書を受領できない場合

　　ロ）　過去に提出した有価証券報告書等のうちに重要な事項について虚偽記載が発見され，当事業年度もしくは当連結会計年度の期首残高等を確定するために必要な過年度の財務諸表等の訂正が提出期限までに完了せず，または監査報告書を受領できない場合であって，発行者がその旨を公表している場合

　　ハ）　財務諸表等に重要な虚偽表示の疑義等が識別されるなど，監査人（公認会計士等）による追加的な監査手続が必要なため，提出期限までに監査報告書を受領できない場合であって，発行者がその旨を公表している場合

ニ）　提出義務者である外国会社の本国の計算等に関する法令または慣行等
　　により提出期限までに有価証券報告書を提出することができない場合

　また，有価証券報告書の写し・添付書類を上場有価証券の発行者は取引所，
店頭売買有価証券の発行者は認可協会に，遅滞なく，提出することが必要であ
る（法24条7項・6条）。

②　新規提出の場合の提出期限

　有価証券報告書の提出義務者とはなっていない会社の発行する有価証券が，
法24条1項1号から3号までに掲げる有価証券に該当することとなったとき
（前記(1)参照），つまり新規上場・新規店頭登録となったときやその募集・売出
しにつき有価証券届出制度・発行登録制度の適用を受けたときは，その該当す
ることとなった日の属する事業年度の直前事業年度に係る有価証券報告書を，
遅滞なく，提出しなければならない（法24条3項）。ただし，有価証券報告書の
提出義務者とならない会社の発行する有価証券が法24条1項3号に掲げる有価
証券に該当することとなった場合で，次のいずれかに掲げるときは，直前事業
年度に係る有価証券報告書の提出義務から除かれることとなる（法24条3項
かっこ書，開示府令16条の2）。有価証券届出書において，すでに開示済みのた
めである。

イ）　有価証券届出書の提出日が，その提出日の属する事業年度の開始日か
　　ら3か月を経過しているとき

ロ）　有価証券届出書に，その提出日の属する事業年度の直前事業年度の財
　　務諸表（外国会社は財務書類）が掲げられているとき

③　添付書類

　有価証券報告書には，定款等の所定の添付書類を提出する必要がある（法24
条6項，開示府令17条1項1号）。提出会社が外国会社の場合には，定款等のほ
か，有価証券報告書に記載された当該外国会社の代表者が当該有価証券報告書
の提出に関し正当な権限を有する者であることを証する書面，翻訳文等も添付
することが必要となる（法24条6項，開示府令17条1項2号・2項）。

第4章　流通市場における開示規制　147

(5)　公衆縦覧

　内閣総理大臣は，有価証券報告書及びその添付書類（これらの訂正報告書を含む）を受理した日から，5年間，公衆縦覧に供さなければならない（法25条1項4号）。また，取引所・認可協会は有価証券報告書等の写しの提出があった日から同じ期間（5年），公衆縦覧に供しなければならない（法25条3項）。さらに，発行者（提出者）の本店・主要支店においても有価証券報告書等の写しを同じ期間（5年），公衆縦覧に供しなければならない（法25条2項）。

　ここで，発行市場における有価証券届出書等と同様に，流通市場における有価証券報告書・四半期報告書等の法定開示書類の提出・公衆縦覧は電子化されている。電子化については，第1章第2節4．参照。

2　特定有価証券の有価証券報告書

　資産金融型証券である特定有価証券についても，その発行者に有価証券報告書の提出が義務付けられており，提出義務者は企業金融型証券の発行者と同じ者とすることが準用されている（法24条5項）。また，提出義務の免除の対象も同じく準用される。この特定有価証券の有価証券報告書の提出は，これまでに取り上げてきた企業金融型有価証券の発行者に求められる有価証券報告書における「事業年度ごと」ではなく，「特定期間ごと」（「特定期間」とは，特定有価証券の区分に応じて，特定有価証券の発行者の事業年度など，内閣府令で定める期間をいう（特定有価証券開示府令23条）。以下同じ）となる。

　そして，記載事項については，前記の第3号様式による「当該会社の商号，当該会社の属する企業集団及び当該会社の経理の状況その他事業」ではなく，「当該会社が行う資産の運用その他これに類似する事業に係る資産の経理の状況その他資産」と読み替えることとなる（法24条5項）。具体的な記載事項は，特定有価証券の種類に応じて，それぞれ様式が定められている（特定有価証券開示府令22条1項）。例えば，内国投資信託受益証券の場合の様式である第7号様式における記載事項を掲げれば，次のとおりである。

〈内国投資信託受益証券の有価証券報告書の記載事項：特定有価証券開示府令第7号様式〉

第一部　ファンド情報

　　第1　ファンドの状況
　　　　1　ファンドの性格
　　　　2　投資方針
　　　　3　投資リスク
　　　　4　手数料等及び税金
　　　　5　運用状況
　　第2　管理及び運営
　　　　1　申込（販売）手続等
　　　　2　換金（解約）手続等
　　　　3　資産管理等の概要
　　　　4　受益者の権利等
　　第3　ファンドの経理状況
　　　　1　財務諸表
　　　　2　ファンドの現況
　　第4　内国投資信託受益証券事務の概要

第二部　委託会社等の情報

　　第1　委託会社等の概況
　　　　1　委託会社等の概況
　　　　2　事業の内容及び営業の概況
　　　　3　委託会社等の経理状況
　　　　4　利害関係人との取引制限
　　　　5　その他
　　第2　その他の関係法人の概況
　　　　1　名称，資本金の額及び事業の内容
　　　　2　関係業務の概要
　　　　3　資本関係
　　第3　参考情報

　特定有価証券については，その内容や発行形態等が多様であり，一律に開示規制を課すことは開示情報の理解において必ずしも適切でないことや他の書面との重複があること等を踏まえて，公益または投資者保護に欠けることがない

第 4 章　流通市場における開示規制　149

ものとして内閣総理大臣の承認を受けた場合，有価証券報告書の一部が記載された書面，すなわち報告書代替書面が設けられた（法24条14項）。有価証券報告書と併せて報告書代替書面を提出した場合には，当該報告書代替書面を当該有価証券報告書の一部とみなし，当該報告書代替書面を提出したことを当該有価証券報告書の一部として提出したものとみなされる（法24条15項）。この報告書代替書面は，投資者において理解し易い情報を記載することを踏まえて，有価証券報告書の提出者の同報告書の作成に要する負担を軽減するものである。

　また，前記 1 の有価証券報告書と同様に，特定有価証券の有価証券報告書についても，定款等所定の添付書類を提出する必要があるとともに（法24条 6 項，特定有価証券開示府令27条 1 項），これら（その写しを含む）が公衆縦覧される。なお，提出会社が外国会社の場合の添付書類や翻訳文添付も前記 1 の有価証券報告書の場合と同様である（法24条 6 項，特定有価証券開示府令27条 2 項）。

3　四半期報告書

(1)　四半期報告制度

　東証の新興企業向け株式市場であるマザーズの創設に際し，業績等の変動の状況を適時に開示すべきであることを検討し，すでに海外市場で制度化されていた四半期開示がわが国にも導入され，3 か月ごとに業績等が開示されることとなった。その後，マザーズ以外の既存の株式市場（東証の第 1 部・2 部株式市場，他の取引所の株式市場）においても四半期財務諸表の開示が導入され，各取引所が上場会社に対して四半期開示を義務付けることとなった。

　こうした導入の経緯を踏まえ，金融商品取引法において，上場会社等は事業年度が 3 か月を超える場合は，当該事業年度の期間を 3 か月ごとに区分した各期間ごとに，当該上場会社等の属する企業集団の経理の状況その他の公益または投資者保護のため必要かつ適当なものとして内閣府令で定める事項を記載した報告書，すなわち四半期報告書を内閣総理大臣に提出しなければならないことが定められている（法24条の 4 の 7 第 1 項）。すなわち，継続開示制度においても事業年度の期中において適時に企業内容等の開示を行うため，四半期報告制度が導入されたということである。なお，3 か月ごとに区分した各期間のう

ち，最後の第4四半期は除くこととなる（施行令4条の2の10第2項）。なお，特定有価証券の発行者の会社について政令で定めるものは四半期報告書の提出が準用されるとしているが（法24条の4の7第3項），政令の定めはない。したがって，特定有価証券に係る有価証券報告書の提出会社には四半期報告制度は適用されていない。

(2) 提出義務者

　四半期報告書の提出義務者は，有価証券報告書の提出義務者のうち，上場有価証券（法24条1項1号）または店頭売買有価証券（法24条1項2号）に掲げる有価証券のうち，株券，優先出資証券等の発行者の会社である（法24条の4の7第1項，施行令4条の2の10第1項）。なお，現状においては，店頭市場が開設されていないため，上場会社が提出義務者となっているものである。そもそも四半期報告書の提出義務者として定められている会社は，取引所における四半期開示の先導的導入も踏まえ，流動性の高い取引所市場の上場会社とそれに準ずる店頭市場における登録会社に限定されており，投資者への影響度合いと開示義務の負担を考慮したものと考えられる。このように，有価証券報告書の提出義務者のうち，上記の者に限定されているのが四半期報告書の提出義務者である。なお，この提出義務者以外の会社においても，四半期報告書を任意に提出することができることとなっている（法24条の4の7第2項）。

(3) 記載事項

　四半期報告書における記載事項は，内国会社は第4号の3様式，外国会社は第9号の3様式による（開示府令17条の15第1項）。内国会社の第4号の3様式における記載事項を掲げれば，次のとおりである。

〈内国会社の四半期報告書の記載事項：開示府令第4号の3様式〉

第一部　企業情報

　第1　企業の概況

　　1　主要な経営指標等の推移

第4章　流通市場における開示規制　151

```
        2　事業の内容
    第2　事業の状況
        1　事業等のリスク
        2　経営者による財政状態，経営成績及びキャッシュ・フローの状況の
          分析
        3　経営上の重要な契約等
    第3　提出会社の状況
        1　株式等の状況
        2　役員の状況
    第4　経理の状況
        1　四半期連結財務諸表
        2　その他

第二部　提出会社の保証会社等の情報

        （省略：筆者）
```

　この様式による四半期報告書の記載事項においては，事業年度ごとの開示情報を基礎としていることから，有価証券報告書における記載事項の多くが除かれている。そして，四半期報告書の記載事項については，事業年度ごとに提出・開示される有価証券報告書における企業内容等に関する記載・開示を踏まえ，四半期累計期間における重要な変化・変更を中心として記載することを求めている。また，「経理の状況」においては，有価証券報告書における連結財務諸表等と個別財務諸表等の双方の記載はなく，連結ベースの四半期連結財務諸表のみとなっている。

　こうしたことを踏まえ，「その他」として当四半期連結会計期間終了後四半期報告書提出日までに，資産・負債に著しい変動及び損益に重要な影響を与えた事実または与えることが確実に予想される事実が生じた場合や重要訴訟事件等があったときなどには，その概要を記載することを求めている。

　なお，外国会社による四半期報告書もこれに準ずるが（第9号の3様式），四半期報告書に記載された当該外国会社の代表者が当該四半期報告書の提出に関し正当な権限を有する者であることを証する書面等を添付する必要がある（開示府令17条の15第1項・3項）。

(4)　提出期限・提出先

　四半期報告書の提出義務者は，事業年度の期間を3か月ごとに区分した各期間（第1四半期，第2四半期及び第3四半期）ごとに，当該期間経過後，45日以内に四半期報告書を内閣総理大臣に提出しなければならない（法24条の4の7第1項，施行令4条の2の10第3項）。四半期報告書は，有価証券報告書の記載事項を基礎として，企業内容等の変動を中心とする説明や四半期ごとの業績等を表示する決算書である四半期財務諸表は連結ベースのものに限定されているなど，記載内容が簡素化された短期ごとの情報開示の趣旨を踏まえて，提出期限は有価証券報告書の提出期限（3か月）の約半分に短縮されている。

　また，四半期報告書の写しは，取引所・認可協会に，遅滞なく，提出しなければならない（法24条の4の7第5項・6条）。

(5)　公衆縦覧

　四半期報告書は，3年間，有価証券報告書が開示される場所で公衆縦覧に供される（法25条1項7号）。四半期報告書の写しについては，取引所・認可協会や提出義務者である会社の本店・主要支店においても，同一の期間（3年間），有価証券報告書と同様に公衆縦覧される（法25条2項・3項）。開示の対応となる期間を踏まえて，事業年度ごとの有価証券報告書は5年間，事業年度における3か月ごとの四半期報告書は3年，というように縦覧の期間が相違するだけである。また，公衆縦覧の方法は，有価証券報告書と同じである。

4　半期報告書

(1)　半期報告制度及び半期報告書と提出義務者

　継続開示制度は，事業年度ごとの開示書類である有価証券報告書が中心となっている。ここで，現在，事業年度の期間は1年が一般的である。企業内容等に関する情報の定期開示として，事業年度の中間においても開示がなされることが投資者への適時の開示として，上半期の企業内容等の状況を開示する半期報告書による開示となる半期報告制度が導入された。なお，この半期報告制

度（半期開示）が導入される前に，東証が自主規制開示として中間報告書による開示を上場会社（新規上場，一部指定会社等）に求めていた。こうした自主規制開示が法定開示（公的規制）の先導的役割を果たしたものである。四半期報告制度の導入と同様のものである。

こうした導入の経緯を踏まえて，金融商品取引法において，有価証券報告書の提出義務会社のうち，四半期報告書の提出義務会社以外の会社は，その事業年度が6か月を超える場合には，内閣府令で定めるところにより，事業年度ごとに，当該事業年度が開始した日以後6か月間の当該会社の属する企業集団及び当該会社の経理の状況その他事業の内容に関する重要な事項その他の公益または投資者保護のため必要かつ適当なものとして内閣府令で定める事項を記載した報告書，すなわち半期報告書を内閣総理大臣に提出しなければならないことが定められている（法24条の5第1項）。半期報告書は，事業年度が開始した日以後6か月間，すなわち上半期の事業年度中の財務状況等を開示するための法定開示書類であることから，四半期報告書を提出している上場会社には半期報告制度は適用されない。

なお，特定有価証券の半期報告書には，上記の「事業年度」・「事業年度ごと」は「当該特定有価証券に係る特定期間」・「特定期間ごと」，記載事項の「当該会社の属する企業集団及び当該会社の経理の状況その他事業」は「当該会社が行う資産の運用その他これに類似する事業に係る資産の経理の状況その他資産」などに読み替えて，記載されることとなる（法24条の5第3項）。

このように，半期報告制度の導入後，四半期報告制度が導入されたため，事業年度内の中間報告においては，四半期報告書による開示が主となっているのが現状である。すなわち，上半期の業績等の企業内容等の状況は第1四半期及び第2四半期（各四半期及び累計四半期）により開示されることから，四半期報告書を提出している会社は半期報告書の提出が求められないからである。

(2) 記載事項

有価証券の半期報告書における記載事項は，内国会社は第5号様式による（開示府令18条1項）。また，特定有価証券の半期報告書は特定有価証券の区分に応じて第10号様式等（特定有価証券開示府令28条1項）により，それぞれ定め

られている。例えば，有価証券を発行している内国会社の第5号様式における記載事項を掲げれば，次のとおりである。

〈内国会社の半期報告書の記載事項：開示府令第5号様式〉

第一部　企業情報

　　第1　企業の概況
　　　　1　主要な経営指標等の推移
　　　　2　事業の内容
　　　　3　関係会社の状況
　　　　4　従業員の状況
　　第2　事業の状況
　　　　1　経営方針，経営環境及び対処すべき課題等
　　　　2　事業等のリスク
　　　　3　経営者による財政状態，経営成績及びキャッシュ・フローの状況の
　　　　　　分析
　　　　4　経営上の重要な契約等
　　　　5　研究開発活動
　　第3　設備の状況
　　　　1　主要な設備の状況
　　　　2　設備の新設，除却等の計画
　　第4　提出会社の状況
　　　　1　株式等の状況
　　　　2　役員の状況
　　第5　経理の状況
　　　　1　中間連結財務諸表等
　　　　2　中間財務諸表等
　　第6　提出会社の参考情報

第二部　提出会社の保証会社等の情報

　　　　（省略：筆者）

　この様式による半期報告書の記載事項は，基本的には有価証券報告書における記載事項と同じ項目としているが，一部を除いているほか，開示対象の中間期間において重要な変更があった場合の記載を中心とされている。したがって，

有価証券報告書における記載と同じ水準・詳細度ではなく，簡素化された記載事項とされている。事業年度ごとに有価証券報告書により企業内容等に関する事項が開示されることを踏まえ，当該事業年度の中間期（上半期）において，当該開示事項にどのような変更や新たな状況等が生じたことを開示することが半期報告書の目的であることを反映したものである。決算書としては，中間期の業績等を示す連結財務諸表と個別財務諸表が掲げられている。

　なお，外国会社による半期報告書もこれに準ずるが（開示府令18条1項3号，第10号様式），要約の日本語の翻訳文，外国会社の代表者が当該半期報告書の提出に関し正当な権限を有する者であることを証する書面等の補足書類の添付も必要となる（法24条の5第8項，開示府令18条2項）。また，外国会社による特定有価証券の半期報告書も同様に各区分の様式に準じた記載内容とされている（特定有価証券開示府令28条の3第3項，第10号の2様式等）。また，上記と同様の補足書類の添付も必要となる（特定有価証券開示府令28条の3第1項）。

(3)　提出期限・提出先

　半期報告書の提出義務者は，6か月を超える事業年度（特定有価証券の場合は特定期間）が開始した日以後，6か月経過後の3か月以内に内閣総理大臣に半期報告書を提出しなければならない（法24条の5第1項・第3項）。また，半期報告書の写しについて，取引所・認可協会に，遅滞なく，提出しなければならない（法24条の5第6項・6条）。

(4)　公衆縦覧

　半期報告書は，3年間，有価証券報告書が開示される場所で公衆縦覧に供される（法25条1項8号）。半期報告書の写しは，取引所・認可協会や提出義務者である会社の本店・主要支店においても，同一の期間（3年間），有価証券報告書と同様に公衆縦覧される（法25条2項・3項）。また，公衆縦覧の方法は，有価証券報告書と同じである。

5　親会社等状況報告書

(1)　親会社等状況報告制度

　上場会社に親会社が存在する場合，当該親会社が計画・管理している経営戦略・経営活動等により，その傘下の子会社たる当該上場会社の事業活動や財務状況等について大きな影響を及ぼすこととなることが想定されるものである。こうした受けとめは，通常の企業グループ管理の状況を反映したものである。したがって，親会社に関する情報は，その子会社の上場会社の経営戦略，コーポレート・ガバナンスの状況等の経営活動の基礎的部分及び業績等の企業価値を把握する上で重要な情報となるものである。しかし，当該親会社が継続開示会社たる上場会社でない場合には，当該親会社に関する情報を外部の者が入手することは困難である。

　そこで，親会社が継続開示会社でない場合には，その子会社である開示会社の有価証券報告書において，親会社に関する情報として，①株式の所有者別状況及び大株主の状況，②役員の状況，③計算書類等（貸借対照表，損益計算書，営業報告書及び附属明細書。なお，会計監査人の監査を受けている場合には，会計監査人の監査報告書を含む）の開示を求めることが適当である，と金融審議会部会から提言された^(注3)。

　こうした提言を受けて，親会社及び実質的に親会社と認められる会社が金融商品取引法が定める継続開示会社でない場合，親会社等が自ら財務情報等を開示する親会社等状況報告制度が導入されることとなった。

(2)　親会社等状況報告書と提出義務者

　有価証券報告書を提出しなければならない会社（上場有価証券または店頭売買有価証券の発行者に限る。この5で「提出子会社」という）の議決権の過半数を所有している会社その他の当該有価証券報告書を提出しなければならない会社と密接な関係を有するものとして政令で定めるもの（この5において「親会社等」

(注3)　金融庁・金融審議会金融分科会第一部会報告「ディスクロージャー制度の信頼性確保に向けて」，平成16年12月。

第4章　流通市場における開示規制　157

という）は，当該親会社等の事業年度ごとに当該親会社等の株式を所有する者
に関する事項などを記載した報告書，すなわち親会社等状況報告書を内閣総理
大臣に提出しなければならない（法24条の7第1項本文）。親会社等状況報告書
の提出義務者として定められているものも，四半期報告制度と同様に流動性の
高い取引所市場の上場会社とそれに準ずる店頭市場における登録会社の親会社
等に限定されている。こうした限定的対応は，投資者への影響度合いと開示義
務の負担を考慮したものと考えられる。

　ここで，政令で定める「有価証券報告書を提出しなければならない会社と密
接な関係を有するもの」としての親会社等は，次に掲げるものである（施行令
4条の4第1項各号）。

　①　提出子会社の総株主等の議決権の過半数を自己また他人（仮設人を含む）
　　　の名義をもって所有する会社（1号）
　②　会社と当該会社が総株主等の議決権の過半数を自己または他人の名義を
　　　もって所有する法人等（法人その他の団体をいう。以下同じ）が合わせて提
　　　出子会社の総株主等の議決権の過半数を自己または他人の名義をもって所
　　　有する場合の当該会社（2号）

　上記のように，議決権の過半数所有を親会社等の定義としたのは，親会社等
状況報告制度は罰則を担保として親会社等に開示義務を課すものであることか
ら，親会社等に該当するか否かを判定するための基準は，客観的に確定するこ
とができるものである必要があり，株式所有を通じて直接・間接に上場会社等
の議決権の過半数を所有している会社等とすることとしたものと金融庁から説
明されている(注4)。

　ただし，親会社等が有価証券報告書を提出する継続開示会社である場合には，
当該親会社等に関する情報が開示されることから，親会社等状況報告書の提出
は求められないことも明確に定められている（法24条の7第1項本文）。また，
親会社等が発行者である有価証券が外国取引所に上場され，当該外国取引所が
設立されている国の法令または当該外国取引所の規則に基づき，企業内容等に

────────────

(注4)　金融庁「コメントに対する金融庁の考え方」，平成17年11月。

関する書類が開示されている場合または店頭売買有価証券と同じ性質を有し，かつ，当該有価証券の売買が主として行われている国における流通状況が取引所に上場されている有価証券に準ずるもので，その国の法令等に基づき，企業内容等に関する書類が開示されている場合であって，当該書類について本邦において閲覧することができる状態にある会社においても，親会社等状況報告書の提出義務から除かれる（法24条の7第1項本文，開示府令19条の5第1項）。

ここで，親会社等状況報告書の提出の適用を受けない会社が親会社等に該当することとなったときは，当該親会社等に該当することとなった会社は，その該当することとなった日の属する事業年度の直前事業年度に係る親会社等状況報告書を，遅滞なく，内閣総理大臣に提出しなければならない（法24条の7第2項本文）。なお，上記の取り上げた親会社等による親会社等状況報告書の提出及び親会社等となった会社の親会社等状況報告書の提出について，親会社等状況報告書を提出しなくても公益または投資者保護に欠けることがないものとして政令で定めるところにより内閣総理大臣の承認を受けたときは，これらの提出は求められないが（法24条の7第1項・第2項のそれぞれのただし書），この政令による定めは設けられていない。

(3)　記載事項

親会社等状況報告書における記載事項は，本書類の導入を提言した報告書に掲げられている事項となっている。すなわち，提出会社たる親会社等の会社名，提出子会社名を掲記して，次の事項が記載されることとなる（開示府令19条の5第2項，第5号の4様式）。

①　提出会社の状況……株式等の状況，役員の状況。

②　会社法の規定に基づく計算書類等……貸借対照表，損益計算書，株主資本等変動計算書，個別注記表，事業報告，附属明細書。なお，会計監査人の監査を受けている場合の当該会計監査人の監査に係る監査報告を当該計算書類等に添付する。

なお，親会社等が外国会社である場合には，上記に準じた事項が記載され（第10号の3様式），外国親会社等の代表者が当該親会社等状況報告書の提出に

関し正当な権限を有する者であることを証する書面等の添付も必要となる（開示府令19条の5第3項）。

(4) 提出期限・提出先

親会社等状況報告書の提出義務者は，親会社等の事業年度経過後3か月以内に，親会社等状況報告書を内閣総理大臣に提出しなければならない（法24条の7第1項本文）。また，親会社等に該当することとなったときは，当該親会社等に該当することとなった会社は，その該当することとなった日の属する事業年度の直前事業年度に係る親会社等状況報告書を，遅滞なく，内閣総理大臣に提出しなければならない（法24条の7第2項）。

また，親会社等状況報告書の写しについて，提出子会社の有価証券の上場・登録に応じて取引所・認可協会に，遅滞なく，提出しなければならない（法24条の7第4項）。

(5) 公衆縦覧

親会社等状況報告書は，5年間，有価証券報告書が開示される場所で公衆縦覧に供される（法25条1項12号）。親会社等状況報告書の写しは，取引所・認可協会や提出子会社の本店・主要支店においても，同一の期間（5年間），有価証券報告書と同様に公衆縦覧される（法25条2項・3項）。また，公衆縦覧の方法は，有価証券報告書と同じである。

6 内部統制報告書

(1) 内部統制報告制度

内部統制とは，基本的に，業務の有効性及び効率性，財務報告の信頼性，事業活動にかかわる法令等の遵守並びに資産の保全の4つの目的が達成されているとの合理的な保証を得るために，業務に組み込まれ，組織内のすべての者によって遂行されるプロセスをいい，統制環境，リスクの評価と対応，統制活動，情報と伝達，モニタリング（監視活動）及びIT（情報技術）への対応の6つの基本的要素から構成される（財務報告に係る内部統制の評価及び監査の基準Ⅰ.

1.）。内部統制の目的を達成するため，経営者は，内部統制の基本的要素が組み込まれたプロセスを整備し，そのプロセスを適切に運用していく必要がある。それぞれの目的を達成するには，すべての基本的要素が有効に機能していることが必要であり，それぞれの基本的要素は，内部統制の目的のすべてに必要になるという関係にある（同上基準書）。

　ここで，有価証券報告書の開示内容など，当時の証券取引法上の企業内容等に関する情報開示（ディスクロージャー）をめぐり不適正な事例が発生したことを受け，この情報開示の中心となる財務諸表等の信頼性を示す適正性だけでなく，その作成のプロセスとなる財務報告に係る内部統制の信頼性も求められることとなった。そこで，「開示企業における内部統制の充実は，個々の開示企業に業務の適正化・効率化等を通じた様々な利益をもたらすと同時に，ディスクロージャーの全体の信頼性，ひいては証券市場に対する内外の信認を高めるものであり，開示企業を含めたすべての市場参加者に多大な利益をもたらす」(注5)という観点から，財務報告に係る内部統制の経営者による評価を表明する内部統制報告制度とその表明に関する適正性を確証するため公認会計士等による内部統制監査が導入されることとなった。この内部統制報告制度の導入後，適用対象となる上場会社の負担の軽減等の観点から，企業の創意工夫を活かした監査人の対応の確保や内部統制の効率的な運用手法を確立するための見直しなどが行われている。

　ここで，内部統制報告制度における「財務報告」とは，財務諸表等及び財務諸表等の信頼性に重要な影響を及ぼす開示に関する事項に係る外部報告をいう（内部統制府令2条1号）。また，内部統制報告制度により確保すべき財務報告の信頼性とは，財務諸表等及び財務諸表等に重要な影響を及ぼす可能性のある情報の信頼性を確保することをいう。

(2)　内部統制報告書と提出義務者

　有価証券報告書の提出義務者のうち，上場有価証券または店頭売買有価証券の株券や優先出資証券等の発行者は（施行令4条の2の7第1項），事業年度ご

(注5)　企業会計審議会「財務報告に係る内部統制の評価及び監査の基準並びに財務報告に係る内部統制の評価及び監査に関する実施基準の設定について（意見書）」一(1)，平成19年2月。

とに，当該会社の属する企業集団及び当該会社に係る財務計算に関する書類その他の情報の適正性を確保するために必要なものとして内閣府令で定める体制について評価した報告書，すなわち内部統制報告書を有価証券報告書と併せて内閣総理大臣に提出しなければならない（法24条の4の4第1項）。また，有価証券報告書の提出義務者であって，上記の内部統制報告書を有価証券報告書と併せて提出しなければならない会社以外の会社は，内部統制報告書を任意に提出することができる（法24条の4の4第2項）。さらに，特定有価証券に係る有価証券報告書を提出しなければならない会社のうち政令で定めるものについても内部統制報告書の提出義務が準用されているが（法24条の4の4第3項），現状では当該政令の定めはなく，特定有価証券に係る内部統制報告書は提出されていない。

ここで，上記の「企業集団及び当該会社に係る財務計算に関する書類その他の情報の適正性を確保するために必要」なものとして内閣府令で定める体制とは，当該会社における財務報告が法令等に従って適正に作成されるための体制をいう（内部統制府令3条）。

(3) 記載事項

内部統制報告書においては，財務報告に係る内部統制を構成する，全社的な内部統制及び業務プロセス（決算財務報告プロセスとその他業務プロセスから構成）について，評価の記載を行う（財務報告に係る内部統制の評価及び監査に関する実施基準）。そこで，内国会社の内部統制報告書には，内部統制府令の第1号様式により（内部統制府令4条1項1号），次の事項が記載される。

① 財務報告に係る内部統制の基本的枠組に関する事項

　イ）代表者及び最高財務責任者（会社が最高財務責任者を定めている場合に限る）が，財務報告に係る内部統制の整備及び運用に責任を有している旨

　ロ）代表者及び最高財務責任者（会社が最高財務責任者を定めている場合に限る）が，財務報告に係る内部統制の整備及び運用に責任を有している旨

　ハ）財務報告に係る内部統制により財務報告の虚偽の記載が完全には防

止または発見することができない可能性がある旨

② 評価の範囲，基準日及び評価手続に関する事項

イ）財務報告に係る内部統制の評価が行われた基準日

ロ）財務報告に係る内部統制の評価に当たり，一般に公正妥当と認められる財務報告に係る内部統制の評価の基準に準拠した旨

ハ）財務報告に係る内部統制の評価手続の概要

ニ）財務報告に係る内部統制の評価の範囲

③ 評価結果に関する事項

提出義務者が外国会社の場合，上記の第1号様式に準じた第2号様式によるとともに，内部統制報告書に記載された代表者が当該内部統制報告書の提出に関し正当な権限を有する者であることを証する書面等を添付する（内部統制府令4条1項2号・2項）。

なお，財務報告に係る内部統制の有効性の評価に重要な影響を及ぼす後発事象や事業年度の末日後に開示すべき重要な不備を是正するために実施された措置がある場合には，その内容を付記事項として記載することとなる（内部統制府令第1号様式・第2号様式）。

(4) 提出期限・提出先

内部統制報告書については，事業年度ごとに有価証券報告書と併せて内閣総理大臣に提出しなければならない（法24条の4の4第1項）。つまり，提出期限は有価証券報告書と同じということである。

また，内部統制報告書の写しについて，取引所・認可協会に，遅滞なく，提出しなければならない（法24条の4の4第5項・6条）。

(5) 公衆縦覧

内部統制報告書は，5年間，有価証券報告書が開示される場所で公衆縦覧に供される（法25条1項6号）。内部統制報告書の写しは，取引所・認可協会や提出義務者である会社の本店・主要支店においても，同一の期間（5年間），有価証券報告書と同様に公衆縦覧される（法25条2項・3項）。また，公衆縦覧の

方法は，有価証券報告書と同じである。

7　確　認　書

(1)　確認書制度

　有価証券報告書等の法定開示書類は，投資者の投資判断に影響を及ぼすべき重要な情報を開示する役割を果たすものであり，適時，適切に開示されなければならないものである。しかし，有価証券報告書等において虚偽記載という重大な問題の発生が相次いだ状況がみられた。そのため，有価証券報告書等が法令に準拠して，適切に作成されたものであることについて，開示に対する経営者の責任を明確化する書面である確認書を開示する制度が導入された。すなわち，開示制度に対する信頼性を確保するため，有価証券報告書等の法定開示書類が法令に基づき適正に作成されていることを上場会社等の経営者に表明させ，当該法定開示書類に対する信頼性をより高めることを目的として確認書制度が導入されたものである。

　法定開示書類が実際に適正に作成されていることだけでなく，適正に作成されていることを作成責任者たる経営者に宣言させることにより，当該法定開示書類つまり開示内容に対する投資者・市場の信頼を得ることは，当該法定開示書類がその機能を果たす上で重要な意義を有するものである。

(2)　確認書と提出義務者

　上場有価証券または店頭売買有価証券のうち株券や優先出資証券等の発行者である会社は（施行令4条の2の5第1項），当該有価証券報告書の記載内容が金融商品取引法令に基づき適正であることを確認した旨を記載した確認書（これを「確認書」という）を当該有価証券報告書と併せて内閣総理大臣に提出しなければならない（法24条の4の2第1項）。また，確認書を有価証券報告書と併せて提出しなければならない会社以外の会社は，この確認書を任意に提出することができる（法24条の4の2第2項）。さらに，特定有価証券に係る有価証券報告書を提出しなければならない会社のうち政令で定めるものについても確認書の提出義務が準用されているが（法24条の4の2第3項），現状では当該政

令の定めはなく，特定有価証券に係る確認書は提出されていない。

ここで，確認書を提出することとなる対象の報告書は，有価証券報告書だけでなく，四半期報告書，半期報告書及びそれらの訂正報告書である（法24条の4の2第4項・24条の4の8第1項・24条の5の2第1項）。

(3) 記載事項

確認書においては，第4号の2様式により，次に掲げる署名及び所定の事項が記載されることとなる（開示府令17条の10）。

① 署　　名

確認書の提出主体の責任者として，提出会社の代表者が署名する。また，最高財務責任者（CFO）を置いている場合はその署名も求められる。

② 記載事項

イ）有価証券報告書の記載内容の適正性に関する事項

代表者または最高財務責任者が，有価証券報告書（他の報告書の場合は，当該他の報告書）の記載内容が金融商品取引法に基づき適正であることを確認した旨の記載である。なお，確認を行った記載内容の範囲が限定されている場合は，その旨及びその理由を記載することである。

ロ）特記事項

確認について特記すべき事項がある場合には，その旨及びその内容を記載する。

(4) 提出期限・提出先

確認書については，事業年度ごとに有価証券報告書と併せて内閣総理大臣に提出しなければならない（法24条の4の2第1項）。つまり，提出時期は有価証券報告書と同じということである。四半期報告書等の他の報告書とも併せて提出することとなる。

また，確認書の写しについて，取引所・認可協会に，遅滞なく，提出しなければならない（法24条の4の2第5項・6条）。

第4章　流通市場における開示規制　165

(5)　公衆縦覧

　確認書の公衆縦覧は，確認を表明する各報告書の公衆縦覧とととともにされる。すなわち，有価証券報告書に係る確認書は同報告書と同様に5年間，四半期報告書・半期報告書に係る確認書は同報告書と同様に3年間，それぞれ公衆縦覧に供される（法25条1項5号・9号）。確認書の写しは，取引所・認可協会や提出義務者である会社の本店・主要支店においても，それぞれの同一の期間，有価証券報告書と同様に公衆縦覧される（法25条2項・3項）。また，公衆縦覧の方法は，有価証券報告書と同じである。

第3節　臨時開示における法定開示書類

　企業活動においては，事業の展開等において様々なことが時を問わず生ずることになる。そうしたものの中で，投資者の投資判断に重要な影響を及ぼすべき事項が決定されたり，発生した場合には，適時に当該決定事項・発生事実の開示がなされることが合理的な投資判断を行う上で必要である。事業年度ごとの定期開示だけでは，事業年度中（期中）における，こうした重要な投資判断情報の開示時期が遅くなるおそれがあり，適時の開示が確保できないということである。

　そこで，投資者保護（情報を知らされないことによる不測の損害からの保護）の観点から，投資者への投資判断情報の開示は定期開示に加えて重要な投資判断の決定・発生の都度，開示するという臨時開示を金融商品取引法において規定しているものである。以下において，この臨時開示において定められている法定開示書類について取り上げることとする。

1　臨時報告書

(1)　臨時報告書と提出義務者

　有価証券報告書を提出しなければならない会社（法24条1項・5項）は，その会社が発行者である有価証券の募集・売出しが外国において行われるとき，

その他公益または投資者保護のため必要かつ適当なものとして内閣府令で定める場合に該当することとなったときは，その内容を記載した報告書，すなわち臨時報告書を内閣総理大臣に提出しなければならない（法24条の5第4項）。つまり，臨時開示における主たる法定開示書類が臨時報告書である。

(2) 提出事由

　臨時報告書（次の(3)の特定有価証券の臨時報告書を除く）を提出しなければならない事由としては多くの場合が定められている（開示府令19条1項・2項）。そこで，当該提出事由を構成する，①決定事実，②発生事実，③その他重要な事由すなわちバスケット条項によるものにおける主要なものを次に掲げることとする。また，当該提出事由を開示する臨時報告書における記載事項は，それぞれの提出事由の内容を示すものであることから，当該提出事由ごとにそれぞれ定められている。なお，株式公開する会社は，有価証券届出書の提出日後に上場日の前日または店頭売買有価証券の登録日の前日までの間に株式公開情報部分に記載すべき事項が生じたときまたは記載内容に変更が生じたときも提出事由となる（開示府令19条の2）。

① 決定事実の提出事由

イ）　届出を要しない新株予約権証券の取得勧誘・売付け勧誘で1億円以上のものにつき，取締役会の決議等または株主総会の決議があった場合

ロ）　主要株主の異動が提出会社または連結子会社の業務執行決定機関により決定された場合

ハ）　提出会社が株式交換完全親会社となる株式交換（株式交換完全子会社となる会社の総資産額が当該提出会社の純資産額の10％以上または売上高が当該提出会社の売上高の3％以上の場合），または提出会社が株式交換完全子会社となる株式交換が行われることが，当該提出会社の業務執行決定機関により決定された場合

ニ）　株式移転が行われることが，提出会社の業務執行決定機関により決定された場合

ホ）　提出会社の資産の額が純資産額の10％以上の増減または提出会社の売

上高が3％以上の増減が見込まれる吸収分割または新設分割が行われることが，当該提出会社の業務執行決定機関により決定された場合

ヘ）　提出会社の資産の額が純資産額の10％以上の増減または提出会社の売上高が3％以上の増減が見込まれる吸収合併または提出会社が消滅することとなる吸収合併が行われることが，当該提出会社の業務執行決定機関により決定された場合

ト）　新設合併が行われることが，提出会社の業務執行決定機関により決定された場合

チ）　提出会社の資産の額が純資産額の30％以上の増減または提出会社の売上高が10％以上の増減が見込まれる事業の譲渡または譲受けが行われることが，当該提出会社の業務執行決定機関により決定された場合

リ）　提出会社の株主総会において決議事項が決議された場合

ヌ）　財務計算書類・内部統制報告書の監査証明を担当する公認会計士等の異動が提出会社の業務執行決定機関により決定された場合

ル）　連結子会社における重要な株式交換等，上記に準じた一定の重要な事項が決定された場合

②　発生事実の提出事由

イ）　外国において1億円以上の株券，新株予約権付社債券等の募集・売出しが開始された場合

ロ）　親会社・特定子会社（注6）の異動があつた場合

ハ）　主要株主の異動があった場合

ニ）　重要な災害（最近事業年度の末日における純資産額の3％以上）が発生し，それがやんだ場合で，当該重要な災害による被害が当該提出会社の事業に著しい影響を及ぼすと認められる場合

ホ）　民事再生手続開始の申立て，会社更生手続開始の申立て，破産法手続

（注6）　特定子会社とは，次に掲げる特定関係のいずれか1以上に該当する子会社をいう（開示府令19条10項）。①最近事業年度において，提出会社に対する売上高の総額または仕入高の総額が当該提出会社の仕入高の総額または売上高の総額の10％以上である場合，②最近事業年度の末日において純資産額が当該提出会社の純資産額の30％以上に相当する場合，③資本金が提出会社の資本金の10％以上に相当する場合。

開始の申立てまたはこれらに準ずる事実があつた場合

ヘ）　損害賠償請求金額が提出会社の最近事業年度の末日における純資産額の15％以上に相当する額の訴訟が提起された場合，または提出会社に対する訴訟が解決し，当該訴訟の解決による損害賠償支払金額が最近事業年度の末日における純資産額の3％以上に相当する額である場合

ト）　財務計算書類・内部統制報告書の監査証明を担当する公認会計士等の異動があった場合

チ）　純資産額の3％以上に相当する額の売掛金，貸付金，その他の債権につき取立不能または取立遅延のおそれが生じた場合

リ）　連結子会社における重要な災害等，上記に準じた一定の重要な事実が発生した場合

③　バスケット条項による提出事由

イ）　提出会社の財政状態，経営成績及びキャッシュ・フローの状況に著しい影響を与える事象（重要な後発事象（財務諸表等規則8条の4）であって，当該事象の損益に与える影響額が純資産額の3％以上かつ最近5事業年度における当期純利益の平均額の20％以上に相当する額になる事象をいう）が発生した場合

ロ）　連結会社の財政状態，経営成績及びキャッシュ・フローの状況において，上記イに準じた著しい影響を与える事象が発生した場合

(3)　特定有価証券の臨時報告書

　有価証券報告書を提出する特定有価証券の発行者は，前記(2)の提出事由と異なる，個別列挙の事由及びバスケット条項が適用される事由において臨時報告書を提出しなければならない（特定有価証券開示府令29条1項・2項）。なお，特定有価証券の特徴等を踏まえ，決定事実，発生事実の区分はせず，主要な提出事由を次に掲げることとする。

①　個別列挙の提出事由

イ）　同一の種類の特定有価証券の募集・売出しを外国において行う場合

ロ）　特定有価証券に係るファンド等の主要な関係法人の異動が当該発行者における業務執行を決定する機関により決定された場合

ハ）　投資信託証券に係るファンドの運用に関する基本方針，運用体制等重要な変更があった場合または主要な関係法人の異動があった場合

ニ）　6か月ごとに有価証券報告書が提出されている場合において，当該特定有価証券に係る信託の計算期間が満了した場合

ホ）　特定有価証券に係るファンド等に係る重要な災害が発生し，それがやんだ場合で，当該重要な災害による被害が当該ファンド等の運用実績に著しい影響を及ぼすと認められる場合

ヘ）　発行者もしくは主要な関係法人に重要な訴訟（最近特定期間の末日における純資産額の15％以上）が提起された場合または訴訟の解決による損害賠償支払金額が，当該ファンド等の最近特定期間の末日における純資産額の3％以上の場合

ト）　発行者の資産の額が発行者の最近特定期間の末日における純資産額の10％以上増加することが見込まれる吸収合併もしくは発行者の最近特定期間の営業収益の3％以上増加することが見込まれる吸収合併または当該発行者が消滅することとなる吸収合併に係る契約の締結が，当該発行者の役員会により承認された場合

チ）　新設合併に係る契約の締結が，当該発行者の役員会により承認された場合

リ）　ファンドの併合について，法の規定による届出を行った場合

ヌ）　発行者，主要な関係法人等に係る更生手続開始の申立て，破産手続開始の申立てまたはこれらに準ずる事実があった場合

ル）　発行者の債務者等に手形・小切手の不渡り，破産手続開始の申立て等の事実があり，純資産額の3％以上に相当する額の当該債務者等に対する債権につき取立不能または取立遅延のおそれが生じた場合

②　バスケット条項による提出事由

特定有価証券に係るファンド等の財政状態，経営成績及びキャッシュ・フローの状況に著しい影響を与える事象（財務諸表等規則8条の4に規定する重要

な後発事象に相当する事象であって，当該事象の損益に与える影響額が，当該ファンド等の最近特定期間の末日における純資産額の３％以上かつ最近５特定期間における純利益の平均額の20％以上に相当する額になる事象をいう）が発生した場合

(4)　提出期限・提出先

臨時報告書の提出事由に該当した場合，当該提出事由について記載した臨時報告書が，遅滞なく，内閣総理大臣に提出されなければならない（法24条の５第４項）。

また，臨時報告書の写しについて，取引所・認可協会に，遅滞なく，提出しなければならない（法24条の５第６項・６条）。

(5)　公衆縦覧

臨時報告書は，１年間，有価証券報告書が開示される場所で公衆縦覧に供される（法25条１項10号）。臨時報告書の写しは，取引所・認可協会や提出義務者である会社の本店・主要支店においても，同一の期間（１年間），有価証券報告書と同様に公衆縦覧される（法25条２項・３項）。また，公衆縦覧の方法は，有価証券報告書と同じである。

2　自己株券買付状況報告書

(1)　自己株券買付状況報告制度

上場会社等が自己株式（自社株）を買付けることは，その買付自体及び取得の状況等は投資判断に影響を及ぼすべき重要な情報である。すなわち，自社株の買付けは，会社の経営活動や業績等の状況を把握している当該自社株の発行者である会社自身が購入者となることから，外部には開示されていない重要な内部情報も知っている自社が，市場価格（株価）の状況を踏まえてどのような時点で，どのような量を買付けることになるかなどについては，市場にとって非常に重要な影響を及ぼすものとなるものである。

そこで，自社株の買付けは投資者にとって重要な影響を及ぼす投資判断情報となることから，上場会社等が自社株の取得を決議した場合に，決議された取

得期間内は毎月の自社株の買付け状況等を開示することを求める自己株券買付状況報告制度が導入された。この買付け状況等を開示する自己株券買付状況報告制度は，企業内容等に関する情報とは別次元の情報開示の役割を果たす重要な開示制度と位置付けられるものである。

(2) 自己株券買付状況報告書と提出義務者

取引所に上場されている株券，店頭売買有価証券に該当する株券（施行令4条の3第1項），上場有価証券または店頭売買有価証券に該当する投資証券その他政令（施行令4条の3第2項）で定める有価証券（以下この2において「上場株券等」という）の発行者は，会社法156条1項の規定による株主総会の決議もしくは取締役会の決議またはこれらに相当する機関の決定（投資信託・投資法人の役員会の決議をいう）（施行令4条の3第3項）があった場合には，当該決議等があった株主総会もしくは取締役会等の決議等に基づいて自己の株式または持分に係る上場株券等の買付けの状況（買付けを行わなかった場合を含む）に関する事項などを記載した報告書である自己株券買付状況報告書を内閣総理大臣に提出しなければならない（法24条の6第1項）。つまり，自己株券買付状況報告書とは，株主総会等の決議等に基づいて自社の上場株券等の買付けの状況（買付けを行わなかった場合を含む）に関する事項などを記載した報告書をいう。

(3) 記載事項

自己株券買付状況報告書においては，第17号様式により（開示府令19条の3），次に掲げる事項を記載することとなる。特定有価証券の自己株券買付状況報告書においても，第25号の3様式により（特定有価証券開示府令29条の4），自己投資口に係る次の事項について記載することとなる。

① 取得状況……株主総会決議による取得の状況，取締役会決議による取得の状況を記載する。

② 処理状況……報告月における取得自己株式の処分の総数及び処分額等を記載する。

③ 保有状況……報告月末日現在において保有している自己株式の総数を記載する。

(4)　提出期限・提出先

　上場株券等の発行者は，上場株券等の買付けについて前記(2)に掲げた決議等があった場合，1か月ごとに自己株件買付状況報告書を内閣総理大臣に提出しなければならない（法24条の6第1項，施行令4条の3第5項）。すなわち，自己株券買付状況報告書は，当該決議等があった株主総会等の終結した日または投資口の譲渡しの申込みの期日の属する月から上場株券等を取得することができる期間の満了する日の属する月までの各月（「報告月」という）ごとに各報告月の翌月15日までに，提出しなければならないということである。

　また，自己株券買付状況報告書の写しについて，取引所・認可協会に，遅滞なく，提出しなければならない（法24条の6第3項・6条）。

(5)　公衆縦覧

　自己株券買付状況報告書は，1年間，有価証券報告書が開示される場所で公衆縦覧に供される（法25条1項11号）。自己株券買付状況報告書の写しは，取引所・認可協会や提出義務者である会社の本店・主要支店においても，同一の期間（1年間），有価証券報告書と同様に公衆縦覧される（法25条2項・3項）。また，公衆縦覧の方法は，有価証券報告書と同じである。

第4節　流通市場開示規制の実効性確保

　流通市場における開示規制の実効性を確保するため，発行市場における開示規制に係る対応と同じく，行政監督機関による処分のほか，刑事責任及び民事責任が金融商品取引法において定められている。

1　行政処分

(1)　訂正命令等

　有価証券届出書・添付書類に対する訂正命令は，有価証券報告書等の流通市場における法定開示書類に対しても準用されている。

① 形式不備・不十分な記載に対する訂正命令

内閣総理大臣は，有価証券報告書及びその添付書類に形式上の不備があり，またはその書類に記載すべき重要な事項の記載が不十分であると認めるときは，法9条1項が準用され，有価証券報告書の提出者に対し，訂正報告書の提出を命ずることができる（法24条の2第1項）。

② 虚偽記載・記載欠缺に対する訂正命令

内閣総理大臣は，有価証券報告書のうちに重要な事項について虚偽記載または記載欠缺を発見したときは，法10条1項が準用され，いつでも提出者に対し訂正報告書の提出を命ずることができる（法24条の2第1項）。

③ 届出・発行登録の効力の停止

重要な事項について虚偽記載がある有価証券報告書（その訂正報告書を含む）を提出した者が当該記載について準用する法7条1項（有価証券届出制度における自発的訂正届出書の提出）の規定により自発的訂正報告書を提出した日または訂正報告書の提出を命ぜられた日から1年以内に提出する有価証券届出書または発行登録書もしくは発行登録追補書類について，法11条が準用され，その届出の効力または発行登録の効力の停止を命じ，またはこれらの効力発生期間を延長することができる（24条の2第1項・法24条の3）。

④ 他の法定開示書類への準用

これまで取り上げてきた有価証券報告書に係る形式不備・不十分な記載，虚偽記載・記載欠缺に対する訂正命令は，内部統制報告書，四半期報告書，半期報告書及び臨時報告書にも準用される（法24条の4の5第1項・24条の4の7第4項・24条の5第5項）。

(2) 課　徴　金

課徴金制度による課徴金納付は，発行市場における適用と同様に，流通市場における法定開示書類においても適用される。有価証券報告書等の不提出という開示規制そのものの履行に対する正反対の違反行為及び開示すべき企業内容

等に関する情報を虚偽記載・記載欠缺するということは開示規制の趣旨・目的に大きく反する違反行為であるから，これらの違反行為を防止するためにも行政処分としての課徴金が課されることは当然のことである。ただし，流通市場に係る開示規制の違反に係る課徴金は，発行市場における場合と異なり，有価証券報告書等の発行者の役員等に対しては課されていない。

① 有価証券報告書の不提出に係る課徴金

有価証券報告書の提出に係る規定（法24条1項・3項・5項）に違反して，有価証券報告書を提出しない発行者に対しては，提出すべきであった有価証券報告書に係る事業年度（特定有価証券の場合は特定の期間）の直前事業年度における監査報酬額に相当する額（直前事業年度に監査を受けていない場合は400万円）の課徴金が課せられる（法172条の3第1項）。また，四半期報告書または半期報告書を提出しない発行者に対しては，上記の半額の課徴金が課せられる（同条第2項）。このように，定期の法定開示書類についての課徴金の額に差が設けられている。法定開示書類はいずれも重要な情報開示手段であるが，こうした課徴金の額の相違は，継続開示制度において有価証券報告書が中心的な役割を果たすべきものであることを踏まえて対応区分されているものであると考えられる。一方，臨時報告書の不提出に係る課徴金の額については，次の②において取り上げている虚偽記載が行われた場合と同じ額とされている（法172条の4第3項）。

② 虚偽記載等に係る課徴金

重要な事項につき虚偽記載があり，または記載すべき重要な事項の記載が欠けている有価証券報告書（添付書類，訂正報告書を含む）を提出した発行者に対しては，600万円（有価証券の市場価額の総額に10万分の6を乗じて算出した金額の方が600万円を超えるときは当該算出金額）の課徴金が課せられる（法172条の4第1項）。また，重要な事項につき虚偽記載があり，または記載すべき重要な事項の記載が欠けている四半期報告書・半期報告書・臨時報告書を提出した発行者に対しては，上記に掲げた課徴金の額の半額の課徴金が課せられる（同条第2項）。こうした課徴金の額の相違の理由は，上記①に掲げた法定開示書類

第4章　流通市場における開示規制　175

の位置付けを踏まえたものと考えられる。

③　虚偽開示書類の提出を容易にすべき行為に係る課徴金

有価証券の発行者が，重要な事項につき虚偽記載があり，もしくは記載すべき重要な事項の記載が欠けている有価証券報告書（添付書類，訂正報告書を含む）もしくは四半期報告書・半期報告書・臨時報告書（それぞれの訂正報告書を含む）を提出した場合において（法172条の12第1項1号），特定関与行為を行った者があるときは，当該特定関与者に対し，当該特定関与行為に関し手数料，報酬等を踏まえた額の課徴金が課せられる（法172条の12第1項柱書）。この制裁の趣旨や「特定関与行為」（法172条の12第2項）については，第3章第7節1(2)③を参照。

2　刑事責任

(1)　法定開示書類の虚偽記載に係る刑事責任

有価証券報告書またはその訂正報告書における重要な事項につき虚偽記載のあるものを提出した者に対しては，10年以下の懲役もしくは1,000万円以下の罰金が科され，またはこれらが併科される（法197条1項1号）。さらに，こうした法令違反を行った者が属する法人についても，7億円以下の罰金を科す両罰規定が定められている（法207条1項1号）。

また，次に掲げる者については，5年以下の懲役もしくは500万円以下の罰金が科され，またはこれらが併科される（法197条の2第2号・第6号）。上記の場合と刑罰の差が設けられているのは，当該法定開示書類の位置付けを踏まえたものと考えられる。

①　有価証券報告書・その添付書類，内部統制報告書・その添付書類，四半期報告書，半期報告書，臨時報告書，自己株券買付状況報告書，親会社等状況報告書の写しまたはこれらの訂正報告書の写しの取引所等への提出・送付に当たり，重要な事項につき虚偽があり，かつ，写しの基となった書類と異なる内容の記載をした書類をその写しとして提出・送付した者

②　有価証券報告書の添付書類，内部統制報告書もしくはその添付書類，四

半期報告書，半期報告書，臨時報告書，自己株券買付状況報告書，親会社等状況報告書もしくはこれらの訂正報告書であって，重要な事項につき虚偽記載のあるものを提出した者

さらに，上記の者が属する法人に対しても，5億円以下の罰金を科す両罰規定が定められている（法207条1項2号）。

(2) 法定開示書類の不提出等に係る刑事責任

有価証券報告書もしくはその添付書類，内部統制報告書もしくはその添付書類またはこれらの訂正報告書を提出しない者に対しては，5年以下の懲役もしくは500万円以下の罰金が科され，またはこれらが併科される（法197条の2第5号）。また，こうした法令違反の者が属する法人に対しても，5億円以下の罰金を科す両罰規定が定められている（法207条1項2号）。

また，次に掲げる者に対しては，1年以下の懲役もしくは100万円以下の罰金が科され，またはこれらが併科される（法200条1号・5号・6号）。この場合も，次に掲げる者が属する法人に対しても，1億円以下の罰金を科す両罰規定が定められている（法207条1項5号）。

① 有価証券報告書，四半期報告書，半期報告書，臨時報告書，親会社等状況報告書，自己株券買付状況報告書の写しを取引所等に提出・送付しない者

② 訂正報告書，四半期報告書，半期報告書，臨時報告書，親会社等状況報告書，自己株券買付状況報告書を提出しない者

③ 上記①の有価証券報告書等の写しを公衆縦覧に供しない者

3　民事責任

(1) 虚偽記載等の法定開示書類の提出者の賠償責任

① 過失責任
金融商品取引法により提出が義務付けられている法定開示書類（法25条1項

各号（5号及び9号を除く）（注7）参照）において，重要な事項についての虚偽記載または記載欠缺（以下「虚偽記載等」という）という不適切な記載があるときは，募集・売出しによらないで当該法定開示書類（公衆縦覧中）の提出者または当該提出者を親会社等とする者が発行者である有価証券を取得または処分した者つまり流通市場において売買した者に対して，法19条1項の算出額（前章第7節3(2)②参照）を超えない限度において，当該法定開示書類の提出者には損害賠償責任が課される（法21条の2第1項本文）。この場合，損害賠償を求める原告側に当該損害に係る因果関係の立証責任はなく，民法における一般的な損害賠償責任を求める場合（民法709条）と大きく異なって，原告（投資者サイド）の負担を大いに軽減している。ただし，有価証券を取得した者または処分した者がその取得または処分の際に，虚偽記載等を知っていたときは，賠償の対象とはならない（法21条の2第1項ただし書）。

ここで，賠償の責めに任ずべき者は，当該書類の虚偽記載等について故意または過失がなかつたことを証明したときは，同項に規定する賠償の責めに任じない（法21条の2第2項）。このように，現行法においては，流通市場で用いられる虚偽記載のある法定開示書類の提出者に係る賠償責任は過失責任と定められており，発行市場において虚偽記載等のある有価証券届出書等の届出者・提出者に係る無過失責任とは異なる制裁措置となっている。この現行法の改正前においては，両市場において同様に，無過失責任が定められていた。証券市場を構成する発行市場と流通市場は，ともに一体的に機能する市場であり，両市場の重要性や有用性に差はないというべきであることから，開示の実効性を確保する観点からすれば，両市場間において責任の差異を設けることは適切でないと考えられる。

② 賠償責任額

重要な事項についての虚偽記載等による不適切な記載がなされていた法定開

（注7）　上記の法定開示書類は，次の書類及びその添付書類並びに訂正届出書・訂正報告書から構成される（法25条1項5号及び9号の確認書・訂正確認書が除かれている）。有価証券届出書，発行登録書，発行登録追補書類，有価証券報告書，内部統制報告書，四半期報告書，半期報告書，自己株券買付状況報告書，親会社等状況報告書。

示書類の提出者に係る損害賠償額の算定について，当該損害発生の原因との関係を立証せずとも所定の額とすることができることを法が定めている（法21条の2第3項）。この所定の額とは，虚偽記載等の事実の公表がされたときは，当該虚偽記載等の事実の公表がされた日（以下「公表日」という）前1年以内に当該有価証券を取得し，当該公表日において引き続き当該有価証券を所有する者は，当該公表日前1か月間の当該有価証券の市場価額（市場価額がないときは，処分推定価額）の平均額から当該公表日後1か月間の当該有価証券の市場価額の平均額を控除した額を，当該書類の虚偽記載等により生じた損害の額である。

　一般的に，法令違反による損害の原因と賠償金額との関係を立証することには，相当困難なところがある。こうしたことを踏まえ，不適切な記載による法定開示書類の公衆縦覧（開示）により不測の損害を受けた投資者からの賠償追及の負担が大きく軽減されていることが明らかである。こうした法の定めは，証券市場の規律として投資者保護を目的としている金融商品取引法としての役割を反映しているものと考えられる。

　ただし，上記に掲げた法による推定額について，次の場合に掲げる金額がそれぞれ控除されることが定められている。

　　イ）　賠償責任者は，請求権者が受けた損害の額の全部または一部が，当該書類の虚偽記載等によって生ずべき当該有価証券の値下り以外の事情により生じたことを証明したときは，その全部または一部については，賠償の責めに任じないこととなる（法21条の2第5項）。

　　ロ）　その請求権者が受けた損害の全部または一部が，当該書類の虚偽記載等によって生ずべき当該有価証券の値下り以外の事情により生じたことが認められ，かつ，当該事情により生じた損害の性質上その額を証明することが極めて困難であるときは，裁判所は，口頭弁論の全趣旨及び証拠調べの結果に基づき，賠償の責めに任じない損害の額として相当な額の認定をすることができる（法21条の2第6項）。

③　賠償請求権の時効
発行市場における法定開示書類である有価証券届出書等の虚偽記載等に対す

る賠償請求権の時効は，有価証券報告書等の虚偽記載等においても，一部の変更を含めて準用される（法21条の3・20条）。すなわち，有価証券報告書等の提出者に対する損害賠償の請求権は，請求権者が有価証券報告書等のうちに虚偽記載等があることを知った時または相当な注意をもって知ることができる時から2年間，これを行わないときは，消滅することとなる。また，有価証券報告書等が提出された時から5年間，賠償請求権を行わないときも請求権は消滅する。

　このように，流通市場における法定開示書類の虚偽記載等に対する賠償請求権の時効は，発行市場における期間に比して短期化されている（3年間━➤2年間，7年間━➤5年間）。前述のとおり，証券市場は，発行市場と流通市場が一体となって有効かつ適切に機能することが市場として前提となるものである。例えば，参照方式による有価証券届出書における企業内容等の「企業情報」の記載は，有価証券報告書等の流通市場における法定開示書類の参照となり，発行市場における情報開示が流通市場と統合されているものである。募集・売出しは日々行われるものではなく，市場における有価証券の流通や価格発見機能は流通市場において行われるものである。投資者の重要な投資判断情報を開示することが，こうした市場機能の大前提となるものであり，また法の目的である投資者保護において必須のものである。したがって，上記の時効の差異を含め，発行市場と流通市場において法定開示書類の届出者と提出者すなわち情報の開示主体に対する責任において差を設けることは適切とは考えられないものである。

(2)　公表の方法

　損害賠償責任額の算定は虚偽記載等の公表が起点となることから，当該公表がどのように定められているかが非常に重要なこととなる。この公表とは，当該法定開示書類の提出者または当該提出者の業務もしくは財産に関し法令に基づく権限を有する者により，当該書類の虚偽記載等に係る記載すべき重要な事項または誤解を生じさせないために必要な重要な事実について，法の規定（法25条1項）による公衆の縦覧その他の手段により，多数の者の知り得る状態に置く措置がとられたことをいう（法21条の2第4項）。すなわち，「法の規定に

よる公衆の縦覧」である法定開示は，「多数の者の知り得る状態に置く措置がとられたこと」の例示として規定されており，本規定における公表とは「多数の者の知り得る状態に置く措置がとられたこと」という包括規定にとどまっており，具体的な公表の方法について政令等において定められていない。

虚偽記載等については，訂正報告書の公衆縦覧のほかには，当該虚偽記載等の判明時の臨時開示は法定開示の対象とされていない。実際の虚偽記載等の事実は，訂正報告書の公衆縦覧の前に適時開示によって開示されているのが現状である。そこで，法定開示のほかの公表の方法が具体的に定められていないことは，適切な対応とはいえないと考えられる。一方，インサイダー取引規制やフェア・ディスクロージャー規制においては，法定開示のほかの公表について政令または内閣府令により具体的に定められている（施行令30条，重要情報公表府令10条）。インサイダー取引規制においては，重要な内部情報たるインサイダー情報について，不公平で不公正な取引の起因となる当該インサイダー情報に係る情報の非対称をなくすため，投資者一般に開示されたことと意義づけられる公表がインサイダー取引規制の解除要件と位置付けされているものである。また，フェア・ディスクロージャー規制においては，重要な投資判断情報について選択的開示が行われた時には，原則として公正かつ公平な投資判断情報の開示を求めるものとして公表が定められているものである。

そこで，両規制において，ともに公表として定められている方法である①法定開示，②複数報道機関への公開と12時間経過，③適時開示，が法21条の2第4項における虚偽記載等の公表の解釈において斟酌すべきものと考えられる。ただし，「複数報道機関への公開と12時間経過」が公表とされていることについては，一般的な情報開示として問題があると考えられることから（第5章第5節2①，第10章第3節3(3)(三)照），法21条の2第4項における公表の解釈についてはこれを除くべきものと考えられる。そして，法定開示書類の公衆縦覧を求める法定開示は法21条の2第4項において掲記されているのであり，この法定開示が虚偽記載等に係る公表の解釈として取り上げる必要はないものである。そこで，虚偽記載等の公表の解釈については，次の(3)で取り上げることとする。

第4章　流通市場における開示規制　181

(3)　虚偽記載等の公表の解釈

　法21条の2第4項が虚偽記載等の公表として定める方法としては，同項において掲記されている法定開示のほか，適時開示が該当すると解されることについて，以下において取り上げることとする。

①　適時開示の遵守条項

　適時開示は，正確（財務諸表等については適正と解される）な開示がなされることを基本的スタンスと定められている（上場規程401条）。この基本的スタンスを踏まえて，適時開示においては，開示主体としての上場会社は次の事項の遵守が義務付けられている（上場規程412条1項各号）（詳細については，第6章第2節を参照）。

　イ）　開示する情報の内容が虚偽でないこと（1号）
　ロ）　開示する情報に投資判断上重要と認められる情報が欠けていないこと（2号）
　ハ）　開示する情報が投資者判断上誤解を生じせしめるものでないこと（3号）
　ニ）　上記の1号から3号に掲げる事項のほか，開示の適正性に欠けていないこと（4号）

②　虚偽記載等の公表の要件と適時開示

　法定開示書類における虚偽記載等の事実の公表としては，次の要件が規定されている（法21条の2第4項）。

　イ）　公表は，法定開示書類の提出者または当該提出者の業務もしくは財産に関し法令に基づく権限を有する者による。
　ロ）　公表の対象は，虚偽記載等に係る記載すべき重要な事項または誤解を生じさせないために必要な重要な事実である。
　ハ）　公表とは，法25条1項の規定による法定開示書類の公衆縦覧その他の手段により，多数の者の知り得る状態に置く措置がとられたことをいう。

これらの公表要件について，上記の適時開示の遵守条項等が対応していることが明らかであることを示せば，次のとおりである。

　a．適時開示において開示を行う上場会社（開示主体）が法定開示書類の提出者であることから，上記公表要件イに該当している。

　b．適時開示の基本的スタンス（上場規程401条）を踏まえて，遵守条項において，情報開示が虚偽でないこと（開示情報の正確性），適時開示においては投資判断上重要と認められる情報が欠けていないこと（開示情報の網羅性）及び投資判断において誤解を生ぜしめるものでないこと（開示情報の的確性）並びにその他の開示の適正性が規定されている（上場規程412条1項各号）。したがって，虚偽記載等に係る事項・事実について，適時開示においては適切に開示されるものと考えられることから，適時開示による開示は上記公表要件ロに該当していると解される。

　c．適時開示の遵守条項及び電子開示手続（TDnet）による公衆縦覧という適切な開示対応並びにインサイダー取引規制及びフェア・ディスクロージャー規制における公表として適時開示も定められていることを踏まえ，公表としての定めの上記ハの「多数の者の知り得る状態に置く措置がとられたこと」に適時開示は該当していると解される。

　適時開示の基本的スタンスを規定する総則規定と遵守規定を踏まえ，適時開示は，その実効性を踏まえて法定開示による公衆縦覧と同じ開示機能を果たすものと考えられる。そもそも適時開示の意義や対応を踏まえれば，当然，「多数の者の知り得る状態に置く措置がとられたこと」としての機能を適時開示は有しなければならないものである。したがって，以上のaからcにおいて指摘したとおり，虚偽記載等の公表としての「多数の者の知り得る状態に置く措置がとられたこと」（法21条の2第4項）に適時開示は該当するものと解される。

(4)　虚偽記載等の公表日

　虚偽記載等の記載がなされた法定開示書類の提出者に係る損害賠償額の算定は，当該虚偽記載等の事実の公表日が起点とされている（法21条の2第3項）。この虚偽記載等の事実の公表としての「多数の者の知り得る状態に置く措置が

とられたこと」（法21条の２第４項）に適時開示は該当するものと解することを踏まえて（前記(3)参照），公表日について取り上げることとする。ここで，法定開示書類における重要な事項として，有価証券報告書に記載される財務諸表等が該当することは言うまでもないであろう。決算内容を表示する財務諸表等が投資者の投資判断に重要な影響を及ぼすものであることは明らかであるからである。この財務諸表等に係る不正会計（売上高の過大計上や費用の過少計上等）等の重要な虚偽表示いわゆる粉飾決算が継続しており，法定開示書類における虚偽記載等の事例において多くを占めている状況である。そこで，虚偽記載等の公表日について，財務諸表等の虚偽記載等とその他の虚偽記載等に区分して取り上げることとする。

①　財務諸表等の虚偽記載等（粉飾決算）の公表日

　財務諸表等における粉飾決算の判明は投資者の投資判断に著しい影響を及ぼすものであるから，適時開示におけるバスケット条項の適用による開示対象情報に該当し（第６章第３節１参照），通常，その判明の時点において実際に適時開示がされている。東芝事件等の過去の事例を見ても，粉飾決算の判明についての適時開示の時点で投資者の投資判断に重大な影響・反応を及ぼすこととなり，株価の大幅な下落をもたらしているのが一般的である。このように，粉飾決算が織り込まれていた財務諸表等を記載している有価証券報告書等の提出者の株価（市場価額）が下落となった場合は，投資者に不測の損害をもたらしたことから，法（法21条の２第１項）の定めによる損害賠償責任の発生が生じることは明らかである。

　こうした粉飾決算の判明の開示の後，当該粉飾決算をもたらした不適切な会計の全体の内容の調査・確認のための第三者委員会の設置等，当該不適切な会計の詳細な内容及び当該不適切な会計の修正のための対応等についても引き続き適時開示（追加開示）されることとなる。こうした適時開示プロセスにおいて，通常，粉飾決算の財務諸表等を修正した訂正有価証券報告書等の法定開示書類の提出の時期などについても開示されている。なお，粉飾決算の判明や調査等に関しては法定開示の対象とはされていない。

　このような開示の状況・時系列を踏まえると，粉飾決算を修正した訂正有価

証券報告書等の法定開示書類の公衆縦覧すなわち法定開示による投資者の投資判断に及ぼす影響は，当該粉飾決算に関する上記の適時開示による影響に比して著しく小さなものとなっている。法定開示がなされる前に，投資者の投資判断に重要な影響を及ぼす粉飾決算に関する情報が既に適時開示によって開示されているからである。したがって，粉飾決算による損害賠償額の算定に係る公表日としては，訂正有価証券報告書等の法定開示書類の公衆縦覧がなされた日ではなく，事前になされている当該粉飾決算に関する適時開示が行われた日とされるべきである。

②　その他の虚偽記載等の公表日

上記①の粉飾決算以外の虚偽記載等の公表の日についても，投資者の投資判断に影響を及ぼす情報開示の実態の状況及び開示の時系列を踏まえて，上記①と同じ対応となる適時開示の日と解すべきである。ここで，「情報開示の実態」は，法定開示書類における重要な事項・事実も含めて，投資者の投資判断に影響を及ぼすべき重要な投資判断情報の開示は適時開示によって行われていることが明らかである（第6章第3節及び第4節参照）。適時開示は，幅広い個別列挙の重要情報及びバスケット条項によるその他の重要情報も開示対象の情報として定めており，法定開示書類における重要な虚偽記載等の判明やその詳細事実等も開示の対象となるものである。一方，法定開示においては，こうした虚偽記載等は当該法定開示書類の訂正によることにとどまり，臨時開示の対象とはなっていない。そこで，「開示の時系列」をみると，法定開示書類による訂正報告書の開示（公衆縦覧）の日より，適時開示による当該虚偽記載等に関する開示が先行して行われることとなる。上記①もその事例である。

このように，法定開示書類における重要な虚偽記載等については，当該法定開示書類の訂正報告書の公衆縦覧に先立って適時開示が行われることとなる。そこで，上記①の財務諸表等の粉飾決算以外の虚偽記載等の公表日も，粉飾決算の公表日の認定と同じく，当該虚偽記載等に関する適時開示が行われた日とされるべきである。

(5) 虚偽記載等の法定開示書類の提出会社の役員等の賠償責任

① 発行開示書類の虚偽記載等に係る賠償責任

発行開示書類である有価証券届出書・発行登録書等のうちに重要な事項について虚偽記載等があるときは，当該有価証券届出書・発行登録書等の提出会社の役員（法21条1項1号）及び監査人の公認会計士等（法21条1項3号）は，当該虚偽記載等を知らないで，当該提出会社が発行者である有価証券を募集・売出しによらないで取得・処分した者つまり流通市場における売買を行った者に対し，虚偽記載等により生じた損害を賠償する責任を負うこととなる（法22条1項・23条の12第5項）。なお，この賠償責任は過失責任であり，これらの責任者に係る免責事由（法21条2項1号・2号）は準用される（法22条2項・23条の12第5項）。なお，この免責事由については第3章第7節3(3)を参照。

② 継続開示書類の虚偽記載等に係る賠償責任

上記①において取り上げた役員及び監査人の公認会計士等の賠償責任を定める規定（法22条）は，継続開示書類である有価証券報告書のうちに重要な事項について虚偽記載等がある場合について準用される（法24条の4）。すなわち，有価証券報告書のうちに虚偽記載等が行われていた場合，当該虚偽記載等を知らないで，当該有価証券報告書の提出者が発行している有価証券を取得・処分した者に対して，当該有価証券報告書の提出時における取締役・監査役等の役員及び財務諸表等の監査証明をした公認会計士等は，免責事由を証明したときを除いて，虚偽記載等により生じた損害を賠償する責任が課されることとなる。この免責事由（法21条2項1号・2号）についても準用されることとなる（法24条の4・22条2項）。

そして，こうした有価証券報告書における虚偽記載等に係る役員・公認会計士等の責任は，他の継続開示書類である内部統制報告書，四半期報告書，半期報告書，臨時報告書，自己株券買付状況報告書において虚偽記載等があった場合においても，法22条が準用されている（法24条の4の6・24条の4の7第4項・24条の5第5項・24条の6第2項）。このように，虚偽記載等に係る民事責任は，各法定開示書類において差を設けることなく定められているということである。

なお，以上のいずれの報告書に係る責任は，訂正報告書においても同じである。

③ 賠償責任額

有価証券報告書等の提出会社においては，虚偽記載等の責任に係る賠償額の算定が法で定められているが，当該提出会社の役員等の賠償責任に係る額については定められていない状況である。そこで，賠償責任を求める者が損害賠償額の立証を行う者と解されるので，一般の不法行為による故意または過失によって生じた損害を請求することとなるものと考えられる（民法709条）。

④ 賠償請求権の時効

有価証券報告書等の提出会社の役員等に対する賠償請求権の時効についても，金融商品取引法が独自に定めているところはない。したがって，一般法である民法による不法行為に係る規定（民法724条，第3章第7節3(3)③参照）が適用されるものと考えられる。

第5節　財務諸表等の適正性の実効性確保

財務諸表等は，発行市場における有価証券届出書にも記載されるが，経常的に開示されて閲覧されるのは流通市場における有価証券報告書である。財務諸表等の適正性の確保に係る内部統制報告書も有価証券報告書とともに開示される。また，四半期報告書における四半期連結財務諸表，半期報告書における中間財務諸表も流通市場において開示されるものである。そこで，財務諸表等の適正性の実効性確保については，流通市場における開示規制を取り上げている本章において取り上げることとする。

1　財務諸表等の監査

有価証券報告書の法定開示書類において記載される財務諸表等は，上場会社等の業績等の実績の結果を金額的に集約表示するものであり，投資者の投資判断に影響を及ぼすべき重要な情報である。金融商品取引法の規定により提出される貸借対照表，損益計算書その他の財務計算に関する書類たる財務諸表等は，

一般に公正妥当と認められる会計基準（「GAAP」という）に準拠することが義務付けられている（法193条，財務諸表等規則１条，連結財務諸表等規則１条）。有価証券届出制度に係る規定（法４条１項から３項）による届出をしようとする者及び有価証券報告書の提出義務者は，法の規定により提出する上記の財務計算に関する書類には，その者と特別の利害関係のない公認会計士等である監査人の監査証明を受けなければならない（法193条の２第１項本文，施行令35条１項）。この「特別の利害関係」とは，監査担当の公認会計士等が被監査会社の株主や使用人であったり，その事業もしくは財産経理に関する関係を有するなど，監査証明に影響を及ぼすおそれがある所定の利害関係をいう（法193条の２第４項，監査証明府令２条）。次に取り上げる内部統制監査においても，この「特別の利害関係」のない公認会計士等が担当する。

　ここで，財務諸表等が適正であるかどうかの確証を行うのは，職業監査人たる公認会計士等が行う監査（以下「会計士監査」という）である。この会計士監査においては，監査基準等に基づいて所定の監査証明の手続き（監査証明府令３条）を行って得た監査証拠により，監査意見が表明されることとなる。これを財務諸表等に係る監査証明制度という。このように，財務諸表等の適正性の実効性確保の役割を果たす者が監査人たる公認会計士等ということである。ただし，外国証券の発行会社で，外国監査法人等から監査証明に相当すると認められる証明を受けた場合等は監査証明が不要とされている（法193条の２第１項ただし書，施行令35条２項，監査証明府令１条の２）。これは，外国会社の財務計算書類に係る二重監査を求めないことなど，監査証明が実質的に行われている場合は免除することを定めたものである。

　財務諸表等の監査結果は監査報告書によって意見表明されるが，このほか半期報告書における中間財務諸表が有用な情報を表示しているかどうかを中間監査報告書によって意見表明される。また，四半期報告書における四半期連結財務諸表が，企業の財政状態，経営成績及びキャッシュ・フローの状況を適正に表示していないと信じさせる事項がすべての重要な点において認められなかったかどうかに関する意見表明がレビュー報告書によって表明される。これらの意見表明は，財務諸表等の監査と同様に，半期・四半期の財務計算書類の適正性の実効性を図っていくものである。当該意見表明は，財務諸表等の監査を行

う公認会計士等によるものであり，それぞれ有価証券報告書，半期報告書，四半期報告書の「経理の状況」において掲記される（開示府令の第3号様式，第5号様式，第4号の3様式）。

ここで，会計士監査は公認会計士または監査法人により行われるが，この監査法人とは，公認会計士法に基づき，5名以上の公認会計士を構成員として設立される法人であり，設立後の登記と内閣総理大臣への届出が必要となる（会計士法1条の3第3項・34条の9・34条の9の2）。一般的に，金融商品取引法に基づく会計士監査は監査法人によって行われている。

2　内部統制報告書の監査

内部統制報告制度が導入され（第4章第2節6参照），法定開示書類としての内部統制報告書が提出されて，定期開示される（法24条の4の4第1項・25条1項6号）。経営者による財務報告に係る内部統制の有効性の評価は，その評価結果が適正であるかどうかについて内部統制報告書において表示される。この内部統制報告書において表示されるの財務報告に係る内部統制の有効性の評価結果の適正性を担保する観点から，上場有価証券または店頭売買有価証券の発行者が作成した内部統制報告書について，特別の利害関係のない公認会計士等により監査証明を受けなければならない（法193条の2第2項本文，施行令35条の2）。これを内部統制報告書に係る監査証明制度という。財務報告に係る内部統制の有効性の評価結果の適正性について，当該企業等の財務諸表の監査を行っている公認会計士等が監査することによって確証されることとなるというものである。この内部統制報告書に係る監査を内部統制監査という。

内部統制報告書に対する監査意見は，内部統制の評価に関する監査報告書すなわち内部統制監査報告書において表明することとなる（内部統制府令1条2項）。この内部統制監査の意見表明は，次のように行われることとなる。すなわち，一般に公正妥当と認められる財務報告に係る内部統制の評価及び監査に関する基準に該当する「財務報告に係る内部統制の評価及び監査の基準」（企業会計審議会）（内部統制府令1条4項）によれば，内部統制監査の目的は，経営者の作成した内部統制報告書が，一般に公正妥当と認められる内部統制の評価の基準に準拠して，内部統制の有効性の評価結果をすべての重要な点におい

て適正に表示しているかどうかについて，監査人自らが入手した監査証拠に基づいて判断した結果を意見として表明することとなる。

この内部統制監査は財務諸表等監査が一体となって行われることにより，同一の監査証拠を双方で利用するなど効果的でかつ効率的な監査が実施されるよう，内部統制監査は，当該企業の財務諸表等監査に係る監査人と同一の監査人が実施することとされている。ただし，財務諸表等監査の場合と同様に，外国監査法人等から監査証明を受けた場合等は内部統制監査も不要とされている（法193条の2第2項ただし書）。

3　財務諸表等の虚偽表示リスクと会計士監査

証券市場における重要なインフラの1つとしての意義も有する会計士監査は適切に行われなければならないものである。しかし，財務諸表等の本質にも起因する不適切な会計を確証できていない監査の事例が生じている状況にある。つまり，粉飾決算が織り込まれている財務諸表等について「適正である」旨の監査意見が表明されている監査報告書が掲記されている有価証券報告書等の法定開示書類が提出・開示されている事例が少なからずあるということである。そこで，財務諸表等の適正性の実効性を確保するために，財務諸表等の本質と虚偽表示リスクについての対応が十分になされる必要がある。

ここで，財務諸表等の本質は，記録（事実）と会計慣行（会計基準）及び経営者の主観的判断の総合的表現であるということである。この本質からすれば，作成主体である上場会社等が作成したことをもって適正性が確証されるものではない。つまり，財務諸表等は経営者寄りの主観的判断や見積りなどが介在する状況の下で作成されるリスクがあるということである。その結果，経営者は財務諸表等を必ずしも適正に作成するのではなく，重要な事項について虚偽表示等がなされた財務諸表等を作成するおそれがあること，すなわち虚偽表示リスクが財務諸表等に含まれているということである。オリンパス事件や東芝事件等にもみられるように，作成者主体に有利となるように作成される重要な虚偽表示（粉飾決算）の財務諸表等が，有価証券報告書等において記載・開示されている事例が少なくないことは広く認められている。

こうした財務諸表等の作成主体・経営者による虚偽表示リスクを踏まえて，

監査人は重要な虚偽表示が財務諸表等に含まれる可能性を考慮しなければならないことが監査基準において規定されている（「監査基準」第二　一般基準4）。監査の基礎的指針たる監査基準における規定は，財務諸表等の本質についての旧来からの認識として「財務諸表が単なる事実の客観的表示ではなく，むしろ多分に主観的判断と慣習的方法の所産であること」が指摘されている（旧「監査基準」（昭和25年制定）序論）。そこで，財務諸表等の適正性の検証を行う会計士監査において，当然，職業的懐疑心が求められているところである（注8）。また，財務諸表等の作成において必要となる財務報告に係る内部統制においても，当該財務報告に重要な影響を及ぼす可能性が高い「開示すべき重要な不備」が内部統制報告書において表明されているものも少なくない状況である。

　したがって，経営者の判断・決定のみで適正性を確証できないという財務諸表等の本質を踏まえれば，財務諸表等の適正性の検証を行う会計士監査において，被監査会社との実質的な独立性が十分に確保され，そのうえで故意または過失のない正当な監査手続きの実施がより一層求められることとなっている。そこで，「監査法人の組織的な運営に関する原則」（監査法人のガバナンス・コード）の設定も踏まえ（平成29年3月），監査法人におけるガバナンス態勢の再構築が取り組まれている。また，会計士監査の役割と投資者において財務諸表等の理解，分析等において注目される情報の開示を踏まえ，監査人が財務諸表等の監査において特に重要であると判断した事項（「監査上の主要な検討事項」という）や継続企業の前提に関する事項並びに財務諸表の記載事項について強調する必要がある事項及び説明を付す必要がある事項についても，監査意見の表明とは区分して監査報告書において記載・開示されるように監査基準が改訂されることとなった（注9）。

（注8）　不正リスク対応基準「第一　職業的懐疑心の強調」，監基報240「財務諸表監査における不正」の「II　要求事項1．職業的専門家としての懐疑心」。
（注9）　企業会計審議会「監査基準の改訂について」，平成30年7月　なお，「監査上の主要な検討事項」については2021年3月決算に係る財務諸表の監査から適用され（事前適用もできる），その他の改訂事項については2020年3月決算に係る財務諸表の監査から適用される。

第5章

インサイダー取引規制

第1節　規制の意義

　投資者の投資判断に影響を及ぼすべき重要な内部情報（いわゆるインサイダー情報）が開示される前に，当該重要な内部情報をその特別な立場により知った会社関係者と，そうした立場にない投資者との間で売買等（有償取引）が行われることは極めて不公正である。すなわち，このインサイダー情報が開示されないと，重要な情報の非対称という不公平な状態を生ぜしめることとなり，インサイダー情報を知った会社関係者は，当該インサイダー情報が開示されるまでの間は，一般の投資者に比し著しく有利な立場にあるということになる。こうした状況の下で行われる不公正な取引すなわちインサイダー取引が放置されるならば，証券市場の公正性が損なわれて投資者の信頼が得られず，証券市場はその機能を効果的に果たすことができないことになる。そこで，開示されていないインサイダー情報を職務等により知った会社関係者等が当該インサイダー情報が開示（公表）される前においては，当該会社の株券等を売買することなどを禁止する制度がインサイダー取引規制として金融商品取引法において制定されている。
　ここで，事実を知らされないことによって被る不測の損害からの投資者保護を図る開示規制と不公正取引によって被る不測の損害からの投資者保護を図る取引規制であるインサイダー取引規制とは，証券市場における公平性，公正性等を確保する上で相互に関係しているものである。具体的には，インサイダー

情報を適時に開示することを求める適時開示制度や選択的開示の原則的禁止を求めるフェア・ディスクロージャー規制における規制対象の情報は，インサイダー情報が主要な位置を占めるものとなっている。そのため，開示規制における規制対象情報の内容を理解するためには，インサイダー取引規制が定める内容やインサイダー情報の内容等を知っておくことは欠くことができないものと考えられる。

　有価証券の公正円滑な発行及び流通を通して，国民の資産運用と企業の資金調達等の経済活動を効率的に結びつけ，もって国民経済の健全な発展に資するという重要な機能を証券市場が十分に発揮するためには，証券市場において現に公正性が実現しているとともに，その点について投資者の信頼が確保されていることが必要であることから，インサイダー取引規制は非常に重要な役割を果たすものである。また，重要な情報の非対称を防ぎ，かつ，不公正取引を防止するため，投資者保護に資する開示規制における対応が不可欠な役割を果たすものである。

第2節　規制の概要

　インサイダー取引規制の全体的な概要について，規制対象者を分別して以下において取り上げることとする。なお，規制対象者，規制対象情報及び規制解除要件の公表の詳細については別途取り上げることとする。なお，市場における不公正な取引を排除するため，売買等に関する規制に加えて制定された情報伝達・取引推奨に関する規制の概要も併せて取り上げることとする。

1　会社関係者等に関する規制

　株券・新株予約権証券，社債券，投資証券等で取引所に上場されているものまたは店頭売買有価証券・取扱有価証券^(注1)に該当するものの発行者（以下この章において「上場会社等」という）（法163条1項本文，施行令27条・27条の2）の役員・使用人・契約締結者等の規制対象者（法166条1項各号に掲げる者）（次

（注1）　取扱有価証券とは，取引所に上場されていない有価証券のうち，有価証券報告書の提出会社または会社内容説明書の作成会社が発行する有価証券をいう。

節 1 参照）を会社関係者という。

(1) 売買等の取引に関する規制

　会社関係者に係るインサイダー取引規制とは，当該会社関係者が，上場会社等に係る業務等に関する重要事実（法166条 1 項柱書）（以下「「重要事実」」という）を職務に関し知った場合や権利行使等に関し知った場合，その公表がされた後でなければ，特定有価証券等（上場会社等の株券，社債券等及びこれらのオプションを表示する有価証券等の関連有価証券をいう。以下この章において同じ）（法163条 1 項本文，施行令27条の 3 ・27条の 4 ）の売買等をしてはならないというものである（法166条 1 項前段）。そして，会社関係者から，直接，「重要事実」の伝達を受けた者（以下「第 1 次情報受領者」という）についても，同じ規制が定められている（法166条 3 項）。ただし，新株予約権の権利行使により株券を取得する場合や普通社債券等の売買等については，インサイダー取引の意義等を踏まえて規制対象外とされている（法166条 6 項）。なお，「重要事実」を職務・権利行使等に関し知った会社関係者であって，当該会社関係者でなくなった後 1 年以内のものについても，規制対象となる（法166条 1 項後段）。

(2) 情報伝達・取引推奨に関する規制

　会社関係者等（会社関係者及び会社関係者の立場を離れて 1 年以内のものをいう。以下この章において同じ）であって，「重要事実」を職務等に関し知った者は，他人に対し，「重要事実」について公表がされたこととなる前に売買等をさせることにより当該他人に利益を得させ，または当該他人の損失の発生を回避させる目的をもって，当該業務等に関する重要事実を伝達し，または当該売買等をすることを勧めてはならない（法167条の 2 第 1 項）。この情報伝達・取引推奨に係る規制は，売買等を行わせるという主観的目的要件が設けられていることに留意する必要がある。

2　公開買付者等関係者等に関する規制

　公開買付者または公開買付けに準ずる行為としての買集め行為（他社の株券等を買い集めて，議決権総数の 5 ％以上を集める行為をいう。以下同じ）（施行令31

条）を行う者（以下「公開買付者等」という）の役員・使用人・契約締結者等の規制対象者（法167条1項各号に掲げる者）（次節2参照）を公開買付者等関係者という。なお，公開買付けは，他社株または自社株の公開買付けをいうが，これらについては第8章を参照。

(1) 売買等の取引に関する規制

　公開買付者等関係者に係るインサイダー取引規制とは，当該公開買付者等関係者が公開買付け等（公開買付けまたは株集め行為をいう。以下同じ）の実施に関する事実または当該公開買付け等の中止に関する事実（以下「公開買付け等事実」という）を職務・権利行使等に関し知った場合，その公表がされた後でなければ，当該公開買付け等に係る上場株券等の売買等をしてはならないというものである（法167条1項前段）。公開買付者等関係者から，直接，公開買付け等事実の伝達を受けた第1次情報受領者についても同じ規制となる（法167条3項）。また，公開買付け等事実を職務・権利行使等に関し知った公開買付者等関係者であって，当該公開買付者等関係者でなくなった後6か月以内のものについても，同じ規制が定められている（法167条1項後段）。

　ここで，前記1(1)の「重要事実」という情報の発生源は当該上場会社等となるが，他社による公開買付け等事実の情報の発生源は当該上場会社等ではなく当該公開買付け等を行う者であること，すなわち規制対象となるインサイダー情報の発生源が異なることなどから，別規定とされているものである。なお，新株予約権の行使の場合等のように規制対象外とされる場合も規定されている（法167条5項）。

(2) 情報伝達・取引推奨に関する規制

　前記1(2)と同様の情報伝達・取引推奨に係る規制が，公開買付者等関係者等（公開買付者等関係者及び公開買付者等関係者の立場を離れて6か月以内のものをいう。以下この章において同じ）においても適用されている（法167条の2第2項）。なお，情報伝達・取引推奨に係る規制の対象情報は，公開買付け等事実となる。

第3節　規制の対象者

インサイダー取引規制において規制の対象となる者は，一般に開示される前に重要な内部情報であるインサイダー情報を知った者である。そこで，内部情報にかかわる上場会社等・公開買付者等の内部で就業する者すなわち内部者が明らかに規制対象者に該当する。これに加えて，インサイダー取引規制の施行において実効性を確保するためには，一部のインサイダー情報を知る権利を有する者も内部者と位置付けられている。そして，インサイダー情報を知ることができる権利を有する者や取引等において知ることとなる外部者であっても当該インサイダー情報が一般に開示される前に当該インサイダー情報を知ることとなることから，内部者に準ずる者（準内部者）として規制の対象者としなければならない。

そこで，規制対象者を会社関係者等と公開買付者等関係者等にそれぞれ区分して取り上げることとする。

1　会社関係者等

「重要事実」に係るインサイダー取引規制の対象者は，会社関係者等すなわち上場会社等の内部者と準内部者及びこれらの内部者，準内部者の会社関係者の立場を離れて1年以内のもの並びに第1次情報受領者となる（法166条1項・3項）。

(1)　内　部　者

次に掲げる者が内部者とされ，「重要事実」を，その者の職務に関し知ったとき（次の①・④），権利の行使に関し知ったとき（次の②・③）が規制対象となる。

① 　上場会社等（当該上場会社等の親会社及び子会社並びに当該上場会社等が上場投資法人等である場合における当該上場会社等の資産運用会社及びその支配会社等の特定関係法人（法166条5項各号，施行令29条の3）を含む。以下この節において同じ）の役員・代理人・使用人その他の従業者（以下この節にお

いて「役員等」という）（法166条1項1号）。なお，親会社及び子会社の定義
については，それぞれ金融商品取引法（法166条5項）において定められて
いる（注2）。

② 上場会社等の会社法433条1項に定める権利を有する株主または同条3
項に定める権利を有する社員（法166条1項2号）。当該株主（議決権総数ま
たは発行済総数の原則として3％以上を有する株主）または当該社員は，重
要な情報に係る会計帳簿またはこれに関する資料（以下「会計帳簿等」と
いう）の閲覧謄写権を有するものである。

③ 当該上場会社等の会計帳簿等の閲覧謄写権を有する投資主（投資信託及
び投資法人に関する法律2条16項）等（法166条1項2号の2）。

④ 上記②または③に掲げる者であって法人であるものの役員等（法166条
1項5号）。

(2) 準内部者

次に掲げる者が準内部者とされ，「重要事実」を，その権限の行使に関し
知ったとき（次の①），契約の締結・交渉・履行に関し知ったとき（次の②），
その職務に関し知ったとき（次の③）が規制対象となる。

① 上場会社等に対する法令に基づく権限を有する者（法166条1項3号）
……（例）公務員等

② 上場会社等との契約締結者または契約交渉中の者（法166条1項4号）
……（例）取引先，弁護士，公認会計士等

③ 上記②に掲げる者であって法人であるものの役員等（法166条1項5号）

(3) 情報受領者

会社関係者等から，当該会社関係者等が職務・権利行使等により知った「重

（注2） 親会社とは，他の会社を支配する会社として政令で定めるものをいう（法166条5項）。政令
においては，有価証券届出書や流通市場における定期開示書類である有価証券報告書・四半期
報告書・半期報告書で公衆縦覧された直近のものにおいて親会社として記載または記録された
会社と定められている（施行令29条の3第1項）。子会社とは，他の会社が提出した上記の法定
開示書類で公衆縦覧された直近のものにおいて，当該他の会社の属する企業集団に属する会社
として記載または記録されたものをいう（法166条5項）。

要事実」の伝達を受けた者，または職務上当該伝達を受けた者が所属する法人の他の役員等であって，その者の職務に関し当該業務に関する「重要事実」を知ったものは，インサイダー取引規制の対象となる（法166条3項）。すなわち，第1次情報受領者が規制対象となるということである。第1次情報受領者からの情報受領者（第2次情報受領者）等は規制対象外とされている。

2　公開買付者等関係者等

公開買付け等に係るインサイダー取引規制における対象者は，公開買付者等関係者等すなわち公開買付者等の内部者，準内部者及び公開買付者等関係者の立場を離れて6か月以内のもの並びに第1次情報受領者となる（法167条1項・3項）。これらの者は，一部（以下の(2)③）を除き，前記1の(1)から(3)までに掲げた会社関係者等に準ずるものとなる。

(1)　内　部　者

次に掲げる者が内部者とされ，公開買付け等事実を，その者の職務に関し知ったとき（次の①・③），権利の行使に関し知ったとき（次の②）が規制対象となる。

　　①　公開買付者等（その者が法人であるときはその親会社を含む。以下この節において同じ）の役員等（法167条1項1号）
　　②　公開買付者等の会社法433条1項に定める権利を有する主要な株主または同条3項に定める権利を有する社員（法167条1項2号）
　　③　上記②に掲げる者であって法人であるものの役員等（法167条1項6号）

(2)　準内部者

次に掲げる者が準内部者とされ，公開買付け等事実を，その権限の行使に関し知ったとき（次の①），契約の締結・交渉・履行に関し知ったとき（次の②），公開買付者等からの伝達により知ったとき（次の③），その者の職務に関し知ったとき（次の④）が規制対象となる。

　　①　公開買付者等に対する法令に基づく権限を有する者（法167条1項3号）
　　②　公開買付者等との契約締結者または契約交渉中の者（法167条1項4号）

③　公開買付け等に係る上場等株券等の発行者（その役員等を含む）（法167条1項5号）

④　上記②または③に掲げる者であって法人であるものの役員等（法167条1項6号）。

(3)　情報受領者

　公開買付者等関係者等から，当該公開買付者等関係者等が職務・権利行使等により知った公開買付け等事実の伝達を受けた者，または職務上当該伝達を受けた者が所属する法人の他の役員等であって，その者の職務に関し当該公開買付け等事実を知ったものは，インサイダー取引規制の対象となる（法167条3項）。前記1(3)と同様に，第1次情報受領者が規制対象と定められているものである。

第4節　規制の対象情報

1　会社関係者等に係る規制対象情報

　会社関係者等（第1次情報受領者を含む）に係る規制対象情報となる「重要事実」は，決定事実，発生事実，売上高・利益・配当の予想の修正等の個別列挙の情報とバスケット条項によるその他の情報から構成されている。

(1)　決定事実

①　意　　義

　上場会社等の業務執行決定機関が，資本金の額の減少，自己株式の取得，株式交換，株式移転，合併，解散（合併による解散を除く）等の投資者の投資判断に影響を及ぼすべき重要な事項を行うことを決定した場合，または公表されている決定を行わないことを決定した場合，決定事実たる「重要事実」となる（法166条2項1号柱書）。この「行わないこと」の決定のうち，「重要事実」とされるのは，公表された「行うこと」の決定についてのみに限定されており，未公表の「決定」に係る「行わないこと」の決定は「重要事実」とはされない。

インサイダー取引規制は，証券市場における投資判断において重要な影響を及ぼすべき事項を規制対象情報としての「重要事実」としているので，未公表の「決定」はいまだ投資判断情報として提供されていないので，その情報否定は投資判断に影響を及ぼすことが想定されていないためである。

決定事実たる「重要事実」は，上場会社等に係るもの（法166条2項1号，施行令28条）とその子会社に係るもの（法166条2項5号，施行令29条），投資法人である上場会社等（以下この章において「上場投資法人等」という）とその資産運用会社に係るもの（法166条2項9号・12号，施行令29条の2の2・29条の2の4）から構成されている。ただし，これらの事実に該当するものであっても，投資者の投資判断に及ぼす影響が軽微なものかどうかを定めている軽微基準（取引規制府令49条・52条・55条の2）に該当するものは，「重要事実」から除外される（法166条2項かっこ書）。

逆に軽微基準に該当しない当該事実は，投資判断に及ぼす影響が軽微ではないものと判別されることから，「重要事実」に該当するものとされる。例えば，合併，事業の全部または一部の譲渡・譲受け，新製品・新技術の企業化，剰余金の配当等の決定の多くのものに軽微基準が設定されている。一方，質的重要性を踏まえて，軽微基準の設定はなく，決定事実がすなわち「重要事実」とされるものも規定されている。例えば，資本金の額の減少，資本準備金・利益準備金の減少，株式移転，解散（合併による解散を除く）等である。

②　業務執行決定機関

決定事実となる「行うこと」を決定する業務執行機関をどのように捉えるかは，重要な意義を有し，実務にも多大なる影響を及ぼすこととなる。「行うこと」の決定は，各会社の経営活動等の実態に応じて決定されることと解されるから，当該業務執行機関も実質的に会社の業務執行を決定する機関をいう。例えば，代表取締役・担当取締役，常務会・経営協議会などが実質的に会社の業務執行を決定している機関となっている事例があり，会社法において業務執行の決定機関として定めている取締役会等に限定されないということである。「行うこと」の決定は，各会社の経営活動の実態に応じてなされることから，実質的に会社の業務執行を決定する機関が決定事実に係る業務執行決定機関に

該当するものと考えられる。

　ここで，最高裁の判決^(注3)において，インサイダー取引規制における「重要事実」の決定事実に係る「業務執行を決定する機関」について，「行うこと」の業務執行決定機関としては会社法が定める機関に特定されず実質的な決定機関とされたことが判示されている。

〈「業務執行を決定する機関」についての最高裁判示〉

「証券取引法一六六条二項一号にいう「業務執行を決定する機関」は，商法所定の決定権限のある機関には限られず，実質的に会社の意思決定と同視されるような意思決定を行うことのできる機関であれば足りる。」

③　「行うこと」の決定

　決定事実における「決定」とは，決定対象事項そのものが「行われること」の決定ではなく，当該決定対象事項を「行うこと」についての決定と規定されている（法166条2項1号柱書）。上記②に掲げた最高裁の判決において，「行うこと」についての決定について次のように判示されている（当該判示の分量を踏まえ，「要旨」を掲げている）。

〈「行うこと」についての決定の最高裁判示（要旨）〉

「証券取引法一六六条二項一号にいう株式の発行を行うことについての「決定」をしたとは，業務執行を決定する機関において，株式の発行それ自体や株式の発行に向けた作業等を会社の業務として行う旨を決定したことをいい，右機関において株式の発行の実現を意図して行ったことを要するが，当該株式の発行が確実に実行されるとの予測が成り立つことは要しない。」

　上記の判示において，「行うこと」の決定について，「……に向けた作業等を会社の業務として行う旨を決定したこと」とされたことを踏まえ，決定対象事項の実施に向けて，調査，準備，協議・交渉等の諸活動・対応を行うことについて決定が行われれば，決定事実における「決定」をしたことに該当するもの

（注3）　日本織物加工事件の最高裁判所第一小法廷判決，刑集第53巻5号415頁，平成11年6月10日

と解される。こうしたことを踏まえ,「行うこと」の実質的決定は,会社の正式な決定機関である取締役会等による「行われること」の決定よりも早い時期になされたと認められることが実際に多いことについて十分注意する必要がある（注4）。また,上記の判示において,「行うこと」の決定対象事項が「確実に実行されるとの予測が成り立つことは要しない」と解されており,決定対象事項が「行われること」の決定とは異なることが明確に示されている。

(2) 発生事実

上場会社等に災害に起因する損害・業務遂行の過程で生じた損害,主要株主の異動,上場廃止等の投資者の投資判断に影響を及ぼすべき重要な事実の発生した場合,発生事実たる「重要事実」となる（法166条2項2号柱書）。会社の経営活動や業績等に重要な影響を及ぼすあるいは及ぼすことが見込まれるような事実が発生した場合,投資者から大きな関心を寄せられることとなる。これは,当該発生事実が投資者の投資判断に重要な影響を及ぼすことが見込まれるからであり,その関心の度合いは会社の経営者だけにとどまるものではないといってよいであろう。会社の経営者も投資者も,こうした発生事実によってそれぞれの意思決定に影響を受けることとなるからである。このように,会社に対する影響についての関心は,株主から経営を委任された経営者と投資者との間に大きな差異はないことが考えられる。

発生事実たる「重要事実」は,上場会社等に係るもの（法166条2項2号,施行令28条の2）とその子会社に係るもの（法166条2項6号,施行令29条の2），上場投資法人等とその資産運用会社に係るもの（法166条2項10号・13号,施行令29条の2の3・29条の2の5）から構成されている。ただし,上記の事実に該当するものであっても,投資者の投資判断に及ぼす影響が軽微なものかどうかを定めている軽微基準（取引規制府令50条・53条・55条の3）に該当するものは,「重要事実」から除外される（法166条2項かっこ書）。すなわち,軽微基準に該

（注4）　インサイダー取引規制への違反による課徴金の認定において,「行うこと」の決定が会社法が定める決議機関たる取締役会による「行われること」の決定より早い段階でなされていた事例が数多く掲げられている（証券取引等監視委員会事務局による各年度の『金融商品取引法における課徴金事例集〜不公正取引編〜』）。

当するということは，当該事実が投資判断に及ぼす影響が軽微とされることから「重要事実」には該当しないものとされる。例えば，災害に起因する損害・業務遂行の過程で生じた損害，訴訟の提起・判決等，債権の取立不能・取立遅延等の多くのものに軽微基準が設定されている。一方，質的重要性を踏まえて，軽微基準の設定はなく，発生事実がすなわち「重要事実」とされるものも規定されている。例えば，主要株主の異動，上場株券等の上場廃止・登録取消しの原因となる事実，免許の取消し・事業停止等の行政処分，親会社の異動等である。

(3) 売上高・利益・配当の予想の修正等

公表された上場会社等の売上高，経常利益，純利益（以下この節において「売上高等」という）もしくは剰余金の配当または連結決算（企業集団）ベースの売上高等について公表がされた直近の予想値（当該予想値がない場合は直前期の実績値）に比較して当該上場会社等が新たに算出した予想値または当期の決算において差異が生じたこと（配当に関するものを除いて以下「業績予想の修正等」という）は，「重要事実」として規定されている（法166条2項3号）。

業績予想の修正等・配当予想の修正等の「重要事実」は，こうした上場会社等に係るものとその子会社に係るもの（配当を除く。以下同じ）（法166条2項7号），上場投資法人等に係るもの（法166条2項11号）から構成されている。ただし，上場会社等に係る業績予想の修正等・配当予想の修正等に該当するものであっても，投資者の投資判断に及ぼす影響が重要なものとして内閣府令で定める重要性基準（取引規制府令51条）に該当するもののみが「重要事実」となる（法166条2項3号かっこ書）。重要性基準に該当するものは，当該情報が投資判断に重要な影響を及ぼすものとして「重要事実」とされ，同基準に該当しないものは影響が重要でないと判別されることから「重要事実」に該当しないものとされることとなる。なお，子会社，上場投資法人等に係る業績予想の修正等・配当予想の修正等についても，それぞれ重要性基準が設けられている（法166条2項7号かっこ書・同項11号かっこ書，取引規制府令55条・55条の4）。

⑷　その他の情報

　以上において取り上げた「重要事実」はいずれも個別的に列挙して規定されているが，投資判断に及ぼすべき重要な投資判断情報を全て限定列挙することは困難であることを踏まえ，個別列挙されている情報以外のその他の情報に関する包括規定が設けられている。すなわち，決定事実，発生事実及び業績予想の修正等・配当予想の修正等に掲げる事実を除き，会社等の運営，業務は財産に関する重要な事実であって投資者の投資判断に著しい影響を及ぼすものは「重要事実」となる（法166条2項4号）。

　この個別列挙以外のその他情報に係る規定は，バスケット条項と呼ばれている。なお，上記の上場会社等に係るバスケット条項と同様に，子会社や上場投資法人等に係るバスケット条項も規定されている（法166条2項8号・14号）。

2　公開買付者等関係者等に係る規制対象情報

　公開買付者等関係者等（第1次情報受領者を含む）に係る規制対象情報すなわち公開買付け等事実とは，公開買付者等が株券等の公開買付け等を行うことについての決定または公表済みの当該公開買付け等を行わないことの決定である（法167条2項本文）。ただし，株集め行為に係る軽微基準すなわち買集め行為により各年の株券等の買集めが総株主等の議決権の2.5％未満または金融商品取引業者が買集め行為後に当該買集めによる株券等を直ちに転売すること，に該当する場合においては，投資者の投資判断に及ぼす影響が軽微なものとして規制対象から除外される（法167条2項ただし書，取引規制府令62条）。

第5節　規制解除要件の公表

1　公表の定め

　インサイダー取引規制における公表がされたとは，「重要事実」・公開買付け等事実のインサイダー情報について多数の者の知り得る状態に置く措置がとられたことまたはインサイダー情報が記載されている法定開示書類が公衆縦覧に

供されたことをいうことがそれぞれ定められている（法166条4項・167条4項）。すなわち，インサイダー取引規制の規制解除の要件となる公表とは，「重要事実」・公開買付け等事実について，次の①または②がなされたことである。

〈「重要事実」の公表（法166条4項）〉

① 上場会社等，上場投資法人等または上場投資法人等の資産運用会社により，多数の者の知り得る状態に置く措置として政令で定める措置がとられたこと
② 上場会社等，上場投資法人等または上場投資法人等の資産運用会社が提出した法25条1項に規定する法定開示書類（有価証券報告書，臨時報告書等）が公衆縦覧に供されたこと

〈公開買付け等事実の公表（法167条4項）〉

① 公開買付者等により多数の者の知り得る状態に置く措置として政令で定める措置がとられたこと
② 公開買付けの公告・公表または公開買付届出書・公開買付撤回届出書の公衆縦覧がなされたこと

　上記のそれぞれにおける①の「多数の者の知り得る状態に置く措置」とは，投資者一般に広く情報提供（開示）がなされ，当該情報の非対称が解消された公正な取引状態とするための措置をいうものと解される。そして，次の②は，それぞれの法定開示書類の公衆縦覧による情報提供などの法定開示がなされたことをいう。このように，投資判断情報たる「重要事実」等の開示のために法定開示と同等の情報開示の効果をもたらすものとして政令で定めている措置が上記①ということである。したがって，上記の①及び②は，「重要事実」または公開買付け等事実のインサイダー情報に係る取引規制を解除する措置として，同等の情報開示効果をもたらすものとして位置付けられるものと解される。

2　多数の者の知り得る状態に置く措置

　一般的に，公表対象たるインサイダー情報を投資者が知る情報ルートとしては，前記1①の類型といえよう。特に，「重要事実」の多くが法定開示の対象

とされていないことから，法定開示書類の公衆縦覧により当該「重要事実」を知ることは限定的である。ここで，前記１①にいう「多数の者の知り得る状態に置く措置として政令で定める措置がとられたこと」とは，次①または②に掲げる措置のいずれかがとられたことをいう。

①　複数報道機関への公開と12時間経過

上場会社等もしくは当該上場会社等の子会社・資産運用会社の代表者等もしくは当該代表者等から「重要事実」を公開することを委任された者または公開買付者等もしくは当該公開買付者等から公開買付け等事実を公開することを委任された者が，「重要事実」または公開買付け等事実を次に掲げる報道機関の２以上を含む報道機関に対して公開した時から12時間が経過したことをいう（施行令30条１項１号・２項）。

イ）　国内において時事に関する事項を総合して報道する日刊新聞紙の販売を業とする新聞社及び当該新聞社に時事に関する事項を総合して伝達することを業とする通信社

ロ）　国内において産業及び経済に関する事項を全般的に報道する日刊新聞紙の販売を業とする新聞社

ハ）　日本放送協会及び基幹放送事業者

ここで，報道機関に公開した情報について当該報道機関により実際に報道が行われるかどうか，公開の内容と報道の内容との関係については，当該報道機関の判断によるものである。そこで，「重要事実」等のインサイダー情報を報道機関に公開したことをもって，当該インサイダー情報が報道されて，当該インサイダー情報の開示となって投資者への情報周知の道筋となるかどうかは確定されているわけではない。したがって，複数報道機関への公開と12時間経過は，「多数の者の知り得る状態に置く措置」がとられたことには該当しない場合があることは明らかである。こうしたことから，「重要事実」等のインサイダー情報に係る情報の非対称の解消が実際に行われかどうかの確定は不明であり，複数報道機関への公開と12時間経過ということをもってインサイダー取引規制の解除要件となる公表とすることにはついては適切でないと考えられる。

② 適時開示

　上場している取引所（上場でない場合：登録先・指定先の認可協会）の規則で定めるところにより，上場会社等もしくは当該上場会社等の資産運用会社または公開買付者等が「重要事実」または公開買付け等事実を当該取引所に通知し，かつ，当該通知された「重要事実」または公開買付け等事実が，所定の電磁的方法すなわち取引所規則による適時開示の電子開示システム（Timely Disclosure Network。以下「TDnet」という）により（取引規制府令56条），当該取引所において公衆縦覧に供されたことをいう（施行令30条1項2号から5号）。

　このように，適時開示の基本的スタンスを規定する総則規定と遵守規定を踏まえ，情報開示への適切な公衆縦覧への対応（TDnet使用）がなされることから，適時開示による開示が「多数の者の知り得る状態に置く措置」がとられたこととして認められているものである。なお，適時開示が「多数の者の知り得る状態に置く措置」として認められるべきことについては，前章第4節3(3)参照。

適時開示制度

第1節　適時開示の意義と位置付け

　適時開示とは，証券市場を開設している自主規制機関が，当該証券市場の適切な管理運営を図り，もって公益及び投資者保護を図るために，当該証券市場において取引の対象となる有価証券の発行者に対して重要な企業内容等の情報の提供を求めて，当該情報を公衆縦覧に供することをいう。店頭市場が開設されていない現時点においては，適時開示は，取引所市場の上場会社によるものとなっているので，以下においては上場会社に係る適時開示を取り上げることとする。この適時開示は，自主規制機関たる取引所が重要な投資判断情報を適時，適切に開示することを上場会社に義務付けている重要な開示ルートであるため，適時開示は投資者から非常に注目，重視されていることが明らかとなっている。また，証券市場において投資者の投資判断に重要な影響を及ぼすべき広範囲の情報の開示を義務付けているのが適時開示であることから，法定開示を適時開示が補完している状況である。併せて，適時開示においてはインサイダー情報を開示対象としているため，不公正取引であるインサイダー取引の未然防止の役割も果たしているものである。
　この適時開示は，証券市場において行われる3つの情報開示ルート，すなわち①金融商品取引法による法定開示，②取引所規則による適時開示，③上場会社が自発的に任意に行う任意開示，のうちの1つを構成するものである。①が公的規制開示，②が自主規制開示である。適時開示は，取引所の規則による開

示が義務付けられているので，上場会社にとっては金融商品取引法上の法定開示制度に準じた事実上の制度開示として位置づけられている状況にあることから，適時開示制度とされているのである。この適時開示制度を設けている取引所は，証券市場を開設し，これを管理運営することを目的とする自主規制機関であることから，証券市場における公益及び投資者保護に資する観点から，公正円滑な市場取引が確保されるよう諸種の自主規制業務を行うこととなる。

　金融商品取引法により，取引所は自主規制業務を適切に行うことが義務付けられており（法84条１項），その自主規制業務の範囲も定められている（法84条２項各号）。その中で，上場有価証券の発行者が行う当該発行者に係る情報の開示または提供に関する審査及び上場有価証券の発行者に対する処分その他の措置も自主規制業務とされていることから（法84条２項３号，取引所等府令７条４号），上場会社が適時開示を適切に実施しているかを管理することは取引所の自主規制業務として法令により根拠づけられているものと解される。

　したがって，取引所は，上場会社が適時，適切に企業内容等に関する情報の開示を行っているかどうかについて常に留意していなければならないといえよう。このように，取引所は投資者の投資判断に影響を及ぼすべき重要な情報を開示するよう上場会社に求めなければならないため，適時開示は，取引所が証券市場を開設する自主規制機関として果たすべき自主規制業務の１つとして位置づけられるものである。

第２節　適時開示の基本的スタンス及び遵守条項

1　適時開示の基本的スタンス

　上場会社においては，投資者への適時，適切な会社情報の開示が健全な金融商品市場の根幹をなすものであることを十分に認識して，「常に投資者の視点に立った迅速，正確かつ公平な会社情報の開示を徹底する」ということが，適時開示における基本的スタンスとして定められている（上場規程401条）。こうした基本的スタンスに係る包括規定を踏まえて，適時開示に関する諸規程や取扱い等を制定して適時開示制度を構築し，上場会社に対する開示規制が行われ

ているが，多種多様な投資判断情報の適時開示は一律に律しきれるものではないのが実情である。

　こうした点を踏まえて，適時開示に係わる規定は，会社情報の適時開示等について上場会社が遵守すべき最低限の要件，方法等を定めたものであり，上場会社は，当該規定を理由としてより適時，適切な会社情報の開示を怠ってはならないことが定められている（上場規程411条の2）。こうした開示の基本的スタンスを踏まえて，決定事実及び発生事実の適時開示において開示すべき内容は，原則として，次に掲げる内容と定めている（上場規程施行規則402条の2第1項各号）。なお，決定事実とは，「重要事実」の決定事実と同一の概念であり，業務執行決定機関が「行うこと」を決定したことをいう（上場規程402条1号柱書）。

〈決定事実・発生事実に係る開示内容〉

・決定事実を決定した理由または発生事実が発生した経緯（1号）
・決定事実または発生事実の概要（2号）
・決定事実または発生事実に関する今後の見通し（3号）
・その他取引所が投資判断上重要と認める事項（4号）

　上記の開示すべき内容について，その他の開示事項（上場規程施行規則402条の2第1項4号）が定められているのは，開示情報について，全て特定して規定することは困難であることを踏まえたものであろう。また，同条項において開示すべき内容について，「原則」として規定しているのは（上場規程施行規則402条の2第1項柱書），追加開示事項（第三者割当による募集株式等の割当を行うときの開示）が別途規定されているものもあるが（上場規程施行規則402条の2第2項），基本的には開示対象たる決定事実及び発生事実についてのそれぞれの開示の時点・段階を全て事前に特定できるものではないことなどから，当該開示の時点・段階を踏まえ，適時かつ適切な開示を行うことを上場会社に求める観点から例外的に開示すべき内容を設ける場合もあるためと考えられる。例えば，災害に起因する損害が発生した場合（発生事実），適時開示の実務指針や手続き等を掲げる適時開示ガイドブックにより直ちに当該損害の概要を開示することが求められているが（最初の開示），その開示の時点・段階においては「今後の見通し」（上場規程施行規則402条の2第1項3号）の開示は困難である

場合もあり（この場合には不明である旨の開示となる），その後の追加の開示において損害の見込額を開示内容とすることが求められるというものである。

ここで，適時開示を行う前に取引所への事前説明が求められ（上場規程413条），その後，取引所が管理・運営する適時開示情報伝達システムであるTDnetを利用して適時開示を行うこととなる（上場規程414条1項）。すなわち，上場会社は適時開示に係る資料（データ）をTDnetにより取引所に送信し（上場規程414条2項），公衆縦覧に供されることとなる（上場規程414条6項）。このTDnetは，「重要事実」等のインサイダー情報の公表において，インターネットに接続された自動公衆送信装置を使用する方法であり，電気通信回線を通じた不正なアクセス等を防止するために必要な措置が講じられていることなどが求められているが（取引規制府令56条），当然，他の適時開示の対象情報について行われる開示においても同じ求めが遵守されなければならないものである。

2 適時開示の遵守条項

取引所は上場会社が適時開示を行う場合，次の①から④までの条項を遵守することを義務付けている（上場規程412条1項各号）。

① 開示する情報の内容が虚偽でないこと（1号）

開示情報が虚偽情報であってはならないということは，開示情報の適切性を検討する以前の問題である。開示内容が虚偽であれば，投資者を誤った投資判断に引き入れることとなり，あってはならないことである。開示の意義からして，こうした虚偽開示の否定・排除は必然的に求められるものであり，開示主体に対する当然の要求であることから，本号については特段の説明は要しないものと考えられる。

② 開示する情報に投資判断上重要と認められる情報が欠けていないこと（2号）

適時開示の対象情報を開示する場合，投資者の投資判断において重要と認められる情報を欠くことなく開示することは必要不可欠のものであることは明らかであろう。したがって，本号において求めていることも開示における必須の遵守事項である。仮に，当該重要情報が欠けている場合は，開示の目的に反し，また開示の意義にも反するものとなるからである。そこで，開示

情報について，投資判断上重要と認められる情報が欠けていないことについて十分注意する必要がある。

③　開示する情報が投資者判断上誤解を生じせしめるものでないこと（3号）

　投資判断に資するため，虚偽でなく（上記①），重要と認められる情報が欠けることなく開示された場合（上記②），当該開示情報について投資者が的確に理解できるものではなくてはならないことから，開示情報について誤解を生ぜしめるものであってはならないことは明らかであろう。開示内容が的確性と認められる情報であることを求めているものである。開示による内容が複雑である場合，専門的すぎる場合，誤解を招く表現が用いられている場合等，開示内容が的確に理解できなければ，結局，投資者における理解が得られないからである。したがって，本号は的確性と認められる情報の開示を行うことを求めているものである。

④　前3号に掲げる事項のほか，開示の適正性に欠けていないこと（4号）

　開示においては，開示内容だけでなく，開示の仕方としての開示方法も適切に行わなければならない。開示方法への対応としては，⑴投資判断に影響を及ぼすべき重要な企業内容等の情報が生ずる都度開示されることすなわち開示の適時性，㈠投資者に対して公平に情報が開示されることすなわち開示の公平性，が求められる。そこで，この適時性と公平性に問題がないことを本号において求められているものと解される。すなわち，適時時開示において，この適時性と公平性について問題がないよう，適切に対応する必要があるということである。なお，取引所が行う開示審査においては，適時性についての審査すなわち「開示の時期が適切か否か」に係る審査を行うことが明記されている（上場管理等に関するガイドラインⅡ2.（1））。

第3節　適時開示情報

1　適時開示情報の構成

　上場会社に適時開示が求められる情報（子会社に係る開示情報は省略する。以下同じ）は，投資者の投資判断に重要な影響を及ぼすべき情報として，個別列

挙情報すなわち決定事実，発生事実及び業績予想の修正等・配当予想の修正等
並びにその他の情報が定められている（上場規程402条・404条・405条）。これら
の個別列挙情報の内容は，インサイダー取引規制における「重要事実」に該当
する個別列挙情報と同じ概念であり（前章第4節1参照），その内容も一部を除
き同じものである。また，その他の情報すなわちバスケット条項の適用による
情報も，一部を除き「重要事実」に係るバスケット条項と同一の概念のもので
ある。しかし，適時開示情報は，インサイダー情報を中心のものとしているが，
「重要事実」と異なる重要情報等も対象としていることに注意しなければなら
ない（本章第5節参照）。

　すなわち，適時開示情報は，次の①から⑤の類別に属する情報から構成され
ている。

① 　インサイダー取引規制における「重要事実」に該当する情報
② 　公開買付け（第8章参照）を行うことの決定または当該決定に係る事項
　を行わないことの決定
③ 　定期（期末及び四半期）の決算内容に関する情報（決算関係情報）
④ 　臨時開示における臨時報告書の提出事由に該当する情報（株主総会にお
　ける決議の賛否等の決議事項に関する事項（開示府令19条2項9号の2）など
　の一部の提出事由に該当する情報を除く。以下同じ）
⑤ 　その他の重要な企業内容等に関する情報……取引所が上記の①ないし④
　に加えて開示を求める情報

　上記①及び②の情報は，インサイダー取引規制の観点から投資者の投資判断
に影響を及ぼすべき重要な情報として規定されているインサイダー情報（法
166条2項・167条2項）に該当するものである。これらの情報について，イン
サイダー取引規制においては，当該情報の公表前における会社関係者等・公開
買付者等関係者等による当該上場株券等の売買等を禁止するが，当該情報の開
示たる公表は義務付けていない。しかし，投資者の投資判断に影響を及ぼすべ
き重要な情報が決定または発生したということは，その情報が開示されれば投
資判断において重要な要素となる企業価値等の分析・評価，市場価格たる株価
等にも重要な影響を及ぼすこととなることが考えられる。つまり，当該重要な

情報が開示されないということは，投資の前提となる投資判断情報が提供されないまま，市場において証券取引がなされることとなる。こうしたことは，投資者の合理的な投資判断の結果として形成される市場価格の発見機能を阻害し，公正な証券取引がなされていないということであり，投資者保護に反するものである。そこで，投資者保護及び公正価格発見という市場機能を確保する観点から，投資判断に影響を及ぼすべき重要な情報の適時・適切な開示が求められるべきであることから，多種多様なインサイダー情報を定める「重要事実」が主たる適時開示情報として構成されている。なお，「重要事実」等に該当するインサイダー情報を適切に適時開示することは，インサイダー取引規制における規制解除条件としての公表に該当するため（前章第5節参照），適時開示は結果的にインサイダー取引の未然防止の役割も果たすこととなる。

　上記③の情報は，事業年度（以下この章において連結会計年度を含むこととする）ごと，四半期ごとの定期開示における決算内容に関する情報である。この決算内容の適時開示は，一般に決算発表と呼ばれ，開示資料として決算短信・四半期決算短信が用いられている。ただし，この決算短信等の使用の義務付けが解除されているのが現状である。ここで，金融商品取引法により定められている法定開示においては，有価証券報告書，四半期報告書により，事業年度ごと，四半期ごとの決算内容等の定期開示が上場会社に義務付けられているが，こうした法定開示とは別の時期，別の内容の開示を行うことが適時開示の対象となっているものである。このように，定期開示において法定開示とは別に適時開示を求める理由については，次の第4節1「適時開示による法定の定期開示の補完」において取り上げている。

　上記④の情報は，臨時開示における多くの情報を構成しており，臨時報告書提出事由の大部分を適時開示対象情報として取り上げているものである。投資判断情報の開示において，法定開示で十分であれば，適時開示として二重に開示を求める必要はない。しかし，法定開示の臨時報告書によるだけでは，開示の時期や投資判断情報の開示について十分でないところがある考えられることから，それを補完するために適時開示対象情報を策定しているものである。こうした臨時開示における法定開示と適時開示の相違・補完を踏まえた開示対象の設定については，次の第4節2「適時開示による法定の臨時開示の補完」に

おいて取り上げている。

　上記⑤の情報は，上記①から上記④までのほか，(イ)取引所が投資者の投資判断に影響を及ぼすべき重要な企業内容等の情報として独自に追加して開示を求める情報，及び(ロ)投資判断への影響に関わらず投資者に対して周知が必要と認められる情報，から構成されている。この(イ)が上記⑤の情報のほとんどを占めている。上記⑤の情報においては，上場会社の運営，業務もしくは財産または上場株券等に関する重要な情報で投資者の投資判断に影響を及ぼすべき重要な情報において「重要事実」とはされていない情報があることから，別途，適時開示の対象情報として追加設定されたものである。これが上記⑤を設けた基本的なスタンスであると考えられる。そこで，本書においては，上記⑤の情報として，その根幹たる上記(イ)を対象として取り上げることとし，上記(ロ)に属する情報，例えば単元株式数の変更や事業年度の末日の変更（決算期変更）等は取り上げないこととする。これらの上記(ロ)の情報は，特段の関連事項・事情等がない場合は，投資者の投資判断に重要な影響は及ぼさないと考えられるが，投資者への周知が必要と考えられるものである。

　ここで，上記⑤の情報たる上記(イ)の情報について「重要事実」と比較すると，次のように「重要事実」と異なる情報から構成されている。なお，両者の相違等の詳細については，本章第5節「適時開示情報と「重要事実」との関係」において取り上げている。

〈「重要事実」とは異なるその他の適時開示情報（上記(イ)）の構成〉

イ）　量的基準（決定事実及び発生事実に係る軽微基準並びに業績予想の修正等・配当予想の修正等に係る重要性基準をいう。以下同じ）の内容において「重要事実」と相違がある適時開示情報及び追加の量的基準がある適時開示情報

ロ）「重要事実」に係る量的基準の適用情報のうち，当該量的基準が適用されない適時開示情報

ハ）「重要事実」には個別列挙されていない適時開示情報

2　適時開示情報の開示の時期

(1)　基本的な開示の時期

　適時開示については，常に投資者の視点に立って迅速に開示することが基本的スタンスとされており（上場規程401条），これを踏まえて適時開示情報は直ちに開示することが求められている（上場規程402条柱書）。しかし，企業秘密の開示が求められた場合には，当該企業秘密が開示されたことによる経営活動・業績等へのマイナス効果を上回るほどの市場参加のメリットを発行者サイドの企業において期待することは難しく，その結果，証券発行者の市場参加を期待することが難しくなってしまうであろう。証券市場の構成・成立は，証券発行者と投資者の参加が前提となるものである。そこで，開示により経営活動等に重大な支障をきたすことが想定される企業秘密の開示は求められるべきでないことから，情報の開示を行ったときに当該情報に係る事項の遂行に重大な支障が生ずるおそれがあるときは，当該情報を直ちに開示することは求められないものと解される。

　例えば，上場会社が経営活動に係る他の重要な会社の吸収合併を「行うこと」を決定して（「重要事実」の決定事実と同じく，適時開示情報の決定事実に該当する），当該他の会社や関係先等と秘密裡に交渉・協議等を行っている段階において当該吸収合併を「行うこと」について一般に開示されれば，当該吸収合併の実現に重大な支障をきたすおそれがある。こうした時点においては，当該吸収合併を「行うこと」について開示はせず，例えば当該吸収合併についての合意を受けて会社法による決議機関により「行われること」が決定された段階での開示など，開示の時期を適切に選定することが適時の開示と考えられる。

　「重要事実」の決定事実や公開買付け等を「行うこと」の決定の開示の時期については，このように「行うこと」の決定への対処を踏まえて行うことが適切であると考えられる。次に，発生事実については，決定事実と異なる情報入手の時期やルートを踏まえて適切に対処することが必要であることから，発生事実の開示の時期については次の(2)において取り上げることとする。業績予想の修正等・配当予想の修正等も実質的な業務執行機関により算定・決定される

ことから，決定事実と同様に適時に開示を行っていく必要がある。バスケット条項による情報は，決定と発生によるものから構成されることから，それぞれ適時に開示することが求められる。

また，開示の時点を一度だけに限定することなく，当初開示と追加開示が行われるべき場合があるものである。例えば，災害が発生した場合には，当該災害の発生を直ちに開示し，その後当該災害による損害や今後の影響等について，適時に追加開示することが必要である。まさに，「常に投資者の視点に立った」開示という適時開示の基本的スタンスを反映した開示対応である。さらに，重要な情報について，確実と見込まれる時点での当初開示も必要と考えられる。

(2)　発生事実の構成と開示の時期

発生事実は，上場会社の内部によるものと天災等の外部によるものがあることから，その把握の仕方や時点等については，決定事実とは大きく異なるものとなる。そこで，「重要事実」が適時開示情報とされていることを踏まえ，発生事実を類別すると，次の①と②の２つに大別されることとなる。

①　内部要因による発生事実

例えば，上場会社等の業務遂行の過程で生じた損害（法166条２項２号イ，上場規程402条２号 a ），資源の発見（施行令28条の２第11号，上場規程402条２号 n ）など。また，上場廃止の原因となる事実（法166条２項２号ハ，上場規程402条２号 c ）のうち，上場廃止基準に該当する債務超過，事業活動の停止，重要な虚偽記載などの会社に起因するものである場合は，この類に属する。

②　外部要因による発生事実

イ）　例えば，主要株主の異動（法166条２項２号ロ，上場規程402条２号 b ），財産権上の請求に係る提訴・判決等（施行令28条の２第１号，上場規程402条２号 d ），免許の取消し等（施行令28条の２第３号，上場規程402条２号 f ）など。また，上場廃止の原因となる事実（法166条２項２号ハ，上場規程402条２号 c ）のうち，上場廃止基準に該当する株主数，流通株式，売買高等に関する場合は，この類に属する。

ロ）　災害に起因する損害（法166条２項２号イ，上場規程402条２号 a ）。

第6章　適時開示制度　217

　上記①の内部要因すなわち開示主体たる上場会社によって発生した発生事実については，通常，当該発生に応じて，当該上場会社は直ちに当該発生を認識し，情報を入手することができるであろう。したがって，当該発生事実に関することを適時，適切に把握して開示を行う必要がある。

　一方，上記②の外部要因による発生事実については，当該事実が「発生したこと」を開示主体たる上場会社が知る機会や時点は一様のものではないであろう。例えば，主要株主の異動については，次に掲げる例示の場合のように，知る機会がいろいろと異なることになるので，それぞれに応じて直ちに開示することが必要である。

a．法定開示制度である大量保有報告書の開示により主要株主の異動が「発生したこと」を知る場合
b．株式発行等により主要株主として定義付けられる所有株式比率の減少により主要株主でなくなること，あるいは新たに主要株主となることとなることが見込まれる場合
c．主要株主からの連絡・通知を受けて，当該主要株主の異動の「発生」の見込みを知る場合

　また，例えば天災による暴風や水害等により生ずる災害やそれに起因する損害の発生に関する情報を知る機会は，当該災害の発生の時期やその影響を受ける環境等により異なることが想定される。こうしたことを踏まえ，外部要因による発生事実については，当該発生事実を知ったときに，適時に開示を行う必要がある。

第4節　適時開示情報と法定開示情報との関係

　適時開示の対象情報の理解において，金融商品取引法による法定開示の対象情報との関係の理解も必要かつ重要である。上場会社による証券市場・投資者への企業内容等に関する投資判断情報の開示ルートは，本章第1節で取り上げたとおり，①金融商品取引法の公的規制による法定開示と②取引所の自主規制による適時開示が規制開示となるが，②の適時開示が①の法定開示を補完して

おり，適時開示は規制開示において重要な役割を果たしている^(注1)。そこで，以下において，法定開示制度を構成する定期開示と臨時開示に分別して，適時開示による法定開示の補完について解説することとする。なお，定期開示としては，事業年度毎の開示を取り上げることとする。

1　適時開示による法定の定期開示の補完

　事業年度毎の法定開示資料である有価証券報告書は，一般に電子開示システムのEDINETを利用して，事業年度終了後3か月以内に内閣総理大臣（財務局）に提出され（法24条1項），公衆縦覧に供される（法25条1項4号・27条の30の7）。有価証券報告書の提出を定時株主総会の前に行うこともできるが（定時株主総会への報告または承認を受けたものは添付書類として提出する（開示府令17条1項1号ロ）），定時株主総会後に有価証券報告書が提出される場合が多いのが現状である。

　一方，事業年度ごとの定期開示に係る適時開示においては，電子開示システムのTDnetを利用して，「決算内容が定まった場合」に直ちに開示することが求められている（上場規程404条・414条）。この決算内容の適時開示すなわち決算発表においては，決算短信という様式が広く利用されている^(注2)。この決算短信は，取引所が設定している決算内容に関する開示資料の様式である。ここで，決算発表の多くが決算日後39日程度の時期に行われている^(注3)。これを踏まえて，決算内容に係る一般的な開示ルートの時系列は，次に掲げる〈決算内容に関する開示時期〉のとおりとなる。カッコ内は，3月期決算の上場会社の平均的な該当時期を示しており，有価証券報告書の提出の時期については定時株主総会終了後という一般的な例としている。

(注1)　法定開示と適時開示における開示内容の相違点は機能面において補完する性質を持っているとの指摘もなされている。神崎克郎『ディスクロージャー』，弘文堂法学選書7，弘文堂，1978年9月，34頁。

(注2)　平成29年3月期決算から，決算短信の使用の義務付けは撤廃され，開示資料様式は上場会社の任意の決定となった。ただし，実際には，引き続き決算短信の使用がほとんどの上場会社において行われている。

(注3)　東証による各年度ごとの「決算短信発表状況の集計結果」参照。例えば，平成29年度（3月期決算）の決算発表までに要する所要日数の平均は，「平成30年3月期決算短信発表状況の集計結果について」（2018年6月）によれば，決算日後39.1日である。最近の各年度において，同程度の日数となっている。

〈決算内容に関する開示時期〉

決算日（3月末日）──▶決算発表：決算短信の開示（5月初旬）──▶決算発表後の決算説明会という任意開示（5月）──▶株主に対する定時株主総会の招集通知（計算書類等）の送付（6月，定時株主総会開催日の2週間前までの時期）──▶定時株主総会の開催（6月下旬）──▶有価証券報告書の公衆縦覧（6月下旬）

このように，一般的に，有価証券報告書の公衆縦覧（法定開示）より約1か月半以上前に適時開示による決算短信（財務諸表等の添付書類を含む）が開示されている。決算内容の開示の時系列をみると，仮に決算発表（適時開示）がなければ選択的開示は認められないことから任意開示の決算説明会も行われず，決算内容については会社法による株主への提供（計算書類が記載されている株主総会招集通知の送付）と金融商品取引法による開示（財務諸表等が記載されている有価証券報告書の公衆縦覧）のみとなる。その場合，会社法により定時株主総会の招集通知が株主となっている投資者に対しては計算書類等の決算内容が提供されるものの，株主とはなっていない投資者には開示されず，その後の有価証券報告書の開示（公衆縦覧）がなされるまでの間，両者の間に決算内容という重要な投資判断情報の非対称すなわち投資者間における不公平な情報格差を生ぜしめることとなる。

こうした情報の非対称は，公正な価格形成の下での公正円滑な証券取引の確保の観点からして，解消されなければならないことは明らかである。〈決算内容に関する開示時期〉に掲げた時系列のとおり，決算発表により決算内容が開示され，株主である投資者と株主ではない投資者間の情報の非対称が解消されることとなる。したがって，定期開示としての適時開示たる決算発表は，非常に重要な役割を果たしているというべきである。

以上のとおり，決算内容の定期開示において，金融商品取引法による法定開示に対する適時開示による補完の関係は明らかである。そのため，投資者保護を通した公正かつ公平な取引の確保の観点からして，この適時開示による法定開示の補完は適切になされなければならないものである。

2 適時開示による法定の臨時開示の補完

臨時開示においては，法定開示の臨時報告書による開示対象情報（臨時報告書提出事由）と適時開示による開示対象情報が大きく異なっている。また，開示の時期も異なっている。臨時開示における適時開示情報の構成は，第3節1において取り上げた①・②及び④・⑤（定期開示の③を除く）である。

まず上記①の「インサイダー取引規制における「重要事実」に該当する情報」のうち，臨時報告書による開示対象となるものは大幅に少なく，「重要事実」を開示対象とする適時開示情報と臨時報告書提出事由とでは開示を求める情報自体が大きく異なっている。また，上記②の「公開買付けを行うことの決定または当該決定に係る事項を行わないことの決定」は，臨時報告書による開示対象とはされていない。インサイダー取引規制においてはインサイダー情報の開示義務の定めはなく，臨時報告書提出事由においてもほとんどの当該インサイダー情報は含まれていない。しかし，重要な投資判断情報たるインサイダー情報が開示されないままの状況においては，投資者の合理的な投資判断が投合されておらず，公正な市場価格が形成されず価格発見機能も活かされないこととなる。こうした状況は投資者保護において問題であり，適時開示がこれらの重要情報の開示を求めていることから，適時開示は当該問題の解消への対応をしていることにもなると考えられる。

上記④の「臨時報告書提出事由の一部を除く情報」を適時開示の対象としているが，適時開示において求めている開示の時期や開示項目については臨時報告書と異なる場合がほとんどである。開示対象情報が同じである場合においても，両者による開示は異なっている。決定事実については，例えば「重要事実」と適時開示においては実質的な業務執行決定機関による「行うこと」の決定を対象とするが，臨時報告書提出事由においては「行われること」の決定いわゆる会社法による決議機関による当該決定が開示対象とされている。適時開示は，インサイダー取引規制と同様に，投資判断において重要となる実質的決定を重視しているものである。また，発生事実については，例えば災害が発生した場合，適時開示においては，その損害の見込額の算定に時間を要するときは，当該損害額を除いた災害の事実の概要についてまず開示し，当該見込額が

現時点では不明である旨（概算額が分かる場合はその額）及びそれ以外の開示事項の開示を行い，当該損害見込額が算定できた時点で追加開示することが求められている（適時開示ガイドブック第2編第2章1）。これに対して，法定開示における臨時報告書の提出は，災害が発生し，「それがやんだ場合」（「それがやんだ場合」とは，災害が引き続き発生するおそれがなくなり，その復旧に着手できる状態になったときをいう（開示ガイドライン24の5－20））であるとともに，災害により被害を受けた資産の額，それに対して支払われた保険金額等が開示項目とされている（開示府令19条2項5号）。このように，開示の時期及びそれに応じた開示内容について，適時開示によることが適切と考えられる。

　上記⑤の「その他の重要な企業内容等に関する情報」は，上記の①・②・④までの情報のほか，取引所が投資者の投資判断に影響を及ぼすべき重要な情報として，別途，追加した情報である。当該追加情報は，「重要事実」とされていない重要な投資判断情報であり，その内容については次の第5節を参照。そこで，この⑤の情報は，臨時報告書の提出事由とはされていない。

　このように，臨時開示における法定開示と適時開示の対象情報等とは大きく異なっており，臨時報告書による開示だけでは必要かつ重要な投資判断情報が十分に開示されていないことは明らかである。投資者の投資判断に影響を及ぼすべき「重要事実」その他の重要な投資判断情報は適時開示によって開示されており，適時開示が法定の臨時開示を補完する役割を果たすこととなっている。

第5節　適時開示情報と「重要事実」との関係

　適時開示の運営主体となっている取引所は証券市場における自主規制機関として，市場という現場に最も近い立場から市場における反応を強く意識した観点に立って，上場会社に実質的に及ぼす影響の程度の重要性に着目して適時開示情報の範囲を決定してきたものと考えられる。こうした基本的観点を踏まえて，取引所が独自に定めている「その他の重要な企業内容等に関する情報」において，「重要事実」における量的基準（軽微基準及び重要性基準）との相違に加えて個別列挙情報が追加設定されていること，またバスケット条項による情報との関係も取り上げて，適時開示情報が「重要事実」より多くの重要な投資

判断情報を開示対象としていることを解説する。なお，これらの主要情報となる上場会社の情報を取り上げ，子会社等の情報は省略することとする。

1 量的基準における相違

(1) 軽微基準における基準項目の相違

軽微基準とは，決定事実または発生事実において，その影響が軽微なものであるとして「重要事実」あるいは適時開示情報からは除外することを認めるための量的基準である。インサイダー取引規制においては取引規制府令，適時開示においては上場規程施行規則がそれぞれ軽微基準を規定している。この軽微基準は，規制対象情報の「重要事実」・適時開示情報に係る財務項目または対象項目に対する割合をもって定められている量的基準から構成されている。

取引規制府令による「重要事実」に係る財務項目の軽微基準は，具体的には売上高及び純資産・総資産等という財務項目に対する割合をもって定められている。一方，取引所の上場規程施行規則による適時開示情報に係る財務項目の軽微基準は，取引規制府令による財務項目基準の適用とともに，連結経常利益等の利益に対する割合のみの基準すなわち利益基準も，別途，基準項目として設けている。また，取引規制府令による「重要事実」に係る軽微基準は，特定上場会社等（直近の有価証券報告書に含まれる最近事業年度の損益計算書において関係会社に対する売上高（製品売上高及び商品売上高を除く）が売上高の総額の80％以上を占めている上場会社等をいう（取引規制府令49条2項）。以下同じ）については企業集団つまり連結財務諸表ベースとしているが，上場規程施行規則が定める軽微基準はこうした純粋持株会社等の特定の会社に限定することなく，一般の上場会社について個別（単体）財務諸表ベースの基準だけでなく，連結財務諸表ベースでの基準も併せて適用することを定めている。なお，連結財務諸表の非作成会社である上場会社においては，連結決算（企業集団）を当該上場会社の個別決算に読み替えて，当該軽微基準が適用される（上場規程施行規則401条2項・402条2項）。

このように，適時開示に係る上場規程施行規則により定められている財務項目の軽微基準においては，①利益基準及び②連結決算ベース基準も追加して設

けられている点が取引規制府令による軽微基準と異なるところである。この①及び②の基準設定による「重要事実」と適時開示情報の財務項目に係る軽微基準の相違により，それぞれの該当が異なることとなる。そこで，これらの①及び②の基準設定の必要性及び重要性は，次に掲げるとおりである。

① 利益基準の設定

　投資者の投資判断において，期間損益の動向は非常に重要な影響を及ぼすものであることは明らかである。そこで，純資産・総資産等への割合とは別に，期間損益に対する度合いそのものが業績に関する投資判断において重要な情報となるものであることから，利益基準の設定は情報の重要性を図る量的基準として必要なものと考えられる。つまり，投資判断に及ぼすべき影響を測る指標としては，利益も売上高と並んで重要なものであることを踏まえて，純資産等への割合をセットした基準ではなく，利益に対する割合のみの基準である利益基準が情報の軽微性の量的判定において設定されたものと考えられる。

② 連結決算ベース基準の設定

　企業価値の判断において，基礎的で重要な役割を占める将来の正味キャッシュ・フローの分析・評価において連結財務諸表が重要であるという認識に立って，連結決算ベース基準も軽微基準として設定されているものと考えられる。こうした企業集団の財務状況を表示する連結財務諸表の重視は適時開示に限られているものではない。例えば，有価証券報告書における「経理の状況」においても，連結財務諸表が主たる決算書として位置づけられて開示されていることも明々白々であろう。また，四半期報告書における決算書は，連結財務諸表のみである。このように，連結決算ベースの重要性の認識は，適時開示だけでなく，法定開示においても重視されていることに十分注視すべきであろう。したがって，情報の軽微性の量的判定においては連結決算ベースの割合も必要である。

(2) 軽微基準の適用対象の相違

　「重要事実」においては，株式無償割当て・株式分割・剰余金の配当等の決定事実の対象項目について，当該対象項目の軽微基準が設けられているが，適

時開示情報においては同様の軽微基準は設けられていない。また，「重要事実」においては合併，株式分割等により影響が生ずる財務項目に係る軽微基準が設けられているが，適時開示情報においては設定されていない。

このように軽微基準の適用の対象について，「重要事実」と適時開示情報における相違が認められる。これは，投資者の投資判断情報についての質的重要性に着目して，量的重要性に係る軽微基準を適用しないことが適切だとする一定の情報があることが適時開示において規定されていることを示すものである。投資判断情報は，単に量的重要性だけでなく，上場会社の経営活動等に及ぼす質的重要性にも大いに留意する必要があることに着目した適時開示の措置であると考えられる。

(3) 重要性基準における基準項目の相違等

重要性基準とは，投資者の投資判断に及ぼす影響が重要なものとして定められた基準であり，当該基準に該当するものが規制の対象となる。すなわち，新たに算出した予想値または当事業年度の決算における数値を公表がされた直近の予想値（当該予想値がない場合は，公表がされた前事業年度の実績値）との間に差異がある場合，投資者の投資判断において重要な影響を及ぼすかどうかを定めた基準が重要性基準である。具体的には，新たに算出した予想値または当事業年度の決算における数値を公表がされた直近の予想値（当該予想値がない場合は，公表がされた前事業年度の実績値）で除して得た割合等をもって基準を設定している。

取引規制府令による売上高に係る重要性基準においては，上場会社（個別決算ベース）または企業集団（連結決算ベース）の売上高について新たに算出した予想値または当年度の決算における数値を公表がされた直近の予想値（当該予想値がない場合は，公表がされた前事業年度の実績値）で除して得た数値が1.1以上または0.9以下つまり両者の差額（以下「変動幅」という）が10％以上の場合には「重要事実」に該当するという基準を設けている（取引規制府令51条１号）。この売上高基準項目は，適時開示に係る重要性基準においても企業集団に係る基準を除いて上記の取引規制府令を適用するとともに（上場規程405条３項），連結決算ベースでの売上高基準が設けられている（上場規程施行規則407条１項

1号）。つまり，個別決算または連結決算ベースにおける売上高の変動割合が1.1以上または0.9以下つまり変動幅が10％以上であれば適時開示も必要な場合とされているということである。なお，連結財務諸表の非作成会社である上場会社においては，連結決算（企業集団）を当該上場会社の個別決算に読み替えて，当該重要性基準が適用される（上場規程405条4項）。利益に係る基準においても同じである。

　次に，取引規制府令による利益に係る重要性基準においては，特定上場会社等を除き，上場会社（個別決算）及び当該上場会社が属する企業集団（連結決算）双方のベースでの経常利益・純利益を取り上げている。これらについて，新たに算出した予想値または当事業年度の決算における数値を公表がされた直近の予想値（当該予想値がない場合は，公表がされた前事業年度の実績値）で除して得た数値が1.3以上または0.7以下つまり変動幅が30％以上，かつ，新たに算出した予想値または当事業年度の決算における数値と公表がされた直近の予想値（当該予想値がない場合は，公表がされた前事業年度の実績値）とのいずれか少なくない数値から他方を減じて得たものを前事業年度の末日における純資産額と資本金の額とのいずれか少なくない金額で除して得た数値が経常利益は5％以上，純利益は2.5％以上の場合に「重要事実」に該当すると定められている（取引規制府令51条2号・3号）。

　これに対して，適時開示においては，上記の取引規制府令を適用することとなるが（上場規程405条3項），連結決算（企業集団）ベースの重要性基準においては，上記の「かつ」以降の要件は設けておらず，利益の変動幅（30％以上）をもって重要性の有無を決定する規定となっている（上場規程施行規則407条1項3号・4号）。つまり，利益の変動幅に加えて純資産または資本金に対する割合基準を設けている「重要事実」に係る重要性基準の方が適時開示に係る重要性基準よりも，予想値の差異に関する重要性の範囲を狭めているということである。さらに，連結決算（企業集団）ベースの利益に係る適時開示の重要性基準においては，上記の連結経常利益や連結純利益に加えて連結営業利益も指標として，同一の変動幅（30％以上）基準が設けられている（上場規程施行規則407条1項2号）。

　以上のように，適時開示においては「重要事実」に該当する業績予想の修正

等に係る重要性基準を含めるとともに，「重要事実」と異なる重要性の基準項目の設定がなされている。これにより，業績予想の修正等については，適時開示を義務付けられる場合が「重要事実」よりも範囲の広い対象とされているということである。

⑷　重要性基準の適用対象の相違

「重要事実」と適時開示においては，重要性基準を適用する対象が異なっている。すなわち，重要性基準という量的基準の適用を要しない質的重要性を認める情報を規定していることに関する相違である。つまり，情報について，すべて重要だとして重要性基準などを設ける必要がないとするか，重要である部分とない部分があるとするかの違いということである。

適時開示においては，剰余金の配当について予想値を算出した場合（直近の公表された予想値と差異が生じた場合を含む）は，直ちにその内容を開示しなければならないとしている（上場規程405条2項）。つまり，重要性基準である量的基準は設けられていないということである。投資者において，キャピタルゲインのみでなく，インカムゲインも重要な投資判断の要素となるものと考えられる。こうした投資者の投資判断における配当というインカムゲインの予想の質的重要性を踏まえて，配当予想に係る開示への対応が図られているものである。一方，取引規制府令においては配当予想の修正幅または実績との差異が20％以上（新たな配当予想または当期配当を直近の配当予想（公表がない場合は前期配当）で除した数値が1.2以上または0.8以下）である場合に「重要事実」とする重要性基準が設けられている（取引規制府令51条4号）。このように，重要性基準の適用対象については，質的重要性の捉え方の相違から，配当予想の修正等については適時開示においては全て開示対象としているが，インサイダー取引規制においては一定以上の変動あるものが「重要事実」だとする点が異なっているということである。

2　個別列挙情報における相違

適時開示の「その他の重要な企業内容等の情報」において個別列挙されている適時開示の対象情報には，「重要事実」に該当しない情報も定められている。

つまり，適時開示制度において開示が必要とされる情報において，インサイダー取引規制における「重要事実」とはされていないものがあるということである。特定の開示対象についての軽微性・重要性の判断基準の相違という次元ではなく，そもそも開示対象の範疇に入るかどうかに関して「重要事実」と「その他の重要な企業内容等の情報」とで異なるものがある，ということである。

　こうした両者の対象情報の相違は，適時開示固有の情報が「その他の重要な企業内容等に関する情報」として規定されているということであり，決定事実と発生事実の双方に存在している。例えば，決定事実における相違としては，リースによる固定資産の賃貸借（上場規程402条1号ｓ），人員削減等の合理化（上場規程402条1号ab）等は「重要事実」の個別列挙情報には該当しないが，適時開示情報とされている。また，発生事実における相違としては，例えば主要株主である筆頭株主の異動（上場規程402条2号ｂ），行政庁による法令違反に係る告発（上場規程402条2号ｆ）等も上記の決定事実と同様に「重要事実」には該当しない適時開示情報として規定されている。これらの適時開示情報は，明らかに重要な投資判断情報に該当するものと考えられる。

3　バスケット条項による情報の異同性

(1)　バスケット条項の規定

　「重要事実」と適時開示情報において，個別列挙の情報以外のその他の重要な情報がバスケット条項により規定されている。双方のバスケット条項は次のように規定されている。

〈「重要事実」に係るバスケット条項（金商法166条2項4号）〉

> 「前三号に掲げる事実を除き，当該上場会社等の運営，業務又は財産に関する重要な事実であつて投資者の投資判断に著しい影響を及ぼすもの」

〈適時開示情報に係るバスケット条項〉

① 決定事実（上場規程402条１号ar）
「ａから前aqまでに掲げる事項のほか，当該上場会社の運営，業務若しくは財産又は当該上場株券等に関する重要な事項であって投資者の投資判断に著しい影響を及ぼすもの」
② 発生事実（上場規程402条２号ｘ）
「ａから前ｗまでに掲げる事実のほか，当該上場会社の運営，業務若しくは財産又は当該上場株券等に関する重要な事実であって投資者の投資判断に著しい影響を及ぼすもの」

「重要事実」に係るバスケット条項の規定は，「前三号」（法166条２項１号ないし３号）すなわち「重要事実」に該当する決定事実，発生事実，業績予想の修正等・配当予想の修正等の個別列挙のほかの重要情報を定めているが，適時開示においては適時開示情報に該当する決定事実と発生事実のほかの情報としてバスケット条項が設けられており，業績予想の修正等に係るバスケット条項の規定が設けられていない（配当予想の修正等は全て適時開示対象となる）。しかし，「重要事実」に係る規定のとおり，業績予想の修正等について，重要な投資判断情報たるものを全て定めること困難であることは，決定事実・発生事実と変わりはない。例えば，業績予想の修正等が重要性基準に該当しない場合であっても，個々の上場会社の経営展開及び業績の動向等や業界の状況等により，投資判断に重要な影響を及ぼす場合がある。そこで，上場規程における適時開示に係る規定は，適時開示等について上場会社が遵守すべき最低限の要件，方法等を定めたものであり，上場会社は，当該規定を理由としてより適時，適切な会社情報の開示を怠ってはならないとする適時適切な適時開示の実践を求める規定（上場規程412条の２）を踏まえて，適時開示情報についても業績予想の修正等についてバスケット条項が適用されるものと解すべきである。したがって，取引所規則におけるバスケット条項の規定は適当とは言えず，金融商品取引法と同じように，個別列挙情報とは別の条文においてバスケット条項を設けるべきである。

以上のとおり，適時開示情報に係るバスケット条項も「重要事実」と同じく，個別列挙の情報以外の重要情報を定めているものと考えられる。

(2) バスケット条項の対象情報の異同点

　バスケット条項の規定の対象となる情報は，次の2つに区分されるものと解される。

① 「重要事実」・適時開示情報として個別列挙されていないもの

② 個別列挙されている情報ではあるものの，軽微基準または重要性基準により「重要事実」・適時開示情報とされないもの

　上記①は，投資者の投資判断に重要な影響を及ぼすべき情報を全て個別に列挙することは困難であることを踏まえたものであり，まさに個別列挙以外のその他の重要な投資判断情報をいうものである。上場会社の運営，業務または財産に関して影響を及ぼすことをもって投資者の投資判断にも影響を及ぼすものとなることである。したがって，こうした上場会社における多種多様で状況に応じた様々な業務執行に関する決定（決定事実）や想定外の事実も含めた多くの事実の発生（発生事実），また業種や事業展開等に関連する多様な業績予想に関する情報（業績予想の修正等）について，これらを予め全て定められるものではないことは明々白々である。

　つまり，上記①は，事前に個別列挙できる情報以外の情報で「投資者の投資判断に著しい影響を及ぼすもの」をいう。これを踏まえ，「重要事実」と適時開示情報の間に本質的相違はないが，適時開示の個別列挙情報として定められている人員削減等の合理化等（前記2参照）は「重要事実」において定められていない。そこで，これらの情報は「重要事実」においてはバスケット条項の適用となると解されるが，適時開示情報においては個別列挙情報となる点が両者の相違となる。こうした個別列挙情報の相違を除いては，「重要事実」と適時開示情報における適用において相違はないものと考えられる。

　上記②は，軽微基準に該当または重要性基準に該当しないことにより投資判断に及ぼすべき重要性はないとして，個別列挙に係る規定においては「重要事実」や適時開情報からは除かれるが，当該情報そのものにはとどまらない他の重要な側面がある場合または量的基準を定める所定の割合の水準をもって投資判断情報としての重要性は判別されない重要な質的重要性がある場合には，そ

れによる投資判断への重要な影響があり得ることを踏まえてバスケット条項が適用され得るものと解される。このように，情報の有する多様性を踏まえて，軽微基準に該当したことや重要性基準に該当しないことをもって，投資判断に影響を及ぼすべき重要情報として全て否定されるものではないことをバスケット条項は規定しているものと考えられる[注4]。したがって，上記②については，「重要事実」と適時開示情報の軽微基準と重要性基準に相違（前記1参照）があることを除いて，両者に相違はないものと考えられる。

　また，適時開示に係るバスケット条項においては，上場会社の運営，業務または財産に関する重要な事実・事項だけでなく，「重要事実」に係るバスケット条項においては設けられていない当該上場株券等に関する重要な事項・事実も規定されている。投資者の投資判断においては，こうした上場会社自体に係る情報だけでなく，投資対象となる有価証券としての上場株券等についての情報も重要なものである。すなわち，上場株券等について，株式分割等の個別列挙の情報だけでなく，その権利・内容や適用等を変更することは重要な投資判断情報に該当するものと考えられる。したがって，上場株券等に関する重要な事項・事実に関するその他の情報もバスケット条項による適時開示情報として設定していることは，重要な投資判断情報の開示への適切な対応と考えられる。

（注4）　日本商事事件の最高裁判決（最判平成11年2月16日刑集53巻2号1頁）において，軽微基準に該当する場合であっても，包摂・評価され得ない別の重要な面がある場合には，「重要事実」に係るバスケット条項の適用がなされることがあることを判示している。

フェア・ディスクロージャー規制

第1節 規制の意義

　投資者の投資判断に重要な影響を及ぼすべき情報の開示は重要な役割を果たしていることから，公正かつ公平な当該情報の提供は，証券市場における公正円滑な証券取引において必要不可欠なものである。そこで，公正かつ公平な情報提供に反する歪んだ情報提供は厳重に排除され，情報提供において選択的開示を原則として禁止することがフェア・ディスクロージャー規制である。すなわち，フェア・ディスクロージャー規制とは，開示（公表）していない重要な内部情報について外部に情報伝達した場合には，同時に開示（公表）を求める開示規制である。わが国においては，投資者の投資判断に重要な影響を及ぼすべき「重要事実」等について，会社関係者等・公開買付者等関係者等の取引規制は制定されているが（インサイダー取引規制），当該「重要事実」等については，一部を除き，法定開示は設けられていない状況である。こうした状況において，有価証券の発行者が証券会社のアナリストのみに未公表の業績に関する情報を提供（いわゆる「歪んだ情報提供」）していたなどの問題が発生している事例が複数発覚していることや欧米やアジアの主要国では，フェア・ディスクロージャー規制が既に導入済みとなっていることを背景として，わが国にも同規制が導入されたものである[注1]。つまり，「歪んだ情報提供」に係る問題が生じていることへの対応及び投資者への情報提供の環境整備等を目的として，フェア・ディスクロージャー規制が制定されたものである。

しかし，フェア・ディスクロージャー規制は，重要な情報を規制対象者に伝達した時点ではじめて開示を求めるものであり，当該伝達の時点までは開示を求めるものではない。投資者の投資判断に重要な影響を及ぼすべき情報を金融商品取引業者等の取引業者や有価証券の売買に関与する蓋然性の高い者に対して当該情報を伝達したことすなわち重要情報の選択的開示を行ったことをもって，一般に開示することを義務付けることのみで開示規制が全て整備されたものとは考えられない。選択的開示を行わなければ，投資者の投資判断に重要な影響を及ぼす情報の開示を求めないということは，あるべき開示規制に適合しているか疑問を生ぜしめている。

そもそも重要な投資判断情報が適時，適切に開示されることにより投資者の合理的な投資判断を促し，その投資判断の結果が市場において統合されて公正な市場価格が形成されるものである。つまり，重要な情報の開示は市場機能を確保するために必須のものである。こうした証券市場の機能を確保し，投資者の保護及び健全な国民経済の発展のためには，特定の者に重要な内部情報を提供した選択的開示の場合にのみ当該重要な内部情報の開示を求めることにとどめる規制は，適切な法整備としては足りていないところがあるものと考えられる。法定開示における臨時開示においては，こうした重要な内部情報の多くは開示の対象とされていないからである。このような継続開示制度の状況を踏まえ，重要な内部情報について，選択的開示を行った時点のみではなく，適時に公平に開示を求める適時開示制度という自主規制と公的規制のフェア・ディスクロージャー規制が対比している状況がわが国の開示規制の対応の実態である。

第2節　規制対象の情報伝達者と情報受領者

株券・新株予約権証券，投資証券等で上場有価証券または店頭売買有価証券・取扱有価証券に該当するものの発行者（以下この章において「上場会社等」

（注1）　金融審議会 市場ワーキング・グループ　フェア・ディスクロージャー・ルール・タスクフォース報告「投資家への公平・適時な情報開示の確保のために」の「1．発行者による公平な情報開示を巡る状況」，平成28年12月　以下の本文において本報告書を「タスクフォース報告書」という。

という）もしくは投資法人である上場会社等（上場投資法人等）の資産運用会社
またはこれらの役員（会計参与が法人であるときは，その社員），代理人もしくは
使用人その他の従業者（以下この章において「役員等」という）が，その業務に
関して，規制対象の情報受領者（「取引関係者」という）に上場会社等の運営，
業務または財産に関する公表されていない重要な情報であって，投資者の投資
判断に重要な影響を及ぼすもの（以下「「重要情報」」という）の伝達を行う場合
には，当該上場会社等は，当該伝達と同時に，当該「重要情報」を公表しなけ
ればならない（法27条の36第1項本文）。そこで，まずフェア・ディスクロー
ジャー規制において規制対象となる情報伝達者と情報受領者を本節において取
り上げ，「重要情報」等についてはその後の節において取り上げることとする。

1 規制対象の情報伝達者

　上記の法の規定において，「重要情報」の伝達と同時に当該上場会社等が公
表を義務付けられることとなる伝達について，その伝達を行う者が当該上場会
社等の代理人・使用人その他の従業者である場合には，取引関係者への情報伝
達をその職務とされている者が行う伝達と定められている（法27条の36第1項
本文）。つまり，役員を除き，当該職務担当以外の従業員等による情報提供は，
フェア・ディスクロージャー規制の対象とならないということである。また，
上場会社等の投資者に対する情報伝達の場合の規制対象の職務は広報に係る業
務に制限されている（法27条の36第1項2号）。

　このように，フェア・ディスクロージャー規制の対象となる情報伝達者の範
囲は，インサイダー取引規制における会社関係者・公開買付者等関係者の範囲
より大幅に狭められている。インサイダー取引規制においては，職務等に関し
て「重要事実」・公開買付け等事実（これらのインサイダー情報は「重要情報」に
該当する。次節参照）を知った会社関係者等・公開買付者等関係者等は，当該
インサイダー情報である「重要情報」の公表前に，利益獲得や損失回避の目的
で他人に対する伝達等は禁止されているが（法167条の2），当該目的がない場
合は制限されない。そこで，当該目的を有していなければ，会社関係者等・公
開買付者等関係者等によるインサイダー情報に該当する「重要情報」の伝達に
関する規制はなく，規制対象の取引関係者への情報伝達をその職務とされてい

る従業員等からの伝達においてのみ公表が求められることにとどまる。ただし，役員が伝達する場合には，その担当業務にかかわりなく公表が求められる。

以上のように，「重要情報」の伝達は，一部の者による当該伝達を除き，公表は求められない。そこで，規制対象の取引関係者に情報提供を行う場合，フェア・ディスクロージャー規制の対象となる情報伝達者に該当するかどうかについての注意が求められるところである。

2 規制対象の情報受領者：取引関係者

「重要情報」の伝達を行う場合に，当該伝達と同時に当該「重要情報」を公表しなければならないこととなる規制対象の情報受領者は，取引業者と売買等を行う蓋然性の高い者が取引関係者と定義づけられて，次の2つに区分される者である（法27条の36第1項各号）。

(1) 取引業者（1号）

取引業者とは，金融商品取引業者，登録金融機関，信用格付業者もしくは投資法人その他の内閣府令（①）で定める者またはこれらの役員等（重要情報の適切な管理のために必要な措置として内閣府令（②）で定める措置を講じている者において，金融商品取引業に係る業務に従事していない者として内閣府令（③）で定める者を除く）をいう。この①から③のそれぞれの内閣府令での定めは，次のとおりである。

①　内閣府令で定める取引業者は，金融商品取引業者，登録金融機関，信用格付業者等，投資法人，有価証券等の価値等の分析・評価の専門業者，高速取引行為者，外国金融商品取引業者等である（重要情報公表府令4条各号）。

②　内閣府令で定める措置は，上記①に掲げる者において，金融商品取引業等以外の業務を遂行する過程において，上場会社等もしくは上場投資法人等の資産運用会社またはこれらの役員等から伝達を受けた「重要情報」を，当該「重要情報」が公表される前に金融商品取引業等において利用しないための的確な措置とする（重要情報公表府令5条）。

③　金融商品取引業に係る業務に従事していない者として内閣府令で定める

第7章　フェア・ディスクロージャー規制　235

者は，上記②に規定する措置を講じている上記①（投資法人を除く）に掲げる者において，金融商品取引業等以外の業務に従事する者が金融商品取引業等以外の業務を遂行する過程において「重要情報」の伝達を受けた場合における当該者とする（重要情報公表府令6条）。

　このように，規制対象の取引関係者として証券市場における専門業者やその役員等が掲げられるが，「重要情報」の公表前には証券取引等は行わないという適切な情報管理を行って，金融商品取引業等にかかわらない者は当該取引関係者から除かれている。重要な投資判断情報についての情報の非対称がある中で，不公正な取引に係ることが想定されない者を規制対象から外しているものであり，フェア・ディスクロージャー規制の趣旨を踏まえた対応となっている。

(2)　売買等を行う蓋然性の高い者（2号）

　売買等を行う蓋然性の高い者とは，当該上場会社等の投資者に対する広報に係る業務に関して「重要情報」の伝達を受け，当該「重要情報」に基づく投資判断に基づいて当該上場会社等の上場有価証券等に係る売買等を行う蓋然性の高い者として内閣府令で定める者をいう。この内閣府令で定める者は，次のとおりである（重要情報公表府令7条各号）。

① 　当該上場会社等の上場有価証券等の保有者
② 　適格機関投資家
③ 　証券投資を主たる目的とする法人その他の団体
④ 　上場会社等の運営・業務・財産に関する情報の選択的開示を目的とした
　　会合の出席者（当該会合への出席の間に限る）

　上記①の「当該上場会社等の上場有価証券等の保有者」として，株主である親会社も該当するが，当該上場会社等の属する企業グループの経営管理のために株主である親会社に「重要情報」を伝達する場合は，通常，「投資者に対する広報に係る業務に関して」行われるものではなく，フェア・ディスクロージャー規制の対象とはならないことが示されている（FDガイドライン（問6））。このように，上記①の対象者の規定については，当該対象者のみでなく当該伝

達に係る者や業務も特定して規定していることから，単に規制対象の情報受領者に該当するかどうかだけでなく，上場会社等による情報伝達がどのような業務・行為の中で行われるかどうかについても注意する必要があるということである。また，上記④の重要な情報の選択的開示を目的とする会合の判定にも注意する必要がある。

第3節　規制対象情報

1　「重要情報」の内容

　フェア・ディスクロージャー規制における規制対象情報の「重要情報」は，上場会社等の運営，業務または財産に関する公表されていない重要な情報であって，投資者の投資判断に重要な影響を及ぼすものと包括的に規定されていることにとどまっており（法27条の36第1項本文），個別列挙の情報を含めた情報の範囲についての具体的な規定等は設けられていない。

　したがって，このフェア・ディスクロージャー規制における「重要情報」を意義付ける包括規定による情報の範囲については，同規制の導入を提言したタスクフォース報告書における「インサイダー取引規制の対象となる情報の範囲と基本的に一致させつつ，それ以外の情報のうち，発行者又は金融商品に関係する未公表の確定的な情報であって，公表されれば発行者の有価証券の価額に重要な影響を及ぼす可能性があるものを含めること」という指摘を踏まえて解することが適当と考えられる。

　こうしたことを踏まえて，逆に「重要情報」には該当しないものとして以下の①から③の情報が例示される中で，場合によっては「重要情報」に該当する可能性があることも留意事項（以下の①及び②の場合）としても掲げられている（FDガイドライン（問4））。

第7章　フェア・ディスクロージャー規制　237

① 中長期的な企業戦略・計画等に関する経営者との議論の中で交わされる情報

〈留意事項〉
　例えば，中期経営計画の内容として公表を予定している営業利益・純利益に関する具体的な計画内容などが，それ自体として投資判断に活用できるものである場合であって，その計画内容を中期経営計画の公表直前に伝達するような場合は，当該情報の伝達が「重要情報」の伝達に該当する可能性がある。

② 既に公表した情報の詳細な内訳や補足説明，公表済の業績予想の前提となった経済の動向の見込み

〈留意事項〉
　例えば契約済みの為替予約レートの数値のような，その後の実体経済の数値と比較することで容易に今後の企業の業績変化が予測できる情報が含まれる場合は，当該情報が「重要情報」に該当する可能性がある。

③ 他の情報と組み合わさることによって投資判断に影響を及ぼし得るものの，その情報のみでは，直ちに投資判断に影響を及ぼすとはいえない情報（いわゆる「モザイク情報」）

　このモザイク情報は「重要情報」に該当しないことが示されているだけで，上記のような留意事項は掲げられていない。しかし，他の情報との組合せの方法・関連・時期等を踏まえ，モザイク情報は全て「重要情報」に該当しないものとはいえないと考えられる。

2 「重要情報」と「重要事実」等との関係

　インサイダー取引規制における「重要事実」・公開買付け等事実のインサイダー情報は，明らかに投資者の投資判断に影響を及ぼすべき重要な情報である。こうしたことから，フェア・ディスクロージャー規制の「重要情報」を定める包括規定を踏まえ，当該「重要情報」の範囲に「重要事実」・公開買付け等事実が含まれることは明らかなものと考えられる。タスクフォース報告書においても，規制対象情報について「インサイー取引規制の対象となる情報の範囲と

基本的に一致」させると提言されている。

　そこで，こうしたインサイダー情報がどのように規定されているかが「重要情報」の範囲を把握するために必要となる。まず，「重要事実」としては，個別列挙されている決定事実，発生事実，業績予想の修正等・配当予想の修正等の事実が定められており，これらの情報は具体的に特定して掲記されている。これに加えて，バスケット条項による上記の個別列挙情報以外のその他の情報も「重要事実」として定められているが，当該バスケット条項は重要な情報を定める包括規定であり，特定の情報は掲記されていない。一方，公開買付け等事実は，金融商品取引法の定めを用いて明確かつ具体的に定められている。ただし，公開買付け等事実の「行うこと」の決定は「重要事実」の決定事実における決定と同一のものであり，その実質的な業務執行決定機関による「行うこと」の決定の時期等に注意する必要がある。以上を踏まえて，「重要情報」についても，「重要事実」と同様の方法による規定の設定が必要である。

　ここで，バスケット条項の適用による「重要事実」と「重要情報」との関係については，考慮すべきことがある。すなわち，上場会社等の運営，業務または財産に関する重要な事実のうち，フェア・ディスクロージャー規制の対象情報としては「投資者の投資判断に重要な影響を及ぼすもの」と規定されているが，インサイダー取引規制におけるバスケット条項においては，「投資者の投資判断に著しい影響を及ぼすもの」と規定されており（法166条2項4号），フェア・ディスクロージャー規制の対象情報より重要性の高い情報が規定されていると考えられる。したがって，バスケット条項の適用とならない「重要事実」においてもフェア・ディスクロージャー規制の対象情報の範囲となり得るものがあると解される。

　そこで，インサイダー情報及びその他の情報がフェア・ディスクロージャー規制における規制対象情報たる「重要情報」に該当するかどうかについては，次のように考えられる。

　① 「重要事実」として規定されている決定事実等の個別列挙情報及びそれ以外の情報でバスケット条項の適用による「重要事実」並びに公開買付け等事実は「重要情報」に該当することが明確である。

　② バスケット条項の適用による「重要事実」の範囲は「重要情報」の範囲

より狭く定められていることから，当該バスケット条項の適用となるかどうか不明の情報または適用とならない情報においても「重要情報」に該当することがあり得ると考えられる。

3 「重要情報」と法定開示情報との関係

法定開示における有価証券報告書や臨時報告書における開示項目，例えば事業の状況において重要な事業の譲渡・譲受や業務上の提携・解消等，固定資産の状況において重要な固定資産の譲渡・取得等の決定事実，または重要な災害による損害の発生，主要株主の異動などの発生事実は，投資者の投資判断に重要な影響を及ぼす情報に該当するものと考えられる。また，経理の状況における決算内容等に関する決算情報も同様に重要な投資判断情報に該当するものである。しかし，これらの情報は適時開示の対象情報に該当することから，有価証券報告書等の開示の前に当該情報が適時開示されているのが一般的である。なお，有価証券報告書に記載される会社の沿革や事業の経緯等の開示項目は，適時開示の対象とされておらず，「重要情報」にも該当しないものと考えられる。また，臨時開示における臨時報告書提出事由のうち，適時開示の対象とされていない株主総会における決議事項に関すること（開示府令19条2項9号の2）等は，通常，投資者の投資判断に重要な影響を及ぼす情報とはならないことから，「重要情報」には該当しないものと考えられる。

こうした重要な投資判断情報の法定開示については，定期開示及び臨時開示のいずれにおいても，適時開示が先行開示を行って補完している状況である。そのため，法定開示書類における記載事項としての情報のうち重要な投資判断に係る情報であっても，通常，法定開示が行われる前に適時開示により既に公表済みのものとなっているため，当該情報は未公表の段階の「重要情報」には該当しないこととなるのが一般的であると考えられる。

4 「重要情報」と適時開示情報との関係

適時開示情報は，前章第3節1に掲げた①から⑤により構成されており，個別列挙により定められている情報のほか，インサイダー取引規制における「重要事実」と同様に，バスケット条項による情報も定められている。

上記①の「インサイダー取引規制における「重要事実」に該当する情報」及び上記②の「公開買付けを行うことの決定または当該決定に係る事項を行わないことの決定」のインサイダー情報は，フェア・ディスクロージャー規制における「重要情報」に該当すると解されることから（前記2参照），これらの適時開示情報は「重要情報」に該当する。上記③の「定期（期末及び四半期）の決算内容に関する情報（決算関係情報）」は，上場会社の業績等の実績を示す情報であり，投資者の投資判断に重要な影響を及ぼす情報であることは明らかなものであり，この決算関係情報も「重要情報」に該当すると考えられる。上記④の「臨時開示における臨時報告書の提出事由に該当する情報」は，一部を除き，「重要情報」に該当する（前記3参照）。上記⑤の「その他の重要な企業内容等に関する情報」は，投資者の投資判断に重要な影響を及ぼすべき情報と考えられることから（前章第3節1参照），「重要情報」に該当するものと考えられる。

　適時開示におけるバスケット条項の適用・準用による情報は，上場会社等の運営，業務もしくは財産または上場株券等に関する重要な事実・事項であって，「投資者の投資判断に著しい影響を及ぼすもの」とされていることから（上場規程402条1号ar・2号x），インサイダー取引規制におけるバスケット条項の適用による「重要事実」と同様に，「重要情報」に該当するものと考えられる。また，前記2において論述したように，バスケット条項の適用となるかどうか不明の情報または適用とならない情報においても「重要情報」に該当することがあり得ると考えられる。

　以上のとおり，適時開示における対象情報は，基本的にフェア・ディスクロージャー規制の「重要情報」に含まれるものと考えられる。ここで，適時開示の対象情報においては，単元株式数の変更（上場規程402条1号ad），事業年度の末日の変更（決算期変更）（上場規程402条1号ae）などのように，投資者への周知を主たる目的とする情報も含まれていることから，特別の要因等がない場合は投資者の投資判断に重要な影響を及ぼす情報という位置付けには該当しないものもあると考えられる。しかし，投資者への周知が求められる情報についても，投資判断への重要な影響を及ぼす情報と同様に，選択的開示がなされることは適切でないことは明らかである。したがって，フェア・ディスクロージャー規制における対象情報の「重要情報」に該当しない一部の適時開示対象

第7章　フェア・ディスクロージャー規制　241

情報についても，同規制による履行義務ではない任意での公表を行うことが適切な開示対応と考えられる。

第4節　公　　表

1　公表の方法

フェア・ディスクロージャー規制における公表は，内閣府令で定めるところにより，インターネットの利用その他の方法により行わなければならない（法27条の36第4項）。具体的には，次のいずれかの方法によることとなる（重要情報公表府令10条各号）。

① 法定開示（1号）……「重要情報」が記載された法25条1項に規定する法定開示書類（有価証券報告書，臨時報告書等）を提出する方法。ただし，当該法定開示書類が法の規定により公衆縦覧に供された場合に限る。提出・公衆縦覧は，EDINETにより行われる。

② 報道機関への公開（2号）……上場会社等，当該上場会社等の子会社もしくは上場投資法人等の資産運用会社の代表者等または当該代表者等から公開することを委任された者が2以上の新聞社・通信社・放送事業者の報道機関（インサイダー取引規制の第5章第5節2①イ）からハ）参照）に対して「重要情報」を公開する方法。ただし，少なくとも2の報道機関に対して公開したときから12時間が経過した場合に限る。

③ 適時開示（3・4号）……上場取引所（上場でない場合：登録先・指定先の認可協会）の規則に従い，上場会社等または上場投資法人等の資産運用会社が「重要情報」を当該上場取引所に通知する方法。ただし，当該通知された「重要情報」が当該上場取引所において公衆縦覧に供された場合に限る。通知・公衆縦覧は，取引所が管理・運営するTDnetにより行われる。

④ ウェブサイトへの掲載（5号）……上場会社等のウェブサイトに「重要情報」を掲載する方法。ただし，当該ウェブサイトに掲載された「重要情報」が集約されている場合であって，掲載時から少なくとも1年以上投資者が無償でかつ容易に「重要情報」を閲覧することができるようにされて

いるときに限る。

2　インサイダー取引規制における公表との異同点

インサイダー取引規制とフェア・ディスクロージャー規制におけるそれぞれの公表の定め及び方法（施行令30条，重要情報公表府令10条）を比較すると，その異同点は次のとおりである。

① 同一の公表方法

インサイダー取引規制における公表の定めとしての法定開示，複数報道機関への公開（公開後12時間経過）及び上場取引所における適時開示は，フェア・ディスクロージャー規制においても公表の方法として定められている。

② 異なる公表方法

フェア・ディスクロージャー規制においては，上場会社等のウェブサイト利用による掲載の方法も公表とされているが，インサイダー取引規制においては当該方法は公表としては定められていない。両規制において，明確に異なる公表の方法である。そこで，インサイダー情報たる「重要事実」等に該当する「重要情報」がウェブサイトへ掲載されても，インサイダー取引規制においては公表されていない状況となるので，同規制は解除されないこととなる。インサイダー取引規制の解除の要件は，「重要事実」等が同規制において定める公表に該当する方法によりなされた場合であるからである。

フェア・ディスクロージャー規制における公表とは，そもそも公正かつ公平に開示することとなる方法とされるべきものである。重要な情報の非対称を解消して不公正な取引を排除する規制としてのインサイダー取引規制において法定開示書類による公衆縦覧とともに「多数の者の知り得る状態に置く措置」として定められている公表に該当しない方法をフェア・ディスクロージャー規制における公表として定めることは適切でないと考えられる。なお，このほかの公表に係る課題については第10章第3節3参照。

3　適時開示との関係

適時開示は，フェア・ディスクロージャー規制における公表にも該当することが内閣府令で定められている（重要情報公表府令10条3号・4号）。ここで，

適時開示においては，フェア・ディスクロージャー規制における「重要情報」は開示対象とされていることから（前節4参照），適時開示が行われるとフェア・ディスクロージャー規制における公表が行われたこととなる。一方，臨時に決定・発生することとなる「重要情報」に該当する「重要事実」等の大半については臨時報告書の開示の対象とされていない。したがって，「重要情報」のほとんどが法定開示においては開示対象とされていない状況である。

　このように，適時開示の対象情報と「重要情報」との関係も踏まえると，フェア・ディスクロージャー規制による公表は，開示における遵守条項等を定めている適時開示により行われることが適切な対応であると考えられる。また，フェア・ディスクロージャー規制において公表の方法とされているウェブサイトへの掲載と適時開示との関係に注意しなければいけない。すなわち，上場会社は，ウェブサイトで適時開示の対象となる会社情報を公衆縦覧（掲載）する前にTDnetにより適時開示をしなければならないことが定められている（上場規程413条の2）。適時開示においては，ウェブサイトでの掲載と適時開示のTDnetでの開示を並列に位置付けているものではなく，適時開示を先行して行わなければならないということである。適時開示においては，開示における遵守条項等を定めて，開示事項・実務対応の指針（ガイドライン）の設定などの開示規制が定められている。したがって，適時開示の対象情報の開示について，まず適時開示を行わなければならないことは当然のことである。

第5節　「重要情報」の公表の選択

1　公表が義務化される場合

　フェア・ディスクロージャー規制においては，取引関係者に「重要情報」の伝達を上場会社等・上場投資法人等の調査会社またはこれらの役員等が行う場合には，当該上会社等は，当該伝達と同時に，当該「重要情報」を公表しなければならない（法27条の36第1項本文）。この規定が，開示されていない重要な投資判断情報を特定の者に対する伝達（選択的開示という）を行った場合においては，当該伝達と同時に，不特定多数の者に対する開示たる公表を行うこと

を原則として定めているものである。こうした選択的開示を行わない場合には，開示すべき重要な投資判断情報について開示を求めていない。

ただし，「重要情報」の選択的開示を行った場合においても，当該「重要情報」の公表を除外することも定められている。選択的開示における「重要情報」の伝達にもかかわらず，公表が求められない場合を次の2において取り上げることとする。

2　公表が義務化されない場合

次に掲げる場合には，「重要情報」を規制対象の情報受領者に伝達した場合においても，当該「重要情報」の公表は義務化されていない。ただし，こうした場合においても，例外的に公表を行うこととなる場合も定められている。

(1)　取引関係者に守秘義務等がある場合

規制対象となる情報受領者である取引関係者が，法令または契約により，「重要情報」が公表される前に，当該「重要情報」に関する秘密を他に漏らし，かつ，当該上場会社等の上場有価証券等の売買等をしてはならないという義務を負っている場合には，当該上場会社等は選択的開示による「重要情報」の伝達を行うとき，公表は義務付けられない（法27条の36第1項ただし書）。取引関係者に守秘義務及び売買等の禁止を約定している場合には，「重要情報」についての情報の非対称の状況を利用してはならないこととなる。そこで，「重要情報」を他の者に伝達したり，情報の非対称の下での不公正な取引を生ぜしめないことを想定して，上記の規定は当該「重要情報」の公表義務を除外しているものと考えられる。

ただし，当該上場会社等は，当該「重要情報」の伝達を受けた取引関係者が，法令または契約に違反して，当該「重要情報」が公表される前に，当該「重要情報」に関する秘密を他の取引関係者に漏らし，または当該上場会社等の上場有価証券等に係る売買等を行ったことを知ったときは，やむを得ない理由により当該「重要情報」を公表することができない場合その他の内閣府令で定めるの場合を除き，速やかに，当該「重要情報」を公表しなければならない（法27条の36第3項）。この規定は，まさに公表を義務付けることから外すこととした

第7章　フェア・ディスクロージャー規制　245

上述の想定を覆す場合を定めたものであり，当然，公表を義務付けることとしたものである。

　しかし，この公表の義務付けを戻す際において，上記規定における「やむを得ない理由により公表することができない場合」には，再び公表義務の除外としている。ここで定められている公表義務の除外の場合については，当該公表により上場会社等に重大な支障を生ずるおそれがあるときとして，次のとおり定められている（重要情報公表府令9条各号）。

①　取引関係者が受領した「重要情報」が，上場会社等（その親会社・子会社を含む）が行い，または行おうとしている行為——合併，会社の分割，株式交換，株式移転，事業の譲渡・譲受け，公開買付け，子会社の異動を伴う株式・持分の譲渡・取得，破産・再生・更生の手続開始の申立て，資本・業務上の提携・提携解消——に係るものであって，当該「重要情報」を公表することにより，当該行為の遂行に重大な支障が生ずるおそれがあるとき（重要情報公表府令9条1号）

②　取引関係者が受領した「重要情報」が，当該上場会社等が発行する優先出資証券（法2条1項7号），株券・新株予約権証券（法2条1項9号），投資証券等（法2条1項11号）の募集もしくは売出しまたはこれに類する行為に係るものであって，当該「重要情報」を公表することにより，当該行為の遂行に重大な支障が生ずるおそれがあるとき（重要情報公表府令9条2号）

　上記①及び②において掲げられている，公表することにより「当該行為の遂行に重大な支障を生ずるおそれがあるとき」とは，上場会社等の業務執行決定機関が「行うこと」を決定して，その対応を行っている段階であると考えられる。すなわち，上記に掲げられている合併等（上記①）や募集・売出し等（上記②）を「行うこと」を業務執行決定機関が決定して，それを受けて合併等の相手先等との協議・交渉等を行っている場合や募集・売出し等に関する関係者との価格・発行量等に関する協議等及び所要の対応手続等を行っている場合において，当該合併等や当該募集・売出し等について公表（開示）したときは，これらの遂行に重大な支障をもたらすおそれがあると考えられるからである。

　そこで，こうした時点においては，上記の協議等の行為は企業の秘密情報に

該当するものであり開示が求められないことから（前章第3節2参照），上記①及び②の場合に公表を除外していることは適切なことと考えられる。なお，これらの案件が会社法が定める決議機関によって「行われること」が決定された時点となれば，公表（開示）することによって当該案件に係る重大な支障が生ずるおそれはないと考えられることから，当該時点において公表されることとなるものと解される。

(2) 「重要情報」の不知または公表困難な場合

上場会社等もしくは上場投資法人等の資産運用会社またはこれらの役員等が，その業務に関して，取引関係者に「重要情報」の伝達を行った時において伝達した情報が「重要情報」に該当することを知らなかった場合または「重要情報」の伝達と同時にこれを公表することが困難な場合として内閣府令で定める場合には，公表義務（法27条の36第1項本文）は課されない（法27条の36第2項前段）。この場合において，当該上場会社等は，取引関係者に当該伝達が行われたことを知った後，速やかに，当該「重要情報」を公表しなければならない（法27条の36第2項後段）。ここで，後者の「重要情報」の伝達と同時に「公表することが困難な場合」とは，次のいずれかに該当する場合である（重要情報公表府令8条各号）。

① 意図なしの伝達

上場会社等または上場投資法人等の資産運用会社の役員等が，その業務に関して，取引関係者に意図せず「重要情報」を伝達した場合（1号）

② 不知の伝達

上場会社等もしくは上場投資法人等の資産運用会社またはこれらの役員等が，その業務に関して，取引関係者に「重要情報」の伝達を行った時において，当該伝達の相手方が取引関係者であることを知らなかった場合（2号）

このように，伝達情報が「重要情報」に該当することや情報伝達の相手方が取引関係者であることを知らなかった場合には公表義務から外されている。しかし，例えば募集または売出しに該当することを知らなかった場合に当該募集または売出しに係る有価証券の届出を行うことの対象外とはされず，また有価

証券報告書の提出義務に該当することを知らなかった場合に有価証券報告書の提出義務から外されることはない。法令の定めを知っているかどうかにかかわらず，その定めによる届出を行わないことや法定開示書類の提出を行わないことについては，法の制裁が課されることとなり，法令の遵守を求めている。こうしたことは法規制の実効性を確保するためには極めて当然のことであり，法令が定めることを知らなかったことをもって，当該法令による求めから除外することは適切でないと考えられる。

　また，「重要情報」を取引関係者に伝達することは，フェア・ディスクロージャー規制に係るものであることから，当該伝達については，当然，事前に同規制への対応を準備することが必要となるものである。法令に関する社内規程や情報管理等の社内管理手続が適切に整備・運用されていれば，問題なく法令遵守への事前対応もなされることとなる。こうした社内管理手続きに不備があったり，所定の手続きの遵守がなされていないときは，役員等が意図もなく，規制対象の取引関係者に「重要情報」を伝達されることも想定される。こうした不適切な対応の場合と考えられる「意図せず」に伝達したことをもって，公表義務から外すことは適切でないと考えられる。そこで，意図した開示の場合には同時に（simultaneously），意図的でない開示の場合には速やかに（promptly）公表することを義務付けているアメリカのフェア・ディスクロージャー規制を定めるレギュレーションFDの規定（Reg. FD §243.100(a)(1)・(2)）の検討等も含めて，見直しが検討されるべきである。

第6節　規制の運用等

　フェア・ディスクロージャー規制において，内閣総理大臣は，公益または投資者保護のため必要かつ適当であると認めるときは，「重要情報」を公表した者もしくは公表すべきであると認められる者もしくは参考人に対し参考となるべき報告もしくは資料の提出を命じ，または当該職員をしてその者の帳簿書類その他の物件を検査させることができる（法27条の37第1項）。また，上記報告，検査等において，必要があると認めるときは，公務所または公私の団体に照会して必要な事項の報告を求めることができる（法27条の37第2項）。

そして，フェア・ディスクロージャー規制の実効性を図る観点から，次のとおり，公表の状況を当局が検証して対応することとなる（法27条の38）。

① 内閣総理大臣は，公表されるべき「重要情報」が公表されていないと認めるときは，当該「重要情報」を公表すべきであると認められる者に対し，「重要情報」の公表その他の適切な措置をとるべき旨の指示をすることができる（同条第1項）。

② 内閣総理大臣は，上記①による指示を受けた者が，正当な理由がないのにその指示に係る措置をとらなかったときは，その者に対し，その指示に係る措置をとるべきことを命ずることができる（同条第2項）。

こうした内閣総理大臣（行政当局）の検査等によるだけで，法令違反の場合の法的制裁も定められていないことは，フェア・ディスクロージャー規制の実効性を確保していくためには十分でないものと考えられる。そこで，フェア・ディスクロージャー規制の実効性確保に係る課題については，第10章第3節において取り上げることとする。

公開買付制度

第1節　公開買付制度の意義

　経営活動の展開において，他の会社を買収して自社の企業集団の傘下に収めることも世界的に頻度高く行われている状況である。株式買収により，他社の支配権を手にすることができるからである。そのため，株式市場で大量に株券を購入する場合には，特段の手続は要しないが，大量の購入による市場価格の上昇により取得価額を重くさせることとなる。しかし，株券の買付けそのものは，買付者が自由に行うことができるものであるから，取引所市場取引（以下「市場取引」という）によらず，大株主や特定の株主から市場外で購入することも選択肢の1つとなる。

　ここで，市場取引と取引所市場外取引（以下「市場外取引」という）の相違は，次のとおりである。市場取引は，市場開設者である取引所が所要の取引所規則により公正円滑な取引としての競争売買を確保するための規制として時間優先及び価格優先等を設け，不特定多数の投資者の投資判断の投合による透明で公平な取引が実行される仕組みの下での証券取引である。一方，市場外取引は，買付価格の決定も競争売買によらない対応が可能となり，取引に関する規制はなく，不透明・不公正・不公平になるおそれが高いこともある。すなわち，市場外取引においては，株主（投資者）に対し，所有株式の売付け（売却）に応ずるかどうかを合理的に判断できるようにすることや株主間の公正・公平な取扱いについては設定されていない。このように，市場外での取引については，

金融商品取引法による情報開示に関する開示規制や不公正な取引を防止・禁止する取引規制等の対象とならず，情報の非対称や格差がある中での相対取引は放置されることとなり，取引に関する投資判断情報や取引価格等についても不透明な状況における取引となることが想定される。また，取引対象となる投資者間における取引機会の差も生ぜしめる。こうした不当，不正な取引等を防止することは，投資者保護のために市場外取引においても必要なことである。

そこで，証券取引は公正かつ公平に行われるべきものであり，市場外取引であることをもって投資者保護が放置されるということは避けなければならないことから，市場外における株券等の買付けについても，市場規制法である金融商品取引法において規制が定められている。この規制が公開買付制度である。公開買付制度は，会社の支配権に影響を与えるような取引等が行われる場合に，予め情報開示を行うとともに，株主等に平等に株券等の売却の機会を与える制度であり，英米における制度化や資本の自由化の流れを受けて昭和46年（1971年）に証券取引法上の制度として導入されたものである。その後，わが国における企業の合併・買収件数は急速に伸びてきており，企業買収の一手段である公開買付けの件数も増加などを踏まえ，買収防衛策の設定や公平な対応，さらに①手続の透明性・公正性と投資者間の公平性の一層の確保，②証券市場における価格形成機能の十全な発揮，③企業の事業再編行為等の円滑性の確保等，の観点から改正がなされてきた[注1]。こうした改正により，買収サイド（買付け側）とこれに応じる株主・投資者サイドのバランスを取って，現行の公開買付制度が定められている。

ここで，公開買付制度は，発行者以外の者つまり他社による株券等の公開買付けと発行者による自社株券等の公開買付けに分けて規制が設けられている。自社の株券等の買付けと他社の株券等の買付けでは，買付けの対応や関連情報が大きく異なるため，規制内容もそれぞれ定められているものである。こうした規制内容を踏まえ，本章においては，発行者以外の者による公開買付けに係る制度すなわち他社株公開買付制度（第2節）と，発行者による公開買付けに係る制度すなわち自社株公開買付制度（第3節）をそれぞれ区分して取り上げ

（注1） 金融庁・金融審議会金融分科会第一部会・公開買付制度等ワーキング・グループ報告「公開買付制度等のあり方について」，平成17年12月。

第8章 公開買付制度 251

ることとする。

第2節　他社株公開買付制度

1　公開買付けの対象

　他社株公開買付制度における公開買付け（次の2参照）は，企業買収つまり企業の支配権の取得を目的とした買付者が行うことなどから，支配権の取得につながるものが主な対象となる。その株券，新株予約権付社債券及び新株予約権付社債券等の有価証券（以下この章で「株券等」という。議決権のない株式に係る株券は除く）（施行令6条1項）について有価証券報告書を提出しなければならない発行者^(注2)の株券等につき，当該発行者以外の者が行う買付け等（株券等の買付けその他の有償の譲受けをいい，これに類するものとして政令で定めるものを含む。以下この節において同じ）であって，所定の市場外の買付け等のいずれかに該当するものは，公開買付けによらなければならない（法27条の2第1項本文）。この政令で定める有償の譲受けに類するものは，次に掲げるものである（施行令6条3項各号）。ただし，公開買付けの適用免除となる買付け等については，後記3で取り上げることとする。

　① 　株券等の売買の一方の予約（1号）
　② 　株券等の売買に係るオプションの取得（2号）
　③ 　その他内閣府令で定めるもの（3号）……社債券の取得（当該社債券に係る権利として当該社債券の発行者以外の者が発行者である株券等により償還される権利を取得するものに限る）（他社株券等公開買付府令2条の2）

　ここで，上記に掲げた所定の市場外の買付け等，すなわち次の(1)から(6)に掲げる買付け等（法27条の2第1項各号）のいずれかに該当するものは，公開買

（注2）　この発行者のほか，プロ投資者向けの特定取引所市場（法2条32項）のみに上場されている特定上場有価証券（特定店頭売買有価証券を含み，株券等に限る）（施行令6条2項）の発行者の株券等の買付け等も公開買付けの対象と定められているが（法27条の2第1項本文），開示規制の対象となる一般投資者向けの証券市場を取り上げているため，省いている。

付けによらなければならない。

(1) 5％超の市場外買付け等 （法27条の2第1項1号）

> 著しく少数の者から買付け等を行うものを除き，取引所市場外における株券等
> の買付け等の後におけるその者の所有に係る株券等の株券等所有割合が5％を
> 超える場合における当該株券等の買付け等

　本号においては，市場外取引が全て公開買付制度の対象とされるものではな
く，著しく少数の者から買付け等を行うものは対象外となることが定められて
いる。「著しく少数の者」からの買付け等は相対取引に相当するものとして規
制から除外しているものと解せられる。この「著しく少数の者」とは，株券等
の買付け等を行う相手方の人数と，当該買付け等を行う日前60日間に，市場外
において行った当該株券等の発行者の発行する株券等の買付け等の人数との合
計が10名以下である場合である（施行令6条の2第3項）。つまり，60日間での
市場外取引が10名以下の者からの買付け等は，公開買付制度からは除かれると
いうことである。この60日間という期間は，公開買付期間の最長である期間と
合わせたものである。

　したがって，11名以上の者から市場外での株券等の買付け等が公開買付けの
適用対象となるものである。また，本号においては，取引所市場外における株
券等の買付け等を公開買付けの対象としているが，店頭売買有価証券の取引に
よる株券等の買付け等及び私設取引システム（Proprietary Trading System：
PTS）による上場有価証券の取引による株券等の買付け等は，取引所市場にお
ける有価証券の売買等に準ずるものとして本号から除かれる（本号，施行令6
条の2第2項）。後者の私設取引システム（PTS）とは，電子情報処理組織を使
用して，同時に多数の者を一方の当事者または各当事者として取引所市場価額
等の決定方法またはこれに類似する方法により行うものをいう（法2条8項10
号）。

　次いで，規制対象の買付け等の量の程度として定められている5％超の所有
割合については，特別関係者がある場合にあっては，その株券等所有割合を加
算したものとする。この「特別関係者」とは，次の者をいう（法27条の2第7

項各号）。

①　形式的基準による特別関係者

株券等の買付け等を行う者と，株式の所有関係，親族関係，法人の場合の役員等の特別の関係にある者（1号，施行令9条）。ただし，その所有の議決権が総株主等の議決権の0.1％以下（外国会社の場合は1％以下）の小規模所有者は除かれる（1号，他社株券等公開買付府令3条2項）。

②　実質的基準による特別関係者

株券等の買付け等を行う者との間で，共同して当該株券等を取得し，もしくは譲渡し，もしくは当該株券等の発行者の株主としての議決権その他の権利を行使することまたは当該株券等の買付け等の後に相互に当該株券等を譲渡し，もしくは譲り受けることを合意している者（2号）

上記①の特別関係者は，親族等という一定の関係を踏まえて定められているので，「形式的基準による特別関係者」としている。一方，上記②の特別関係者は，株券等の買付け等を行う者との共同対応や合意がある者で，その者と実質的に一体と認められる者であることから，「実質的基準による特別関係者」としている。このような特別関係者の定めを踏まえ，株券等所有割合の5％超の市場外買付け等を実質的にとらえるため，買付け等を行う者だけでなく，その者と事実上一体とみられる特別関係者による買付け等の所有割合も加算することとされているのである。公開買付けが実効性のある制度とするためには，こうした実態を踏まえて実質的に適用することとなる設定は適切なものと考えられる。

ここで，規制対象の買付け等の量として株券等所有割合の5％超が設定されているが，この5％超は次章において取り上げる大量保有報告制度における株券等の「大量」の取得・保有の水準として設定されているものであり，市場外での大量の買付けを公開買付制度の対象とする観点から，同水準が定められているものと考えられる。

以上のとおり，この(1)に規定されている「5％超の市場外買付け等」は，著しい少数とはいえない11名以上の者から，大量に相当する株券等所有割合の5％超の株券等を市場外で買付け等を行うものであることから，公開買付けの

対象とされているものである。

(2)　著しい少数者からの３分の１超の市場外買付け等（法27条の２第１項　2号)

取引所市場外における株券等の買付け等（政令で定める買付け等を除く）であって，著しく少数の者から株券等の買付け等を行う場合における株券等の買付け等の後におけるその者の所有に係る株券等所有割合が３分の１を超える場合における当該株券等の買付け等

　本号から除かれる政令で定める買付け等は，店頭売買有価証券の取引による株券等の買付け等をいう（施行令６条の２第４項）。後記の(4)（４号）においても同じく除かれる（本号）。また，本号における「著しく少数の者」（10名以下）からの買付け等は，前記(1)において取り上げた政令で定めるものと同じものである。この(1)において，「著しく少数の者から買付け等を行うもの」は，規制の不要な相対取引として位置付けられて公開買付制度から除外されている。しかし，買付け等による所有割合が企業の経営支配にかかわるような大量のものであれば，買付け等に応じる投資者その他の投資者の投資判断に重要な影響を及ぼすこととなる。本号で規制対象と定めている株券等の所有割合が３分の１超である場合には，株主総会における特別決議（会社法309条２項）を阻止できる権限を有することとなる。こうした大量の株券等の取得は，当該株券の発行者である上場会社の経営に重要な影響を及ぼす議決権を有することとなることは明らかである。

　したがって，こうした株券等の大量の取得が行われた場合には，企業買収により経営支配を獲得するという状況が生ずることとなり，重要な投資判断情報を生ぜしめることとなるから，買付けに関する情報が適時，適切に開示される必要がある。こうしたことから，相対取引に相当すると位置付けられている10名以下の著しい少数の者からの株券等の買付け等であっても，所有割合が３分の１超となる場合には公開買付制度を適用して，開示規制を義務付けることとなるものである。このように，企業経営の支配権を取得される企業買収の場合には，法により所定の手続きや情報開示の規制が課され，株券等を売却する投

資者間の公平性や情報の非対称を解消する中での公開買付けが求められるものである。株券等所有割合が3分の1超となる場合を規制対象としていることは3分の1ルールと呼ばれており，他の方法による買付け等においても適用されている。

(3) 特定売買等による買付け等 （法27条の2第1項3号）

> 取引所市場における有価証券の売買等であって，競売買の方法以外の方法による有価証券の売買等として内閣総理大臣が定めるもの（以下この節において「特定売買等」という）による買付け等による株券等の買付け等の後におけるその者の所有に係る株券等の株券等所有割合が3分の1を超える場合における特定売買等による当該株券等の買付け等

　本号で掲げられている特定売買等とは，取引所市場における売買等であって競争売買（競売買）の方法以外の方法としては，東証の立会外取引の電子取引ネットワークシステムのToSTNeT（トストネット Tokyo Stock Exchange Trading NeTwork System）による取引等をいう。このToSTNeT市場は，特定の時間帯における市場価格の終値取引を除き，オークション取引の時間外の立会外取引として，市場（立会市場）から独立した市場である。立会市場に上場する，内国株，転換社債型新株予約権付社債（CB）等は，ToSTNeT市場にも上場されることから，これらについて売買が行われることとなる。
　市場取引は，通常，公正円滑な競争売買が一般に公平の行われる仕組みの下でなされるものであるから，公開買付制度の対象となる市場外取引とは全く別のものである。しかし，このToSTNeT市場は競争売買の取引時間とされている立会時間外に行われているものであり，競争売買における不特定多数の投資者が自由・公平に参加する時間優先や価格優先などの取引原則の仕組みの下ではない取引であることから，株券等の買付け等の量が3分の1超の場合には，公開買付けの規制対象と定められている。こうした規定の設定は，東証の立会時間外に企業買収のために大量の株券を取得した問題事例（いわゆるライブドア事件）も踏まえて，公開買付制度の対象として追加設定されたものである。

(4) 混合取引による買付け等（法27条の2第1項4号）

> 3ヶ月以内（施行令7条2項）に10％超（施行令7条3項）の株券等の取得を株券等の買付け等または新規発行の株券等の取得により行う場合（株券等の買付け等により行う場合は，政令で定める割合を超える特定売買等または市場外取引により行う場合に限る）であって，当該買付け等または新規発行取得の後におけるその者の所有に係る株券等の株券等所有割合が3分の1を超えるときにおける当該株券等の買付け等

　株券等の入手を立会外取引または市場外取引で3分の1超とはならない場合には，公開買付けを義務付けられないことから，3分の1以下の取得を継続すれば公開買付制度を実質的に潜脱することができてしまう。募集または売出しの届出における対象となる金額や人数においても通算規定を設けて，こうした潜脱行為を防止する対応がなされている。同様の趣旨から，公開買付制度においても，3分の1超の取得を分割して行う行為に留意し，10％超の株券を取得して3か月以内の通算期間内において3分の1超の合計になる場合は公開買付けを義務付けるための定めが本号の規定である。ここで，本号における「株券等の買付け等により行う場合」は，5％超の株券等の買付け等を前記(3)に掲げた特定売買等による株券等の買付け等または市場外における株券等の買付け等をいう（本号，施行令7条4項）。これらが混合取引による買付け等というものである。

　例えば，市場取引で上場会社株券を20％購入したのち，3か月以内に第三者割当で10％の割当てによる新規発行株を取得し，市場外でも10名以下の者から8％を買付けて，合計38％の所有割合の株式を取得して企業買収に成功することとなる。市場外での買い付けも10名以下の著しく少数の者から行っており，前記(1)「5％超の市場外取引」に該当しないことから，それぞれの株券取得については公開買付けの対象とはならない。しかし，この場合，所有割合の合計が3分の1を超えるので，市場外での8％の株券の買付けは公開買付けによって行わなければならない。

　このように，本号は，市場取引・新規発行取得とともに市場外取引や

ToSTNeT取引等による特定売買等を混ぜた混合取引により，一定期間（3か月）以内に3分の1超を超えるようなときにおける株券等の買付け等については公開買付けを求めるものである。

(5) 競合買付け等 （法27条の2第1項5号）

株券等につき公開買付けが行われている場合において，当該株券等の発行者以外の者（その者の所有に係る株券等の株券等所有割合が3分の1超の場合に限る）が6か月を超えない範囲内において政令で定める期間内に5％超（施行令7条6項）の株券等の買付け等を行うときにおける当該株券等の買付け等

本号における「政令で定める期間」は，当該株券等につき行われている公開買付けに係る公開買付届出書（法27条の3第2項）に記載された株券等の買付け等の期間の開始日から当該期間の終了の日までである（施行令7条5項）。本号においては，株券等の公開買付けが行われている場合において，他の者が，その所有に係る株券等の株券等所有割合が3分の1超の場合，当該他の者が5％超の買付け等を行うときは，公開買付けによることが義務付けられることが定められている。

つまり，上記の他の者は公開買付けを行っている者との競合の買付けとなることから，既に大量（3分の1超）の株券等を所有している大株主である者が5％超の買付け等を行うことに対しては，企業の支配権の公平な取得対応を踏まえて，この場合も公開買付けが行わなければならないこととしているものである。このように，既に大株主となっている者に対しては，取引の場を問わず，換言すれば公開買付け等が求められる市場外取引や特別売買等に限らず，市場取引も含めて5％超の買付け等を行う場合は公開買付制度の適用を義務付けているということである。

(6) その他の買付け等 （法27条の2第1項6号）

その他前各号（前記(1)から(5)）に掲げる株券等の買付け等に準ずるものとして政令で定める株券等の買付け等

本号の政令で定める株券等の買付け等は，次に掲げるものである（施行令7条7項）。

① PTS取引による買付け等（施行令7条7項1号）

私設取引システム（PTS）による上場有価証券の取引による株券等の買付け等であって，株券等の買付け等の後における株券等買付者の所有に係る株券等の株券等所有割合が3分の1を超える場合における当該株券等の買付け等

本号において掲げられている私設取引システム（PTS）による有価証券（上場有価証券に限る（施行令7条7項1号・6条の2第2項2号））の取引については，前記(1)「5％超の市場外買付け等」から除かれていることを踏まえ，その他の3分の1ルールが本号において定められている。つまり，5％超の市場外取引の公開買付けの対象外であっても，PTS取引により株券等所有割合が3分の1を超える場合の買付け等は公開買付けを義務付けられるものである。取引所市場における上場有価証券の取引または同取引に準ずると通常定められている店頭売買有価証券の取引は，PTS取引とは全く同一の取引対応とはいえないことから，企業の経営権の取得にかかわるような大量の取得（3分の1超）について，公開買付けの対象としたものと考えられる。

② みなし混合取引による買付け等（施行令7条7項2号）

株券等買付者が行う株券等の取得（株券等の買付け等及び新規発行取得）及びその特別関係者（実質的基準による特別関係者（法27条の2第7項2号）をいう）が行う株券等の取得を株券等買付者が行う株券等の取得とみなして前記(4)の混合取引とした場合において，前記(4)の4号に該当することとなる当該株券等の買付け等

本号においては，特別関係者が行う株券等の取得を株券等買付者が行う株券等の取得とみなして，前記(4)の4号の規定（混合取引）を適用することとした場合において，株券等所有割合が3分の1を超えるときは公開買付の対象として定められている。前記(4)の混合取引は，株券等の買付け等を複数の市場にお

ける行うことも公開買付規制の潜脱とならないように定められている。この混合取引に係る規定の趣旨を踏まえ，株券等の取得を行う者だけでなく，その特別関係者による取得も実質的には一体の当該株券等の取得とみなして対応することが本号において定められているものである。

2　公開買付け

　公開買付けとは，不特定かつ多数の者に対し，公告により株券等の買付け等の申込みまたは売付け等（売付けその他の有償の譲渡をいう。以下この章において同じ）の申込みの勧誘を行い，取引所の市場外で株券等の買付け等を行うことをいう（法27条の2第6項）。この公開買付けの定義は，他社株公開買付制度及び自社株公開買付制度の双方において適用される（法27条の22の2第2項）。

　市場外の買付け等，つまり市場取引でないところにおいての株券等の買付け等については，公開買付制度により，株主にとっては公正で公平な株券等の売付け等が行えるとともに，買付者にとっても短期間に大量の株式の取得が円滑にできることになる。その結果，公開買付制度は企業買収の手段として利用されている。

　このように，公開買付けは不特定多数の者に対して株券等の買付け等の申込みまたは売付け等の申込みの勧誘を行うことを求めるものであるから，すでに取り上げた募集または売出しにおいて求められているように，当該公開買付けに関する情報開示が義務付けられることとなる。ただし，公開買付制度においては，買付けの届出について，有価証券届出制度において設定されている届出の効力発生（届出後の原則15日経過で効力発生）は設けられていないので，届出者に対する待機期間はないが，公開買付けを行うための一定の期間が定められていることから，投資者における投資判断に要する熟慮期間は設けられていると考えられる。

3　公開買付けの免除

　企業買収等に向けた所定の市場外取引においては公開買付けの対象となるが，①新株予約権の行使による株券等の買付け等，②特別関係者から行う株券等の買付け等，③その他政令で定める株券等の買付け等は，公開買付けが義務付け

られないこととなっている（法27条の2第1項ただし書，施行令6条の2）。こうした公開買付けの免除すなわち公開買付制度から除外される株券等の買付け等は，権利行使による取得等であるため実質的には買付けではないこと，特別関係者からの買付けであれば不透明な取引等ともいえないこと，支配目的の買付けでないことなどから，公開買付制度の適用除外とされているものである。

　ここで，上記②の「特別関係者」とは，株券等の買付け等を行う者と，株券等の買付け等を行う日以前1年間継続して法27条の2第7項1号に規定する形式的基準による特別関係にある者をいう（他社株券等公開買付府令3条1項）。この形式的基準による特別関係については，前記1(1)①参照。また，上記③の「政令で定める株券等の買付け等」は，株式の割当てを受ける権利の行使による買付け等，投資信託の受益証券の交換による買付け等，担保権の実行による特定買付け等（60日間に10名以下の者からの買付け等（施行令6条の2第3項）），事業の全部または一部の譲受けによる10名以下の者からの買付け等，そのほか上記の公開買付制度の適用除外の趣旨を踏まえた所定の場合の買付け等である（施行令6条の2第1項1号から16号）。

4　公開買付制度への対応

(1)　買付期間

　公開買付けによる株券等の買付け等は，政令で定める期間の範囲内で買付け等の期間を定めて，行わなければならない（法27条の2第2項）。この政令で定める期間は，公開買付者が公開買付開始公告（後記(4)参照）を行った日から起算して20日以上で60日以内である（施行令8条1項）。なお，この期間の算定においては行政機関の休日の日数は，算入しない（以下「営業日」という）。この買付期間（公開買付開始公告を行った日から公開買付けによる買付け等の期間の末日までをいう。以下同じ）は，買付け等に応じる株主である投資者の投資判断に係る熟慮を考慮して少なくとも20日間が設定され，一方で公開買付けが投資判断に与える影響や公開買付者の対応等も踏まえ，期間の上限は60日間とされているものである。

　ただし，次に掲げるような場合は，買付期間の延長がされることとなる。こ

第8章　公開買付制度　261

れは，情報内容の周知のため，公開買付けの状況や買付対象の株券等の発行者の対処の状況などを踏まえ，公開買付期間の延長も認められているものである。

①　訂正届出書の提出による期間延長

公開買付期間中に，自発的訂正届出書を提出する場合または訂正届出書の提出命令があった場合には，公開買付届出書（その訂正届出書を含む）に形式上の不備がある場合（他社株券等公開買付府令22条1項）を除き，当該公開買付けに係る買付け等の期間を，内閣府令で定める期間，延長し，その旨を直ちに公告し，または公表[注3]しなければならない（法27条の8第8項）。この期間延長は，訂正内容の周知を図る期間の確保の対処であり，当該延長期間の末日までの間は当該公開買付けの決済を行ってはならない（法27条の8第9項）。内閣府令で定める延長期間は，当該公開買付届出書に係る公開買付期間の末日の翌日から，訂正届出書を提出する日より起算して10営業日を経過した日までの期間である（他社株券等公開買付府令22条2項本文）。ただし，買付条件等のうち買付け等の期間を延長する場合であって他の買付条件等に変更がないときは，当該延長する買付け等の期間とする（他社株券等公開買付府令22条2項ただし書）。

②　買付対象者の意見表明報告書の提出による期間延長

公開買付けに係る株券等の発行者が提出する意見表明報告書（後記8(4)参照）において，公開買付開始公告に記載された買付け等の期間を政令で定める期間に延長することを請求する旨（当該買付け等の期間が政令で定める期間より短い場合に限る）の記載があり，かつ，内閣総理大臣が当該意見表明報告書を公衆の縦覧に供したときは，公開買付者は，買付け等の期間を政令で定める期間に延長しなければならない（法27条の10第3項）。この政令で定める期間は，30営業日である（施行令9条の3第6項）。買付対象の公開買付けに対する対応や投

（注3）　公表とは，公表すべき内容及び事項を次に掲げる報道機関の2以上を含む報道機関に対して公開することにより行わなければならない（他社株券等公開買付府令20条）。①時事に関する事項を掲載する日刊新聞紙の販売を業とする新聞社，②この①に掲げる新聞社に時事に関する事項を総合して伝達することを業とする通信社，③日本放送協会及び基幹放送事業者。なお，この公表の定めは，次の「③対抗公開買付けによる期間延長」及びこの4における後記の「(2)買付条件の均一化と変更の制限」，「(4)公開買付けの公告」，また「6　公開買付けの撤回等」における公表にも適用される。

資者の情報提供を踏まえて期間延長が認められているものである。

　なお，買付対象者は，意見表明報告書に期間延長請求の記載をした場合には，意見報告書の提出期間の末日の翌日までに，延長後の買付け等の期間その他の内閣府令（他社株券等公開買付府令25条の2）で定める事項を公告しなければならない（法27条の10第4項）。

③　対抗公開買付けによる期間延長

　公開買付期間中に，当該公開買付者及びその特別関係者以外の者すなわち対抗公開買付者が，対象者の発行する株券等について，公開買付開始公告または買付け等の期間を延長する買付条件の変更の公告もしくは公表を行った場合は，当該公開買付期間の末日の翌日から当該公開買付開始公告または当該変更の公告もしくは公表に係る公開買付期間の末日までの日数以内の期間を延長することができる（法27条の6第1項4号，施行令13条2項2号ただし書・同号ロ）。この期間延長は，対抗する新たな公開買付け（対抗公開買付け）に対して，既に手続きを開始している当初の公開買付者において対応し得ることが図られたものである。

(2)　買付条件の均一化と変更の制限

　公開買付けによる株券等の買付け等を行う場合には，買付け等の価格については，全ての応募株主に対して均一の条件によらなければならない（法27条の2第3項，施行令8条3項本文）。応募株主に差をつけることなく，公平に買付け等を行うためには，当然，均一の条件によることが必要となる。ただし，公開買付者が応募株主等に複数の種類の対価を選択させる場合には，選択することができる対価の種類をすべての応募株主等につき同一とし，かつ，それぞれの種類ごとに当該種類の対価を選択した応募株主等について均一にしなければならない（施行令8条3項ただし書）。

　公開買付けの条件を自由自在にいつでも変更されると，買付対象の株券等を売却する投資判断を不合理にさせるなどの応募者による対応や証券市場における公正円滑な取引に対して不適切で不当な影響を与えるおそれがある。そこで，公開買付者は，次に掲げる買付条件等の変更（法27条の6第1項各号）を行う

ことはできない（法27条の6第1項柱書）。

① 買付け等の価格の引下げ（1号）

買付け等の価格の引下げという変更はできないが，公開買付開始公告及び公開買付届出書において公開買付期間中に対象者が株式の分割や株式・新株予約権の無償割当て等を行ったときは，買付け等の価格の引下げを行うことがある旨の条件を付した場合に行うものは本規定からは除かれ，価格引き下げが認められる（本号かっこ書，施行令13条1項）。

② 買付予定の株券等の数の減少（2号）

③ 買付け等の期間の短縮（3号）

④ その他政令で定める買付条件等の変更（4号）

政令で定める買付条件等の変更は，次に掲げるものである（施行令13条2項）。

イ）応募株券等の数の合計が買付予定の株券等の数の全部またはその一部としてあらかじめ公開買付開始公告及び公開買付届出書において記載された数に満たないときは，応募株券等の全部の買付け等をしないこと（法27条の13第4項1号に掲げる条件）を付した場合において，同号に規定する公開買付開始公告及び公開買付届出書において記載された数を増加させること（施行令13条2項1号本文）。

ただし，公開買付開始公告を行った後に，当該公開買付者，その特別関係者及び当該公開買付けに係る株券等の発行者以外の者が，当該対象者の発行する株券等について，公開買付開始公告または買付予定の株券等の数を増加させる買付条件の変更の公告もしくは公表を行い，公開買付けを行っている場合については，変更できることとなっている（施行令13条2項1号ただし書）。

ロ）買付け等の期間を政令で定める期間（20営業日以上で60営業日以内）（施行令8条1項）を超えて延長すること（施行令13条2項2号本文）。

ただし，訂正届出書を提出して法が定める買付け等の期間を延長しなければならない場合や対抗公開買付者が買付対象者の株券等について公開買付開始公告または買付期間の延長の公告・公表を行った場合には，変更できることとなっている（施行令13条2項2号ただし書）。

ハ）　買付け等の対価の種類を変更すること（施行令13条2項3号本文）。

　　　ただし，応募株主等が選択することができる対価の種類として新たな対価の種類を追加するものについては，変更できることとなっている（施行令13条2項3号ただし書）。

ニ）　公開買付者が公開買付開始公告及び公開買付届出書において公開買付けに係る株券等の発行者もしくはその子会社の業務もしくは財産に関する重要な変更その他の公開買付けの目的の達成に重大な支障となる事情が生じたときは，公開買付けの撤回等をすることがある旨の条件（法27条の11第1項）を付した場合において，当該条件の内容を変更すること（施行令13条2項4号）。

　しかし，公開買付けへの対応も踏まえて，公開買付者は上記①から④に掲げられたもの以外の公開買付条件等の変更を行うことができる（法27条の6第2項前段）。この場合においては，当該変更を行おうとする公開買付者は，公開買付期間中に，買付条件等の変更の内容その他内閣府令で定める事項を公告しなければならない（法27条の6第2項後段，他社株券等公開買付府令19条2項）。この公告を公開買付期間の末日までに行うことが困難である場合には，公開買付者は，当該末日までに買付条件等の変更の内容及び事項を公表し，その後直ちに上記の公告を行わなければならない（法27条の6第3項）。

(3)　買付業務担当業者の選定

　公開買付けによる株券等の買付け等を行う場合には，株券等の管理，買付け等の代金の支払その他の政令で定める事務については，金融商品取引業者（第1種金融商品取引業者に限る。以下この章及び次章において同じ）または銀行等に行わせなければならない（法27条の2第4項）。そこで，公開買付けを行う場合，金融商品取引業者等の選定が必要となる。ここで，政令で定める事務は，次に掲げるものをいう（施行令8条4項各号）。

①　応募株券等の保管及び返還（1号）

②　買付け等の代金の支払（2号）

③　あん分比例方式により買付け等を行う株券等の数を確定させる事務（3

号)

(4) 公開買付けの公告

公開買付けによって株券等の買付け等を行わなければならない者は，当該公開買付けについて，その目的，買付け等の価格，買付予定の株券等の数，買付け等の期間等を公告しなければならない（法27条の3第1項前段）。公告しなければならない事項については，公開買付者に関する内容等のさらなる詳細で広範な情報も内閣府令で定められている（他社株券等公開買付府令10条）。この公告は，公開買付開始公告といい，その内容に不備や相違があるときは，訂正して，公告または公表しなければならない（法27条の7第1項）。

公開買付開始公告は，次に掲げるように，電子公告か日刊新聞によらなければならない（施行令9条の3第1項各号）。

① 電子公告

開示用電子情報処理組織を使用する方法（EDINET）により不特定多数の者が公告すべき内容である情報の提供を受けることができる状態に置く措置をとる方法（1号）

電子公告による公告をする者は，当該公告をした後遅滞なく，当該公告をした旨を，時事に関する事項を掲載する日刊新聞紙に掲載しなければならない（施行令9条の3第3項）。また，次の掲げる公告の区分に応じ，それぞれに定める日までの間，継続して電子公告をしなければならない（施行令9条3第4項）。

イ） 公開買付開始公告，買付条件等の変更公告，訂正公告等の場合……公開買付期間の末日

ロ） 公開買付けに係る応募株券等の数等の公告の場合……当該公告の開始後一月を経過する日

② 日刊新聞

> 時事に関する事項を掲載する日刊新聞紙（産業及び経済に関する事項を全般的
> に報道する日刊新聞紙を含む）に掲載する方法（2号）

　以上において取り上げた公開買付開始公告の場合において，当該買付け等の
期間が政令で定める30営業日（施行令9条の3第6項）より短いとき，買付け
等の対象の株券等の発行者の意見表明報告書に買付期間の延長の請求の旨の記
載があって公衆縦覧されている場合には，当該買付け等の期間が延長される
ことがある旨を当該公告において明示しなければならない（法27条の3第1項後
段）。

(5) 公開買付届出書の提出・公開買付説明書の交付

　公開買付開始公告を行った者（公開買付者）は，当該公開買付開始公告を
行った日（その日が日曜日・休日の場合は翌日）に，公開買付けに関する事項を
記載した書類及び添付書類の公開買付届出書を内閣総理大臣に提出をしなけれ
ばならない（法27条の3第2項）。そして，公開買付者，その特別関係者，その
他政令で定める関係者（公開買付業務を行う金融商品取引業者や銀行等，代理人を
いう（施行令10条）。以下この節において「公開買付者等」という）は，その公開
買付けにつき公開買付開始公告が行われた日の翌日以後は，当該公開買付者が
公開買付届出書を内閣総理大臣に提出していなければ，次に掲げる売付け等の
申込みの勧誘等の行為（以下の(8)及び9(1)①ハ）において「公開買付けに係る行為」
という）をしてはならない（法27条の3第3項，他社株券等公開買付府令15条）。

① 　買付け等の申込みまたは売付け等の申込みの勧誘
② 　公開買付説明書（後記8(3)参照）の交付
③ 　買付け等の申込みの承諾を受け付けることまたは売付け等の申込みを受
　　　け付けること
④ 　応募株券等の受入れ

　このように，公開買付開始公告を日刊新聞において行って（電子公告の場合
も日刊新聞紙に掲載することが求められている。前記(4)参照），公開届出書を提出

したうえで，その翌日から公開買付けを開始することができるということである。つまり，公開買付けの周知対応を踏まえ，公告とともに法定開示書類の提出による開示対応を行うことが買付け等を行う条件とされているものである。

また，公開買付者は，公開買付届出書（間接開示書類）の作成・提出のほか，株券等の売付け等を行おうとする者に対し，公開買付説明書（直接開示書類）を作成して交付しなければならない（法27条の9第1項・第2項）。つまり，投資判断情報の開示という観点から，有価証券届出制度における有価証券届出書（間接開示書類）の作成・提出とともに目論見書（直接開示書類）と同様の対応が公開買付けにおいても求められているものである。

そして，公開買付期間中に，後に取り上げる公開買付届出書に対する訂正命令（法27条の8第3項・第4項）という行政処分が下された場合には，当該行政処分に係る訂正届出書が提出されるまでの間は，売付け等の申込みの勧誘をしてはならない（法27条の8第7項）。

(6) 買付対象者の対応等

公開買付けに係る株券等の発行者である買付対象者は，公開買付開始公告が行われた日から10営業日以内に（施行令13条の2第1項），当該公開買付けに関する意見等を記載した書類である意見表明報告書を内閣総理大臣に提出しなければならない（法27条の10第1項）。公開買付けは3分の1ルール等を踏まえ，企業買収の手段としてされることが多いことから，公開買付対象となる株券等の発行者サイドにおいて，公開買付けに対してどのように対処・反応するのかについては，投資者にとって重要な情報となることから，この意見表明報告書も法定開示書類として定められているものである。つまり，企業の買収等が目的とされる公開買付けは，その対象となる会社の経営や今後の展開等にどのような影響を及ぼすこととなるかに大きくかかわることから，当該会社が公開買付けに対して，反対するのか，同意するのかなど，投資者からは大いに注目されるものとなるからである。

この意見表明報告書の提出の趣旨を踏まえ，買付対象者からは公開買付者に対して，同報告書において公開買付けに関する意見のほか質問を行うこと（質問権）も設けられている（法27条の10第2項）。そして，この質問に対して放置

されることは許されず，公開買付者に係る対応が義務付けられている。すなわち，意見表明報告書に「公開買付者に対する質問」（法27条の10第2項1号）が記載されている場合には，当該意見表明報告書の写しの送付を受けた公開買付者は，当該送付を受けた日から5営業日以内に当該質問に対する回答（当該質問に対して回答する必要がないと認めた場合には，その理由）を記載した書類である対質問回答報告書を内閣総理大臣に提出しなければならない（法27条の10第11項，施行令13条の2第2項）。買付対象者からの質問に対して，公開買付者がどのような回答を示すことになるのかは投資者にとって注目されることから，双方について開示される仕組みが設けられているということである。

(7) 法定開示書類の写しの送付

公開買付者は，公開買付届出書（訂正届出書を含む）を提出した後，直ちに当該公開買付届出書の写しを当該公開買付けに係る株券等の発行者に送付するとともに，取引所・認可協会に送付しなければならない（法27条の3第4項）。

さらに，他の法定開示書類である公開買付報告書，意見表明報告書及び対質問回答報告書並びに公開買付撤回届出書（これらの訂正報告書を含む）の写しも，同じく買付対象の株券等の発行者に直ちに送付するとともに，取引所・認可協会に送付しなければならない（法27条の10第9項・第13項・27条の11第4項・27条の3第4項）。

(8) 買付け等の決済

① 交換買付け

公開買付者等は，有価証券をもって対価とする買付け，いわゆる交換買付けを行う場合もある。そこで，公開買付者等は，その公開買付けにつき有価証券をもってその買付け等の対価とする場合において，当該有価証券がその募集または売出しにつき届出制度の規定（法4条1項本文・2項本文・3項本文）の適用を受けるものであるときは，公開買付届出書または訂正届出書の提出と同時に当該有価証券の発行者が内閣総理大臣にこれらの規定による届出を行っていなければ，売付け等の申込みの勧誘その他の当該公開買付けに係る行為（他社株券等公開買付府令15条）をしてはならない（法27条の4第1項）。この場合にお

いて，対価とされる有価証券が発行登録をされた有価証券であるときは，公開買付者等は，当該発行登録が効力を生じており，かつ，公開買付届出書または訂正届出書の提出と同時に当該有価証券の発行登録者が発行登録追補書類を内閣総理大臣に提出していなければ，売付け等の申込みの勧誘その他の当該公開買付けに係る行為（他社株券等公開買付府令15条）をしてはならない（法27条の4第2項）。

　ここで，有価証券をもって買付け等の対価とする公開買付けであって，当該有価証券の募集または売出しにつき上記の有価証券届出制度を定める規定による届出が行われたものまたは発行登録追補書類が提出されたものに係る公開買付届出書の提出については，公開買付届出書に記載すべき事項及び添付書類における記載及び添付を省略することができる（法27条の4第3項）。これは，公開買付届出書において記載が求められる事項については，有価証券届出書において記載されていることを踏まえ，重複開示を避けているものである。

②　全部買付義務の原則

　公開買付者は，公開買付けの撤回等を行う場合並びに公開買付開始公告及び公開買付届出書において次に掲げる条件（法27条の13第4項各号）を付した場合を除き，公開買付期間中における応募株券等の全部について，公開買付開始公告及び公開買付届出書に記載した買付条件等により，買付け等に係る受渡しその他の決済を行わなければならない（法27条の13第4項柱書）。応募株主等への公平な対応を踏まえて，応募株券等の全部を買付けて決済することを原則としているものである。

　イ）　応募株券等の数の合計が買付予定の株券等の数の全部またはその一部としてあらかじめ公開買付開始公告及び公開買付届出書において記載された数に満たないときは，応募株券等の全部の買付け等をしないこと（1号）。

　ロ）　応募株券等の数の合計が買付予定の株券等の数を超えるときは，その超える部分の全部または一部の買付け等をしないこと（2号）。

　　　　この条件を付す場合は，公開買付けの後における公開買付者の所有に係る株券等の株券等所有割合が3分の2を下回る場合に限られている（法

27条の13第4項かっこ書，施行令14条の2の2）。

③ あん分比例方式決済

公開買付者は，上記の②のロ（法27条の13第4項第2号）に掲げる条件を付した場合において，応募株券等の数の合計が買付予定の株券等の数を超えるときは，その超過部分は買付けないこととなるので，応募株主等から内閣府令で定めるあん分比例の方式（「あん分比例方式」という）により株券等の買付け等に係る受渡しその他の決済を行わなければならない（法27条の13第5項）。買付予定の株券等の数を超える場合，あん分して決済することにより，応募株主等への平等で公平な対応を図ることとしているものである。

この内閣府令で定めるあん分比例の方式は，当該応募株主等の応募株券等の数に応募株券等に係る議決権の数の合計のうちに占める買付け等をする株券等に係る議決権の数の合計の割合を乗じ，当該計算によって得た数に1株または1投資口未満の端数があるときは，当該端数を四捨五入する方法とする（他社株券等公開買付府令32条1項）。なお，この方法により計算した数の合計と買付け等をする株券等の数の合計とが異なるときは，その異なる数の処理は，公開買付届出書に記載した方法により行わなければならない（他社株券等公開買付府令32条2項）。

⑼ 公開買付けの終了対応

① 追加対応

公開買付けを行う場合には，公開買付制度を定める法の定めるところによるほか，政令で定める条件及び方法によらなければならない（法27条の2第5項）。これを踏まえて，次の追加対応が政令で定められている（施行令8条5項各号）。

イ）買付け等の期間が終了したときは，遅滞なく，買付け等をする株券等の数その他の内閣府令で定める事項を第1号様式（他社株券等公開買付府令5条1項・2項）により記載した，買付け等に関する「公開買付けによる買付け等の通知書」を応募株主等に送付しなければならない（1号）。

公開買付けの終了について，応募株主等に直接開示することを求めているものである。

ロ）　買付け等に係る受渡しその他の決済は，買付け等の期間が終了した後，遅滞なく行わなければならない（2号）。

　　公開買付者は，公開買付の撤回の場合等を除き，公開買付期間中に売付けを応募された株券を全て買い付けて，その決済を行うこととなることを踏まえ，その対応が定められているものである。

ハ）　買付け等の後における当該買付け等を行う者の株券等所有割合の合計が3分の2以上となるときは，当該株券等の発行者が発行するすべての株券等について，買付け等の申込みまたは売付け等の申込みの勧誘を行わなければならない（3号）。

　　公開買付け後における株券等所有割合が3分の2を超えるような場合においては，会社法上，特別決議に対する買付者以外の株主からの拒否権が基本的になくなることや上場廃止となる可能性が出てくることなどから，こうした場合には公開買付者に全部買付義務を課すことが適当であるとして定められたものである^(注4)。ただし，当該株券等の買付け等の申込みまたは売付け等の申込みの勧誘が行われないことの同意がある場合（株主総会決議や当該株券等の所有者が25名未満でその所有者が同意の場合）は除く（本号かっこ書，他社株券等公開買付府令5条3項）。そして，この買付け等の申込みまたは売付け等の申込みの勧誘は，同一の公開買付けによらなければならない（他社株券等公開買付府令5条5項）。

②　公開買付終了の提出・開示

　公開買付者は，公開買付期間の末日の翌日に，当該公開買付けに係る応募株券等の数，公開買付けの内容，応募株券等の数及び買付け等を行う株券等の数等（他社株券等公開買付府令30条1項）を公告し，または公表しなければならない（法27条の13第1項本文）。この公表とは，(イ)時事に関する事項を掲載する日刊新聞紙の販売を業とする新聞社（以下「時事に関する日刊新聞社」という），(ロ)上記(イ)に掲げる新聞社に時事に関する事項を総合して伝達することを業とする

（注4）　前掲（注1）の金融庁・金融審議会金融分科会第一部会・公開買付制度等ワーキング・グループ報告「公開買付制度等のあり方について」の「5．公開買付けにおける投資者間の公平性確保，株主の保護」。

通信社（以下「時事に関する通信社」という），（ハ）日本放送協会及び基幹放送事業者の報道機関（施行令9条の4各号）の2以上を含む報道機関に対して公開することにより行わなければならないものであり（他社株券等公開買付府令30条の2），既に取り上げている公表（注2参照）と同じ内容である。また，公告または公表を行った日に，それらの内容等を記載した公開買付報告書を内閣総理大臣に提出しなければならない（法27条の13第第2項）。

このように公開買付けの結果がどのようになったかの開示が義務付けられているのである。公開買付けの結果は，買付対象の株券等の市場価格等にも影響を与えることから，投資者の投資判断に資する重要情報であり開示しなければならないものである。ただし，公開買付けに係る申込みの撤回及び契約の解除を公告した場合には，上記の公告・公表は求められない（法27条の13第1項ただし書）。

5　別途買付けの禁止

公開買付者等は，公開買付期間（期間延長の期間を含む）中においては，公開買付けによらないで当該公開買付けに係る株券等の発行者の株券等の買付け等を行うこと，すなわち別途買付けを行ってはならない（法27条の5本文）。公開買付制度を踏まえ，別途買付けの禁止は当然の措置である。ただし，次に掲げる場合は（法27条の5各号），この禁止から除外される（法27条の5ただし書）。

① 当該株券等の発行者の株券等の買付け等を公開買付けによらないで行う旨の契約を公開買付開始公告を行う前に締結している場合で公開買付届出書において当該契約があること及びその内容を明らかにしているとき（1号）。

② 株式の所有関係，親族関係等の特別関係者（法27条の2第7項1号）が株券等の買付け等を行う者との間で，共同して当該株券等の取得・譲渡，議決権等の行使または当該株券等の買付け等の後に相互に当該株券等を譲渡・譲受を合意している者（法27条の2第7項2号）に該当しない旨の申出を内閣総理大臣に行った場合（2号）

③ その他政令で定める場合（3号）……例えば，公開買付けの事務を行う金融商品取引業者・銀行等や代理人が公開買付者及びその特別関係者以外

の者の委託を受けて買付け等をする場合，取引所または認可協会の定める規則において有価証券の流通の円滑化を図るため認められている買付け等をする場合，新株予約権を有する者が当該新株予約権を行使することにより買付け等をする場合などが政令で定められている（施行令12条）。

6　公開買付けの撤回等

　公開買付者は，公開買付開始公告をした後においては，公開買付けに係る申込みの撤回及び契約の解除（以下「公開買付けの撤回等」という）を行うことができない（法27条の11第1項本文）。これが公開買付けの意義と応募者の対応を踏まえた公開買付けの義務の履行を求めるものである。ただし，公開買付者が公開買付開始公告及び公開買付届出書において，公開買付けに係る株券等の発行者もしくはその子会社の業務もしくは財産に関する重要な変更その他の公開買付けの目的の達成に重大な支障となる事情（政令で定めるものに限る）が生じたときは，公開買付けの撤回等をすることがある旨の条件を付した場合または公開買付者に関し破産手続開始の決定その他の政令で定める重要な事情の変更が生じた場合には，公開買付けの履行義務が免除される（法27条の11第1項ただし書）。この「公開買付けの目的の達成に重大な支障となる事情」及び「重要な事情の変更」について政令で定めるものは，次に掲げるとおりである。

(1)　公開買付けの目的の達成に重大な支障となる事情

　「公開買付けの目的の達成に重大な支障となる事情」は，軽微なものとして内閣府令が定めている軽微基準（他社株券等公開買付府令26条1項から3項）に該当するものを除き，次に掲げるものである（施行令14条1項各号）。これらの事情は，公開買付けの対象者に事業活動の継続が困難となるような劣化事情を掲げており，公開買付けの目的に著しく反することを踏まえて定められているものである。また，公開買付けの実施が困難となるような事情も掲げられている。

　①　公開買付けの対象者またはその子会社の業務執行決定機関が合併，解散，減資，上場廃止等の重大なことを決定したこと（1号）。

　②　公開買付けの対象者の業務執行を決定する機関が当該公開買付者の株券

等所有割合を10%以上（他社株券等公開買付府令26条2項）減少させること
となる新株の発行，複数種類株券の発行など，公開買付けへの防止対応を
決定したこと（2号）。

③　公開買付けの対象者に事業の差止め，免許取消し，当該対象者以外の者
による破産手続開始等の申立て，手形の不渡り，災害損失の発生等，対象
者に重大な支障が発生したこと（3号）。

④　株券等の取得につき他の法令に基づく行政庁の許可等を必要とする場合
において，公開買付期間の末日の前日までに，当該許可等を得られなかっ
たこと（4号）。

⑤　その他上記①から④に準ずるものとして内閣府令で定めるもの（5号）
　　内閣府令で定めているものは，公開買付けの後において公開買付者及び
その特別関係者が株主総会において議決権を行使することができる事項を
変更させることとなる株式の交付その他の行為（当該公開買付けに係る買付
け等の期間の末日後に行うものに限る）を行うことがある旨の決定を対象者
の業務執行を決定する機関が行っており，かつ，当該決定の内容を公表し
ている場合であって，当該機関が当該決定を維持する旨の決定（公開買付
開始公告を行った日以後に公表されたものに限る）をした場合である（他社株
券等公開買付府令26条4項）。

(2)　重要な事情の変更

「重要な事情の変更」は，次に掲げるものである（施行令14条2項各号）。こ
れらの事情の変更は，公開買付者における事業活動の継続が困難となるような
ことなどが定められており，こうした状況の下では公開買付けの実施が困難と
認められるものである。

①　死亡（1号）

②　後見開始の審判を受けたこと（2号）

③　解散（3号）

④　破産手続開始の決定，再生手続開始の決定または更生手続開始の決定を
受けたこと（4号）

⑤　当該公開買付者及びその特別関係者以外の者による破産手続開始の申立

第8章　公開買付制度　275

　て等がなされたこと（5号）

⑥　不渡り等があったこと（6号）

(3)　公開買付けの撤回等を行う場合の手続

　公開買付けの撤回等を行おうとする場合には，公開買付期間の末日までに，当該公開買付けの撤回等を行う旨及びその理由等を公告しなければならない（法27条の11第2項本文）。ただし，公告を当該末日までに行うことが困難である場合には，当該末日までに当該公告に記載すべき内容を公表し，その後直ちに公告を行うものとする（法27条の11第2項ただし書）。公開買付けの撤回等は，この公告をした場合に限り，当該公告の時にその効力を生ずることとなる（法27条の11第5項）。

　そして，公告または公表を行った者は，当該公告または公表を行った日に，公告の内容等を記載した書類，すなわち公開買付撤回届出書（他社株券等公開買付府令28条，第5号様式）を内閣総理大臣に提出しなければならない（法27条の11第3項）。この公開買付撤回届出書を提出した後，直ちにその写しを当該公開買付けに係る株券等の発行者に送付するとともに，取引所・認可協会に送付しなければならない（法27条の11第4項・27条の3第4項）。

7　応募株主等の契約解除権

　応募株主等（公開買付けに係る株券等の買付け等の申込みに対する承諾または売付け等の申込みをした者をいう）は，公開買付期間中においては，いつでも，当該公開買付けに係る契約の解除をすることができることが認められている（法27条の12第1項）。そこで，応募株主等は，契約の解除をする場合において，公開買付開始公告及び公開買付届出書において当該公開買付けに係る契約の解除に関し，公開買付けに係る契約の解除を行う旨の書面を公開買付者が指定した者に交付または送付する方法（施行令14条の2）による旨の条件が付されているときは，当該方法によらなければならない（法27条の12第2項前段）。この場合において，当該契約の解除は，当該書面が当該指定した者に交付され，または到達した時に（施行令14条の2），その効力を生ずる（法27条の12第2項後段）。

そして，応募株主等による契約の解除があった場合においては，公開買付者は，当該契約の解除に伴う損害賠償または違約金の支払を請求することができないものとし，応募株券等（応募株主等が公開買付けに応じて売付け等をした株券等をいう）を金融商品取引業者または銀行等に管理させているときは，その返還に要する費用は，公開買付者の負担とすることも定められている（法27条の12第3項）。

公開買付けにおいては，その届出に係る待機期間はなく，また買付価格の引下げ等を除いて一定の条件の変更も認められる中での買付者による株券等の大量の買付け等が可能となっている。こうしたことなどを踏まえ，公開買付けの当事者とのバランスと株主の投資者保護を図るため，買付けの応募に対応する株主等において投資判断が適切，合理的になし得るような対応として随時の応募株主等の契約解除権が定められているものと考えられる。

8　公開買付制度の法定開示書類

公開買付届出書その他の公開買付制度における法定開示書類は，内閣総理大臣に提出されて，それらが受理された日から5年間公衆縦覧される（法27条の14第1項）。また，これらの法定開示書類の写しも，その提出者の本店・主たる事務所及び当該提出者から送付される取引所・認可協会において同一期間公衆縦覧される（法27条の14第2項・第3項）。有価証券報告書等の公衆縦覧と同様の対応である。そこで，以下においてこれらの間接開示の法定開示書類と直接開示の公開買付説明書を取り上げることとする。

⑴　公開買付届出書

公開買付制度において主たる法定開示書類である公開買付届出書においては，次に掲げる事項が記載される（法27条の3第2項各号）。

① 買付け等の価格，買付予定の株券等の数，買付け等の期間，買付け等に係る受渡しその他の決済及び公開買付者が買付け等に付した条件（「買付条件等」という）（1号）

② 当該公開買付開始公告をした日以後において当該公開買付けに係る株券等の買付け等を公開買付けによらないで行う契約がある場合には，当該契

約の内容（2号）

③　公開買付けの目的，公開買付者に関する事項その他の内閣府令で定める
　　事項（3号）

　上記③の内閣府令で定める公開買付届出書における記載事項は，次の第2号
様式により掲げられている（他社株券等公開買付府令12条）。

〈公開買付届出書の記載事項：他社株券等公開買付府令第2号様式〉

第1　公開買付要項
　　　1　対象者名
　　　2　買付け等をする株券等の種類
　　　3　買付け等の目的
　　　4　買付け等の期間，買付け等の価格及び買付予定の株券等の数
　　　5　買付け等を行った後における株券等所有割合
　　　6　株券等の取得に関する許可等
　　　7　応募及び契約の解除の方法
　　　8　買付け等に要する資金
　　　9　買付け等の対価とする有価証券の発行者の状況
　　　10　決済の方法
　　　11　その他買付け等の条件及び方法
第2　公開買付者の状況
　　　1　会社の場合
　　　2　会社以外の団体の場合
　　　3　個人の場合
第3　公開買付者及びその特別関係者による株券等の所有状況及び取引状況
　　　1　株券等の所有状況
　　　2　株券等の取引状況
　　　3　当該株券等に関して締結されている重要な契約
　　　4　届出書の提出日以後に株券等の買付け等を行う旨の契約
第4　公開買付者と対象者との取引等
　　　1　公開買付者と対象者またはその役員との間の取引の有無及び内容
　　　2　公開買付者と対象者またはその役員との間の合意の有無及び内容
第5　対象者の状況
　　　1　最近3年間の損益状況等
　　　2　株価の状況

```
  3  株主の状況
  4  継続開示会社たる対象者に関する事項
  5  伝達を受けた公開買付け等の実施に関する事実の内容等
  6  その他……投資者が買付け等への応募の是非を判断するために必要と
     判断されるその他の情報を記載すること。
```

(注)　「公開買付者の状況」において，会社の場合は⑴会社の概要，⑵経理の状況，⑶継続
　　　開示会社たる公開買付者に関する事項が記載される。

　この公開買付届出書の添付書類は，定款，事務担当の金融商品取引業者との契約書の写し，公開買付者の銀行等への預金の残高その他の公開買付けに要する資金の存在を示すに足る書面その他の書面である（他社株券等公開買付府令13条１項）。ここで，公開買付者が株券等の発行者の役員である場合，いわゆる経営陣による株式買取り（Management Buyout：MBO）の場合には，当該発行者の経営状況や今後の事業活動の展開等に係る役員が公開買付けを行うこととなり，買付けの意図を不明等にすることや買付価格について企業価値を合理的に反映しない低価格にするなど，買付対象の株券等の発行者との利益相反等のリスクが懸念されることとなる。

　そこで，公開買付者が買付対象者の役員，買付対象者の役員の依頼に基づき当該公開買付けを行う者であって対象者の役員と利益を共通にする者または対象者を子会社とする会社その他の法人である場合には，公開買付届出書において，次に掲げる記載等（情報開示）の追加がなされることとなる。

①　買付け等の価格の算定に当たり参考とした第三者による評価書，意見書その他これらに類するものがある場合には，その写しの添付（他社株券等公開買付府令13条１項８号）。

②　買付価格の公正性を担保するためのその他の措置を講じているときは，その具体的内容も記載すること（第２号様式「記載上の注意」⑹ｆ）。

③　公開買付けの実施を決定するに至った意思決定の過程を具体的に記載すること。利益相反を回避する措置を講じているときは，その具体的内容も記載すること（第２号様式「記載上の注意」⒄）。

(2)　自発的訂正届出書

　公開買付届出書に形式上の不備があり，記載された内容が事実と相違し，またはそれに記載すべき事項もしくは誤解を生じさせないために必要な事実の記載が不十分であり，もしくは欠けていると認めたときは，訂正届出書を内閣総理大臣に提出しなければならない（法27条の8第1項）。また，公開買付届出書を提出した日以後当該公開買付期間の末日までの間において，買付条件等の変更（買付け等の期間の延長を除く）その他の公開買付届出書に記載すべき重要な事項の変更その他当該公開買付届出書の内容を訂正すべき内閣府令で定める事情があるときは，当該公開買付届出書を提出した公開買付者は，直ちに，訂正届出書を内閣総理大臣に提出しなければならない（法27条の8第2項）。このように，自発的訂正の対応が必要となる。

　内閣府令で定める訂正すべき事情は，次に掲げるものである（他社株券等公開買付府令21条3項各号）。

①　公開買付届出書，意見表明報告書または対質問回答報告書（その訂正届出書または訂正報告書を含む）を提出した日前に発生した当該公開買付届出書等に記載すべき重要な事実で，当該公開買付届出書等を提出する時にはその内容を記載することができなかったものにつき，記載することができる状態になったこと（1号）。

②　公開買付届出書等に記載すべき事項に関し重要な事実が発生したこと（2号）。

(3)　公開買付説明書

　公開買付者は，(イ)公開買付届出書に記載すべき事項で内閣府令で定めるもの及び(ロ)公益または投資者保護のため必要かつ適当なものとして内閣府令で定める事項を記載した書類，すなわち公開買付説明書を作成しなければならない（法27条の9第1項）。そして，公開買付者は，公開買付けによる株券等の買付け等を行う場合には，当該株券等の売付け等を行おうとする者に対し，公開買付説明書を交付しなければならない（法27条の9第2項）。この公開買付説明書の交付は，株券等の売付け等を行おうとする者に対し，あらかじめまたは同時

になされなければならない（他社株券等公開買付府令24条4項）。公開買付説明書は，公開買付届出書の公衆縦覧の間接開示に対し，応募者に対する直接開示を行う書類である。募集または売出しにおける投資者に対する勧誘における対応の目論見書と同様の位置付けのものである。

　公開買付説明書において，上記(イ)の公開買付届出書に記載すべき事項で内閣府令で定めるものは，次に掲げる事項である（他社株券等公開買付府令24条1項各号）。応募者に直接交付される書類となることから，公開買付届出書における記載より一層分かりやすいレベルのものが記載事項とされている。

① 　公開買付届出書に記載すべき事項から公衆縦覧の対象とされない買付け等の資金の借入先の銀行等（他社株券等公開買付府令33条4項）を除いたもの（1号）
② 　公開買付者に係る事業内容の概要及び主要な経営指標等の推移の的確かつ簡明な説明（2号）
③ 　対象者に係る主要な経営指標等の推移の的確かつ簡明な説明（3号）
④ 　第三者に係る事業内容の概要の的確かつ簡明な説明（4号）

　また，公開説明書に記載される上記(ロ)の内閣府令で定める事項は，次に掲げるものである（他社株券等公開買付府令24条2項各号）。

　a．金融商品取引法（法第2章の2第1節）の規定の適用を受ける公開買付けである旨（1号）
　b．法の規定（法27条の9）による公開買付説明書である旨（2号）

　なお，公開買付者は，訂正届出書を提出した場合には，直ちに，公開買付説明書を訂正し，かつ，既に公開買付説明書を交付している者に対して，訂正した公開買付説明書を交付しなければならない（法27条9第3項）。間接開示の訂正届出書における記載たる開示情報が訂正された場合には，直接開示資料となる公開買付説明書も直ちに訂正されなければならないことから，こうした対応が法で義務付けられているものである。

第8章　公開買付制度　281

(4)　意見表明報告書

　意見表明報告書には，当該公開買付けに関する意見のほか，(イ)公開買付者に対する質問，(ロ)公開買付開始公告に記載された買付け等の期間を政令で定める期間に延長することを請求する旨及びその理由（当該買付け等の期間が政令で定める期間より短い場合に限る），を記載することができる（法27条の10第2項）。

　意見表明報告書に記載する内閣府令で定める事項は，次に掲げるものである（他社株券等公開買付府令25条1項各号）。なお，同報告書は第4号様式により作成される（他社株券等公開買付府令25条2項）。

①　公開買付者の氏名または名称及び住所または所在地（1号）

②　当該公開買付けに関する意見の内容及び根拠（2号）

③　当該意見を決定した取締役会の決議の内容（3号）

④　当該発行者の役員が所有する当該公開買付けに係る株券等の数及び当該株券等に係る議決権の数（4号）

⑤　当該発行者の役員に対し公開買付者またはその特別関係者が利益の供与を約した場合には，その利益の内容（5号）

⑥　当該発行者の財務及び事業の方針の決定を支配する者の在り方に関する基本方針に照らして不適切な者によって当該発行者の財務及び事業の方針の決定が支配されることを防止するための取組みを行っている場合には，その内容（6号）

⑦　法27条の10第2項各号に掲げる事項（上記の(イ)と(ロ)）があるときは，当該事項（7号）

　ここで，前述した公開買付届出書の訂正に係る規定は意見表明報告書にも準用される（法27条の10第8項）。

(5)　対質問回答報告書

　「公開買付者に対する質問」に対する対質問回答報告書における記載事項は，次に掲げるものである（他社株券等公開買付府令25条3項各号）。なお，同報告書は第8号様式により作成される（他社株券等公開買付府令25条4項）。

① 意見表明報告書における質問に対する回答（1号）
② 上記の回答をする必要がないと認めた場合には，その旨及びその理由（2号）

　この対質問回答報告書においても，意見表明報告書と同様，公開買付届出書の訂正に係る規定が準用される（法27条の10第12項）。

(6)　公開買付撤回届出書

　公開買付けの撤回に係る公開買付撤回届出書に記載する事項は，第5号様式により，次に掲げるものである（他社株券等公開買付府令28条）。
① 公開買付けの内容……対象者名，買付け等に係る株券等の種類，公開買付期間
② 撤回等の公告または公表……公告または公表日，公告掲載新聞名または公表の方法
③ 撤回等の理由
④ 株券等の返還方法……株券等の返還方法及び返還場所，返還の開始日，株券等の返還を行う業者の名称及び所在地

(7)　公開買付報告書

　公開買付報告書は，公開買付けが目的どおり達成されたか，あるいは達成されていないかなど，当該公開買付けの結果について開示するものである。株主・投資者にとって，公開買付けが行われることが注目されるが，その結果がどのようになったかも同様に重要な投資判断情報となることを踏まえた開示資料である。この公開買付報告書に記載する事項は，第6号様式により，次に掲げるものである（他社株券等公開買付府令31条）。
① 公開買付けの内容……対象者名，買付け等に係る株券等の種類，公開買付期間
② 買付け等の結果……公開買付けの成否，公開買付けの結果の公告日及び公告掲載新聞名，買付等を行った株券等の数，買付等を行った後における株券等所有割合，あん分比例方式により買付け等を行う場合の計算

なお，この公開買付報告書についても，公開買付届出書の訂正に係る規定が準用されることとなる（法27条の13第3項）。

9 他社株公開買付制度の実効性確保

公開買付制度の実効性を確保するため，他の開示規制に係る対応と同じく，行政当局による処分のほか，刑事責任及び民事責任が金融商品取引法において定められている。

(1) 行政処分

① 訂正命令等

次に掲げる公開買付届出書に係る訂正命令（法27条の8第3項・第4項）は，他の法定開示書類（意見表明報告書，対質問回答報告書，公開買付報告書）にも準用される（法27条の10第8項・第12項・27条の13第3項）。

イ）　形式不備・不十分な記載に対する訂正命令

内閣総理大臣は，次に掲げる事実（法27条の8第3項各号）が明らかであると認めるときは，公開買付届出書を提出した公開買付者に対し，期限を指定して訂正届出書の提出を命ずることができる（法27条の8第3項柱書）。

a．公開買付届出書に形式上の不備があること（1号）。

b．公開買付届出書に記載された買付条件等が公開買付けに係る規定に従っていないこと（2号）。

c．訂正届出書に記載された買付条件等の変更において，買付条件等の変更を行うことができないことを定める規定（法27条の6第1項）に違反していること（3号）。

d．公開買付届出書に記載すべき事項の記載が不十分であること（4号）。

なお，この訂正命令の行政処分は，公開買付期間（訂正届出書の提出により延長しなければならない期間を含む）の末日（当該末日後に提出される訂正届出書に係る処分にあっては，当該末日の翌日から起算して5年を経過した日）後は，することができない（法27条の8第5項）。

ロ）　虚偽記載・記載欠缺に対する訂正命令

内閣総理大臣は，上記イの場合を除き，次に掲げる事実（法27条の8第4項各号）を発見した場合には，当該公開買付届出書を提出した公開買付者に対し，期限を指定して訂正届出書の提出を命ずることができる（法27条の8第4項柱書）。なお，この訂正命令は，上記イに掲げた公開買付期間の末日の翌日から起算して5年を経過した日後は，することができない（法27条の8第5項）。

　　a．公開買付届出書に記載された重要な事項について虚偽記載があること（1号）。

　　b．公開買付届出書に記載すべき重要な事項または誤解を生じさせないために必要な重要な事実の記載が欠けていること（2号）。

ハ）　公開買付けに係る行為の停止

公開買付者等が，公開買付期間中に上記の訂正命令（法27条の8第3項・第4項）の処分があった場合において，当該処分に係る訂正届出書が提出されるまでの間は，売付け等の申込みの勧誘その他の当該公開買付けに係る行為（他社株券等公開買付府令15条）をしてはならない（法27条の8第7項）。

②　課徴金

法27条の3第1項の規定に違反して，公開買付開始公告を行わないで株券等の買付け等をした者があるときは，課徴金が課せられ，その金額は当該公開買付開始公告を行わないでした株券等の買付け等の価格に当該買付け等の数量を乗じて得た額の25％相当額となる（法172条の5）。

また，次に掲げる違反行為者に対して，公開買付開始公告を行った日の前日における当該公開買付けに係る株券等の最終価格（終値）に，当該公開買付けにより買付け等を行った当該株券等の数を乗じて得た額の25％相当額の課徴金が課せられる（法172条の6第1項・第2項）。

イ）　重要な事項につき虚偽表示があり，または表示すべき重要な事項の表示が欠けている公開買付開始公告等を行った者

ロ）　重要な事項につき虚偽の記載があり，または記載すべき重要な事項の記載が欠けている公開買付届出書，訂正届出書，対質問回答報告書，訂正報告書を提出した者

ハ）　公開買付届出書・訂正届出書，対質問回答報告書・訂正報告書を提出
　　しない者

　以上に加えて，公開買付者が，重要な事項につき虚偽記載があり，もしくは
記載すべき重要な事項の記載が欠けている公開買付届出書等を提出した場合に
おいて（法172条の12第1項2号），特定関与行為を行った者があるときは，当
該特定関与者に対し，当該特定関与行為に関し手数料，報酬等を踏まえた額の
課徴金が課せられる（法172条の12第1項柱書）。この制裁の趣旨や「特定関与
行為」（法172条の12第2項）については，第3章第7節1(2)③を参照。

(2)　刑事責任

　次に掲げる者，すなわち公開買付制度において定められている規制に違反す
る者に対しては，10年以下の懲役もしくは1,000万円以下の罰金が科され，ま
たはこれらが併科される（法197条1項2号・3号）。さらに，こうした法令違
反を行った者が属する法人についても，7億円以下の罰金を科す両罰規定が定
められている（法207条1項1号）。
　①　公開買付け等に関する虚偽の公告・公表
　　　公開買付開始，買付条件等の変更，公開買付開始の訂正，買付期間の延長，
　　公開買付撤回等，応募株券等の数等の公告・公表に当たり，重要な事項につ
　　き虚偽表示をした者
　②　虚偽記載の法定開示書類
　　　公開買付届出書・訂正届出書，公開買付撤回届出書，公開買付報告書・訂
　　正報告書であって，重要な事項につき虚偽記載のあるものを提出した者

　また，次に掲げる者に対しては，5年以下の懲役もしくは500万円以下の罰
金が科され，またはこれらが併科される（法197条の2第2号から第6号，第8
号・第9号）。さらに，次に掲げる者が属する法人に対しても，5億円以下の
罰金を科す両罰規定が定められている（法207条1項2号）。
　①　公開買付届出書・訂正届出書，公開買付撤回届出書，公開買付報告書・
　　訂正報告書の写しの提出・送付に当たり，重要な事項につき虚偽があり，

かつ，写しの基となった書類と異なる内容の記載をした書類をその写しとして提出・送付した者

② 公開買付届出書・訂正届出書の提出前に売付け等の申込みの勧誘を行った者，買付け等の期間の延長期間の末日までの間における株券等の受渡しその他の決済を行った者

③ 公開買付開始公告を行わない者，意見表明報告書に公開買付期間の延長の請求を記載した場合に延長後の買付期間等の公告を行わない買付対象者

④ 公開買付届出書，公開買付撤回届出書，公開買付報告書を提出しない者

⑤ 意見表明報告書・訂正報告書，対質問回答報告書・訂正報告書であって，重要な事項につき虚偽記載のあるものを提出した者

⑥ 公開買付説明書・訂正公開買付説明書であって，重要な事項につき虚偽記載のあるものを交付した者

⑦ 変更のできない定めのある公開買付けの買付条件等（法27条の6第1項）の変更を行う旨の公告を行った者，撤回等のできない定めのある公開買付けの撤回等（法27条の11第1項ただし書に該当しない場合）を行う旨の公告を行った者

このほか，次に掲げる者に対しては，1年以下の懲役もしくは100万円以下の罰金が科され，またはこれが併科される（法200条1号・3号，6号から11号）。

① 公開買付届出書・訂正届出書，公開買付撤回届出書，公開買付報告書・訂正報告書の写しを提出・送付しない者

② 別途買付けの禁止や公開買付けの買付け条件及びあん分比例による決済の規定に違反した者

③ 公開買付けに係る法定開示書類の写しを公衆縦覧に供しない者

④ 公開買付けに係る規定による公告または公表を行わない者

⑤ 公開買付届出書の訂正届出書，公開買付報告書の訂正報告書を提出しない者

⑥ 公開買付説明書または訂正公開買付説明書を交付しなかった者

⑦ 意見表明報告書または対質問回答報告書を提出しない者

⑧ 意見表明報告書または対質問回答報告書の写しの送付に当たり，重要な

事項につき虚偽があり，かつ，写しの基となった書類と異なる内容の記載をした書類をその写しとして送付した者

また，上記の者が属する法人に対しても，1億円以下の罰金を科す両罰規定が定められている（法207条1項5号）。

(3) 民事責任

① 公開買付制度に対する違反者の賠償責任

イ） 公開買付開始公告の不履行・公開買付届出書等の不提出の賠償責任

有価証券の届出の効力発生前の有価証券の取引禁止の規定（法15条1項）に違反して有価証券を取得させた者は，これを取得した者に対し当該違反行為により生じた損害を賠償する責任（損害賠償責任）を負うこととなる（法16条）。公開買付制度において，公開買付開始公告及び公開買付届出書の提出がされていない場合や訂正命令による公開買付届出書の訂正届出書が提出されるまでは，売付け等の申込みの勧誘行為はしてはならないことを定める規定（法27条の3第3項・27条の8第7項）または売付け等を行う者に対する公開買付説明書・訂正公開買付説明書の交付することを定める規定（法27条の9第2項・第3項）に違反した場合には，この法16条の規定が準用され，当該公開買付けに応じて株券等の売付け等をした者に対し当該違反行為により生じた損害を賠償する責任を負うこととなる（法27条の16）。

ロ） 別途買付けの禁止違反の賠償責任

公開買付者等は，公開買付期間中においては，公開買付けによらないで当該公開買付けに係る株券等の発行者の株券等の買付け等（別途買付け）を行ってはならないが（法27条の5），この規定に違反して株券等の買付け等をした公開買付者等は，当該公開買付けに応じて株券等の売付け等をした者に対し，損害賠償の責任を負うこととなる（法27条の17第1項）。この場合，損害賠償額は次に掲げるものであり（法27条の17第2項），買付対象者である株主の保護について，一般法より賠償請求がしやすい対応がとられている。

〈損害賠償額〉

> 　賠償の責めに任ずべき額は，違反の買付け等を行った際に公開買付者等が支払った価格（これに相当する利益の供与を含み，当該価格が均一でないときは，その最も有利な価格とする）から公開買付価格を控除した金額に応募株券等（あん分比例方式により売付け等ができなかったものを除く）の数を乗じた額とする。

　ハ）　買付け等の決済違反の賠償責任

　公開買付者は，原則として応募株券等の全部について，公開買付開始公告及び公開買付届出書に記載した買付条件等により，買付け等に係る受渡しその他の決済を行わなければならない。この買付等の決済に係る規定に違反して決済を行った公開買付者は，当該公開買付けに応じて株券等の売付け等をした者（応募者）に対し，損害賠償の責任を負うこととなる（法27条の18第１項）。この決済違反に対しては，別途買付けの責任の場合と同様に，賠償請求を容易にできるように賠償額が法で定められている（法27条の18第２項各号）。

〈損害賠償額〉

> 　ａ．有利価格で一部買付けの場合
> 　当該公開買付けをした者が，一部の応募者に対し，公開買付価格より有利な価格で買付け等を行った場合には，当該有利な価格（当該有利な価格が均一でないときは，その最も有利な価格とする）から公開買付価格を控除した金額に応募株券等の数を乗じた額とする（１号）。
> 　ｂ．あん分比例方式が不採用の場合
> 　応募株券等の数が買付予定の数量を超えている場合には，公開買付届出書に記載されたあん分比例方式による。しかし，それと異なる方式で買付け等をした場合においては，あん分比例方式で計算した株券等の数（買付け等がされるべき株券等の数）から当該買付け等をした株券等の数を控除した数に，公開買付価格から損害賠償を請求する時における当該株券等の市場価格を控除した金額を乗じた額とする（２号）。

②　虚偽記載等のある公開買付説明書の使用者の賠償責任

　有価証券届出制度において，重要事項について虚偽記載または記載欠缺のある目論見書・資料を使用した者の損害賠償責任が定められているが（法17条本

文），この規定は，重要な事項について虚偽記載があり，または表示すべき重
要な事項もしくは誤解を生じさせないために必要な重要な事実の表示が欠けて
いる公開買付説明書その他の表示を使用して株券等の売付け等をさせた者につ
いて準用される（法27条の19）。しかし，損害賠償額に係る法の定めは設けられ
ていない。ただし，賠償の責めに任ずべき者が，記載が虚偽であり，もしくは
欠けていることまたは表示が虚偽であり，もしくは誤解を生ずるような表示で
あることを知らず，かつ，相当な注意を用いたにもかかわらず知ることができ
なかったことを証明したときは，賠償責任は免れることとなること（法17条た
だし書）も準用される。

③ 虚偽記載等のある公開買付開始公告・法定開示書類の提出を行った者な どの賠償責任

重要事項について虚偽記載または記載欠缺のある有価証券届出書の届出者の
損害賠償責任が定められているが（法18条第１項），この規定は公開買付制度に
おける次に掲げる者（法27条の20第１項各号）について準用される（法27条の20
第１項柱書）。

イ）　重要な事項について虚偽表示または表示すべき重要な事項もしくは誤
　　解を生じさせないために必要な重要な事実の表示が欠けている公開買付
　　開始公告または公表を行った者（１号）

ロ）　重要な事項について虚偽記載または記載欠缺のある公開買付届出書（そ
　　の訂正届出書を含む）を提出した者（２号）

ハ）　重要な事項について虚偽記載または記載欠缺のある公開買付説明書（訂
　　正公開買付説明書を含む）を作成した者（３号）

ニ）　重要な事項について虚偽記載または記載欠缺のある対質問回答報告書
　　（その訂正報告書を含む）を提出した者（４号）

　ここで，上記の法27条の20第１項（１号及び４号を除く）の適用がある場合
において，公開買付者が，当該公開買付期間の末日後に当該公開買付けに係る
株券等の買付け等を当該公開買付けによらないで行う契約があるにもかかわら
ず，公開買付届出書または公開買付説明書にその旨の記載をすることなく，当

該公開買付期間の末日後に当該契約による買付け等をしたときは，次の額の損害賠償を負うこととなる（法27条の20第2項）。

〈損害賠償額〉

> 当該買付け等をした価格（均一でない場合は有利な価格）から公開買付価格を控除した金額に応募株券等の数を乗じた額

　こうした損害賠償の責任を定める法27条の20第2項の適用がある場合を除いて，上記のイからニに掲げる者の特別関係者（法27条の2第7項2号に掲げる「実質的基準による特別関係者」に限る）（前記1(1)参照）と当該上記のイからニに掲げる者が法人である場合の当該法人の取締役等の役員は，当該上記のイからニに掲げる者と連帯して損害賠償の責任を負うこととなる（法27条の20第3項本文）。この特別関係者や当該法人の役員は，当該上記のイからニに掲げる者と実質的に同じことを行っているものと認められることから，これらの者についても損害賠償責任が課せられているものである。ただし，これらの特別関係者・役員が，記載が虚偽でありまたは欠けていることを知らず，かつ，相当な注意を用いたにもかかわらず，知ることができなかったことを証明したときは，免責される（法27条の20第3項ただし書）。

④　公開買付けに係る違反行為による賠償請求権の時効

　公開買付けに係る法の定めに違反した場合に制定されている賠償請求権の時効は，次のとおりである。

　イ）　公開買付者が公開買付けによらない買付け等の禁止に違反したことに対する賠償請求権（法27条の17第1項）並びに公開買付けの撤回等を行う場合及び応募株券等の全部または一部の買付け等をしない条件を付した場合を除いた応募株券等の全部買付義務に違反したことに対する賠償請求権（法27条の18第1項）は，請求権者が当該違反を知った時または相当な注意をもって知ることができる時から1年間，これを行わないときは，時効によって消滅する（法27条の21第1項前段）。また，当該公開買付けに係る公開買付期間の末日の翌日から起算して5年間，これを行わない

ときも，また，同様とする（法27条の21第１項後段）。

ロ）　上記③で取り上げた法27条の20第２項の適用がある場合の請求権は，請求権者が公開買付開始公告等，公開買付届出書，公開買付説明書または対質問回答報告書のうちに重要な事項について虚偽記載または記載欠缺があることを知った時または相当な注意をもって知ることができる時から１年間，これを行わないときは，時効によって消滅する（法27条の21第２項前段）。当該公開買付けに係る公開買付期間の末日の翌日から起算して５年間，これを行わないときも，また，同様とする（法27条の21第２項後段）。

なお，民法の改正に伴う法27条の21の改正により，上記の１年の期間とともに５年の期間についても賠償請求権の消滅時効期間であることが明文規定された（改正法27条の21第１項及び第２項の各号，2020年４月から施行）。

第３節　自社株公開買付制度

1　自社株取得への公開買付制度の適用

　株券等の発行者自身が当該株券等を取得すること，すなわち自社株（自己株式）の買付けを行うこともある。従前は，自己株式の取得は商法で原則として禁止されていたが，現行の会社法においては，自己株式の取得が認められる場合が定められている（会社法155条・156条１項等）。この場合，発行者が自己株式を取得しても議決権がないことから（会社法308条２項），経営支配権は入手できない。しかし，発行者自身である企業がその株券等を買うことは，当該企業の成長の見通しや企業価値に関する内部情報等を踏まえての行為であることや市場取引の需給の状況等から，市場価格等にも大きな影響を与えることとなる。

　このように，自己株式の買付けは，市場取引においても投資者の投資判断，市場価格にも重大な影響を与えることが想定され，重要な投資判断情報となるものである。そこで，上場会社等が自己株式の取得を行うことを業務執行決定

機関が決定した場合には，インサイダー取引規制における「重要事実」いわゆるインサイダー情報にも該当することとなる（法166条2項1号ニ）。一方，市場外取引においては，重要な投資判断情報が開示されて公正で公平な取引が確保される仕組み等はないことから，自己株式の買付けを不当にすることなども懸念されるものである。つまり，自己株式の市場外の買付けは，当該株式の発行者たる企業の意図や対応等により，不透明で不正な取引価格を引き出すおそれもある。そこで，発行者が業績等の経営の実態を認知しながら，どのような目的で，どのようなタイミングで，自己株式を取得する行動をとるかは非常に留意すべきものである。

公開買付制度は，他の会社を買収するための市場外取引に対する対応として導入されてきたが，以上のような自己株式の取得に係る投資者への影響等を踏まえ，株券等の市場外の発行者による買付けすなわち自社株取得についての公開買付制度である自社株公開買付制度が適用されることとなっている。

2　公開買付けの対象

上場有価証券及び店頭売買有価証券に該当する株券，投資証券等（以下この節において「上場株券等」という）の当該上場株券等の発行者による取引所の市場外における買付け等（買付けその他の有償の譲受けをいう。以下この節において同じ）のうち，次に掲げるものに該当するものについては，公開買付けによらなければならない（法27条の22の2第1項本文・24条の6，施行令4条の3第1項・第2項）。ただし，取引所市場の有価証券の売買等に準ずるものとして，店頭売買有価証券の取引による公開買付けは公開買付けの対象から外されている（法27条の22の2第1項ただし書，施行令14条の3の2第1項）。

① 会社法156条1項の規定または政令の定めによる買付け等（法27条の22の2第1項1号）

会社法156条1項の規定による買付け等は，あらかじめ株主総会の決議によって取得する株式の数，株式取得対価の内容・総額，株式を取得することができる期間を定めて行う買付け等である。ただし，こうした事項を特定の株主のみに対して通知している場合（会社法第160条1項）には除かれる（本号）。また，上記の政令による定めは，会社法156条1項の規定に相当するも

のとして投資法人による投資口の取得をその都度定めることを求める規定（投資信託及び投資法人に関する法律80条の2第1項）をいう（施行令14条の3の2第2項）。

② 　上場株券等の発行者が外国会社である買付け等のうち，多数の者が当該買付け等に関する事項を知り得る状態に置かれる方法により行われる買付け等として政令で定めるもの（法27条の22の2第1項2号）

　この政令で定めるものは，当該買付け等に関する事項（当該買付け等に係る上場株券等の買付け等の申込みまたは売付け等の申込みの勧誘を行う旨の文言が含まれるものに限る）を新聞もしくは雑誌に掲載し，または文書，放送，映画その他の方法を用いることにより多数の者に知らせて行う買付け等である（施行令14条の3の2第3項）。

　取引所市場における自己株式の買付けについては特段の規制は特に設けられないが，市場外取引については上記に掲げたように公開買付制度が適用されるということである。ここで，自社株公開買付制度の対象の買付け等は，他社株公開買付制度における買付け等の数量による制度規制の制限はなく，発行者による自己株式の市場外取引については全て公開買付によることが義務付けられている。すなわち，自社株公開買付制度においては，他社株公開買付制度の対象の基準における「著しい少数者」や3分の1ルール等は設定されないこととなっている。自己株式の取得は議決権をもたらすものではなく，取得の量にかかわりなく当該取得自体が投資者の投資判断に重要な影響を及ぼすべきものであることを踏まえて，買付対象者数や買付数量にかかわりなく公開買付制度が適用されるということである。

　このほかにも，公開買付けの対象が異なる仕組みとなっている。すなわち，他社株公開買付制度においては有価証券報告書を提出しなければならない発行者の株券等が買付等の対象の有価証券であるが，自社株公開買付制度においては当該発行者のうち，上場有価証券及び店頭売買有価証券に該当する上場株券等の発行者の有価証券であり，双方の公開買付けの対象となる有価証券が異なっている。

3　公開買付制度への対応

公開買付けについては，買付けに応じることとなる株主も含めて，投資者間における公平，公正な売買取引を確保することが手続として定められることが必要なため，自社株公開買付けについても，他社株公開買付けである発行者以外のものによる株券等の公開買付けの手続きを定める規定が準用されることとなる（法27条の22の2第2項等）。公開買付制度は，買付行為に係る規制を定めたものであるから，買付対象が他社株券等か自社株券等によって手続き自体において基本的な相違はないということである。

ただし，自己株式は議決権を有さないことから，企業の支配を目的としたものでなく，公開買付者が買付対象者と同一であることを踏まえ，他社株公開買付制度における特別関係者や意見表明報告書・対質問回答報告書等に係る規定は準用の対象外である。

4　公開買付けに関する開示

(1)　公開買付届出書の提出前の「重要事実」の公表

上場株券等の買付けを行おうとする当該上場株券等の発行者は，当該発行者の「重要事実」であって，法166条1項に規定する公表がされていないものがあるときは，公開買付届出書を提出する日前に，当該「重要事実」を公表しなければならない（法27条の22の3第1項）。この規定は，インサイダー取引規制においては「重要事実」の公表は義務付けておらず，公表がされていない時点での会社関係者等の上場株券等の売買等の取引を禁止する取引規制であることを踏まえたものであろう。「重要事実」が公表されていなければ，インサイダー取引規制の解除はされず，公表は「重要事実」を一般に開示するという重要な意義を有するものである。そこで，重要な内部情報である「重要事実」が公表されていなければ，発行者と投資者との間において投資者の投資判断に影響を及ぼすべき当該「重要事実」に関する情報の非対称が生じているので，当然，上場株券等の発行者による当該上場株券等の買いという不公正取引は禁止されなければならない。こうしたことを踏まえ，自社株公開買付けにおいて

「重要事実」であって公表されていないものがあるときは，当該「重要事実」の公表を義務付ける規定を設けているものである。これは，自己株式等の公開買付けの大前提となる措置を定めているものである。

　上記の法の定めにより「重要事実」の公表を行う場合には，内閣府令で定める方法，すなわち公表すべき内容及び事項を(イ)時事に関する日刊新聞社，(ロ)時事に関する通信社，(ハ)日本放送協会及び基幹放送事業者，の２以上を含む報道機関に対して公開することにより行わなければならない（法27条の22の３第１項，自社株券等公開買付府令11条）。この公表は，他社株公開買付制度における公表と同様の定めであり，上記の複数報道機関への公開は，インサイダー取引規制における公表の定めにおける多数の者の知り得る状態に置く措置のうちの複数の報道機関への公開（施行令30条１項１号）に準じて定められたものと考えられる。そして，報道機関への公開を行って12時間が経過した時点で公表がされたものとみなされる（法27条の22の３第３項，施行令14条の３の12）。この12時間経過の定めもインサイダー取引規制における公表の定め（施行令30条２項）を踏まえて，規定されたものと解される。インサイダー取引規制が解除される公表でなければならないからである。しかし，法定開示及び適時開示はこの公表に該当するものとして定められておらず，インサイダー取引規制における公表と異なる定めとされている。

(2)　法定開示書類の提出（交付）・公衆縦覧

　他社株公開買付制度において定められている公開買付届出書等の法定開示書類の提出及び公衆縦覧並びに公開買付説明書の交付は自社株公開買付制度においても準用されている（法27条の22の２第２項等）。自発的訂正または訂正命令による訂正された書類の提出・公衆縦覧も同じく適用される。なお他社株公開買付けの買付者は株券等の発行者以外のものであるが，自社株公開買付制度における株券等の発行者は自社であることから，意見表明報告書・対質問回答報告書等は自社株公開買付けにおける法定開示書類の対象外である。

　すなわち，公開買付届出書，公開買付撤回届出書，公開買付報告書の提出義務の準用，これらの自社株公開買付制度の法定開示書類の提出を受けて一般に公衆縦覧されることも準用されている。また，これらの法定開示書類の写しを

発行者の本店または主たる事務所に備え置き公衆縦覧に供しなければならないとともに，取引所・認可協会への送付により当該取引所・認可協会において公衆縦覧に供されることも準用されている。こうした間接開示書類のほか，直接開示の公開買付説明書の交付も準用されている。

(3) 公開買付届出書の提出後の「重要事実」の公表・通知

　発行者が公開買付けによる上場株券等の買付け等を行う場合において，当該発行者は，公開買付届出書を提出した日以後当該公開買付けに係る公開買付期間の末日までの間において，当該発行者に「重要事実」が生じたときは（公開買付届出書を提出する日前に生じた「重要事実」であって，インサイダー取引規制における公表がされていないものがあることが判明したときを含む），直ちに，内閣府令で定めるところにより，当該重要事実を公表し，かつ，当該公開買付けに係る上場株券等の買付け等の申込みに対する承諾または売付け等の申込みをした者及び当該上場株券等の売付け等を行おうとする者に対して，当該公表の内容を通知しなければならない（法27条の22の3第2項）。こうした「重要事実」の公表の場合は，法27条の8第8項及び第9項の規定が準用され，公開買付期間を延長し，その旨を公告または公表するとともに，当該延長期間の末日までの間は当該公開買付けの決済を行ってはならない（法27条の22の3第4項）。

　この内閣府令で定める公表の方法と公開後の公表とみなすことは，前記(1)に掲げたもの（複数の報道機関への公開と公開後の12時間経過）をいう（法27条の22の3第3項，施行令14条の3の12，自社株券等公開買付府令11条）。

5　自社株公開買付制度の実効性確保

　他社株券公開買付けにおける法的制裁と同様に，開示規制の実効性を確保するため，自社株公開買付制度においても行政処分のほか，刑事責任及び民事責任が金融商品取引法において設けられている。

(1) 行政処分

　他社株公開買付けに係る行政処分は，自社株公開買付けにおいても準用される。すなわち，公開買付届出書・訂正届出書における不備記載等や虚偽記載等

に対する訂正命令は，他社株公開買付けと同じくなされる（法27条の22の2第2項・27条の8第3項・第4項）。前節9(1)を参照。

また，課徴金の納付についても，他社株公開買付けに係る規定の準用規定（法27条の22の2第2項）を含んで，次のように同じものが適用される。まず，法の規定（法27条の22の2第2項・27条の3第1項）に違反して，公開買付開始公告を行わないで株券等の買付け等をした者があるときは，課徴金が課せられ，その金額は当該公開買付開始公告を行わないでした株券等の買付け等の価格に当該買付け等の数量を乗じて得た額の25％相当額と定められている（法172条の5）。

そして，重要な事項につき，虚偽表示・記載欠缺のある公開買付開始公告・公表を行った者または虚偽記載・記載欠缺のある公開買付届出書・訂正届出書を提出した者に対して，公開買付開始公告を行った日の前日における当該公開買付けに係る株券等の最終価格（終値）に，当該公開買付けにより買付け等を行った当該株券等の数を乗じて得た額の25％相当額の課徴金が課せられる（法172条の6第1項）。この課徴金に係る規定は，公開買付届出書・訂正届出書を提出しない者がある場合について準用される（法172条の6第2項）。さらに，公開買付者が，重要な事項につき虚偽記載があり，もしくは記載すべき重要な事項の記載が欠けている公開買付届出書等を提出した場合において（法172条の12第1項2号），特定関与行為を行った者があるときに，当該特定関与者に対する課徴金も他社株公開買付けの場合と同じく課せられる（法172条の12第1項）。

(2)　刑事責任

他社株公開買付けに係る刑事責任は，次のように自社株公開買付けにおいても準用される。

① 公開買付届出書を提出する日前に未公表の「重要事実」の公表（法27条の22の3第1項）または公開買付届出書の提出後に生じた「重要事実」の公表（同条第2項）を行わず，または虚偽の公表を行った者は，10年以下の懲役もしくは1,000万円以下の罰金が科され，またはこれらが併科される（法197条1項4号）。対象は異なるが，他社株公開買付けの場合と同じ罰則が適用されている。また，これらの者が属する法人に対して，7億円

以下の罰金を科す両罰規定が定められている（法207条1項1号）。

② 自社株公開買付けにおける法定開示書類の写しの提出・送付に当たり重要な虚偽記載かつ根拠書類との異なる記載を行った者，公開買付届出書・訂正公開買付届出書の提出前に売付け等の申込みの勧誘を行った者等，公開買付開始公告を行わない者，法定開示書類を提出しない者に対しては，他社株公開買付けの制裁と同じ規定（法197条の2第2号から第5号）が適用され，5年以下の懲役もしくは500万円以下の罰金が科され，またはこれらが併科される。また，これらの者が属する法人に対して，5億円以下の罰金を科す両罰規定が定められている（法207条1項2号）。

③ 自社株公開買付けにおいては対象外の意見表明報告書及び対質問回答報告書に係る制裁（法200条10号・11号）を除き，他社株公開買付けにおいて定められている制裁すなわち法定開示書類の写しの不提出・不送付，公開買付けによらない買付け等その他の法令違反の者に対する制裁として，1年以下の懲役もしくは100万円以下の罰金が科され，またはこれらが併科される（法200条1号・3号・6号から9号）。また，これらの者が属する法人に対して，1億円以下の罰金を科す両罰規定が定められている（法207条1項5号）。

(3) 民事責任

自社株公開買付けにおいても，公開買付けにならない買付け等の禁止の違反，重要な事項について虚偽・欠缺のある公開買付開始公告の実施，公開買付届出書（訂正届出書を含む）の提出，公開買付説明書の作成等に係る他社株公開買付けにおける損害賠償責任と同様の責任が課されるが（法27条の22の2第2項・第9項から第12項），「重要事実」の公表にかかわる，その他の民事責任を次に取り上げることとする。

① 虚偽等の公告・公表に係る賠償責任

自社株公開買付けにおいて，「重要事実」の公表の場合に公開買付期間が延長されるが，重要な事項について虚偽・欠缺のある公開買付期間の延長の公告または公表を行った発行者については，損害賠償責任が課される規定（法18条

１項）が準用される（法27条の22の３第６項）。また，この法18条１項の規定の準用がある場合において，当該発行者が上記の公告または公表を行った時における当該発行者の役員は，当該発行者と連帯して賠償の責任を負うこととなる（法27条の22の３第７項本文）。ただし，当該役員が，記載が虚偽でありまたは欠けていることを知らず，かつ，相当な注意を用いたにもかかわらず知ることができなかったことを証明したときは，免責される（法27条の22の３第７項ただし書）。

②　「重要事実」の非公表・非通知または虚偽の公表・通知に係る賠償責任

公表または通知（以下この②で「公表等」という）をしなければならない「重要事実」についての公表等をせず，または虚偽の公表等をした発行者（公開買付者）は，公開買付けに応じて上場株券等の売付け等をした者に対し，公表等がされずまたは公表等が虚偽であることにより生じた損害を賠償する責任を負う（法27条の22の４第１項本文）。ただし，次に掲げる場合は，免責されることとなる（法27条の22の４第１項ただし書）。

イ）　当該公開買付けに応じて当該上場株券等の売付け等をした者が，当該発行者に「重要事実」が生じておりまたは公表等の内容が虚偽であることを知っていたとき。

ロ）　当該発行者が，当該発行者に「重要事実」が生じておりまたは公表等の内容が虚偽であることを知らず，かつ，当該公開買付け当時において相当な注意を用いたにもかかわらず知ることができなかったことを証明したとき。

上記②の発行者に係る賠償責任の適用がある場合において，当該公開買付け当時における当該発行者の役員は，当該発行者と連帯して同項の規定による賠償の責任を負うこととなる（法27条の22の４第２項本文）。ただし，当該役員が，当該発行者に「重要事実」が生じておりまたは公表等の内容が虚偽であることを知らず，かつ，当該公開買付け当時において相当な注意を用いたにもかかわらず知ることができなかったことを証明したときは，免責されることとなる（法27条の22の４第２項ただし書）。

大量保有報告制度

第1節 大量保有報告制度の意義と概要

1 大量保有報告制度の導入

　流通市場においては，金融商品取引法により継続開示制度が規定されており，定期開示制度と臨時開示制度が設定されている。投資者の投資判断に重要な影響を及ぼすべき決定事実や発生事実が生じたときは，臨時報告書によって遅滞なく開示されることとなっている。しかし，公開買付けや株式の大量保有に関する情報については臨時開示の対象となっていない。公開買付けと同様に，株式を大量に取得している者に関する情報は，投資判断において重要なものとなる。すなわち，株式が大量に保有された場合，保有者が誰で，どのような目的（企業支配か，純投資かなど）で保有したのかなどは，当該株式の発行者（会社）の経営等への影響及び今後の株式の保有や増減並びに市場における需給への影響等について投資者から注目されることとなる。このように，株式等の大量の取得・共有・放出に関する情報については重要な投資判断情報に相当するため，迅速に開示されることが必要となる。

　そこで，投資者への情報開示の必要性を踏まえて，継続開示制度における開示とは別に流通市場における開示制度として，株式の大量保有者による開示制度を設けているものが大量保有報告制度である。この大量保有報告制度は，上場株券等の大量保有にかかる情報を投資者に対して迅速に提供することにより，

市場の公正性，透明性を高め，投資者の保護を図ることを目的として導入された制度である。この大量保有の量的基準として5％超が用いられたことから，本制度は5％ルールとも呼ばれている。

本制度の導入後，短期間に大量の上場株券等を保有するに至る事例が増えつつあり，また，いわゆる買収防衛策との関連等において，大量保有報告書による株式保有割合に係る開示を迅速・正確に行うことへの要請が高まってきた。これらの動向を踏まえ，開示に伴う事務負担の増加や追随リスクの増大等，証券市場に与える影響などには十分配意しつつ，証券取引の透明性，公正性の向上の観点から，当初導入された大量保有報告制度のあり方について開示内容や対象有価証券等に関する一部見直しも行われ[注1]，現行制度が定められている。

2 大量保有報告制度の対象証券

大量保有報告制度の対象となる有価証券は，株券，新株予約権付社債券その他の政令で定める株券関連有価証券で取引所に上場されているもの（店頭売買有価証券を含む（施行令14条の4第2項）。以下この章において同じ）の発行者である法人が発行者である対象有価証券である（法27条の23第1項本文）。この政令で定める「株券関連有価証券」は，(イ)株券，新株予約権証券及び新株予約権付社債券，(ロ)外国の者の発行する証券または証書で上記(イ)に掲げる有価証券の性質を有するもの，(ハ)投資証券等及び新投資口予約権証券等である（施行令14条の4第1項）。そして，上記の法の規定における「対象有価証券」とは，株券，新株予約権付社債券その他の有価証券のうち政令で定めるものをいう（法27条の23第2項）。この政令で定める対象有価証券（以下この章で「株券等」という）は，次のとおりである（施行令14条の5の2各号）。

① 株券（議決権のない株式として内閣府令で定めるものに係る株券を除く）（1号）

この「議決権のない株式として内閣府令で定めるもの」は，次に掲げるすべての要件を満たす株式とする（大量保有開示府令3条の2）。株式の大量保有であっても，議決権がない場合は支配権が影響を及ぼせないことを

(注1) 金融庁・金融審議会金融分科会第一部会・公開買付制度等ワーキング・グループ報告「公開買付制度等のあり方について」（7．大量保有報告制度のあり方），平成17年12月。

踏まえて対象有価証券から除外されているものである。

イ）　議決権のない株式

ロ）　当該株式を発行する会社が当該株式の取得と引換えに議決権のある
　　　株式を交付する旨の定款の定めのない株式

②　新株予約権証券及び新株予約権付社債券（新株予約権として議決権のない
　　株式のみを取得する権利のみを付与されているものを除く）（2号）

③　外国の者の発行する証券または証書で上記①・②に掲げる有価証券の性
　　質を有するもの（3号）

④　投資証券等（4号）

⑤　新投資口予約権証券等（5号）

なお，上記の株券等の売買に係るオプションを表示するものなど，株券等に
係る権利を表示するものも対象有価証券に含まれる（法27条の23第1項本文，施
行令14条の4の2）。

第2節　大量保有報告制度への対応と実効性の確保

1　大量保有報告書の提出

株券等の保有者で当該株券等に係るその株券等保有割合が5％を超えるもの
（以下「大量保有者」という）は，株券等保有割合に関する事項，取得資金に関
する事項，保有の目的その他の内閣府令で定める事項を記載した報告書である
大量保有報告書を大量保有者となった日から5営業日以内に，内閣総理大臣に
提出しなければならない（法27条の23第1項本文）。ただし，保有株券等の総数
（法27条の23第4項）に増加がない場合や新株予約権証券・新株予約権付社債券
に係る新株予約権の目的である株式・新投資口予約権証券等の発行価格の調整
のみによって保有株券等の総数が増加する場合は，この保有報告からは免れる
こととなっている（法27条の23第1項ただし書，大量保有開示府令3条）。

大量保有報告制度においては，保有の実効性を果たして大量保有者をとらえ
ることから，実質的な保有に係る規定が次のように設けられている。

(1)　実質的な保有者

　保有者には，自己名義だけでなく仮設人名義をもって株券等を所有する者のほか，次に掲げる者（法27条の23第3項各号）を含むこととなる（法27条の23第3項本文）。
　　①　発行者の支配者
　　　　金銭の信託契約その他の契約または法律の規定に基づき，株券等の発行者の株主としての議決権その他の権利を行使することができる権限または当該議決権その他の権利の行使について指図を行うことができる権限を有する者であって，当該発行者の事業活動を支配する目的を有する者（1号）。
　　　　ただし，ここに掲げる権限を有することを知った日において，当該権限を有することを知った株券等に限り，保有者となったものとみなす（法27条の23第3項ただし書）。
　　②　投資の指示者
　　　　投資一任契約その他の契約または法律の規定に基づき，株券等に投資をするのに必要な権限を有する者（2号）。

　ここで，上記の実質的な保有者となる「自己名義だけでなく仮設人名義をもつて株券等を所有する者」には，売買その他の契約に基づき株券等の引渡請求権を有する者のほか，これに準ずる者として次に掲げる者も含まれる（法27条の23第3項本文，施行令14条の6）。
　　イ）　株券等の売買の一方の予約を行っている者
　　ロ）　株券等の売買に係るオプションの取得をしている者

(2)　実質的な株券等保有割合

　大量保有の開示対象となる株券等の5％超の保有割合の算定についても，実質的な保有の状況を踏まえて行うことが必要であり，法においても定められている。すなわち，株券保有割合とは，前記(1)に掲げた実質的な株券等の保有者の保有に係る当該株券等の数の合計から当該株券等の発行者が発行する株券等のうち，信用取引により引渡義務を有するものの数を控除した保有株券等の数

に当該発行者が発行する株券等に係る共同保有者（次の(3)を参照）の保有株券等の数を加算した数を，当該発行者の発行済株式の総数で除して得た割合をいう（法27条の23第４項）。保有株券等の数には，新株予約権証券，新株予約権付社債券等の目的である株式数を含むこととなり（大量保有開示府令５条），これらは潜在株式と呼ばれるものである。

そこで，株券等の保有割合の算定においては，この実質的な株券等保有割合を算定することが必要であり，自己保有株数と共同保有者の株数を算定対象とすることとなる。なお，実質的保有の観点から，潜在株式があればそれを含むことや，引渡義務があればそれを保有株式数から控除することとなる。

(3) 共同保有者

実質的な保有の株券等としては，自己保有株のものとともに共同保有者のものが加算されることとなる。つまり，実質的に自己が保有するものと同義と位置付けられているものである。そこで，この共同保有者とは，株券等の保有者が，当該株券等の発行者が発行する株券等の他の保有者と共同して当該株券等を取得し，もしくは譲渡し，または当該発行者の株主としての議決権その他の権利を行使することを合意している場合における当該他の保有者をいう（法27条の23第５項）。このように，株券等の取得・譲渡や議決権行使において自己と同一方向の対応をとる者が共同保有者と定義されているのである。

こうしたことを踏まえ，株券等の保有者と当該株券等の発行者が発行する株券等の他の保有者が，株式の所有関係，親族関係その他の政令で定める特別の関係にある場合においては，当該他の保有者を共同保有者とみなすこととなる（法27条の23第６項本文）。この政令で定める特別な関係とは，次に掲げる関係をいう（施行令14条の７第１項各号）。

① 夫婦の関係（１号）
② 過半数の株式または出資を自己または他人（仮設人を含む）の名義をもって所有している者（以下この１において「支配株主等」という）と当該会社（被支配会社）との関係（２号）
③ 被支配会社とその支配株主等の他の被支配会社との関係（３号）
④ その他上記に掲げる関係に準ずるものとしての子会社と親会社との関係

（大量保有報告府令5条の3）（4号）

　ただし，当該保有者または他の保有者のいずれかの保有株券等の数が0.1％以下（外国株券等の場合は1％以下）である場合においては，共同保有者とはみなされない（法27条の23第6項ただし書，大量保有開示府令6条）。つまり，これらの保有株券等の数があまりに少量である場合にはみなし規定から除外されているということである。

　また，次の場合も支配・被支配の関係とみなして，上記と同様に特別な関係に該当することとなる（施行令14条の7第2項・第3項）

イ）　夫婦が合わせて会社の総株主等の議決権の50％超の議決権に係る株式または出資を自己または他人の名義をもって所有している場合には，当該夫婦は，それぞれ当該会社の支配株主等とみなされる。

ロ）　支配株主等とその被支配会社が合わせて他の会社の総株主等の議決権の50％超の議決権に係る株式または出資を自己または他人の名義をもって所有している場合には，当該他の会社も，当該支配株主等の被支配会社とみなされる。

2　株券保有状況通知書の交付

　投資の指示者（前記1(1)②（法27条の23第3項2号）に掲げる者）は，当該株券等の発行者の株主としての議決権その他の権利を行使することができる権限または当該議決権その他の権利の行使について指図を行うことができる権限を有する顧客に対して，内閣府令で定めるところにより，毎月1回以上，当該株券等の保有状況について説明した通知書（株券保有状況通知書）を作成し，交付しなければならない（法27条の24）。この内閣府令においては，通知書の作成の日，顧客が議決権その他の権利を行使することができる権限または議決権その他の権利の行使について指図を行うことができる権限を有する株券等の発行者の名称，当該株券等の数，当該株券等について当該顧客がこれらの権限を有する旨及び当該発行者の発行する株券等の取得または処分の状況を通知書に記載しなければならないと定められている（大量保有開示府令7条）。

3 変更報告書・訂正報告書の提出

(1) 変更報告書の提出

大量保有報告書を提出すべき者は，大量保有者となった日の後に，株券等保有割合が1％増減した場合その他の大量保有報告書に記載すべき重要な事項の変更があった場合は，その日から5営業日以内に，当該変更に係る事項に関する報告書，すなわち変更報告書を内閣総理大臣に提出しなければならない（法27条の25第1項本文）。この大量保有報告書に記載すべき「重要な事項の変更」とは，単体株券等保有割合が1％未満の保有者が新たな共同保有者となったことや逆に共同保有者でなくなったこと，1％未満の増減等を除くことをいう（施行令14条の7の2）。

ただし，株券等保有割合が5％以下であることが記載された変更報告書を既に提出している場合や新株予約権の目的である株式等の発行価格の調整のみによって保有株券等の総数が増加しまたは減少する場合については，変更報告書の提出は求められないこととなる（法27条の25第1項ただし書，大量保有開示府令9条）。

(2) 短期大量譲渡の変更報告書

株券等保有割合が減少したことにより変更報告書を提出する者は，短期間に大量の株券等を譲渡したものとして政令で定める基準に該当する場合においては，譲渡の相手方及び対価に関する事項（譲渡を受けた株券等が僅少である者については対価に関する事項）についても当該変更報告書に記載しなければならない（法27条の25第2項）。大量保有者が，短期間に大量の譲渡を行った場合には，誰に対して，譲渡価格等を含めてどのようにして譲渡したのかに関しては，株価等に重要な影響を及ぼすことが考えられるからである。また，短期の大量譲渡は，その譲渡の相手方の対応等にも注視されることとなる。そこで，大量保有報告書の変更書として開示が求められるものである。

ここで，上記の政令で定める短期大量譲渡の基準を取り上げれば，次の①（原則）と②（例外）のとおりである（施行令14条の8第1項）。

① 短期大量譲渡の基準は，変更報告書に記載すべき変更後の株券等保有割合が，当該変更報告書に係る大量保有報告書または当該大量保有報告書に係る他の変更報告書に記載されたまたは記載すべきであった株券等保有割合のうち最も高いものの2分の1未満となり，かつ，当該最も高いものより5％を超えて減少したこととする。ここで，上記の株券等保有割合とは，当該変更後の株券等保有割合の計算の基礎となった日の60日前の日以後の日を計算の基礎とするもの及び当該60日前の日の前日以前の日を計算の基礎とするもので，当該60日前の日に最も近い日を計算の基礎とするものに限る（施行令14条の8第1項本文）。つまり，60日間に保有割合が半分未満，かつ，5％超の減少となったことが短期大量譲渡とされるものである。

② ただし，株券等保有割合が減少したことにより変更報告書を提出する者またはその共同保有者が当該変更後の株券等保有割合の計算の基礎となった日前60日間に株券等を譲渡したことにより減少した株券等保有割合の合計が，当該最も高いものの2分の1以下である場合または5％以下である場合には，短期大量譲渡の基準から外されることとなる（施行令14条の8第1項ただし書）。

(3) 自発的訂正報告書の提出

大量保有報告書または変更報告書を提出した者は，これらの書類に記載された内容が事実と相違し，または記載すべき重要な事項もしくは誤解を生じさせないために必要な重要な事実の記載が不十分であり，もしくは欠けていると認めるときは，自発的訂正として訂正報告書を内閣総理大臣に提出しなければならない（法27条の25第3項）。

4 特例報告

(1) 特例の大量保有報告書の提出

大量保有者による大量保有報告書等の提出に対して，特例の規定が次のように設けられている（法27条の26第1項）。

① 特例報告

大量保有報告書の提出による一般的な報告が定められていることに対し，5％超の保有や提出時点等について特例の対応が求められることとなる大量保有報告書の提出を特例報告という。

② 特例対象株券等

特例対象株券等すなわち特例報告の対象となる株券等は，金融商品取引業者，銀行等（大量保有開示府令11条）が保有する株券等で，当該株券等の発行者の事業活動に重大な変更を加え，または重大な影響を及ぼす行為として政令で定めるもの（「重要提案行為等」という。次の③参照）を行うことを保有の目的としないもの（株券等保有割合が10％超の場合及び保有の態様等を勘案して内閣府令で定める場合の金融商品取引業者等を除く）（大量保有開示府令12条・13条），または国，地方公共団体及びその共同保有者（大量保有開示府令14条）が保有する株券等となる（法27条の26第1項）。なお，これらの株券等の保有者については，特例報告の基準日を所定の様式（第4号様式）による届出書をもって内閣総理大臣に届け出た者に限られる（法27条の26第3項，大量保有開示府令18条）。

③ 重要提案行為等

上記②の「重要提案行為等」として政令で定めるものは，発行者またはその子会社に係る次に掲げる事項を，その株主総会もしくは投資主総会または役員（業務を執行する社員，取締役，執行役，会計参与，監査役またはこれらに準ずる者をいい，相談役，顧問その他いかなる名称を有する者であるかを問わず，法人に対し業務を執行する社員，取締役，執行役，会計参与，監査役またはこれらに準ずる者と同等以上の支配力を有するものと認められる者を含む）に対して提案する行為である（施行令14条の8の2第1項各号）。これらの事項は，いずれも企業の経営活動において重要な位置付けとなるものである。

　イ）　重要な財産の処分または譲受け（1号）

　ロ）　多額の借財（2号）

　ハ）　代表取締役の選定または解職（3号）

　ニ）　役員の構成の重要な変更（役員の数または任期に係る重要な変更を含む）

（4号）

ホ）　支配人その他の重要な使用人の選任または解任（5号）

ヘ）　支店その他の重要な組織の設置，変更または廃止（6号）

ト）　株式交換，株式移転，会社の分割または合併（7号）

チ）　事業の全部または一部の譲渡，譲受け，休止または廃止（8号）

リ）　配当に関する方針の重要な変更（9号）

ヌ）　資本金の増加または減少に関する方針の重要な変更（10号）

ル）　上場廃止または店頭登録の取消し（11号）

ヲ）　新規上場または新規店頭登録（12号）

ワ）　その他上記に準ずるものとして内閣府令で定める事項（13号）……この内閣府令で定める事項は，資本政策に関する重要な変更，解散（合併による解散を除く），破産手続開始，再生手続開始または更生手続開始の申立てである（大量保有開示府令16条）。

④　特例報告の基準日

　特例報告の大量保有報告書の提出の基準日とは，毎月2回以上設けられる日の組合せで，内閣総理大臣に届け出た日をいう（法27条の26第3項）。この「組合せ」は，次のいずれかとされている（施行令14条の8の2第2項）。

イ）　各月の第2月曜日及び第4月曜日（第5月曜日がある場合にあっては，第2月曜日，第4月曜日及び第5月曜日とする）

ロ）　各月の15日及び末日（これらの日が土曜日に当たるときはその前日とし，これらの日が日曜日に当たるときはその前々日とする）

　このように，特例報告は，毎月2回または2回以上となる基準日ごとに，その5営業日以内に大量保有報告書を提出することとなる。

⑤　大量保有報告書の提出

　特例対象株券等の保有者すなわち特例報告の対象者は，特例対象株券等に係る大量保有報告書を，株券等保有割合が初めて5％超となった基準日における当該株券等の保有状況に関する事項により作成し，当該基準日から5営業日以

内に，内閣総理大臣に提出しなければならない（法27条の26第1項）。特例報告の対象となる業者である金融商品取引業者，銀行等が重要提案行為等を目的としていない場合には，投資のプロとして市場の状況や企業価値等を評価して，株券等を買付けて配当金や株価の上昇による資産運用の成果を目指して株券等を売買することとなり，文字通り業務活動の一環となるものである。大量保有報告制度は，こうした金融商品取引業者等の日常的な資産運用活動そのものを制限することにつながることを目的としているものではないことを踏まえ，大量報告書の提出頻度と提出の時期が定められているということである。

(2) 特例報告からの変更

特例報告対象の大量保有報告者で重要提案行為等を目的としていない者は，一般報告でなく特例報告での対応が認められている。しかし，こうした特例対応を潜脱行為としてなされることは許されるものではない。特例報告の仕組みを設けた趣旨に反することを除く必要がある。

そこで，大量保有の特例報告を定めることにかかわらず，特例報告対象の金融商品取引業者等の大量保有報告者は，その株券等保有割合が5％超ととなった日から政令で定める期間内に重要提案行為等を行うときは，その5営業日前までに，大量保有報告書を内閣総理大臣に提出しなければならない（法27条の26第4項）。この政令で定める期間は，当該5％超ととなった日はまた当該増加した日以後最初に到来する基準日（前記(1)④の報告基準日をいう）の5営業日後までの期間である（施行令14条の8の2第3項）。

(3) 変更報告書の提出

特例対象の株券等に係る変更報告書（当該株券等が特例対象株券等以外の株券等になる場合の変更に係るものを除く）は，次に掲げる場合の区分に応じて，それぞれに定める日までに内閣総理大臣に提出されなければならない（法27条の26第2項各号）。

①　特例報告の大量保有報告書に係る基準日の後，株券等保有割合が1％以上増加または減少した場合……基準日から5営業日以内（1号）

②　変更報告書に係る基準日の後，株券等保有割合が1％以上増加しまたは

減少した場合……基準日から5営業日以内（2号）

③　株券等保有割合が10%を下回り当該株券等が特例対象株券等になった場合（大量保有開示府令12条）……当該特例対象株券等になった日から5営業日以内（3号）

④　上記①から③に準ずる場合として内閣府令で定める場合……内閣府令で定める日（4号）。この内閣府令で定める場合と提出日は，次のとおりである（大量保有開示府令17条）。

イ）　変更報告書（法27条の25第1項）に記載された株券等保有割合の計算の基礎となった日の後，株券等保有割合が1%以上増加しまたは減少した場合その他の大量保有報告書に記載すべき重要な事項の変更があった場合……基準日から5営業日以内

ロ）　一般報告（法27条の23第1項）による大量保有報告書に記載された株券等保有割合の計算の基礎となった日の後，株券等保有割合が1%以上増加または減少した場合その他の大量保有報告書に記載すべき重要な事項の変更があった場合……基準日から5営業日以内

ハ）　株券等保有割合が10%に減少し，当該株券等が特例対象株券等になった場合……当該特例対象株券等になった日から5営業日以内

　このように特例報告の変更報告書の提出期限は，大量保有報告書の基準日等からの5営業日以内としている。なお，特例報告対象の大量保有報告者の金融商品取引業者等であっても，その保有割合が10%超の場合は特例報告の対象から外されていることから，保有割合が10%超を下回る最初の取引を行った場合は一般報告を行わなければならないが（5営業日以内），その後は特例報告の対象（10%以下）となることから，特例報告の対応による提出期限が認められることとなる。

　また，変更報告書の提出規定（法27条の26第2項）にかかわらず，特例報告対象の大量保有報告者は，大量保有報告書または変更報告書を提出した後に，株券等保有割合が1%以上増加した場合であって，当該増加した日から政令で定める期間内に重要提案行為等を行うときは，その5営業日前までに，変更報告書を内閣総理大臣に提出しなければならない（法27条の26第5項）。この政令

で定める期間は，当該5％超ととなった日または当該増加した日以後最初に到来する基準日（前記(1)④の報告基準日をいう）の5営業日後までの期間である（施行令14条の8の2第3項）。

5　法定開示書類の提出・公衆縦覧

(1)　法定開示書類の提出

大量保有報告制度の適用対象となる大量保有者は，法が定める期限内に大量保有報告書，変更報告書，訂正報告書の法定開示書類を内閣総理大臣に提出しなければならない。この提出については，大量保有報告制度が導入された当初においては電子開示は任意とされていたが，その後の改正によりEDINETによることが義務付けられている（法27条の30の2）。そして，これらの法定開示書類を提出したときは，遅滞なく，当該法定開示書類の写しを当該株券等の発行者及び取引所・認可協会に送付しなければならない（法27条の27）。ただし，これらの法定開示書類に記載された取得資金に関する事項について，当該資金が銀行，協同組織金融機関等からの借入れによる場合（銀行等からの借入れを行った際に当該借入れをこれらの報告書に係る株券等の取得資金に充てることを当該銀行等に対して明らかにしたときであって，その旨をこれらの報告書に記載した場合（大量保有開示府令22条）を除く）には，当該銀行等の名称は公衆縦覧に供さないものとされ，当該法定開示書類を提出した者は，当該銀行等の名称を削除した当該法定開示書類の写しを送付することとなる（法27条の28第3項）。

(2)　法定開示書類の公衆縦覧

大量保有報告書，変更報告書，これらの訂正報告書について，これらの書類を受理した日から5年間，公衆縦覧に供される（法27条の28第1項）。また，取引所・認可協会においても，同じ期間，当該法定開示書類の写しが公衆縦覧される（法27条の28第2項）。

6　大量保有報告制度の実効性確保

大量保有報告制度においては，株券等の大量保有についても実質性の観点か

ら対応するため規定しているが，こうしたことも含めて本制度の定めに違反することなく実効性を確保するため，行政処分，刑事責任が金融商品取引法において設けられている。なお，民事責任は設定されていない。

(1) 行政処分

① 訂正命令

形式上の不備があり，またはその書類に記載すべき重要な事項の記載が不十分であると認めるときに対する訂正命令（法9条1項）及び重要な事項について虚偽記載または記載欠缺に対する訂正命令（法10条1項）の規定は，大量保有報告書及び変更報告書についても準用される（法27条の29第1項）。

② 課 徴 金

イ）　大量保有・変更報告書を提出しない者に対する課徴金

大量保有報告書または変更報告書を提出しない者に対しては，その者に対し，提出期限の翌日の株券の最終価格に発行済株式総数を乗じた額の10万分の1に相当する額の課徴金が課せられる（法172条の7）。

ロ）　虚偽記載・記載欠缺のある大量保有・変更報告書等を提出した者に対する課徴金

重要な事項につき虚偽記載があり，または記載すべき重要な事項の記載が欠けている大量保有・変更報告書等（これらの訂正報告書者を含む）を提出した者に対しては，その者に対し，当該大量保有・変更報告書等が提出された翌日の株券の最終価格に発行済株式総数を乗じた額の10万分の1に相当する額の課徴金が課せられる（法172条の8）。

(2) 刑事責任

次のいずれかに該当する者は，5年以下の懲役もしくは500万円以下の罰金が科され，またはこれらが併科される（法197条の2第5号・第6号）。さらに，これらの者が属する法人に対して，5億円以下の罰金を科す両罰規定が定められている（法207条1項2号）。

① 大量保有報告書または変更報告書を提出しない者

② 大量保有報告書，変更報告書またはそれらの訂正報告書の重要な事項につき虚偽の記載のあるものを提出した者

また，次のいずれかに該当する者は，１年以下の懲役もしくは100万円以下の罰金が科され，またはこれらが併科される（法200条11号・12号）。さらに，これらの者が属する法人に対して，１億円以下の罰金を科す両罰規定が定められている（法207条１項５号）。

① 大量保有報告書，変更報告書またはそれらの訂正報告書の写しの送付に当たり，重要な事項につき虚偽があり，かつ，写しの基となった書類と異なる内容の記載をした書類をその写しとして送付した者

② 大量保有報告書及び変更報告書に対する訂正命令（法27条の29・９条１項・10条１項）による訂正報告書を提出しない者

第３節　大量保有報告書・変更報告書

　大量保有報告制度における法定開示書類の大量保有報告書及び変更報告書は，次に掲げる第１号様式により作成されなければならない（大量保有報告府令２条１項・８条１項）。そして，この大量保有報告書には，当該大量保有報告書を提出することとなった株券等の売買その他の取引の媒介，取次ぎまたは代理を行う者の名称，所在地及び連絡先を記載した書面を添付しなければならない（大量保有報告府令２条２項・８条２項）。なお，特例報告による大量報告書及び変更報告書は，第１号様式に準じた第３号様式により作成されなければならない（大量保有報告府令15条）。

〈大量保有報告書・変更報告書の記載事項：大量保有報告府令第１号様式〉

・報告義務発生日……大量保有報告書にあっては大量保有者となった日を，変更報告書にあっては当該変更報告書に記載すべき変更があった日を記載すること。
・提出日
・提出者及び共同保有者の総数（名）
・提出形態……報告書の提出者が共同保有者全員（変更報告書については，共

同保有者のうち，前回提出の報告書から記載事項に一切の変更がない者を除く）の委任を受けて当該提出者及び当該共同保有者全員の報告書を一つにまとめて提出する場合には「連名」と記載し，それ以外の場合には「その他」と記載すること。

・変更報告書提出事由……提出書類が変更報告書である場合には，変更報告書を提出する義務が生じることとなった変更事由を，例えば「株券等保有割合が1％以上増加したこと」などと記載すること。

第1　発行者に関する事項……発行者の氏名，上場取引所等を記載すること。

第2　提出者に関する事項

　　1　提出者（大量保有者）……提出者の概要，保有目的，重要提案行為等，上記提出者の保有株券等の内訳，当該株券等の発行者の発行する株券等に関する最近60日間の取得または処分の状況，当該株券等に関する担保契約等重要な契約，保有株券等の取得資金

第3　共同保有者に関する事項

　　1　共同保有者……共同保有者の概要，上記共同保有者の保有株券等の内訳

第4　提出者及び共同保有者に関する総括表

　　1　提出者及び共同保有者

　　2　上記提出者及び共同保有者の保有株券等の内訳

(注)　提出書類については，「大量保有報告書」または「変更報告書」のいずれかを記載し，「変更報告書」である場合には，大量保有報告書を提出した後，最初に提出した変更報告書から数えた通し番号を記載することが必要である。

　この大量保有報告書・変更報告書において，次の記載事項が開示情報として注目されるものである。

①　報告時点

　　株券等の大量取得がどの時点でなされたのかは，当該株券等の発行者について投資者の投資判断に重要な影響を及ぼす状況にかかわるものであり，また法の定める提出時点が遵守されているかも明記されることは重要なことである。そこで，大量保有報告制度による報告義務発生日と本報告書の提出日が記載される。

②　実質的保有割合

　　報告書の提出者たる者と共同保有者による株券等の保有状況が開示されることを法で求めているため，これらの総数が記載される。

③　保有目的・重要提案行為等

　株券等の大量保有がどのような目的でなされているかについては，投資者にとって重要な投資判断情報となる。経営の支配を目的としているものか，あるいは純投資かなどにより，株価等に重要な影響を及ぼすことがあるからである。そこで，報告書提出者である大量保有者の保有目的を明記することとなる。そして，この保有目的にも関わると考えられる大量保有者の行為として，発行者に対して重要提案行為等を行っている場合には，その内容も投資判断情報として重要であることから開示が求められるため，記載事項として定められている。

開示規制における課題

第1節　継続開示制度における課題

1　情報開示と市場機能との関係

　金融商品取引法は，流通市場における企業内容等に関する情報の開示の制度を整備するため，開示規制として継続開示制度を定めている。また，不公正な市場取引を排除すべく定めている取引規制におけるインサイダー取引規制においては，重要な投資判断情報として定める「重要事実」・公開買付け等事実が公表されるまで規制対象者の売買等を禁止している。このインサイダー取引規制における重要な投資判断情報は，公正で公平な情報の開示を求める開示規制としてのフェア・ディスクロージャー規制における規制対象情報の中心的なものとして解されている。しかし，公開買付け等については公開買付制度により開示されるが，継続開示制度においては，インサイダー取引規制における「重要事実」の大半は開示対象情報としてされていない。
　すなわち，自社株公開買付制度においては公表されていない「重要事実」を公開買付届出書の提出日前・提出日以後に当該「重要事実」の公表を義務付けているが（法27条の22の3第1項・第2項），そのほかには「重要事実」の公表を義務付けることは規定されておらず，また「重要事実」のほとんどは臨時報告書提出事由の対象となっていないということである。あるべき市場規制の観点からすれば，インサイダー取引規制における「重要事実」が公表（開示）さ

れる前に会社関係者等が売買等さえしなければ，投資者の投資判断に影響を及ぼす重要な投資判断情報の「重要事実」の開示を求める規制を設けないとすることには問題があると考えられる。

例えば，新たな業績予想の算出が既に開示済みの予想値と大きく異なるものとなった場合（法166条2項3号の「重要事実」に該当する業績予想の修正），インサイダー取引が行われないからといって，当該業績予想の修正及びその原因となった事由等が開示されない状況の中で，当該上場会社の実態を反映した合理的な投資判断がなされた取引が証券市場においてなされているといえるであろうか。また，「重要事実」の決定事実に該当するもの，例えば上場会社の業務執行決定機関が重要な事業の譲渡を行うことを決定したこと（法166条2項1号ヲ）や「重要事実」の発生事実に該当するもの，例えば上場廃止の原因となる事実が発生したこと（法166条2項2号ハ）などが開示されないまま，こうしたことも想定されずに投資者の投資判断がなされた市場価額により市場取引・売買が継続することは公正な取引といえるであろうか。このような場合においては，証券市場において企業の実態を反映した価格発見機能が発揮されることはないことは明らかである。すなわち，証券市場において企業価値等を反映した適正な価格形成がなされず，企業の経済的実態と乖離した価格形成が行われているにもかかわらず，その状態が放置されている状況にあるといわざるを得ないであろう。

したがって，証券市場における公正円滑な取引を確保するためには，重要な投資判断情報が開示されていない状況において不公正取引のみを排除すれば足りるものでないことは明々白々である。企業の経済的実態等が適時に開示され，そうした状況の下で合理的な投資判断がなされた取引が行われてこそ，公正な価格形成がなされ，市場の価格発見機能も確保されることとなるからである。こうした開示対応は，金融商品取引法の目的（法1条）を果たすために欠くことができないものと考えられる。

ここで，「重要事実」は，決定事実，発生事実，業績予想の修正等・配当予想の修正等及びバスケット条項の適用による情報から構成されていることから，継続開示制度における開示対象情報との関係については臨時開示を取り上げることとする。そこで，本節においては，公益または投資者保護のため必要かつ

適当なものとして内閣府令で定める臨時報告書提出事由を記載した報告書たる臨時報告書とインサイダー取引規制における「重要事実」の関係を明らかにしたうえで，「重要事実」の投資判断情報としての重要性を踏まえて，現行の継続開示制度における課題を取り上げて，その見直しの必要があることを論ずることとする。なお，上場会社等に係る臨時報告書提出事由と「重要事実」を取り上げ，その子会社に係るものについては省略することとする。

2　臨時報告書提出事由と「重要事実」の異同点

(1)　決定事実に係る異同点

①　決定自体の相違点

「重要事実」と臨時報告書提出事由となる決定事実の認識の時点について相違が認められる。インサイダー取引規制においては，「行うこと」の決定の時点で決定事実として「重要事実」に該当する情報とされているが（法166条2項1号），臨時報告書は「行われること」の決定がなされた時点の後，遅滞なく開示を行うことが求められている（法24条の5第4項，開示府令19条2項7号・7号の2・7号の3・7号の4・8号等）。例えば，実質的な業務執行決定機関が重大な合併を「行うこと」を決定した場合（「重要事実」の決定），当該決定を受けて，合併比率，合併後の事業展開，経営陣の構成，社名等の検討・協議を行い，それらが合意された時点で当該合併を会社法が定める業務執行決定機関で「行われること」について決定がなされること（臨時報告書提出事由の決定）になるものと考えられる。このように，通常，「行うこと」と「行われること」の決定の時期や内容については異なるものと考えられる。

また，「行うこと」の決定は，取締役会等の会社法が定める業務執行決定機関に限られず，会社によって実質的な業務執行決定機関として位置付けられているそれぞれの会議体（例えば，常務会，経営会議等），特定の役職者（例えば，代表取締役社長，担当取締役等）により決定されることとなる。一方で，「行われること」の決定は，会社法により決議機関として定められている取締役会等で行われることとなる。

このように，「重要事実」と臨時報告書提出事由の対象となる決定事実につ

いては，決定の概念及び当該決定を行う業務執行決定機関が異なることがあり，
また決定と概念づけられる時点や内容が異なっている。

② 対象情報の異同点

「重要事実」として規定されている決定事実（法166条2項1号，施行令28条各号）と臨時報告書提出事由における決定事実との異同点は，次のとおりである。両者で同一となる情報は少数であり，「重要事実」たる決定事実の多くが臨時報告書の提出事由とはされていない。

イ）　同一の対象事項がある。……（例）株式移転：（臨時報告書提出事由：開示府令19条2項6号の3，「重要事実」：法166条2項1号リ）。ただし，株式移転という対象事項そのものは同一であるが，その決定概念及び決定時点は，通常，異なるものである。すなわち，臨時報告書提出事由は，株式移転が「行われること」が提出会社の業務執行を決定する機関により決定された場合であるが，「重要事実」は業務執行を決定する機関が株式移転を「行うこと」についての決定をしたことまたは当該機関が当該決定（公表がされたものに限る）に係る事項を「行わないこと」を決定したことであり，両者の決定については異なっている。

ロ）　対象事項は同一だが，量的基準の水準（所定の割合）が異なるものがある。……（例）合併：（臨時報告書提出事由：純資産額の10％以上または売上高の3％以上の増加見込み（開示府令19条2項7号の3），「重要事実」：純資産額の30％未満かつ売上高の10％未満の増加見込みに該当しない場合（取引規制府令49条1項6号））

ハ）　臨時報告書提出事由となるが，「重要事実」とはならないものがある。……（例）代表取締役の異動（開示府令19条2項9号），株主総会における決議（開示府令19条2項9号の2）

ニ）　「重要事実」となるが，臨時報告書提出事由とはならないものがある。……（例）資本金の減少（法166条2項第1号ロ），新たな事業の開始（施行令28条9号）　※上記ハより多数の該当例がある。

ホ）　量的基準の設定に相違がある。……臨時報告書提出事由に係る量的基準は所定の割合以上が該当するとする基準（重要性基準）を定めているが，

「重要事実」に係る量的基準は所定の割合未満を除く基準（軽微基準）を定めている。

(2) 発生事実に係る異同点

「重要事実」として規定されている発生事実（法166条2項2号，施行令28条の2各号）と臨時報告書提出事由における発生事実との異同点は，次のとおりである。両者で同一となる情報は少数であり，「重要事実」たる発生事実の多くが臨時報告書の提出事由とはされていない。

イ）　同一の対象事実がある。……（例）主要株主の異動：（臨時報告書提出事由：開示府令19条2項4号，「重要事実」：法166条2項2号ロ），親会社の異動：（臨時報告書提出事由：開示府令19条2項3号，「重要事実」：施行令28条の2第4号）

ロ）　対象事実は同一だが，量的基準の水準（所定の割合）が異なるものがある。……（例）訴訟の提起：（臨時報告書提出事由：損害賠償請求額が純資産額の15％以上（開示府令19条2項6号），「重要事実」：訴訟目的価額が純資産額の15％未満かつ売上高10％未満の減少に該当しない場合（取引規制府令50条3号））

ハ）　臨時報告書提出事由となるが，「重要事実」とはならないものがある。……（例）監査公認会計士等の異動（開示府令19条2項9号の4）

ニ）　「重要事実」となるが，臨時報告書提出事由とはならないものがある。……（例）上場廃止の原因となる事実（法166条2項2号ハ），事業の差止め等の仮処分命令の申立て等（施行令28条の2第2号）　※上記ハより多数の該当例がある。

ホ）　量的基準の設定に相違がある。……臨時報告書提出事由に係る量的基準は所定の割合以上が該当するとする基準（重要性基準）を定めているが，「重要事実」に係る量的基準は所定の割合未満を除く基準（軽微基準）を定めている。

(3) 業績予想の修正等・配当予想の修正等に係る相違点

上場会社等の売上高等もしくは配当または企業集団の売上高等について，公

表された直近の予想値（予想値がない場合は，公表がなされた前事業年度の実績値）に比較して当該上場会社が新たに算出した予想値または当事業年度の決算において重要な差異が生じたことは「重要事実」に該当する（法166条2項3号）。

しかし，こうした業績予想の修正等・配当予想の修正等の情報は臨時報告書の提出事由としては規定されていない。

(4)　その他の情報（バスケット条項）に係る相違点

個別に列挙された情報に加えて，その他の情報に係る包括規定たるバスケット条項は，臨時報告書提出事由と「重要事実」において，それぞれ次のように定められている。

〈臨時報告書提出事由のバスケット条項（開示府令19条2項12号）〉

> 「十二　提出会社の財政状態，経営成績及びキャッシュ・フローの状況に著しい影響を与える事象（財務諸表等規則第八条の四に規定する重要な後発事象に相当する事象であつて，当該事象の損益に与える影響額が，当該提出会社の最近事業年度の末日における純資産額の百分の三以上かつ最近五事業年度における当期純利益の平均額の百分の二十以上に相当する額になる事象をいう。）が発生した場合」

（注）　この規定において定められている開示事項は筆者が省略している。

〈「重要事実」のバスケット条項（法166条2項4号）〉

> 「四　前三号に掲げる事実を除き，当該上場会社等の運営，業務又は財産に関する重要な事実であつて投資者の投資判断に著しい影響を及ぼすもの」

（注）　「前三号に掲げる事実を除き」とは，決定事実（法166条2項1号），発生事実（金商法166条2項2号）及び業績予想の修正等・配当予想の修正等（法166条2項3号）を除くことをいう。

そこで，この臨時報告書提出事由と「重要事実」に係るバスケット条項の適用による対象情報の相違点を次に取り上げることとする。

①　適用対象の相違

臨時報告書の提出事由である「財政状態，経営成績及びキャッシュ・フ

ローの状況に著しい影響を与える事象」における「事象」とは，「財務諸表等規則第八条の四 に規定する重要な後発事象に相当する事象」として規定されている。ここで，後発事象とは，財務諸表等の作成において，「貸借対照表日後」すなわち決算日後から財務諸表等を作成する日までに発生したものである（財務諸表等規則8条の4）。一方，「重要事実」のバスケット条項の適用対象は「上場会社等の運営，業務又は財産に関する重要な事実」であって，この後発事象には限定されていないことは明らかである。したがって，「重要事実」と臨時報告書提出事由のバスケット条項の適用対象は明らかに異なっていると解される。

② 投資者の投資判断に及ぼす影響の範囲の相違

臨時報告書提出事由のバスケット条項においては，臨時報告書提出事由の「著しい影響を与える」ことについては量的基準（「最近事業年度の末日における純資産額の百分の三以上かつ最近五事業年度における当期純利益の平均額の百分の二十以上に相当する額」）が設けられているが，「重要事実」においては「投資者の投資判断に著しい影響を及ぼすもの」が量的には限定されないことを踏まえて量的基準は設けられていない。したがって，投資者の投資判断に及ぼす影響の範囲に関しても，「重要事実」と臨時報告書提出事由のバスケット条項の内容は明らかに異なっていると解される。

以上のように，臨時報告書提出事由と「重要事実」のバスケット条項における適用対象及び投資判断への影響の範囲が大きく異なっており，それぞれの規定の適用による情報は明らかに異なるものである。このように，既に取り上げた個別列挙情報における両者の大きな相違点を踏まえた場合，そもそもバスケット条項において同一の情報を規定しているとすることは困難であるものである。

3 臨時報告書提出事由における課題

(1) 「重要事実」との関係における課題

金融商品取引法によれば，「重要事実」の公表前に会社関係者等が売買等を

しなければ，インサイダー取引規制による罰則は課されない。つまり，インサイダー取引規制において規制されている不当な売買等をしなければ問題なし，という取引規制のみが規定されており，開示規制は設けられていない。投資者保護の観点から，重要な投資判断情報を開示すべきものとして法定開示制度が設けられているが，前記2で取り上げたように，「重要事実」のほとんどが臨時報告書提出事由すなわち法定開示の対象とはされていない状況である。取引規制（インサイダー取引規制）と開示規制（法定開示制度）とは規制目的は異なるが，そもそも規制対象情報たるものは，両規制において投資者の投資判断に影響を及ぼすべき重要な情報であると考えられる。

　ここで，「重要事実」は，投資判断に重要な影響を及ぼすべき情報として意義づけられるからこそ取引規制が課されているものであることを踏まえれば，上場会社等における重要な経済的実態を開示しない状況下での投資判断による市場取引は，企業の実態とは異なった企業価値判断の下での取引となる。したがって，投資の自己責任を有する投資者に対して重要な投資判断情報を提供して投資者保護を図ることにより，投資者の合理的な投資判断が投合されて公正な価格形成がなされる市場機能を確保する観点から，「重要事実」に関しては，取引規制のみでなく，開示義務を課す開示規制も法（金融商品取引法）により定められるべきである。すなわち，法定開示制度における臨時報告書提出事由として，「重要事実」も定められるべきであるということである。この場合の開示の時期については，以下の(4)「開示の時期における課題」を参照。

　こうした重要な内部情報に係る開示規制は，現に法制化されている例がある。それは，EUの市場阻害行為規則（Market Abuse Regulation）において重要な内部情報の適時開示が義務付けられているものである。すなわち，同規則は開示主体である証券発行者は直接関係する重要な内部情報を可能な限り速やかに公衆に開示しなければならないことを定めている（MAR17条1項）。わが国においては，重要な内部情報に該当する「重要事実」について適時，適切に開示を求める役割を果たしているのは自主規制たる適時開示制度のみとなっている状況である。

　一方，臨時報告書提出事由には，株主総会における決議の賛否等の決議事項に関する事項（開示府令19条2項9号の2）など，投資者への周知に役立つもの

第10章　開示規制における課題　327

としての情報も定められていると考えられる。そこで，臨時報告書提出事由には「重要事実」には該当しないものがあること自体は，特に問題とはならないものと考えられる。すなわち，「重要事実」と臨時報告書提出事由の範囲の全ての一致を求めるものではなく，「重要事実」を臨時報告書提出事由に含めることが検討されるべきであるということである。

(2)　「重要情報」との関係における課題

　フェア・ディスクロージャー規制において規制対象となる「重要情報」が伝達された場合，行うべき公表の方法としては法定開示も定められている（重要情報公表府令10条1号）。したがって，法定開示においても，開示規制の一環として，「重要情報」との関係も考慮されるべきである。この「重要情報」は「上場会社等の運営，業務又は財産に関する公表されていない重要な情報であつて，投資者の投資判断に重要な影響を及ぼすもの」と規定されており（法27条の36第1項本文），包括規定の方式となっている。この包括規定の解釈を踏まえ，「重要事実」（個別列挙情報とバスケット条項の適用による重要な情報）より，「重要情報」の方が範囲が広いと解される（第7章第3節2参照）。すなわち，個別列挙の「重要事実」は「重要情報」に含まれており，またバスケット条項の適用による「重要事実」も明らかに「重要情報」に該当する。

　このように，開示規制に属するフェア・ディスクロージャー規制における「重要情報」は，個別列挙の情報は規定されていないが，「重要事実」を含めたより広い情報が対象となるものと解される。開示規制の目的を踏まえれば，選択的開示の時点においてのみの開示（公表）を求めるフェア・ディスクロージャー規制における「重要情報」の範囲に比しても，臨時報告書提出事由は極めて制限的である。したがって，投資者の投資判断に重要な影響を及ぼす重要な情報の開示について，選択的開示のみの時点での開示（公表）に限定されるフェア・ディスクロージャー規制にとどめて，継続開示制度における開示情報としての臨時報告書提出事由として大半が定められていないことは，開示規制における大きな課題である。

(3) 開示項目における課題

臨時報告書による開示と適時開示における開示の項目を比較すると，開示情報によりそれぞれ異なった項目がある。両者で異なる項目をみると，開示スタンスの相違あるいは開示の時期の相違に起因するものなどがある。法定開示（臨時報告書）においては，事業に著しい影響を及ぼすと認められる重要な災害（開示府令19条2項5号）等のような場合における事業に及ぼす影響や重要な後発事象（開示府令19条2項12号）による損益に与える影響額の開示を除き，開示情報に係る「今後の見込み」は開示項目とされていない。一方，適時開示においては，「決定事実又は発生事実に関する今後の見通し」が開示項目とされている（上場規程施行規則402条の2第1項3号）。投資者の投資判断情報たる企業内容等の情報の開示の意義を踏まえれば，開示情報が上場会社等の運営，業務または財産にどのような影響を及ぼすものであるかについて，経営者の目線による説明が求められるべきものである。

そこで，開示対象となるものが，今後どのような状況・推移となるのか，また今後どのような影響を及ぼすこととなるか，それを踏まえた今後の対応・方針等を開示する上記「今後の見通し」は，臨時報告書においても開示されるべきものと考えられる。開示対象となったもののみの開示でとどまる場合は，会社の外部の者である投資者において，当該開示対象による影響等を踏まえて「今後の見通し」がどのようになるかの判断を行うことは困難であると考えられる。つまり，決算内容に関する情報として財務諸表等とともに経営成績，財政状態，キャッシュ・フローの状況等に関する定性的情報の開示が求められていることと同様に，開示される情報が的確に理解されるとともに，その影響等を含めた「今後の見通し」について説明することは，投資判断情報の開示に関する有用性確保の観点から必要かつ適当と考えられるものである。また，開示の時期を踏まえた当初開示と追加開示が必要な場合の開示項目の設定も必要と考えられる。

したがって，開示された情報が投資者の投資判断に資するために実効性のある対応が必要であるという観点を踏まえて，法定開示と適時開示における開示項目の相違について，その原因も含めて検討を行い，見直しをすることが必要

第10章　開示規制における課題　329

であると考えられる。

⑷　開示の時期における課題

　開示対象情報は，決定によるものと発生によるものから構成されるが，いずれにおいても法定開示と適時開示において開示の時期が異なっている。通常，適時開示が先に開示され，その後でなされる法定開示の意義や有用性等に問題を生ぜしめている。開示に関する情報の時期についても課題が生じているということである。

　まず，決定事実の開示の時期について，法定開示と適時開示において相違が生じるのは，決定概念の相違である。適時開示における決定の概念は，「重要事実」における決定事実の決定と同じ概念である。すなわち，業務執行決定機関による「行うこと」の決定に対応した適時開示に対して，その時期より遅くなる「行われること」を受けて行われる法定開示の時期との間に相違が生じているということである。決定事実の開示時期の相違については，そもそも決定事実はいかなるときに開示されるべきなのかという点について検討がなされたのちに，双方における開示時期の相違について検討を行う必要があると考えられる。この場合，業務執行決定機関による「行うこと」の決定がなされた時点において，当該決定の開示を行った場合には，当該決定事項の遂行に重大な支障が生ずるおそれがあるときは，直ちに開示を行うことは求めず，開示の時期や開示内容等について慎重に検討を行うべきである。例えば，会社法により承認を行う決議機関によって「行われること」の決定がなされた場合には，当該決定対象の事項について開示により重大な支障が生ずるおそれはないと考えられるので，この時点での開示が適切である。

　次に，発生事実は，発生した時点において既に企業の経済的実態に影響を及ぼしていることとなる。発生事実の開示の時期については，こうした点を踏まえて，発生事実に係る法定開示と適時開示の時期において相違が生じている。例えば災害が発生した場合，適時開示においては，その損害の見込額の算定に時間を要するときは，当該損害額を除いた災害の事実の概要についてまず開示し，当該見込額が現時点では不明である旨（概算額が分かる場合はその額）及びそれ以外の開示事項の開示を行い，当該損害見込額が算定できた時点で追加開

示することが求められている（適時開示ガイドブック第2編第2章1）。これに対して，法定開示における臨時報告書の提出は，災害が発生し，「それがやんだ場合」（「それがやんだ場合」とは，災害が引き続き発生するおそれがなくなり，その復旧に着手できる状態になったときをいう（開示ガイドライン24の5-20））であるとともに，災害により被害を受けた資産の額，それに対して支払われた保険金額等が開示項目とされている（開示府令19条2項5号）。このように，開示の時期及びそれに応じた開示内容について，臨時報告書と適時開示とは大きく異なっている。すなわち，発生後「遅滞なく」開示することとしている法定開示と「直ちに」開示することとしている適時開示の開示時期の相違について検討がなされる課題があると考えられる。

　また，開示の対象となるものの状況を踏まえ，開示は1回のみとすることではないとする適時開示と確定段階での開示を求める臨時報告書とでは開示対応が異なっている。決定または発生の状況を踏まえて，開示対象についての調査等や判明の時期を踏まえ，当初開示を行って，その後さらに当該開示対象について追加開示を行うということが投資判断情報を得るという立場の投資者からすると有効な開示対応であると認められる。したがって，こうした投資判断において求められる適切な開示の時期と必要な場合における当初開示とその後の追加開示という対応についても，臨時報告書の提出に関して検討が必要な課題と考えられる。

第2節　適時開示に係る制裁における課題

　適時開示制度は，取引所規則に基づく自主規制開示であり，金融商品取引法による公的規制たる法定開示制度ではない。しかし，適時開示制度による重要な投資判断情報の適切な開示は，投資者・証券市場において極めて重要な役割を果たしていることから，適時開示が適切に行われる実効性を確保していく必要がある。そのためには，適時開示において不適切な開示（重要事項に係る虚偽記載・記載欠缺をいう。以下同じ）に対して自主規制による制裁だけでは必ずしも十分でないと考えられる。そこで，本節において，適時開示制度の実効性の確保に係る制裁における課題を取り上げることとする。

1　適時開示の実効性の確保の不備

　適時開示は，その重要性を踏まえて，不適切な開示が行われた場合には，所定の自主規制による制裁措置ができることが定められている。不適切な適時開示に対して，取引所は，特設注意市場銘柄の指定，改善報告書・改善状況報告書の提出・公衆縦覧などのペナルティ的措置を設けている。また，注意措置も設けている。しかし，上場会社による不適切な開示は少なからず継続しており（注1），投資者からの不信を招くおそれも懸念されるところである。ここで，適時開示制度は取引所の自主規制業務として，取引所の規則により上場会社に義務付けているものであることから，法的制裁は定められていない。したがって，適時開示に係る定めへの違反に対する自主規制の制裁措置が，適時開示の実行性を確保するために有効かつ適切であるかどうかが問われる状況にあると考えられる。

　ここで，適時開示はインサイダー取引規制やフェア・ディスクロージャー規制における公表として定められていること，また法定開示書類における虚偽記載等の事実の公表に該当すると解されることなども踏まえ，適時開示は法定開示と同等の位置付けにあるものと考えられる。しかし，両開示の実効性を確保するため重視されるべき制裁をみると，法定開示への違反に対しては金融商品取引法において行政処分（訂正命令・課徴金制度），刑事責任及び民事責任が設けられているが，適時開示における制裁は上記のとおりであり，全く異なっている。このように，法定開示と適時開示における不適切な開示に対する制裁を比較した場合，法定開示への違反に係る法的制裁とは異なって，適時開示への違反に係る制裁については十分な対応がとられていないと考えられる。つまり，取引所規則による制裁措置のみでは適切な開示を確保するための実効性が十分でなく，必ずしも適切な制裁とは考えられないところである。

　そこで，法定開示との関係を踏まえ，適時開示への違反に対しても法的制裁が設けられるべきと考えられる。しかし，適時開示は法により義務付けられていないことを踏まえ，不適切な適時開示に対する法的制裁については民事責任

（注1）　久保幸年『適時開示の理論・実務』，中央経済社，2018年5月，92頁。

すなわち損害賠償責任を対象とすべきものと考えられる。なお，適時開示の不履行または遅延についても，その重要性に応じて次に取り上げる不適切な適時開示に対する法的制裁が準用されるべきものと考えられる。

2　不適切な適時開示に係る法的制裁

　通常，民事責任としての損害賠償責任を追及するのは民法によることが多い（一部は会社法の適用もある）。こうした一般法たる民法による損害賠償責任の追及手続きは，有価証券の市場価額の下落と不適切な開示との因果関係や損害賠償金額の算定等を原告である者が立証しなければならないことになる。これらの立証は，一般的に困難なところがあるものであることが認められている。こうしたことを踏まえ，金融商品取引法においては，法定開示書類について虚偽記載等の不適切な記載がなされていた場合には賠償責任が定められている。しかし，現行法においては，重要な投資判断情報（例えば，「重要事実」）の適時開示が虚偽記載等による不適切な開示である場合，法定開示ではないことから，金融商品取引法における賠償責任の対象とされない。

　この「重要事実」も含めた重要な投資判断情報たる適時開示情報について，虚偽記載等による不適切な適時開示が行われた場合，投資者の投資判断に重大な影響を与えることとなり，また証券市場に対する不信感を招くおそれもあるであろう。投資判断に重要な影響を及ぼすべき「重要事実」等に係る適時開示はインサイダー取引規制の解除要件たる公表となるが，その公表が不適切な開示であった場合，投資者の投資判断に重要な影響を及ぼすこととなることにもかかわらず，当該開示が適時開示であることをもって法的制裁から除外されることは問題である。また，フェア・ディスクロージャー規制における「重要情報」の公表についても，公表として行われた適時開示が不適切である場合にも法的制裁から除かれることは問題である。

　このように，「重要事実」等の適時開示（公表）によって，インサイダー取引規制の解除やフェア・ディスクロージャー規制の公表の履行にもかかわらず，当該適時開示が不適切な開示の場合について法的制裁の対象外とすることは適切な法の定めとはいえないであろう。また，上場会社に対して「重要事実」等を適時開示の対象として開示することを義務付け，投資者から重視されている

第10章　開示規制における課題　333

当該適時開示の位置付けを踏まえれば，投資者にとって開示ルートが法定開示か適時開示かによって「重要事実」等の開示への投資判断の対応が異なるものとは考えられないところである。すなわち，適時開示は法定開示でないことを理由に開示規制を定める金融商品取引法による法的制裁を課さないとすることは，投資者サイドからすれば大きな不公平な扱いであると考えられる。適時開示を管理する取引所は，法定開示を所管する財務局と同様に「公的な機能を果たしている機関」(注2) として位置付けられていることも踏まえて，法の適切な対応が必要である。

　不適切な適時開示に対する損害賠償の責任について，不適切な法定開示に係る法的制裁に準ずる定めが設けられることとなれば，適時開示を適切に行わなければならないことの実効性をより高める効果が想定される。そこで，虚偽記載等を記載した有価証券報告書等の提出者に係る損害賠償責任という法的制裁が，適時開示において不適切な開示を行った上場会社について課されるべきである。また，当該上場会社の役員等についても，別途定められている法的制裁が課されるべきである。したがって，不適切な適時開示が行われた場合の制裁として，金融商品取引法による法的制裁が準用されるように見直しが必要であると考えられる。

　ここで，適時開示情報は「重要事実」を中心としているが，その他の情報も対象情報としている。そのため，不適切な適時開示が行われた場合の法的制裁の対象となる情報として，適時開示情報を全て取り上げることは困難であると考えられる。適時開示情報の全てが法規制に係る情報ではないからである。そこで，金融商品取引法における規制対象情報と適時開示情報の整合性をとるため，適時開示が公表と定められているインサイダー取引規制とフェア・ディスクロージャー規制における「重要事実」・公開買付け等事実と「重要情報」に

(注2)　インサイダー取引規制における公表として適時開示も定められた当時の証券取引法の改正に関する金融庁のコメントにおいて，次の指摘がなされていた。「証券取引所等（証券取引所及び証券業協会）は，証券取引法により，企業の株式等の上場等を行う市場の開設者とされ，その規則に基づいて上場会社等に対するタイムリー・ディスクロージャーを求めるなどの自主規制を行う，いわば公的な機能を果たしている機関であることから，財務局で行う公衆縦覧と同様に，インサイダー取引規制の解除要件である公表措置としての公衆縦覧を行う主体として適当であると判断したものです」。金融庁「コメントの概要とコメントに対する金融庁の考え方」，平成15年6月。

ついて不適切な開示がなされた場合，その開示の手段が法定開示か適時開示かのいずれであったかを問わずに同法による法的制裁が課されるべきである。

第3節　フェア・ディスクロージャー規制における課題

　フェア・ディスクロージャー規制は，「重要情報」の選択的開示について，所定の場合の公表を義務付ける制度である。このフェア・ディスクロージャー規制は，継続開示制度のように開示の対象情報について定期または臨時に開示を義務付けるものではないが，規制対象たる取引関係者に「重要情報」を伝達した場合，当該取引関係者と投資者との間の情報の非対称の解消を果たすことを求めている開示規制である。しかし，フェア・ディスクロージャー規制における規制対象や規制の適用及び適用の実効性等について，次に取り上げる課題があると考えられる。なお，「重要情報」の不知または公表困難な場合における課題については，第7章第5節2(2)において取り上げている。

1　規制対象情報に係る課題

(1)　「重要情報」の定めにおける課題

　「重要情報」の範囲の定めは包括規定の方式によっており（法27条の36第1項本文），フェア・ディスクロージャー規制の遵守に対する実務上の対応を踏まえて，その規定の実効性において困難な状況を生ぜしめることとなるものと考えられる。そこで，この包括規定についての課題を取り上げれば，次のとおりである。

①　個別列挙情報の設定

　フェア・ディスクロージャー規制における「重要情報」については個別列挙情報は一切定められていないので，決定または発生した情報が「重要情報」に該当するかどうかを全て個別に判別することとなる。こうした判断は簡単に行えるものではないであろう。そのため，フェア・ディスクロージャー規制を遵守していくための対応における情報管理や公表の対応等に困難をもたらすこと

が懸念されることとなる。したがって，フェア・ディスクロージャー規制においても規制対象情報たる「重要情報」について個別列挙情報に係る定めが必要であろう。選択的開示の時点における「重要情報」の公表を行わないという法令違反行為の未然防止対応を実際に行っていくためには，現行の「重要情報」の定めにおいて，個別列挙の規定は一切なく，全て抽象的な包括規定としていることには見直すべき課題があると考えられる。

　そこで，この個別列挙情報の定めについては，「重要情報」に該当するものと解される情報をもとに検討される必要がある。ここで，「重要情報」は，投資者の投資判断に重要な影響を及ぼす情報と意義づけられており，その範囲については，「インサイダー取引規制の対象となる情報の範囲をベース」として，「公表されれば発行者の有価証券の価額に重要な影響を及ぼす可能性があるものを含めること」の提言（タスクフォース報告書3.(1)①）は適切なものと考えられるところである。こうしたことを踏まえると，投資者の投資判断に重要な影響を及ぼす情報を開示の対象としている適時開示情報が「重要情報」の基本となるものと解される。この適時開示情報は，インサイダー情報を中心としているが，「重要事実」の対象とされていないその他の重要な情報も含めて構成されているからである（第6章第3節・第5節参照）。こうした構成を踏まえて，適時開示情報として決定事実，発生事実及び業績予想の修正等・配当予想の修正等並びに公開買付けの決定等の個別列挙情報が定められているので，これを踏まえて「重要情報」においても当該個別列挙情報が定められるべきものと考えられる。

② バスケット条項の設定

　適時開示情報に係る規定においては，投資判断に重要な影響を及ぼすべき情報は全て個別列挙することはできないことを踏まえて，当該個別列挙情報以外のその他の適時開示情報として定める包括規定すなわちバスケット条項が定められている。重要な投資判断情報は全て個別列挙できないことは明らかであるから，フェア・ディスクロージャー規制における「重要情報」においても個別列挙情報を定めたうえで，適時開示情報において設けられているバスケット条項と同様の規定が設けられるべきである（規定の仕方は「重要事実」に係るバス

ケット条項とする（第6章第5節3(1)参照））。

したがって，フェア・ディスクロージャー規制において「重要情報」を定めている規定については，個別列挙情報の設定の課題に加えて，当該個別列挙情報を除いたその他の情報について定めるバスケット条項の設定も課題として考えられる。

(2) モザイク情報の扱いにおける課題

FDガイドラインにおいて，他の情報と組み合わさることによって投資判断に影響を及ぼし得るものの，その情報のみでは，直ちに投資判断に影響を及ぼすとはいえない情報（いわゆる「モザイク情報」）については，「重要情報」に該当しないことが示されている（FDガイドライン（問4）の（答）③）。しかし，他の情報との組合せの方法・関連・時期等を踏まえ，モザイク情報は全て「重要情報」に該当しないとはいえないと考えられる。

したがって，「重要情報」について個別列挙情報の規定及びバスケット条項の設定を踏まえれば，モザイク情報が一律に「重要情報」に該当しないものではないことが明確になると考えられる。

2 情報伝達者に係る課題

上場会社等またはその役員等（上場会社等もしくは上場投資法人等の資産運用会社またはこれらの役員（会計参与が法人であるときは，その社員），代理人若しくは使用人その他の従業者をいう。以下この節において同じ）が，その業務に関して，規制対象の取引関係者に「重要情報」を伝達する場合に，公表が義務付けられる（法27条の36第1項本文）。ここで，「重要情報」の伝達を行う者が上場会社等または上場投資法人等の資産運用会社の代理人または使用人その他の従業者である場合にあっては，当該上場会社等または当該上場投資法人等の資産運用会社において取引関係者に情報を伝達する職務を行うこととされている者に限られている（同条同項）。なお，役員は，この取引関係者への情報伝達の職務担当に制限されていない。

しかし，法が定める特定の者以外の者によって重要な投資判断情報が外部に伝達・開示されても，一般への開示（公表）が求められないということは，重

要な投資判断情報に係る不当な情報格差すなわち情報の非対称を生ぜしめるおそれがある。このような選択的開示は，証券市場における公平かつ公正な情報開示に反するものであり，公正な市場取引を阻害するものである。そもそも「歪んだ情報提供」を排除して，情報伝達された特定の者とその他の公衆との間における情報の非対称を解消して公平な市場取引が行われることを目的とするフェア・ディスクロージャー規制の意義からしても，こうした特定の情報伝達者に限った選択的開示のみを規制対象とすることには問題があると考えられる。

　例えば，経理部員で外部への情報を伝達する職務は担当しない者が「重要情報」に該当する決算関係情報を取引関係者に伝達した場合，当該経理部員は規制対象の情報伝達者には該当しないと解されることから，当該決算関係情報の公表は義務付けられないと考えられる。こうした場合，規制対象外の情報伝達者による選択的開示は，フェア・ディスクロージャー規制の対象とされないものの，当該決算関係情報に係る情報の非対称の下で不公正な市場取引をもたらすおそれがあり，投資者保護に反するものである。また，当該選択的開示は公平な情報開示の下での合理的な投資判断の投合による価格発見機能という市場機能を正常に機能させないこととなる。

3　公表に係る課題

(1)　公表の内容・概念

　インサイダー取引規制における公表がされたとは，「重要事実」等のインサイダー情報について多数の者の知り得る状態に置く措置がとられたことまたはインサイダー情報が記載されている法定開示書類が公衆縦覧に供されたことをいうことがそれぞれ定められている（法166条4項・167条4項）。まず，広く用いられている「公衆縦覧」とは，一般の人々が自由・自在に書類等を閲覧できることをいうことから，法定開示書類における記載内容を一般の人々が知ることができる措置がとられたことである。また，「多数の者の知り得る状態に置く措置がとられたこと」とは，「多数の者」に相当する一般の人々がインサイダー情報を知ることができる措置がとられたことであり，「公衆縦覧」がこの

措置に該当するものであることも明らかである。したがって,「公衆縦覧」と「多数の者の知り得る状態に置く措置がとられたこと」は,同一の一般的な情報開示に該当するものといえよう。

このように,インサイダー取引規制における公表の内容・概念については,一般の人々である公衆への公正で公平な情報の提供すなわち一般的な情報開示であることを法で定めたうえで,「多数の者の知り得る状態に置く措置」については具体的な対処方法を政令で定めている。しかし,フェア・ディスクロージャー規制において求めている公表については,その内容・概念が規定されておらず,「インターネットの利用その他の方法」としていることにとどまっている（法27条の36第4項）。

フェア・ディスクロージャー規制においては,特定の外部の者に未公表の情報を伝達するという選択的開示を行った場合に,当該情報について情報の非対称を解消して公平な情報周知を図るという投資者保護に資するため,公正で公平な開示としての公表を求めることが同規制導入の趣旨であると考えられる。そこで,フェア・ディスクロージャー規制における公表の内容・概念について,上記のインサイダー取引規制における公表の定めと同様に,法において定められておくべきである。このフェア・ディスクロージャー規制における公表について,「インターネットの利用その他の方法」によるものとする規定のみにとどめることは,フェア・ディスクロージャー規制における公表がどのようなことを求めることとなるかが不明であり,当該公表が公正で公平な一般的な情報開示を求めることと解することに疑義を生ぜしめるおそれがある。

(2)　インサイダー取引規制における公表との相違

インサイダー取引規制における公表としての,①法定開示書類による公衆縦覧,②複数報道機関への公開後12時間経過,及び③適時開示による公衆縦覧は,フェア・ディスクロージャー規制においても公表の方法として定められている（重要情報公表府令10条1号から4号）。しかし,フェア・ディスクロージャー規制においては,上場会社等のウェブサイト利用による掲載の方法も公表とされているが（重要情報公表府令10条5号）,インサイダー取引規制においては当該方法は公表には含まれていない。両規制において,明確に異なる公表の方法で

第10章 開示規制における課題 339

ある。

　そこで，インサイダー情報たる「重要事実」等に該当する「重要情報」が
ウェブサイトへ掲載されても，インサイダー取引規制においては公表されてい
ない状況となるので，同規制は解除されないこととなる。フェア・ディスク
ロージャー規制においては，重要な投資判断情報の選択的開示を原則として禁
止し，「重要情報」の公平かつ公正な情報開示により情報の非対称を解除する
意義からすれば，フェア・ディスクロージャー規制における公表の実施がイン
サイダー取引規制の解除とならない方法が公表とされていることは適切でない
と考えられる（第7章第4節2参照）。なお，ウェブサイトへ掲載が公表の方法
とされること自体が適切でないことについては，下記の(4)参照。

(3)　報道機関への公開

　フェア・ディスクロージャー規制において，上場会社等の代表者等・委任者
が所定の2以上の報道機関への公開後，12時間の経過をもって公表としている
（重要情報公表府令10条2号）。一方，法定開示及び適時開示においては，公表と
して位置付けられるのは当該「重要情報」が「公衆縦覧に供された場合に限
る」と規定されている。すなわち，実際に「重要情報」が開示済みとなったこ
とを公表としているのである。ここで，報道機関に公開した情報について，当
該報道機関により実際に報道が行われるかどうか，公開した全ての情報内容と
報道された場合の記事との関係については，当該報道機関の判断によるもので
ある。そこで，「重要情報」を報道機関に公開した後12時間経過をもって，当
該「重要情報」が報道されて，当該「重要情報」の開示となるかどうかは確定
されているわけではない。フェア・ディスクロージャー規制における公表の意
義を踏まえれば，実際に「重要情報」の報道が行われたことを同規制における
公表と位置付けるべきものである。

　したがって，報道機関への公開後に12時間経過という形式的形態だけをもっ
て公表とすることには問題があると考えられる。そこで，上記の法定開示及び
適時開示における実効性のある公表の位置付けを踏まえ，報道機関への公開に
よる公表の方法においても，報道機関の取材対応等を考慮し，単なる12時間経
過ではなく，公開された当該「重要情報」が報道された場合を前提としての規

定が設けられるべきものと考えられる。

⑷　ウェブサイトへの掲載

　フェア・ディスクロージャー規制において，開示主体たる上場会社等のウェブサイトへの掲載による情報提供も公表の方法としている（重要情報公表府令10条5号）。このウェブサイトの利用や対処方法は当該上場会社等に依拠するものである。公表の方法に係る規定において，ウェブサイトでの情報の集約と掲載期間が設定されているだけで，そこでの情報提供つまり任意開示に係る仕組み等について，規制されてはいない。ここで，わが国におけるフェア・ディスクロージャー規制の導入の際に参考にされたアメリカのレギュレーションFDにおいては，法定開示書類（Form 8-K）による開示のほか，ウェブサイト等による任意開示の方法が公表として認められるかどうかは，広く非限定的に公衆に対して情報を提供するように合理的に設計された情報伝達の方法に該当するかどうかによる（Reg. FD §243.101 (e)(1)・(2)）。

　このように，レギュレーションFDにおいては，法定開示のほかに認める公表の方法については，上記の規定が設けられており，任意開示が一律に公表に該当するものではなく，当該規定に適合するものかどうかにより公表に該当するかどうかが判別されることとされている。そこで，ウェブサイトによる情報提供が公表と認められるのは，確立した情報伝達チャネルとなっている場合である(注3)。こうしたウェブサイトによる適切な開示対応に関する規定は，わが国フェア・ディスクロージャー規制においては設けられておらず，一律に任意開示の方法たるウェブサイトによる情報提供を公表としていることには検討すべき課題があると考えられる。

　また，上場会社は，ウェブサイトで適時開示の対象となる会社情報を開示（公衆縦覧）する前にTDnetにより適時開示をしなければならないことが定められている（上場規程413条の2）。すなわち，インターネットを利用して公衆による閲覧ができる状態に置こうとするときは，TDnetにより当該会社情報が開示された時以後にこれを行うものとするとされている。なお，アクセス制御

（注3）　SEC "COMMISSION GUIDANCE ON THE USE OF COMPANY WEB SITES", Release Nos. 34-58288, IC-28351; File No. S7-23-08, Aug. 2008.

第10章 開示規制における課題 341

機能（不正アクセス行為の禁止等に関する法律２条３項に規定するアクセス制御機能をいう）を付加するなど公衆による当該会社情報の開示前の閲覧を制限するための措置を講じる場合は，こうした措置を取らなくともウェブサイトでの開示は適時開示の後となる。ここで，「重要情報」は適時開示の対象情報と考えられるところから，適時開示とは別にウェブサイトによる掲載を公表の方法として定めていることは，上場会社が遵守すべき適時開示への対応からしても問題があるものと考えられる。

4 「重要情報」の選択的開示に係る課題

フェア・ディスクロージャー規制においては，規制対象の情報受領者となる者に対して，投資者の投資判断に重要な影響を及ぼすべき未公表の情報を伝達した場合にのみ公表（開示）を行うことを求めているが，当該伝達が行われるまでは開示を求めるものではない。しかし，投資判断に影響を及ぼすべき重要な情報は，企業価値の分析・判断等について欠くことのできないものであることから，そもそも不公正な取引や未公表の情報伝達の有無とかにかかわりなく，適時，適切に「重要情報」は開示されるべきものである。こうした情報開示こそが，投資者保護に資する重要な対応であることは明らかである。したがって，選択的開示を行わなければ，投資者の投資判断に重要な影響を及ぼす情報の開示を求めないということは，あるべき開示規制に適合しているか疑問を生ぜしめている。すなわち，こうした限定的な開示規制の設定は適当でないと考えられる。

ここで，公表されていない重要な内部情報を利用して証券取引や勧誘等を行う者は取引関係者（法27条の36第１項各号）だけに限定されるとは考えられない。したがって，「重要情報」については，その開示が経営活動等に重大な支障をきたすおそれがある状況にあるのかどうかにより開示の時点を決めて開示すべきものであり，情報受領者の選択により開示（公表）するかどうかを決めるものではないと考えられる。つまり，「重要情報」を伝達する相手によって，開示するかどうかを一律に決定することは，適当でないものと考えられる。

重要な投資判断情報が適時，適切に開示されることにより投資者の合理的な投資判断を促し，その投資判断の結果が市場において投合されて公正な市場価

格が形成されるものである。つまり，重要な情報の開示は市場機能を確保するために必須のものである。こうした証券市場の機能を確保し，投資者の保護及び健全な国民経済の発展のためには，特定の者に重要な情報を提供した選択的開示の場合にのみ当該重要な情報の開示を求めることにとどめる開示規制は，上述のとおり，適切な法整備としては足りていないところがある。こうした主張は，筆者のみによるものではなく，EUにおいては，選択的開示の有無にかかわらず，発行者は重要な情報について適時開示を行う義務があることを定めている（MAR17条1項）[注4]。わが国のフェア・ディスクロージャー規制の導入の際にも参考とした市場阻害行為規則等を踏まえて再度検討する必要があると考えられる。

5　規制の実効性の確保に係る課題

(1)　法令違反に係る制裁

金融商品取引法による制裁は，法が定めた制度等についての遵守を確保する役割，すなわち実効性のある法令としての有効性を確保するための手段となるものである。しかし，フェア・ディスクロージャー規制における法令違反の制裁は，他の開示規制たる法定開示制度の違反に係る制裁との大きな相違がある。そこで，フェア・ディスクロージャー規制の主な規制対象となる流通市場における継続開示制度とフェア・ディスクロージャー規制における制裁との主要な相違を掲げれば，次の表のとおりである。

（注4）　次の3要件を全て満たす場合には，自己責任において内部情報の公衆への開示を遅延できることが規定されている（MAR17条4項）。①直ちに開示することが発行者の正当な利益を侵害するおそれがあること，②開示の遅延が公衆を誤導するおそれがないこと，③発行者において当該内部情報の秘密性を保持できること。

第10章　開示規制における課題　343

〈継続開示制度とフェア・ディスクロージャー規制における法的制裁の相違〉

	継続開示制度	フェア・ディスクロージャー規制
行政処分①	法定開示書類の不提出に係る課徴金納付の設定（法172条の3）	公表の不実施に係る課徴金納付の設定なし
行政処分②	法定開示書類における重要な虚偽記載・記載欠缺に係る訂正命令（法24条の2第1項等）及び課徴金納付の設定（法172条の4）	重要な虚偽・欠缺のある公表に係る訂正命令及び課徴金納付の設定なし
刑事責任①	法定開示書類の不提出に係る懲役，罰金の設定（法197条の2第5号・207条1項2号等）	公表の不実施に係る刑事責任の設定なし
刑事責任②	重要事項につき虚偽記載のある法定開示書類の提出に係る懲役，罰金の設定（法197条1項1号・207条1項1号等）	虚偽の公表に係る刑事責任の設定なし
民事責任	重要事項につき虚偽記載・記載欠缺のある法定開示書類の提出に係る損害賠償責任の設定（法21条の2等）	重要な虚偽・欠缺のある公表に係る民事責任の設定なし

　以上の表のとおり，フェア・ディスクロージャー規制において義務付けられている「重要情報」の公表義務に違反し，当該「重要情報」が公表されない場合に対する法的制裁は定められていない。また，情報の開示においては，投資者すなわち開示情報の利用者において有効適切に受け止められるための対応が必要である。そこで，「重要情報」に係る情報が虚偽でないこと並びに必要な情報の網羅性及び当該情報の理解を図るための情報の的確性を適切に行う公表が必要となる。しかし，以上の表のとおり，情報開示であるフェア・ディスクロージャー規制においては，虚偽や欠缺のある公表を行った場合について制裁は設けられていない。継続開示制度においては，法定開示書類における虚偽記載等が行われたことに対する法的制裁が設けられており，フェア・ディスクロージャー規制における対応と大きく異なる状況である。

(2)　制裁に係る課題

　フェア・ディスクロージャー規制における「重要情報」の公表は，公平かつ公正な開示でなければならないものである。そもそも「重要情報」の公表は，投資者においては継続開示制度の法定開示書類による開示の場合と異なる性格

のものではなく，重要な投資判断情報の開示という同じ位置付けのものとなるであろう。継続開示制度とフェア・ディスクロージャー規制は，いずれも投資判断情報の開示に係る規制である。

そこで，フェア・ディスクロージャー規制の実施について実効性を確保するためには，継続開示制度と同等の制裁が定められるべきである。継続開示制度においては，その実効性を確保するため法令違反に対しては所定の法的制裁が設けられているが，フェア・ディスクロージャー規制においては，行政措置違反を除き，制裁が設けられていない。フェア・ディスクロージャー規制における公表対象の「重要情報」のほとんどが継続開示制度の開示対象情報に該当しないことから，「重要情報」の公表の実効性を図るためには，フェア・ディスクロージャー規制における適切な法的制裁の設定が必要であることは明らかである。

したがって，継続開示制度とフェア・ディスクロージャー規制の両開示規制において，その実効性を確保していくための制裁において大きな相違があることには正当な理由はないものと考えられる。そこで，フェア・ディスクロージャー規制における制裁に係る課題としては，次のことが考えられる。

①　虚偽等の公表に係る制裁

「重要情報」の公表において，重要な事項について虚偽の開示があり，または開示すべき重要な事項もしくは誤解を生じさせないために必要な重要な事実の開示が欠けているときは，フェア・ディスクロージャー規制の制定趣旨たる投資判断情報の公平かつ公正な開示に著しく反するものである。そのため，こうした虚偽等に該当する「重要情報」の公表を行った者及びその者が属する法人に対する法的制裁が設けられていないことは適切でないと考えられる。

したがって，継続開示制度に係る刑事責任及び民事責任（損害賠償責任）を踏まえ，「重要情報」の公表においても虚偽等が行われた場合には，継続開示制度に準じて行政処分並びに刑事責任及び民事責任が相応に定められるべきである。ここで，刑事責任の訴追は，その難易度から，刑事罰を科すことは限定的となっているのが現状である。こうした状況を踏まえて，一定の法令違反に対して行政処分による金銭負担を課す課徴金制度が適用されている場合が多い

のが制裁の実情である。そこで，継続開示制度における制裁と同様に，フェア・ディスクロージャー規制違反の「重要情報」の虚偽等の公表に対しても課徴金制度が適用されるべきであると考えられる。

②　公表の不実施に係る制裁

　フェア・ディスクロージャー規制の導入においては，公表の不実施すなわち公表されるべき「重要情報」が公表されていないと認めるときは，当該「重要情報」を公表すべきであると認められる者に対し，「重要情報」の公表その他の適切な措置をとるべき旨の指示をすることができるとされている（法27条の38第1項）。この点につき，まず「公表されるべき「重要情報」が公表されていない」ことの発見が常にされるかは，実務上，困難であると推定される。当該発見が行政当局により検出されない場合は，「重要情報」の未公表は，法令上，放置される結果となる。こうしたことを避けるため，「重要情報」の公表を実効性のある制度たる開示規制とすることが必要である。そこで，継続開示制度に係る制裁の設定を踏まえ，「重要情報」の公表義務を果たさないことについての法的制裁が設けられるべきであると考えられる。

第4節　公開買付制度における課題

　公開買付制度においては，買付けに関する重要な情報の公表を行うことを求めている。まず，他社株公開買付制度においては，買付条件等の変更，公開買付開始公告の訂正，訂正届出書による公開買付開始公告の訂正，公開買付の撤回等について公表を行う場合には，公表すべき内容及び事項を①時事に関する日刊新聞社，②時事に関する通信社，③日本放送協会及び基幹放送事業者，の2以上を含む報道機関に対して公開することにより行わなければならない（法27条の6第3項・27条の7第1項・第2項・27条の8第8項・第11項27条の11第2項，他社株券等公開買付府令20条）。公開買付けに係る応募株券等の数，公開買付けの内容，応募株券等の数及び買付け等を行う株券等の数等の公表においても同様に行わなければならない（法27条の13第1項，施行令9条の4各号，他社株券等公開買付府令30条の2）。

次に，自社株公開買付制度においては，上述の他社株公開買付制度における公表が準用される場合及び法166条1項に規定する公表がされていない「重要事実」の公表の場合には，公表すべき内容及び事項を上記に掲げる①から③の報道機関と同じ報道機関の2以上を含む報道機関に対して公開しなければならない（法27条の22の2第2項等による準用・法27条の22の3第1項，自社株券等公開買付府令11条）。また，「重要事実」の公表に係るものは（法27条の22の3第1項・第2項），上記の2以上の報道機関への公開を行って12時間が経過した時点で公表されたものとみなされる（法27条の22の3第3項，施行令14条の3の12）。このみなし規定は，インサイダー取引規制の解除要件の公表に該当するように対応しているものである。これが自社株公開買付制度における公表である。

このように，公開買付制度において求める公表は，インサイダー取引規制における公表の定めのうち，「多数の者の知り得る状態に置く措置」（法166条4項）としての報道機関への公開と12時間経過の規定（施行令30条1項1号・2項）と同じ規定が設定されている。インサイダー取引規制における公表は，多数の者の知り得る状態に置く措置がとられたことまたは法定開示書類の公衆縦覧と定められている（法166条4項・167条4項）。このインサイダー取引規制における当初の公表は，「多数の者の知り得る状態に置く措置」として，2以上の報道機関への「重要事実」の公開後12時間経過したことが定められていたが，その後改正されて適時開示も公表として追加規定された（施行令30条1項2号から5号）。この公表の定めの改正は，開示主体たる上場会社等が適時，適切な開示を遵守することを義務付ける取引所等の求めに従って作成された開示資料が全て適切な方法（TDnet）で公衆縦覧され，広く投資者に利用されていることから，「多数の者が知り得る状態に置く措置」として認められたことであると考えられる。まさに，インサイダー取引規制の解除要件たる公表として実効性のある措置が求められるからであり，投資判断情報の開示において果たしている適時開示の位置付けが明確にされたものと考えられる。

このインサイダー取引規制における公表の定めの改正は，金融庁・「証券市場の改革促進プログラム（証券市場の構造改革　第2弾）」報告書（平成14年8月）において，「インターネットの普及を踏まえ，企業のタイムリーなディスクロージャーが円滑に行われるよう，インサイダー取引規制に係る関連規定を見

第10章 開示規制における課題 347

直す」^(注5)と提言されたことを踏まえて，適時開示も公表の定めに追加する改正に対応したことを金融庁が掲げている^(注6)。こうした提言や上述した適時開示の役割を踏まえれば，公開買付制度における公表の定めも，インサイダー取引規制における公表の改正と同じく改正されるべきであったことは明らかであろう。「重要事実」の公表において，当該公表をインサイダー取引規制における公表と異なる定めを設定していることは，明らかに不適切な対応である。

また，他社株公開買付制度において公表が求められる買付条件等の変更等の重要な情報や自社株公開買付制度において公表が求められる「重要事実」について，これらの情報（以下「公表対象情報」という）の公開を受けた報道機関が当該公表対象情報を全て報道するかどうか，どこまで報道するかどうかは当該報道機関が決定することであり，報道の有無も含め実際にどのように報道されるかどうかは未定である。そこで，報道機関への公開後12時間が経過しても，公開された公表対象情報が報道されなかった場合，会社関係者等とそれ以外の投資者との間の当該公表対象情報に関する情報の非対称は解消されないことから，公表の実効性に疑義を生ぜしめる。したがって，報道機関への公開後12時間経過を公表としての定めとすることに問題があるものと考えられる。

以上を踏まえ，公開買付けにおける現行の公表の定めは適切ではなく，速やかに改正すべき重要な課題が認められる状況である。

(注5)　金融庁「証券市場の改革促進プログラム（証券市場の構造改革　第2弾）」II．2．(3)⑤，平成14年8月，6頁。
(注6)　金融庁「アクセスFSA第7号」の「インサイダー取引規制に係る公表措置の見直しについて」，2003年6月。

行政監督機関と自主規制機関

第1節　行政監督機関

1　金融庁

　金融商品取引法における開示規制等の市場規制を有効・適切に機能させていくためには，所管する行政当局の対応が重要な役割を果たすこととなる。この行政当局が金融庁であり，内閣府の外局として設置されたものである（内閣府設置法49条，金融庁設置法2条1項）。金融庁は，わが国の金融の機能の安定を確保し，預金者，保険契約者，有価証券の投資者その他これらに準ずる者の保護を図るとともに，金融の円滑を図ることを任務とするほか，こうした任務に関連する特定の内閣の重要政策に関する内閣の事務を助けることを任務とする（金融庁設置法3条）。そして，この任務を達成するために，金融に関する制度の企画及び立案に関することなどの事務をつかさどることとなる（金融庁設置法4条）。

　また，金融商品取引法においては，金融庁が属する内閣府の内閣総理大臣の執行権限が多く設定されている。ここで，内閣総理大臣は，金融商品取引法による権限（政令で定めるものを除く）を金融庁の長である金融庁長官に委任するのである（法194の7第1項）。ここで，金融庁長官に委任されない権限，つまり内閣総理大臣にとどまる権限について政令で定めるものをまとめて掲げれば，次のとおりである（施行令37条の3）。

イ）　証券市場における自主規制機関等の認可やその取消し等に関する権限……取引所持株会社，認可協会，投資者保護基金の認可・取消しや証券金融会社の免許・取消し

ロ）　証券市場において重要な役割を果たすこととなる取引所の業務規制に関する権限……金融商品市場の開設の免許・取消し，業務の全部または一部の停止の命令，金融商品債務引受業等の承認・取消し

ハ）　そのほか，外国金融商品市場の開設の認可・取消し，外国金融商品取引清算機関による金融商品債務引受業の免許・取消し等に対する権限

ニ）　行政処分に関する財務大臣等への通知の権限

こうした所定の認可・免許等に関する権限を除いて，金融商品取引法による権限の大部分は金融庁長官に委任されていることから，同法の規制等の主要な所管は金融庁が行うこととなっている。

そこで，金融商品取引法の規制に係る広範な所掌事務の担当を金融庁が所管することとされている。この所掌事務には多数のものがあるが，例えば次のものがあげられる。

①　開示規制に関する事務

金融庁は，金融商品取引法の規定による有価証券届出書，有価証券報告書，公開買付届出書その他の法定開示書類の審査及び訂正命令等に関すること，一般に公正妥当と認められる企業会計の基準の設定・国際会計基準の指定等その他の企業会計に関すること，公認会計士等の監査や品質管理等の検査・監督に関することなどの開示規制に関する事務を所管する。つまり，発行市場における有価証券届出制度，流通市場における継続開示制度・フェア・ディスクロージャー規制や公開買付・大量保有に関する開示制度等に係る法令順守を指導・監督することとなる。

②　取引規制に関する事務

金融庁は，インサイダー取引規制，相場操縦等の禁止，包括的な詐欺禁止等の不公正取引に関する調査，監督等の取引規制に関する事務を所管する。また，

風説の流布や偽計取引などに関しても調査・検査等を適宜，適切に行うことも所管している。

③ 業者規制に関する事務

金融庁は，金融市場における業者である銀行業，保険業，金融商品取引業者等の営業業者や取引所等の自主規制機関等に対する検査その他の監督に関することの業者規制に関する事務を所管する。これらの市場関係者における法令違反行為については，監督上の処分・業務改善命令等の対応に関することを所管している。

④ 行政処分による制裁等に関する事務

金融庁は，金融商品取引法が定める規制の遵守の観点から，法定開示書類の不提出や法定開示書類における虚偽記載等，インサイダー取引や相場操縦等に対する行政処分として課徴金の納付命令に関することなどの事務を所管する。

また，法の執行に関して，規制に関する報告徴取及び検査に係る権限が設定されている。例えば，開示規制に関しては次のとおりである。内閣総理大臣または権限を委任された金融庁長官は，公益または投資者保護のため必要かつ適当であると認めるときは，縦覧書類を提出した者もしくは提出すべきであると認められる者，もしくは有価証券の引受人その他の関係者もしくは参考人に対し参考となるべき報告もしくは資料の提出を命じ，または当該職員をしてその者の帳簿書類その他の物件を検査させることができる（法26条）。公開買付者・意見表明報告書の提出者等，大量保有報告書の提出者，「重要情報」の公表者等に対する報告の徴取及び検査も同様に定められている（法27条の22・27条の30・27条の37）。

ここで，金融庁は，金融審議会と証券取引等監視委員会（次の2参照）を設置している。金融審議会は，内閣総理大臣，金融庁長官または財務大臣の諮問に応じて国内金融に関する制度等の改善に関する事項その他の国内金融等に関する重要事項を調査審議し，意見を述べるなどの重要な事務を担当するもので

ある（金融庁設置法7条）。

以上の担当事務を踏まえ，金融庁は，市場規律と自己責任原則を基軸とした，透明かつ公正な行政を基本に，金融制度の企画立案や民間金融機関等に対する厳正な検査・監督，証券取引等の監視等に取り組んでいくこととなると考えられる。

2 証券取引等監視委員会

証券取引等監視委員会（以下「監視委員会」という）は，金融庁において設けられている行政機関である。監視委員会は，金融商品取引法等の規定によりその権限に属させられた事項を処理する機関である（金融庁設置法8条）。行政機関である金融庁には，法律の定める所掌事務の範囲内で，法律または政令の定めるところにより，重要事項に関する調査審議，不服審査その他学識経験を有する者等の合議により処理することが適当な事務をつかさどらせるための合議制の機関を置くことができることを踏まえて（国家行政組織法8条），監視委員会を設置したものである。

こうした設置の背景を踏まえて，監視委員会は委員長及び2人の委員をもって構成される（金融庁設置法10条）。委員長及び委員は，両議院（衆議院・参議院）の同意を得て，内閣総理大臣が任命するものである（金融庁設置法12条）。これら3人の委員の任期は3年とされ，かつ，委員長及び委員は，委員会により，心身の故障のため職務の執行ができないと認められた場合または職務上の義務違反その他委員長もしくは委員たるに適しない非行があると認められた場合を除いては，在任中，その意に反して罷免されることはない（金融庁設置法13条・14条）。

このように行われる委員の任命等を踏まえ，独立性や中立性が確保されており，監視委員会による職務が適切に執行されるものと考えられる。そこで，監視委員会の事務を処理させるため，委員会に事務局を置き，地方組織も設置されている。内閣総理大臣は，金融商品取引法による権限（前記1で取り上げている政令で定めるものを除く）を金融庁長官に委任するが，この委任された権限のうち証券取引の公正性や開示制度履行に関する権限等，多くの権限が監視委員会に委任される（法194条の7第2項本文）。そこで，前記1に掲げた金融庁が

第11章　行政監督機関と自主規制機関　　353

所管する事務における調査・検査等の多くを監視委員会が担当している。

　監視委員会は，有価証券の売買その他の取引またはデリバティブ取引等の公正を害するものとして政令で定めるものに係る犯則事件を調査するため必要があるときは，犯則嫌疑者もしくは参考人に対して出頭を求め，犯則嫌疑者等に対して質問し，犯則嫌疑者等が所持しもしくは置き去った物件を検査し，または犯則嫌疑者等が任意に提出しもしくは置き去った物件を領置することができる（法210条1項）。この政令で定める犯則事件は，有価証券届出書，有価証券報告書，公開買付届出書等における重要な虚偽記載，これらの法定開示書類の不提出等や証券取引における不正行為，相場操縦等，多くの不正事件である（施行令45条）。

　監視委員会の職員は，犯則事件を調査するため必要があるときは，委員会の所在地を管轄する地方裁判所または簡易裁判所の裁判官があらかじめ発する許可状により，臨検，捜索または差押えをすることができること，その他幅広い権限が付与されている（法211条等）。そして，監視委員会は，犯則事件の調査により犯則の心証を得たときは，告発し，領置物件または差押物件があるときは，これを領置目録または差押目録とともに引き継がなければならない（法226条1項）。

　監視委員会は，金融商品取引法等の規定に基づき，検査，報告もしくは資料の提出の命令，質問もしくは意見の徴取または犯則事件の調査を行った場合において，必要があると認めるときは，その結果に基づき，金融商品取引の公正を確保するため，または投資者の保護その他の公益を確保するため行うべき行政処分その他の措置について内閣総理大臣及び金融庁長官に勧告することができるとともに，内閣総理大臣及び長官に対し，当該勧告に基づいてとった措置について報告を求めることができる（金融庁設置法20条1項・2項）。また，監視委員会は，証券取引検査等の結果に基づき，必要があると認めるときは，金融商品取引の公正を確保するため，または投資者の保護その他の公益を確保するために必要と認められる施策について内閣総理大臣，金融庁長官または財務大臣に建議することができる（金融庁設置法21条）。

　こうした対応を踏まえ，監視委員会は，毎年，その事務の処理状況を公表しなければならない（金融庁設置法22条）。そこで，監視委員会事務局は，開示規

制については「開示検査事例集」（従前は「金融商品取引法における課徴金事例集
〜開示規制違反編〜」と示されていた），取引規制については「金融商品取引法
における課徴金事例集〜不公正取引編〜」を，毎年度，公表している。開示規
制に係る事例集は，企業内容等の開示や会計士監査における問題の状況と改善
対応等，取引規制における事例集もインサイダー取引規制における違反状況や
改善対応等，それぞれの規制の理解とともに適切に対応することを分かりやす
く説明・公表しており，重要な役割を果たしている。例えば，「開示検査事例
集」において，開示検査を終了した事例をまとめて掲載し，開示規制違反の内
容，その根本原因やその是正策等を掲げて説明するとともに，有価証券報告書
の虚偽記載等の開示規制違反は，投資者に不測の損害をもたらす重大な問題で
あることなどの理解を進めることが広く取り上げられている。

第2節　自主規制機関

1　金融商品取引所

　金融商品取引所（「取引所」と略称している）とは，内閣総理大臣の免許（法
80条1項）を受けて金融商品市場を開設する金融商品会員制法人または株式会
社をいう（法2条16項）。この金融商品市場とは，有価証券の売買または市場デ
リバティブ取引を行う市場（商品関連市場デリバティブ取引のみを行うものを除
く）をいう（法2条14項）。取引所は，金融商品市場を開設し，これを管理運営
することを目的とする自主規制機関であることから，公益及び投資者保護に資
する観点から，市場において公正円滑な取引が確保されるよう諸種の自主規制
業務を行うこととなる。取引所は，金融商品取引法及び定款その他の規則に従
い，取引所金融商品市場における有価証券の売買及び市場デリバティブ取引を
公正にし，並びに投資者を保護するため，自主規制業務を適切に行わなければ
ならないものである（法84条1項）。なお，取引所は，内閣総理大臣の認可を受
けた一部の業務を除き，取引所金融商品市場の開設及びこれに附帯する業務の
ほか，他の業務を行うことはできない（法87条の2第1項）。
　金融商品取引法により，取引所は自主規制業務を適切に行うことが義務付け

られており，その自主規制業務の範囲も定められている（法84条2項）。例えば，金融商品等の上場及び上場廃止に関する業務も取引所の自主規制業務とされており（法84条2項1号），新規上場申請に対する上場審査や虚偽記載等に関する重大な影響の上場廃止に係る審査等，取引所に求められる目的に照らして適切に判断を行って対応をしていくことが必要である。また，取引所は，自主規制業務の1つとして，開示規制である適時開示制度等を制定して，流通市場において重要な役割を果たしているものである。さらに，第三者割当に係る遵守条項，独立役員の確保，コーポレートガバナンス・コードの実施または実施しない場合の理由の説明等，上場会社に対して企業行動規範も設定して，上場管理を行っている。こうした自主規制業務の全部または一部を内閣総理大臣の認可を受けて，取引所は自主規制法人（自主規制業務を行うことを目的として設立された法人）に委託することができる（法85条1項）。例えば，東証は日本取引所自主規制法人に一部の自主規制業務を委託している（上場規程3条）。

ここで，取引所は自主規制機関として，次に掲げる自主規制の長所と短所[注1]を踏まえ，適切に運営されなければならない。

① 自主規制の長所

自主規制機関たる取引所は，市場における取引並びに取引対象物件及びその発行者に関する規則を定め，証券会社等の金融商品取引業者及び上場会社を自主的に規制できる。また，取引所は市場取引等の専門家としての職業倫理を踏まえて，個々の市場取引の態様等及び上場会社の実情に応じた柔軟で効率的な規制の実施ができるものと考えられる。

そこで，自主規制の長所として，現場主義による機動的かつ実効性の高い規制，法令による規制の明確化・具現化（法令の補完機能），法令よりも高い水準での規制を設定できることや法令違反の未然防止機能があることなどが考えられる。

（注1）　久保幸年『適時開示の理論・実務』，中央経済社，2018年5月，6頁から9頁。

② 自主規制の短所

自主規制機関たる取引所は，証券市場の開設及び管理・運営という公的役割を果たすものの，取引所の組織が株式会社形態となることも認められている。例えば，わが国の代表的な取引所である東証を傘下とする㈱日本取引所グループは上場会社となっている。株式会社である上場会社は，持続的成長と企業価値の向上を目的とすることが求められるものであることも踏まえ，市場の公正かつ円滑な管理・運営という公共性と営利性との利益相反，ということが考えられる。

そこで，自主規制の短所として，取引参加者や上場会社の利益確保と市場開設者としての市場の公正性確保との間での利害対立が生じ，自主規制機関として求められる公益及び投資者保護に資する公正で適切な自主規制業務の履行・実施に支障をもたらすおそれがあると考えられる。

以上の自主規制の長所及び短所も踏まえ，取引所において自主規制業務を適切に執行させる観点から，内閣総理大臣が監督を行うこととなる。取引所に対し，内閣総理大臣は，公益または投資者保護のため必要かつ適当であると認めるときは，取引所，その子会社，その商品取引参加者の業務や財産等に関して報告の徴取及び検査を行うことができる（法151条）。また，次に掲げる取引所に対する監督上の処分や業務改善命令等を内閣総理大臣は行うことができる。これらは取引所が自主規制業務を適切に実施することの実効性を図るために設けられているものである。

イ）監督上の処分

内閣総理大臣は，取引所が次のいずれか（法152条1項各号）に該当する場合において，公益または投資者保護のため必要かつ適当であると認めるときは，それぞれに定める処分をすることができる（法152条1項柱書）。

a．法令や取引所規則に違反したとき，または取引所の会員等や上場有価証券の発行者に対し法令や取引所規則により認められた権能を行使せず，必要な措置をとることを怠ったとき（1号）……市場開設の免許の取消しや1年以内の期間を定めてその業務の全部もしくは一部の停止などを命ずること。

b．取引所の行為または市場取引の状況が公益または投資者保護のため有害であると認めるとき（2号）……10日以内の期間を定めて取引の全部もしくは一部の停止を命じ，または閣議の決定を経て，3か月以内の期間を定めてその業務の全部もしくは一部の停止を命ずること。

c．内閣総理大臣の認可を受けて行う業務（取引所金融商品市場の開設及びこれに附帯する業務のほかの他の業務）が取引所の業務の公共性に対する信頼を損なうおそれ，もしくは市場開設業務の健全かつ適切な運営を損なうおそれがあると認めるとき，または当該業務の認可条件に違反のとき（3号）……当該認可を取り消すこと。

d．内閣総理大臣の認可を受けて保有する取引所の子会社の行為が当該取引所の業務の公共性に対する信頼を損なうおそれもしくは当該取引所の金融商品市場開設等業務の健全かつ適切な運営を損なうおそれがあると認めるとき，または子会社保有の認可条件に違反のとき（4号）……当該認可を取り消すこと。

ロ）業務改善命令

内閣総理大臣は，取引所の定款等の規則または業務の運営もしくは財産の状況に関し，公益または投資者保護のため必要かつ適当であると認めるときは，監督上必要な措置をとることを命ずることができる（法153条）。

2　金融商品取引業協会

(1)　認可金融商品取引業協会

有価証券の売買その他の取引及びデリバティブ取引等を公正かつ円滑にし，並びに金融商品取引業の健全な発展及び投資者の保護に資することを目的とする法人を認可金融商品取引業協会（「認可協会」と略称している）という（法67条1項・4項）。認可協会は，金融商品取引業者でなければ，これを設立することができず，認可協会を設立しようとするときは，内閣総理大臣の認可を受けなければならない（法67条の2第1項・第2項）。認可協会は，営利の目的をもって業務を行ってはならないもので（法67条の7），業務として次に掲げることに関するものが定款に記載されることとなる（法67条の8第1項）。

① 協会員及び金融商品仲介業者の役員・使用人の資質の向上
② 協会員及び金融商品仲介業者の業務に対する投資者からの苦情及び紛争の解決
③ 協会員及び金融商品仲介業者の有価証券の売買その他の取引の勧誘
④ 店頭売買有価証券市場
⑤ 協会員及び金融商品仲介業者の法令，法令に基づく行政官庁の処分もしくは定款その他の規則または取引の信義則の遵守の状況の調査

　認可協会は，有価証券（金融商品取引所に上場されていないものに限る）の流通を円滑にし，有価証券の売買その他の取引の公正を確保し，かつ，投資者の保護に資するため，店頭売買有価証券の売買のための市場すなわち店頭売買有価証券市場を開設することができる（法67条2項）。上記④に掲げている認可協会の業務である。この店頭売買有価証券市場で取引対象とされる有価証券は，市場における流通状況が取引所市場の上場有価証券に準ずるものとして，金融商品取引法において位置付けられているものである。しかし，現状においては，店頭売買有価証券市場は開設されていない状況である。

　この認可協会としては，日本証券業協会（以下「日証協」という）がある。日証協は，全国の証券会社を構成員とする社団法人として設立され，長期にわたり証券業界の証券会社等の自主規制機関として機能してきたものである。日証協は，協会員の行う有価証券の売買その他の取引等を公正かつ円滑ならしめ，金融商品取引業の健全な発展を図り，もって投資者の保護に資することを目的としている（定款6条）。

　こうした認可協会の業務・運営等が適切に行われることを図るため，内閣総理大臣が監督を行うこととなり，必要に応じて報告の徴取及び検査を行うとともに（法75条），次に掲げるような行政処分等を下すことができることとなっている。

①　定款，業務規程等の変更命令
　内閣総理大臣は，認可協会の定款その他の規則もしくは取引の慣行または業務の運営もしくは財産の状況に関し，公益または投資者保護のため必要かつ適

当であると認めるときは，その必要の限度において，当該認可協会に対し，定款その他の規則または取引の慣行の変更その他監督上必要な措置をとることを命ずることができる（法73条）。

② 法令違反等による認可の取消し，業務の停止，役員の解任等

内閣総理大臣は，認可協会が法令等に違反した場合または協会員，金融商品仲介業者もしくは店頭売買有価証券もしくは取扱有価証券の発行者が法令等に違反し，もしくは定款その他の規則に定める取引の信義則に背反する行為をしたにもかかわらず，これらの者に対し法令等もしくは当該取引の信義則を遵守させるために認可協会がこの法律，この法律に基づく命令もしくは定款その他の規則により認められた権能を行使せずその他必要な措置をすることを怠った場合において，公益または投資者保護のため必要かつ適当であると認めるときは，その設立の認可を取り消し，1年以内の期間を定めてその業務の全部もしくは一部の停止を命じ，その業務の方法の変更もしくはその業務の一部の禁止を命じ，その役員の解任を命じ，または定款その他の規則に定める必要な措置をすることを命ずることができる（法74条1項）。

(2) 認定金融商品取引業協会

金融商品取引業者が設立した一般社団法人であって，次に掲げる要件に該当すると認められるものを，その申請により，内閣総理大臣により認定されたものを認定金融商品取引業協会（以下「認定協会」という）という（法78条1項）。

① 有価証券の売買その他の取引及びデリバティブ取引等を公正かつ円滑にし，並びに金融商品取引業の健全な発展及び投資者の保護に資することを目的とすること。

② 金融商品取引業者を会員とする旨の定款の定めがあること。

③ 法で定められる所定の業務を適正かつ確実に行うに必要な業務の実施の方法を定めているものであること。

④ 法で定められる所定の業務を適正かつ確実に行うに足りる知識及び能力並びに財産的基礎を有するものであること。

認定協会としては，投資信託協会，日本投資顧問業協会，金融先物取引業協会，第二種金融商品取引業協会がある。これらの認定協会は，次に掲げることを目的（各認定協会の定款）とし，会員が参加している。

・投資信託協会……投資信託及び投資法人など投資運用業等の健全な発展，並びに投資者の保護に資することを目的とし，主に投資信託委託会社等を会員としている。

・日本投資顧問業協会……会員の行う投資運用業及び投資助言・代理業の公正かつ円滑な運営の確保に関する事業を行い，投資者の保護を図るとともに，投資運用業及び投資助言・代理業の健全な発展に寄与することを目的とし，投資運用業者，投資助言・代理業者，ファンド運用業者等を会員としている。

・金融先物取引業協会……会員の行う金融商品取引業の業務の適正かつ円滑な運営を確保することにより，投資者の保護を図るとともに，金融商品取引業の健全な発展に資することを目的とし，銀行（都市銀行，地方銀行等），証券会社等を会員としている。

・第二種金融商品取引業協会……匿名組合契約等のファンド販売業務，信託受益権の売買業務等の第二種金融商品取引業等を公正円滑にし，第二種金融商品取引業等の健全な発展及び投資者保護に資することを目的とし，第二種金融商品取引業者等を会員としている。

認定協会は，認可される設立の上記の各目的である金融商品取引業の健全な発展及び投資者の保護に資することに関する業務を行うこととなり，例えば会員及び金融商品仲介業者の行う業務に関して，次のような業務が定められている（法78条2項）。

イ）　金融商品取引業を行うに当たり，法令を遵守させるための会員及び金融商品仲介業者に対する指導，勧告等。

ロ）　金融商品取引業に関し，投資者の保護を図るため必要な調査，指導，勧告等。

ハ）　法令や定款等の遵守の状況の調査

ニ）　金融商品取引業に関する紛争の解決

第11章　行政監督機関と自主規制機関　361

ホ）　有価証券の売買その他の取引の取引の勧誘の適正化

　認定協会は，こうした業務のほか，金融に係る知識の普及，啓発活動及び広報活動を通じて，金融商品取引業の健全な発展及び投資者の保護の促進に努めなければならない（法78条の2第1項）。また，認定協会は，次のような売買高，価格等の通知等を行わなければならない（法78条の4・78条の5）。
　a．上場株券等の取引所金融商品市場外での売買について，銘柄別に毎日の売買高，最高，最低及び最終の価格その他の事項をその会員に通知し，公表すること。
　b．上場株券等の取引所市場外での売買に関する銘柄別の毎日の売買高，最高，最低及び最終の価格その他の事項を内閣総理大臣に報告すること。

　以上のほか，投資者からの苦情の解決や証券取引等に関する争いがある場合のあっせんについては，認可協会に準じて対応することが求められている（法78条の6・78条の7）。
　こうした認定協会の業務・運営等が適切に行われることを図るため，内閣総理大臣が監督を行うこととなり，必要に応じて報告の徴取及び立入検査を行うとともに（法79条の4），次に掲げるような対応を行うことができるようになっている。
　イ）　内閣総理大臣に対する協力
　　内閣総理大臣は，認定協会に係る規定の円滑な実施を図るため，当該規定に基づく資料の提出，届出その他必要な事項について，認定協会に協力させることができる（法79条の5）。
　ロ）　監督命令
　　内閣総理大臣は，業務の運営に関し改善が必要であると認めるときは，認定協会に対し，その改善に必要な措置をとるべきことを命ずることができる（法79条の6第1項）。さらに，内閣総理大臣は，認定協会の業務の運営が法令や命令・処分に違反していると認めるときは，その認定を取り消し，または6か月以内の期間を定めてその業務の全部もしくは一部の停止を命ずることができる（法79条の6第2項）。

［索　引］

【欧文・数字】

３分の１ルール	255
５％ルール	302
EDINET	17
MBO	278
PTS	252
PTS取引	258
TDnet	206, 210
ToSTNeT	255

【あ行】

あん分比例方式	270
意見表明報告書	261, 267, 280
著しく少数の者	252
市場阻害行為規則	326
インサイダー情報	191, 212, 238
インサイダー取引規制	203
売出し	40
売付け勧誘等	40
応募株主等	275
オプション	23
親会社	196
親会社等	157
親会社等状況報告書	157
親会社等状況報告制度	156

【か行】

買集め行為	193
外形基準	141
会計士監査	187
開示規制	4, 9, 11
開示項目	328
開示制度	31, 135
開示の時期	215, 329
会社関係者	193
開示ルートの時系列	218

買付対象者	267
価格発見機能	3, 136
確認書	163
確認書制度	163
貸付信託	22
過失責任	128, 177
課徴金	121, 174, 284, 296, 314
課徴金制度	120, 173
株券	21
株券関連有価証券	302
株券保有状況通知書	306
株式等振替制度	24
簡易開示様式	81
監査報告書	187
監査法人	188
間接開示	58
間接金融	1
完全開示方式	77, 91
企業金融型証券	27, 77
企業行動規範	355
業者規制	5, 9
行政処分	118, 172, 283, 296, 314
業績予想の修正等	202, 324
共同保有者	305
業務執行決定機関	199, 321
金融証券化	22
金融商品市場	354
金融商品取引所	354
金融商品取引法	5
金融審議会	351
金融庁	349
組込方式	61, 84, 92
刑事責任	123, 175, 285, 297, 314
継続開示書類	137
継続開示制度	137, 342
軽微基準	199, 201, 222
決算説明会	219

決算短信 …………………………… 213	
決算発表 ……………………… 213, 218	
決定事実 ……………………… 198, 321	
公開買付け ………………………… 259	
公開買付開始公告 ………………… 265	
公開買付期間 ……………………… 260	
公開買付者 ………………………… 268	
公開買付者等 ……………………… 194	
公開買付者等関係者 ……………… 194	
公開買付制度 ……………………… 250	
公開買付説明書 ……………… 267, 279	
公開買付撤回届出書 ………… 275, 282	
公開買付届出書 ……………… 266, 276	
公開買付け等 ……………………… 194	
公開買付けによる買付け等の通知書 … 270	
公開買付けの撤回等 ……………… 273	
公開買付けの免除 ………………… 260	
公開買付報告書 ……………… 272, 282	
交換買付け ………………………… 268	
公的規制 ……………………………… 4	
公認会計士 ………………………… 188	
後発事象 …………………………… 325	

公表

- ——インサイダー取引規制
  ………………… 203, 337, 346
- ——自社株公開買付制度……… 295, 346
- ——他社株公開買付制度… 261, 271, 345
- ——フェア・ディスクロージャー
  規制……………… 241, 338
- ——法定開示書類の虚偽記載等…… 179

公表日 ……………………………… 182	
交付目論見書 ……………………… 98	
効率的な資金配分 …………………… 3	
子会社 ……………………………… 196	
国債証券 …………………………… 21	
個別列挙情報 ……………………… 334	
個別列挙の有価証券 ……………… 20	
コマーシャル・ペーパー ……… 22, 86	
混合取引 …………………………… 256	

【さ行】

財務情報 …………………………… 79	
財務諸表等 ………………………… 186	
財務諸表等の監査 ………………… 186	
財務諸表等の本質 ………………… 189	
参照書類 …………………………… 86	
参照方式 …………… 62, 85, 93, 107	
私売出し ……………………… 40, 42	
自己株券買付状況報告書 ………… 171	
自己株券買付状況報告制度 ……… 171	
自己責任原則 ………………………… 8	
資産金融型証券 …………………… 28, 90	
資産流動化 ………………………… 21	
自社株公開買付け ………………… 294	
自社株公開買付制度 ……… 250, 292, 346	
自主規制 ……………………… 4, 356	
自主規制機関 ……………… 208, 354	
自主規制業務 ……………… 208, 354	
自主規制法人 ……………………… 355	
市場外取引 ………………………… 249	
市場型間接金融 ……………………… 3	
市場規制 ……………………………… 4	
市場阻害行為規則 ………………… 326	
市場取引 …………………………… 249	
私設取引システム ………… 252, 258	
質的重要性 ………………………… 224	
自発的訂正 ……… 57, 109, 138, 279, 308	
四半期開示 ………………………… 149	
四半期決算短信 …………………… 213	
四半期報告書 ……………………… 149	
四半期報告制度 …………………… 149	
私募 …………………………… 33, 35	
社債券 ……………………………… 21	
集団投資スキーム ………………… 26	
集団投資スキーム持分 …………… 26	
重要性基準 ………………… 202, 224	
重要提案行為等 …………………… 309	
受益証券 …………………………… 22	
熟慮期間 …………………………… 60	

索　引　365

取得勧誘 ……………………………… 33
取得勧誘類似行為 …………………… 35
準内部者 ………………………… 196, 197
少額売出し …………………………… 81
少額募集 ……………………………… 81
少額免除 ……………………………… 71
証券市場 ……………………………… 2
証券取引等監視委員会 …………… 352
証券取引法 …………………………… 5
上場有価証券 ……………………… 140
譲渡性預金 …………………………… 23
少人数私募 …………………………… 38
少人数私売出し ……………………… 43
情報開示ルート …………………… 207
情報の非対称 ………………… 219, 336
職業的懐疑心 ……………………… 189
新株予約権証券 ……………………… 21
新規株式公開 ………………………… 87
信託受益権 …………………………… 26
請求目論見書 ………………… 98, 101
選択的開示 ………… 14, 232, 243, 336
全部買付義務 ……………………… 269
相当程度多数の者 ……………… 34, 41
組織再編成 …………………………… 45
組織再編成交付手続 ………………… 47
組織再編成対象会社株主等 ………… 46
組織再編成発行手続 ………………… 46
損害賠償額 …………… 127, 178, 287
損害賠償責任 ………… 125, 177, 287, 298

【た行】

第1項有価証券 ……………………… 25
第1項有価証券の売出し …………… 40
第1項有価証券の少人数私募 ……… 38
第1項有価証券の少人数私売出し … 43
第1項有価証券の特定組織再編成交付
　手続 ………………………………… 48
第1項有価証券の特定組織再編成発行
　手続 ………………………………… 46
第1項有価証券の募集 ……………… 33

第1次情報受領者 … 193, 194, 195, 197, 198
第2項有価証券 ……………………… 26
第2項有価証券の売出し …………… 41
第2項有価証券の少人数私募 ……… 40
第2項有価証券の少人数私売出し … 45
第2項有価証券の特定組織再編成交付
　手続 ………………………………… 48
第2項有価証券の特定組織再編成発行
　手続 ………………………………… 47
第2項有価証券の募集 ……………… 34
待機期間 ………………………… 60, 112
待機期間の短縮 ………………… 61, 113
対抗公開買付者 …………………… 262
対質問回答報告書 ……………… 268, 281
大量保有者 ……………………… 303, 313
大量保有報告書 ………… 303, 313, 315
大量保有報告制度 ………………… 301
他社株公開買付制度 ……… 250, 251, 345
多数の者 ………………………… 33, 40
多数の者の知り得る状態に置く措置
　…………………… 179, 203, 337, 346
立会外取引 ………………………… 255
短期大量譲渡 ……………………… 307
地方債証券 …………………………… 21
中間監査報告書 …………………… 187
直接開示 ……………………………… 59
直接金融 ……………………………… 1
追加開示 ………………………… 216, 330
通算規定 ………………………… 39, 44
定期開示 ………………………… 137, 139
定期開示の補完 …………………… 218
訂正届出書 ……………………… 57, 279
訂正発行登録書 …………………… 109
訂正報告書 ……………………… 138, 313
訂正命令 ………… 119, 172, 283, 296, 314
訂正目論見書 …………………… 96, 103
適格機関投資家 …………………… 10
適格機関投資家取得有価証券一般勧誘
　…………………………………… 51
適時開示 ……………… 181, 207, 331, 346

適時開示情報	212, 239
適時開示情報伝達システム	210
適時開示制度	15, 208, 330
適時開示の遵守条項	210
適時開示の電子開示システム	206
電子開示手続	18
電子記録債権	24
電子交付	103
電子情報処理組織	17
店頭売買有価証券	140
店頭売買有価証券市場	358
統合開示方式	84, 92
投資者保護	8
投資証券	22
投資信託	22
当初開示	216, 330
特定関与行為	122
特定上場会社等	222
特定組織再編交付手続	47
特定投資家	10
特定投資家等取得有価証券一般勧誘	51
特定投資家向け有価証券	52
特定売買等	255
特定募集	105
特定募集等	105
特定有価証券	28, 90, 98, 147
特別関係者	252, 259
特例報告	309
届出仮目論見書	98
届出義務者	52
届出の効力	60
届出の効力の停止	119
届出の時期	55
届出の免除	65
届出目論見書	98
届出有価証券	140
取引関係者	234
取引規制	5, 9

【な行】

内部者	195, 197
内部統制	159
内部統制監査	160, 188
内部統制監査報告書	188
内部統制報告書	161, 188
内部統制報告制度	160
任意開示	340
認可金融商品取引業協会	357
認定金融商品取引業協会	359

【は行】

賠償請求権	128, 179, 290
バスケット条項	203, 227, 324, 335
バスケット条項の対象情報	229
発行開示書類	121
発行市場	2
発行者	52
発行登録仮目論見書	116
発行登録書	108, 114
発行登録制度	107
発行登録追補書類	111, 116
発行登録追補目論見書	116
発行登録通知書	118
発行登録取下届出書	112, 117
発行登録の効力	112
発行登録の効力停止期間	113
発行登録の効力の停止	120
発行登録目論見書	116
発行登録有価証券	140
発行予定額	108
発行予定期間	108
発生事実	201, 216, 323
半期報告書	153
半期報告制度	152
非財務情報	79
フェア・ディスクロージャー規制	14, 231, 334, 342
振替機関	111

プロ私募 ………………………… 36	【や行】
プロ投資者 ……………………… 9	有価証券 …………………… 19, 98
プロ私売出し …………………… 42	有価証券通知書 …………… 105, 106
粉飾決算 ………………… 183, 189	有価証券届出書 ………… 32, 56, 77
別途買付け …………………… 272	有価証券届出制度 ………… 32, 49
変更通知書 ………………… 106, 107	有価証券の発行者 ……………… 52
変更報告書 ……… 307, 311, 313, 315	有価証券表示権利 ……………… 23
報告書代替書面 ……………… 149	有価証券報告書 ……… 139, 143, 147
法定開示 ……………………… 204	
法定開示書類 …………………… 13	【ら行】
法定開示の補完 ………………… 15	利益基準 ……………………… 223
法的制裁 ……………………… 343	流通市場 ………………………… 3
募集 …………………………… 33	量的基準 ………………… 222, 325
募集事項等記載書面 ……………… 94	量的重要性 …………………… 224
	臨時開示 ………………… 137, 165
【ま行】	臨時開示の補完 ……………… 220
みなし有価証券 ………………… 23	臨時報告書 …………………… 166
みなし有価証券の発行者 ………… 53	臨時報告書提出事由 ……… 220, 321
民事責任 ………………… 125, 298	レギュレーションFD ………… 340
無過失責任 …………………… 126	レビュー報告書 ……………… 187
目論見書 ………… 32, 56, 95, 110, 116	連結決算ベース基準 ………… 223
モザイク情報 ………………… 336	連動子会社 ……………………… 88
元引受け ……………………… 130	
元引受契約 …………………… 130	

【著者紹介】

久保 幸年（くぼ　ゆきとし）

1973年	東京証券取引所入所
1979年	公認会計士登録
1999年	東京証券取引所上場審査部長
2000年	三優監査法人顧問（6月），三優監査法人代表社員（9月）
2002年	中央大学専門大学院国際会計研究科特任教授
2003年	中央大学専門職大学院国際会計研究科特任教授
2015年	大原大学院大学会計研究科教授（現任）

〈主な著書・共著〉

『適時開示の理論と実務』（中央経済社，1992年10月），『会計制度の国際比較―主要国別・項目別に見た会計の実態』（共著，中央経済社，1992年12月），『コンメンタール国際会計基準Ⅰ』（共著，税務経理協会，1999年11月），『マーケットサイド・ディスクロージャー市場指向の企業情報開示』（中央経済社，2000年5月），『上場基準・上場審査の逐条解説と実務の対応』（中央経済社，2002年12月），『適時開示ハンドブック』（中央経済社，2004年5月），『上場基準・上場審査ハンドブック』（2005年7月，中央経済社），『適時開示制度と定性的情報の開示』（中央経済社，2010年6月），『統合報告書による情報開示の新潮流』（共著，同文館出版，2014年6月），『適時開示の理論・実務』（中央経済社，2018年5月）等

金融商品取引法の開示規制

2019年5月15日　第1版第1刷発行

著　者	久　保　幸　年
発行者	山　本　　　継
発行所	㈱中　央　経　済　社
発売元	㈱中央経済グループ 　　パブリッシング

〒101-0051　東京都千代田区神田神保町1-31-2
電話　03（3293）3371（編集代表）
　　　03（3293）3381（営業代表）
http://www.chuokeizai.co.jp/

印刷／三　英　刷　㈱
製本／誠　製　本　㈱

© 2019
Printed in Japan

＊頁の「欠落」や「順序違い」などがありましたらお取り替えいたしますので発売元までご送付ください。（送料小社負担）
ISBN978-4-502-30401-9　C3034

JCOPY〈出版者著作権管理機構委託出版物〉本書を無断で複写複製（コピー）することは，著作権法上の例外を除き，禁じられています。本書をコピーされる場合は事前に出版者著作権管理機構（JCOPY）の許諾を受けてください。
　JCOPY〈http://www.jcopy.or.jp　eメール：info@jcopy.or.jp〉